21世纪

旅游文化
Tourism Culture

主编/李贵新

中国海洋大学 出版社

·青岛·

图书在版编目(CIP)数据

旅游文化/吉良新主编.—青岛:中国海洋大学出版社,2010.8(2024.8重印)
(21世纪旅游管理规划教材/张广海总主编)
ISBN 978-7-81125-420-4

Ⅰ.①旅… Ⅱ.①吉… Ⅲ.①旅游-文化-高等学校-教材 Ⅳ.①F590

中国版本图书馆 CIP 数据核字(2010)第 154592 号

出版发行	中国海洋大学出版社			
社　　址	青岛市香港东路 23 号		邮政编码	266071
网　　址	http://pub.ouc.edu.cn			
电子信箱	cathaypower@gmail.com			
订购电话	0532-82032573(传真)			
策　　划	李夕聪　郑雪姣　陈琳琳			
责任编辑	鞠德峰			
责任校对	毕玲玲		电　　话	0532-85901040
印　　制	日照报业印刷有限公司			
版　　次	2010 年 8 月第 1 版			
印　　次	2024 年 8 月第 4 次印刷			
成品尺寸	185 mm×236 mm			
印　　张	21.875			
字　　数	380 千字			
定　　价	59.00 元			

21世纪旅游管理规划教材

编委会

主　　任　狄保荣

副 主 任　肖德昌　田克勤　李夕聪

委　　员　（按英文字母先后排序）

曹艳英　陈增红　程俊峰　崔学琴　代合治

郭　峻　霍淑芳　吉良新　吉小青　蒋凤英

刘雪巍　李　青　孟　华　彭耀华　裴敏莉

齐洪利　石　峰　王有邦　魏　敏　邢继德

许汝贞　张　青　张广海　张建忠　张祖国

赵全科　赵　颜　朱孔山

秘　　书　郑雪姣　陈琳琳

旅游文化

主　　编　吉良新

副 主 编　胡秀丽　李红岩　秦志玉　程俊峰　张祖国

编　　者　赵　燕　刘安娜　侍崇慧　赵　颜　李秋颖

宁　双　徐建华　王政军　栾　桢　李晓丹

王　宇　李剑锋　宋　培　王　夏　张丽丽

李学芝　李　娟

联合编写院校名单

（按英文字母先后排序）

东北财经大学

德州职业技术学院

桂林理工大学南宁分校
　　高等职业技术学院

黑龙江旅游职业技术学院

湖南文理学院

华侨大学

济南大学

济宁学院

莱芜职业技术学院

聊城大学

聊城职业技术学院

聊城高级财经职业学校

辽东学院

临沂师范学院

青岛大学

青岛大学旅游职业学院

青岛酒店管理学院

青岛职业技术学院

青岛滨海学院

青岛求实学院

青岛恒星学院

曲阜师范大学

日照职业技术学院

四川大学

四川农业大学风景园林学院

西南林业大学

山西运城学院

山东大学

山东师范大学

山东旅游职业学院

山东理工职业学院

山东青年政治学院

山东商业职业技术学院

山东省商贸学校

山东外贸职业学院

泰山学院

泰山医学院

潍坊学院

潍坊教育学院

威海职业学院

云南大学

烟台旅游学校

枣庄学院

枣庄职业学院

中国海洋大学

中华女子学院山东分院

淄博职业学院

近年来,随着旅游教育的迅速发展,我国旅游教材的建设也逐渐走向繁荣。从旅游教材的系列与品种来看,已由旅游管理专业一个系列几十个品种,发展并细化到现今旅游管理、饭店管理、旅行社管理、会展管理及景区管理等若干系列上百个品种;从出版旅游教材的出版社数量来看,已由过去两三家发展到近百家。但由于学科建设时间短、师资多元化以及教材编写质量等问题,很多旅游院校使用的教材不可避免地存在着数据陈旧、内容纷杂、缺乏针对性、没有地方特色等问题。

作为旅游业大省与强省,山东省的旅游教育正在蓬勃发展,汇集了一大批优秀的旅游院校和教师。在山东省旅游行业协会教育分会的指导下,我们以山东为中心,联合全国一批致力于旅游教育的院校,成立了"21世纪旅游管理规划教材编委会"。编委会以交流教学改革成果及经验、研讨旅游教育教学改革方向为宗旨,以"立足山东,面向全国"为目标,以中国海洋大学出版社为平台,以教材为载体,进行分享与传播,期望进一步向全国推广,为我国的旅游教育尽一份力量。

编委会根据既定的方针,邀请具有丰富教学经验的一线教师、具有相关行业工作背景的双师型教师以及企业一线工作者联合编写了"21世纪旅游管理规划教材"。教材遵循"从实际出发、学以致用"的基本原则,凸显旅游行业相关知识的应用性和前瞻性,以实用性为基础,以市场需求为导向,以任务为驱动,以学生为主体,以案例教学为特色,突出实践教学环节,并通过大量的案例分析和实践技能操作训练窗口等内容,确保培养内容与就业市场的需求达到无缝对接。本套教材涵盖旅游管理专业的主干课程,首批出版《旅游概论》、《旅游资源概论》、《旅游文化》、《旅游市场营销》、《旅游心理学》、《旅游政策与法规》、《中国旅游地理》、《民俗旅游》、《旅游公共关系》、《菜水酒点知识》等教材。本套教材被中国海洋大学出版社列为"十二五"期间重点发展的教材,将会在实践中逐步完善整个教材体系,同时将参评山东省"十二五"省级规划教材。

在编委会运作及教材编写出版期间,得到了国家旅游局政策法规司、山东省旅游局等旅游主管部门的悉心指导,得到了山东省旅游行业协会教育分会及各会员单位的鼎力相助,得到了一大批优秀院校和教师的全力支持,在此致以最衷心的感谢! 同时,恳请广大读者对教材提出宝贵意见和建议,以便修订时加以完善。

21世纪旅游管理规划教材编委会

中国海洋人学出版社

2010年6月

目　次

第 一 章

旅游文化概述

学习目标

知识要点：了解旅游文化的定义和内涵；理解旅游文化的特征；掌握旅游文化的主要构成；理解旅游文化的重要地位和发展趋势。

技能训练：将班级成员分成人数相当的小组，以学习者所在城市为对象，分析讨论所在地旅游的发展与当地文化的关系，以及当地旅游文化的发展水平和发展趋势。

能力拓展：以学习者所在城市为对象，实地考察所在城市的旅游文化（包括旅游主体文化、旅游客体文化和旅游介体文化）的发展情况。

引 例

2009 年世界文化旅游论坛与会嘉宾畅谈文化旅游发展

8 月 8～10 日，2009 年世界文化旅游论坛在历史文化名城西安举行。与会嘉宾在论坛上围绕"文化旅游、文化创意"这一核心发表了精彩演讲。与会者认为，文化是一个民族的血脉，是旅游产业的核心元素，需要予以传承保护和开发利用。将文化元素与旅游资源结合起来，充分发挥文化创意，寻求文化与旅游的和谐与共进，是实现旅游产业大放光彩的重要途径。

张坚钟（国家旅游局政策法规司司长）说：文化是旅游业兴旺发达的源泉，旅游是实现文化功能的载体。

李克夫（国家旅游局原正司级巡视员）说：要保护和合理利用世界遗产旅游文化资源。

王立祥（中华民族文化促进会旅游研究中心主任）说：加快文化创新产业的发展，打造具有中国文化特色的文化旅游景区。

李庚（首都旅游集团研究院首席研究员、国家旅游标准技术委员会委员）说：不应该只把旅游作为一种谋利手段。

案例引发的问题：文化与旅游之间有什么关系？

资料来源：http://www.ljyinggu.com/newsdetail.asp? id＝181,丽江映古客栈网

旅游,首先是一种文化现象。旅游作为一种文化现象所产生的影响,在某种程度上比其单纯的经济影响更为深远。旅游活动中,无论是需求方还是供给方,都具有文化性。清楚认识旅游的文化本质并加以研究,对我们进一步认识和揭示旅游发展的固有规律,促进旅游事业和整个社会的繁荣有着重要意义。

第一节　旅游文化的定义

旅游文化是文化的一个组成部分,它有着文化所具有的一般性特征。它既是旅游管理学科的一门分支学科,又是文化学的一门分支学科。但是,旅游文化并不是文化在旅游中的简单"移入",而是旅游与文化融合后形成的一门独立学科。因而,对旅游文化进行明确的界定就显得非常必要。

一、文化的定义

"文化"一词是人们经常使用的词汇,但对其意义的理解却迥然不同。有人认为文化仅仅是精神生活的财富;有人将文化的概念局限得更小,只把艺术、文学现象列入文化范畴;还有人则完全把文化理解成为"完成劳动",即为经济生产服务的某种意识形态。

英国学者威廉斯曾说过,"文化"一词是英语语言中最复杂的两三个词之一。恐怕不单单是英语,世界上的其他语言要想明确地对"文化"进行界定都不是一件简单的事情。其实,"文化"是一个含义极广的概念,其研究也经历了漫长的过程,吸引了各个学科的众多学者。由于其内涵和外延的不确定性,导致对这一概念有不同层面的理解。

在中国,"文化"一词由来已久。早在先秦时期,《易·贲卦》中就有"文明以止,人文也。观乎天文,以察时变;观乎人文,以化成天下"之句。"天文"指自然规律,"人文"指人文社会规范。所谓"人文,以化成天下",含有文化处于自然而又能驾驭自然的意思。汉代许慎在《说文解字》中将"文""化"分开进行了解释:"文,错画也,修饰也;化,教行也,变也。"西汉时期,文献中正式出现了"文化"一词。汉代刘向在《说苑·指武篇》中说:"圣人之治天下者,先文德而后武力。凡武之兴,为不服也;文化不改,然后加诛。"南齐王融在《曲水诗序》中写道:"设神理以景仰,敷文化以柔远。"这里的"文化"是指与武功相对应的

"文治教化"的意思,含有"修养、教养、德行"的意思,与现代我们所讲的"文化"大相径庭。

现代汉语中通用的"文化"一词是从日文转译而来的,相当于英语的 Culture 和德语的 Kultur,它们均来源于拉丁语的 Cultura,其原意为"耕种、栽培、教育、教养、修养、祭拜"等,后引申为"物质生产和精神创造",与现代所说的"文化"含义基本接近。

国外关于文化概念的表述至少有 250 种以上。文化学奠基者、英国人类学之父泰勒在 1871 年出版的《原始文化》一书中给"文化"的定义为:文化"是由知识、信念、艺术、伦理、法律、习俗以及作为社会成员的人所需要的其他能力和习惯所构成的综合体"。

《苏联大百科全书》(1973)中将文化概念作了广义和狭义的区别,认为广义的文化,"是社会和人在历史上一定的发展水平,……文化这个概念用来表明一定的历史时代、社会经济形态、具体社会、氏族和民族的物质和精神的发展水平(如古代文化、社会主义文化、玛雅文化等),以及专门的活动或生活领域(如劳动文化、艺术文化、生活文化)。"作为狭义的文化,"仅指人们的精神生活领域"。

《大英百科全书》(1973—1974)赞同将文化概念分为两类。第一类是一般性的定义,即文化同于"总体的人类社会遗产"。第二类是多元的、相对的文化概念,即"文化是一种渊源于历史的生活结构的体系",包括"语言、传统、习惯和制度,包括有激励作用的思想、信仰和价值,以及它们在物质工具和制造场中的体现"。

《中国大百科全书·社会学卷》对"文化"的定义是:广义的文化是指人类创造的一切物质产品和精神产品的总和;狭义的文化专指语言、文学、艺术以及一切意识形态在内的精神产品。

尽管现代意义上的"文化"内涵与原初"文化"的用法有着较大的区别,不同学科、不同民族对"文化"的定义和理解也存在差异,但从上述定义中,我们可以看出人们对文化的理解存在的共同点。

首先,文化是人类进化过程中衍生出来或创造出来的。自然存在物不是文化,只有经过人类有意或无意加工制作出来才叫文化。例如,石头本身不是文化,经过人类加工成为石器,才是文化。

其次,文化是共有的。文化是人类共同创造的社会性产物,它必须为一个社会或群体的全体成员所共同接受和遵循,才能称之为文化。

再次,文化是后天习得的。它不是先天的遗传本能,而是后天习得的经验和知识,并通过人类创造的物质产品和精神产品体现出来。文化的一切方面,从语言、习惯、风俗、道德一直到科学知识、技术等都是后天学习得到并借助各种物质或精神载体表现出来。

二、旅游文化的定义

1.我国旅游文化定义的发展演变

"旅游文化"一词最早出现于美国学者罗伯特·麦金托什和夏希肯特·格波特合著的《旅游学——要素·实践·基本原理》一书。我国最早使用"旅游文化"一词是在1984年出版的《中国大百科全书·人文地理学卷》中。经过20多年的研究,我国学者在旅游文化研究领域已取得了一些重要成果,并从多个角度提出了旅游文化的概念。

我国旅游学界关于旅游文化概念的代表性意见大致如下:

(1)旅游文化是与旅游相关的物质财富和精神财富的总和,包括旅游意识、旅游活动及精神产品。(张夏,1991)

(2)旅游文化是人类创造的有关旅游不同形态特质所构成的复合体。具体来说,旅游文化是古今中外不同文化环境下的旅游主体或旅游服务者在旅游观赏或旅游服务中体现的观念及外在行为表现以及旅游景观、旅游文献等凝结的特定的文化价值观。(郝长海,1996)

(3)旅游文化是旅游者和旅游经营者在旅游消费或旅游经营服务过程中所反映、创造出来的观念形式及其外在表现的总和,是旅游客源地社会文化通过旅游者这个特殊媒介相互碰撞作用的过程和结果。(马波,1998)

(4)旅游文化是人类过去和现在所创造的与旅游关系密切的物质财富与精神财富的总和,凡在旅游活动过程中能使旅游者舒适、愉悦、受到教育,能使旅游服务者提高文化素质和技能的物质财富和精神财富,都属于旅游文化的范畴。(王明煊,1998)

(5)旅游文化是人类在特定的社会条件下,在社会文化环境的影响、制约下,经过旅游活动的具体实践的体验和积淀,形成的各种关于旅游的思想、意识和观念以及由各种意识形态凝聚成的有关旅游的各类物质的总和。(夏太生,1999)

(6)旅游文化是人类在通过旅游活动改造自然和化育自身的过程中所形成的价值观念、行为模式、物质成果和社会关系的总和。(谢贵安,1999)

(7)旅游文化是一种文明所形成的生活方式系统,是旅游者这一旅游主体借助旅游媒介等外部条件,通过对旅游客体的能动作用碰撞产生的各种旅游文化现象的总和。(沈祖祥,1999)

(8)旅游文化是旅游主体、旅游客体和旅游介体内在的及其相互作用所产生的物质成果和精神成果的总和。(尹华光,2003)

2.旅游文化的定义和内涵

纵观上述定义,无论是"民族文化说"还是"旅游主体说",都从不同角度揭示了旅游文化的本质属性。在此我们将旅游文化界定为：

旅游文化是在旅游活动中，旅游主体、旅游客体和旅游介体之间相互作用而产生的物质财富和精神财富以及各种文化现象、文化关系的总和。

这一定义包括以下几方面含义：

（1）旅游活动是旅游文化产生的前提。

旅游文化是在旅游活动中与旅游活动同步产生和发展起来的。没有旅游活动就没有旅游文化。旅游文化是以旅游活动为核心而形成的，它不仅包括旅游主体（旅游者）在旅游过程中的文化表现和文化影响，还包括为旅游者提供产品和服务的资源文化和服务文化的内容。

（2）旅游活动本身就是一种文化现象。

如前所述，旅游，首先是一种文化现象。虽然它必须以支付必要的花费为前提，但从本质上说，"旅游者在旅游活动中所追求的是文化享受"，个人经济能力在旅游活动中仅仅起保障作用，"文化和精神享受才是主要目的"，"旅游的主旨和内涵，主要是文化"。因此，旅游活动实际上是一种以一定的经济支出为前提的文化行为。

◆ **案例驿站1.1**

世界石油文化公园的文化

世界石油文化公园位于大庆市让胡路区西湖街，占地2.8平方千米，在我国主题公园中名列前茅。该公园以石油文化为主旋律，西部分为六个区域：果园区、苗圃区、欧洲园区、中东园区、非洲园区和生态农业区。有桥梁12座。其中，钢索斜拉桥，有南浦大桥的意蕴；图腾柱桥，表现了远古人对生命的崇尚；伊斯兰堡桥，在诉说阿拉伯夜空里发生的神秘故事。石油山高24米，土方量10万立方米。假山脚下建的两条各50米长的人工隧道，分别为游览车和行车隧道。世界石油文化公园是一个创举，它展示的是一系列深层次的产业文化景观。它又将较深奥的科学道理寓于轻松的游乐之中，游人在这里既增长了知识，又愉悦了身心。

世界石油文化公园是由大庆石油管理局推出的一项很有远见的特色的文化建设工程，其意义远不止建设一处供人们游乐休闲的园林，承办者的中心意图，是想在原本荒寂单调的北方大地上开拓某种围绕着石油而生的良性生态环境，大庆可在很大的范围内出现十分和谐壮美的景观，让生活在这里的居民和偶尔来到大庆的旅客在这块土地上感到更加舒适和亲切。

资料来源：http://www.9tour.cn/Scenic/City12/11140,九游网

(3)旅游客体文化是旅游文化的重要组成部分。

旅游客体文化是旅游文化的重要组成部分。旅游客体文化也称为旅游资源文化,不同类型的资源文化又体现了不同的文化特征。自然资源文化的特征主要体现为艺术性和美学价值;人文旅游资源的文化特征体现着接待地的传统文化和人文精神,它们都反映着旅游文化的区域性。

(4)旅游文化是一种融合文化,具有综合性。

旅游文化是由旅游主体、旅游客体和旅游媒介相互作用而形成的一种独立的文化形态。其中包括两部分人,一是旅游者,他们是旅游主体;二是旅游目的地从业人员及其他与旅游者有直接或间接接触的目的地接待人员和工作人员,他们是旅游介体。二者在旅游活动中相互作用,共同创造了旅游文化,促进了旅游文化的交流。因此,无论从旅游文化的内容来看,还是从旅游文化的形成过程来看,旅游文化都具有综合性的特征。

三、文化与旅游的关系

旅游与文化之间紧密相连,有着不可分割的关系。文化孕育了旅游,是旅游文化的母体;另一方面,旅游是文化的载体和媒介。古老灿烂的中华民族优秀文化,相当程度上是靠中国旅游才得以传播和弘扬的。旅游,既是文化的消费过程,又是文化的创造过程。通过旅游,文化得到丰富、发展和提高,经济得到振兴和繁荣,物质文明和精神文明建设也得到长足的进步。

1.旅游是一种文化现象,“旅游”与“文化”并蒂连生

旅游主要是一种社会经济现象,但在本质上是“一种文明所形成的生活方式,是一种文化现象、一个系统,是人类物质文化生活和精神文化生活的一个最基本的组成部分,是旅游者这一旅游主体借助旅游介体等外部条件,通过对旅游客体的能动的活动,为实现自身某种需要而作的非定居的旅行的一个动态过程的复合体”。由此可见,旅游属于文化范畴,是文化的一部分。

2.文化孕育了旅游

旅游与文化之间存在着制约关系,文化孕育了旅游,旅游又受制于文化。旅游与文化的这种制约关系,具体说来,有以下几个特点:

(1)制约性。文化制约并决定了旅游的发展方向和发展模式。一般来说,时代开明,文化昌盛,经济繁荣,社会稳定,国力强盛,往往对旅游产生积极的影响,旅游就相对活跃;反之,政治动荡,经济衰败,文化颓废,往往对旅游产生消极的影响,旅游就相对萧条。

(2)同步性。以中国旅游文化为例,中国古代旅游与中国文化的发展呈现一定的同

步性：中国文化的发展经历了兴起、发展、繁荣、稳定四个阶段，中国古代旅游的发展则经历了兴起、发展、兴盛和成熟四个时期。

（3）折射性。旅游像是文化的一面折光镜，在这面镜子里，或隐或显地反映着时代文化的影子，或强或弱地折射着文化的灵魂。

（4）相融性。由于旅游本身是一种文化行为和文化现象，所以，作为文化的一个部分，文化与旅游并无矛盾，而且完全相融，共同组成了一个有机的统一体。

3. 旅游启动着文化的创造

旅游受制于文化，这是旅游与文化关系的一个侧面。旅游与文化的另一个侧面是，旅游毕竟是一种独立的社会文化现象，它受制于文化又游离于文化，给文化以巨大的影响和作用。

◆ 本节相关知识链接

1. http://www.cnctrip.com,中国文化旅游网

2. http://www.sjlywh.com,世界旅游文化网

◆ 本节试题与知识训练

一、填空

旅游文化是在旅游活动中，_____、_____和_____之间相互作用而产生的物质财富和精神财富以及各种文化现象、文化关系的总和。

二、判断

1. 旅游活动是旅游文化产生的前提。　　　　　　　　　　　　　　（　　）

2. 旅游客体文化是旅游文化的重要组成部分。　　　　　　　　　（　　）

三、简答

1. 什么是"文化"？

2. 根据所学知识，分析"文化"与"旅游"之间的关系。

第二节　旅游文化的特征

旅游文化作为文化的一种类型,具有一般文化形态都拥有的共同属性,但它又是一种特殊类型的文化,有着自己的特质。这种共性和个性一起构成了旅游文化的特征——综合性、民族性、地域性和传承性。

一、综合性

旅游文化的综合性包括旅游文化主体成分、动机的复杂性和文化消费的广泛性,旅游文化客体形态、价值取向的多样性,旅游文化中介体形态、分布的广泛性。

1. 旅游文化主体成分、动机的复杂性和文化消费的广泛性

任何一种形态的文化,其主体都是"人",旅游文化的主体就是旅游者。随着大众旅游时代的到来,旅游文化主体的范围也越来越广。他们不同的年龄、信仰、职业、种族、情趣、习俗等都会影响其对旅游文化的接受、重温、加工与创造。作为旅游文化的主导性因素,各种成分的旅游文化主体使旅游文化带有驳杂的、内部不断运动整合的特征。旅游文化主体参与此类活动的文化消费,由此也具有丰富多彩的特征。旅游者行、住、吃、游、购、娱六项主要活动,都充满着对文化的追求。外国旅游者舍去舒适快捷的交通工具而骑着骆驼在戈壁沙漠中跋涉,或不住星级饭店而宁愿挤在傣族小竹楼或蒙古包里,或不惜忍受某种"痛苦"品尝有异国风味的小吃,或花费巨款购买中国的文物古董。可以说,在旅游者的全部旅游经历中,他们每时每刻都在自觉或不自觉地追求并消费着旅游文化。

2. 旅游文化客体形态、价值取向的多样性

旅游文化客体既有物质文化形态如积淀着饮食文化内涵的名菜名点、具有民族风格的民居民宅等,又有精神文化形态如风景区的楹联碑刻、故事传说;既有文物古迹等古代文化,又有星级饭店、人造景观等现代文化;既有戏曲、武术等民族传统文化,又有西式快餐、迪斯尼乐园等移植的异国文化;既有历时性的古代、近现代文化印记,又有共时性的当地、外域不同空间范围的文化因子;还有特定的宗教、哲学、政治、经济等其他文化分支的渗透影响,从而使五花八门、不一而足的旅游文化客体成为可供满足旅游者多种文化需求、多种旅游动机的对象。不论是求知、求新、求美、求险、求舒适、求消遣、求放纵、求健康……都可以在几乎无所不包的旅游文化客体中找到自己人格对象化的共鸣,从而寻找到日常居家生活所没有或不可能有的新鲜感和愉悦感。

3. 旅游文化中介体形态、分布的广泛性

旅游介体文化发展到现代,已具有服务于旅游主体食、行、游、住、购、娱等方方面面的设施

和人员,其提供的旅游产品和各类服务,已使旅游资源得到较为全面与充分的开发。诸如旅行社、旅游中心设立的旅馆、饭店、商店、交通运输机构、娱乐场所以及旅游纪念品生产销售场所,都日趋与特定旅游景点和地区风物、民俗风情等相结合,带有特定的丰富文化内涵。

由上可见,旅游文化是一项以文化交流、文化消费为基础,涉及社会各类成员,包括多种形态旅游客体,又借助于日益丰富的旅游媒体的综合性大众文化。

二、民族性

"民族的东西是独特的,文化的流传是久远的"。每个民族都有自己的传统文化,旅游文化自然也包括在内。旅游文化的民族特性就是这个民族的精神、性格、共同心理素质在旅游文化中的体现,是与其他旅游文化不同的特异性所在。旅游文化的民族性,可以分为民族旅游文化的独特性和民族旅游文化的多样性。

1.民族旅游文化的独特性

民族个性是旅游文化的精髓。每个民族都有自己独特的文化特征,如汉民族喜欢喝米酒、喝高度酒,而日耳曼民族喜欢喝葡萄酒、喝低度酒;中国人喜欢喝绿茶、花茶,而西方人喜欢喝红茶;土家人喜欢住吊脚楼,而藏族人喜欢住碉楼。浓郁的民族个性交织在旅游文化的各个层面中,呈现着丰富多彩的民族旅游文化特性。

◆ **案例驿站 1.2**

羌族的白石信仰

羌族自古以来信奉万物有灵和多神崇拜,但在多神信仰中独尊白石,白石成为一切信仰神的代表和象征。当你走进羌寨,可见寨子屋顶四角上、石雕上、神龛上甚至田边、林里,都供着一块块白石。以羌人信仰习惯,若白石与山结合,白石即为山神;若白石与火结合,白石即为火神;把白石供在寨顶上,白石即为寨神或天神;把白石供在神龛上,便象征宅神、家神。

羌族为什么在神崇拜中独尊白石

对此羌人有着自己的传说与解释。传说,羌族原本是生活在陕、甘、青一代的游牧民族。秦时,迫于秦统治者的侵略与压迫,分成几支迁徙到四川等地。在迁徙途中突然被高山、河流阻挡,后又有魔兵(戈基人)追击。在他们边战边撤、处境艰难、伤亡惨重、面临全族覆灭的危险时,得到先祖天神阿爸木比塔救助。天神阿爸木比塔从天上扔下三块大白石,落地立刻变为三座大雪山,挡住敌兵追赶,使族人处境化险为夷。还传说,羌族在与戈基人打仗时,得到天神阿爸以白石为武器打败了戈基人的帮助后,才

到达了富饶美丽的"日补坝"(今四川茂县境内),得以安居乐业、繁衍子孙,延传至今。以后,羌人便把白石视为保护神,代表天神、地神、山神和寨神,供在寨顶、山上、地边、神龛上、房顶"塔子里"和神林中的山王塔上虔诚祭祀,祈望得到这些神灵的保护。今天,白石崇拜现象在羌族居住区无处不在。白石崇拜既包含着羌人对祖先的崇拜、对天神的崇拜,也是羌人对年景丰收、山寨兴旺美好生活的憧憬与期盼。

资料来源:http://www.minsuw.com/nation/mzqt/278.html,民俗网

2.民族旅游文化的多样性

在不同民族之间的跨文化旅游中,旅游介体不仅要注意本族文化的个性,还要了解和尊重其他民族的文化习俗。例如,受某些宗教信仰或生活习俗的影响,诸如对牛肉、猪肉、数字"4、13"的禁忌、忌讳是许多民族文化模式不可或缺的组成部分。再如,有些国家如马里、印度、阿拉伯诸国,认为左手不洁,不能用左手和他们接触。若不重视旅游文化的民族性,就会在跨文化旅游活动或相关服务中出现问题。

民族性是旅游文化的独特个性,是吸引旅游者的魅力所在。从某种意义来说,民族性是旅游文化的"灵魂"。当然,这种民族性中也有糟粕。例如,体现在某些中国旅游文化现象中的等级尊卑观念、轻视妇女等封建糟粕,是我们应该正视和予以批判的。

◆ 专题笔谈 1.1

民族文化成为旅游资源开发的热点

我国是一个由 56 个民族组成的统一的多民族国家,少数民族有 1 亿多人口,分布在全国各地。民族自治地方区域的面积占国土面积的 64%,少数民族文化资源是全国民间资源的重要组成部分。各民族在发展过程中都创造了悠久的历史和灿烂的文化,其文化呈现着多样性。由于我国少数民族众多,民族文化旅游资源多样且异质性强,因此民族文化成为旅游资源开发的热点。

资料来源:徐文燕.论民族文化多样性保护与旅游资源的合理开发[J].黑龙江民族丛刊,2008

三、地域性

作为文化复合体的旅游文化,是众多特定地理范围的文化产物,不论是历史传承还

是空间移动扩散,都离不开特定的地域。地域性与一个地区的自然地理环境、经济发展状况、当地居民世代相传的风俗人情、审美观念都有关系。

◆ **案例驿站 1.3**

南甜北咸东辣西酸

中国人口味之杂,堪称世界之冠,但也有一定规律可循。南甜北咸、东辣西酸,在一定程度上反映了我国饮食文化的地区差异,同时,也反映了人们的口味与地理环境存在着一定的联系。

山西人能吃醋,可谓"西酸"之首。山西等地的"西方人"何以爱吃酸?打开中国地图,可知这些地区,特别是黄土高原、云贵高原及其周边地区的水土中含有大量的钙。因而他们的食物中钙的含量也相应较多,易在体内引起钙质淀积形成结石。这一带的劳动人民,经过长期的实践经验,发现多吃酸性食物有利于减少结石等疾病,久而久之,也就渐渐养成了爱吃酸的习惯。

湖南、湖北、江西、贵州、四川及东北的朝鲜族等地居民多喜辣。喜辣的食俗多与气候潮湿的地理环境有关。我国东部地处沿海,东北的朝鲜族当地气候也湿润多雨、阴湿寒冷,而四川虽不处于东部,但其地处盆地,更是潮湿多雾,一年四季少见太阳,因而有"蜀犬吠日"之说。这种气候导致人的身体表面湿度与空气饱和湿度相当,难以排出汗液,令人感到烦闷不安,时间久了,还易使人患风湿寒邪、脾胃虚弱等病症。吃辣椒浑身出汗,汗液当然能轻而易举地排出。经常吃辣可以驱寒祛湿,养脾健胃,对健康极为有利(对当地人而言)。

我国北部是内蒙古高原,过去新鲜蔬菜对北方人是罕见的。北方地处暖湿带,多季寒冷干燥,夏季温和多雨,气温年较差大。在过去,即使少量的蔬菜也难以过冬,同时又不舍得一时"挥霍"掉,北方人便把菜腌制起来慢慢"享用"。这样一来,北方大多数人也养成了吃咸的习惯。

广东、浙江、云南等地居民也大多爱吃甜食。南方多雨,光热条件好,盛产甘蔗,比起北方来,蔬菜更是一年几茬。南方人被糖类"包围",自然也就养成了吃甜的习惯。北方人不是不爱吃甜,只是过去糖难得,只好以"咸"代"甜"来调剂口味了。虽说北方现在不缺"糖",但口味一旦形成,不是一朝一夕就可以改变的。

资料来源:http://www.minsuw.com/recipe/jiaozi/215.html,民俗网

尽管从历史上看,人的地域行为的历史过程可远溯至游牧生活时代,地域行为深深地扎根于人类的进化史中,人们喜爱并且不愿离开自己种族生活的地域;但只要人们对他所居住的环境以外的事物产生广泛的兴趣,只要出于他本身的意愿去注重与陌生而新鲜的事物建立联系并能估价和享受它们时,就有产生旅游活动的可能。发掘旅游文化的区域特色有助于确立一个地区的旅游资源、旅游服务的独特优势,因而,在旅游文化的地域性上做好工作是相当重要的。

◆ **专题笔谈 1.2**

中国旅游文化地域类型初步研究

受地理因素的影响,旅游文化现象在一定程度上表现出地域性特征。

旅游文化地域类型是指特定地理环境中旅游活动性质相似,旅游文化的主导因素、旅游景观、旅游资源结构及旅游产业水平一致的旅游物质和非物质文化系统。

根据地理环境的相似性、旅游景观的相似性、旅游资源结构的统一性、社会经济发展水平的同一性和旅游产业的综合水平,可以归纳出中国基本的旅游文化地域类型体系。我们根据各类型的特征和主导因素,初步将它们命名为发达经济—现代人文景观型(典型区域如广东、浙江、江苏等省沿海区域和中心城市)、聚落景观人文环境型(典型区域如北京、南京等城市区域和安徽南部、广东东部等乡村区域)、生态经济自然景观型(典型区域如海南、云南、贵州、广西、内蒙古等省区)、自然景观—人文景观和谐型(典型区域如吉林和黑龙江山区部分、湖南和湖北等省区的湖区)、极限环境传统文化型(典型区域如青藏高原、新疆,甘肃北部等省区)。

资料来源:郑冬子,任云.中国旅游文化地域类型初步研究[J].中国科技信息,2007,(23)

四、传承性

传承性,指旅游文化的历史继承性和演进性。旅游文化是人类文化长期演变的结果,它们中间既有本民族历史文化的沉积、继承和发展,也有对其他民族文化的吸收和融合。这种继承、演变,又可分为进化、涵化两种情况。

1. 进化

进化,即旅游文化的发展是一个由低级向高级、由简单到复杂的循环渐进过程。我国是文明古国,许多旅游文化现象可以追溯到史前时代。它们世代相传,具有极强的继承性,同时又代有创新,呈现出明显的进化痕迹。

◆ **案例驿站 1.4**

戏曲的进化

中国表演艺术的精华—戏曲,就起源于原始社会的巫舞和傩舞。巫舞和傩舞原只是一种含有戏剧因素的祭祀仪式,后来逐渐发展为汉代的角抵戏和南北朝的参军戏,有了情节内容和人物形象;后又进化为宋杂剧、金院本,具备了生、旦、净、丑等角色行当。到元明时期,就成为成熟的戏剧形式—元杂剧、明传奇。到清代中期以后又完善为有极高审美成就的京剧和其他众多地方戏曲,艺术成就越来越高,艺术形式越来越复杂。但不管它们如何发展变化,都继承了中国戏曲唱、念、做、打结合,有角色行当,写意,虚拟,程式等一系列截然不同于外国戏曲的特征,呈现出一部不断进化而又始终保持本质特征的历史。

资料来源:高玉玲.旅游文化[M].成都:电子科技大学出版社,2008

2. 涵化

涵化,即旅游文化在发展过程中对外来文化的吸收和融合。中华文明在历史发展进程中并不简单地排斥外来的异族文化。两种文化在经过剧烈的冲撞后,彼此之间会出现一个交叉渗透的局面。经过社会自身的调整,一种非彼非此、亦彼亦此的新文化被综合出来。

◆ **案例驿站 1.5**

佛教文化的涵化

现在成为我国重要的人文旅游资源的佛教文化就是文化涵化的结果。佛教诞生于印度,汉代传入中国,到魏晋时期形成很大的势力,并与中国原有的儒家、道家文化发生激烈的冲突,在冲突过程中双方相互吸收对方形式和内容,佛教也开始"中国化",到隋唐时期成为以禅宗为中心的中国佛教。其占统治地位的禅宗完全是中国化了的佛教,受道家思想和儒家思想的影响极深,和印度的原始佛教有很大的区别。

资料来源:高玉玲.旅游文化[M].成都:电子科技大学出版社,2008

传承性是旅游文化很重要的特点,它对我们了解许多旅游资源的文化内涵极具指导意义,可以帮助我们深刻剖析文化内涵的层次性、丰厚性和独特性。而这往往是旅游资源的价值所在。

◆ 本节相关知识链接

1. http://www.minsuw.com,民俗网

2. http://www.chinesefolklore.com/,中国民俗网

◆ 本节试题与知识训练

一、填空

1. 旅游文化作为文化的一种类型,具有一般文化形态都拥有的共同属性,但它又是一种特殊类型,有着自己的特质。这种共性和个性一起构成了旅游文化的特征——_____、_____、_____和_____。

2. _____与一个地区的自然地理环境、经济发展状况、当地居民世代相传的风俗人情、审美观念都有关系。

二、判断

1. 旅游文化的综合性包括旅游文化主体成分、动机的复杂性和文化消费的广泛性,旅游文化客体形态、价值取向的多样性,旅游文化中介体形态、分布的广泛性。 (　　)

2. 民族性是旅游文化的独特个性,是吸引旅游者的魅力所在。从某种意义来说,民族性是旅游文化的"灵魂"。 (　　)

三、简答

简述旅游文化有哪些基本特征。

第三节　旅游文化的构成

对旅游文化的构成体系,学术界尚无一致意见。有些学者认为,可以直接套用文化结构,即旅游文化包括旅游物质文化、旅游制度文化、旅游行为文化和旅游精神文化。这种方式虽然有文化的构成作为基础,但简单地套用并不能体现旅游文化的特性。卢云亭先生在《旅游文化学及其系统结构分析》一文中将旅游文化分为旅游主体文化、旅游客体文化和旅游介体文化,这种构成方式在沈祖祥的《旅游文化概论》中得到全面的阐释和发展。以旅游的主体、客体和介体作为旅游文化三大领域的标志,清晰明确,简便易行。旅

游介体,一边连着旅游主体,一边连着旅游客体,从而使旅游文化成为一个有机的统一体。

一、旅游主体文化

旅游主体就是我们通常所说的旅游者,是旅游客体的游览主体。旅游主体文化是旅游文化的核心,是旅游本质的集中表现,它是指旅游者在旅游决策和旅游活动中所表现出来的各种文化现象的总和。它主要包括旅游主体的消费文化、审美文化和休闲文化等内容。旅游主体文化是一种动态的、多样的文化,是历史与现实、个人与社会交互作用的结果。

◆ 专题笔谈 1.3

旅游文化主体是旅游文化研究的中心

任何一种形态的文化,其主体都是"人",旅游文化的主体就是旅游者。研究旅游文化,如果不去研究作为主体的旅游者的特点、心态及其与周围环境的诸多关系,就无法揭示旅游文化的本质内容。因此,旅游文化必须把旅游文化主体作为自己的研究中心。

从现状来看,中国旅游者整体旅游文化意识不强是应把旅游主体作为旅游文化中心研究的一个重要的现实原因。过去由于认识上的偏颇,我们对旅游者没有给以足够的重视,没有把旅游者的物质消费引到审美追求上来。许多国内旅游者的旅游还是盲目的,不少人只是走马观花,以"身临其境"为满足,旅游意识很淡薄。

从未来旅游发展的趋势看,注重对旅游主体的研究是中国旅游文化研究与国际接轨的重要方面。西方国家非常重视对旅游文化主体的研究。他们对"旅游文化"概念的表述,一般用"tourist culture",而不用"tourism culture",明显地把旅游者放置在旅游文化结构框架之中心位置,并且在西方,旅游文化一般不是一门独立的学科,更多的是一个研究角度或一种研究系统。

资料来源:唐建军.旅游文化主体是旅游文化研究的中心[J].潍坊学院学报,2006,(5).

1.旅游主体的消费文化

旅游是一种文化现象。旅游主体的旅游消费行为作为旅游的主要活动方式,也是一种特殊的文化消费行为,这种文化消费行为的形成、发展和演变过程,即文化过程。文化无论对旅游主体旅游消费动机的形成,还是对旅游消费行为的具体实施,都产生了深刻的影响。同时,在旅游主体的消费行为中也表现出明显的文化过程及特征。

2.旅游主体的审美文化

旅游活动就是审美活动。因此无论哪一种旅游,都是在各种活动中寻求美的享受,愉悦身心,陶冶性情,增添生活的乐趣。同其他审美领域一样,旅游审美的取向和结果常常因主体的不同而有较大的差异。无论哪一个国家、哪一个地区的旅游者,对于景观的审美都以其文化为背景,在旅游审美实践中形成各自的审美文化。因此,在深入剖析景观对象审美文化内涵的基础上,对旅游者的审美活动,既要从审美心理学的角度加以分析,也需要从审美文化学的角度予以探讨。

3.旅游主体的休闲文化

休闲既是一种人们的生活方式,更是一种人类文化。旅游能松弛人的身心,能使人紧张疲劳的心情得到缓解和调适,是一种极其重要的休闲活动。随着现代社会的发展和人们生活水平的提高,旅游不再是单纯的游山玩水,而发展成为一种特殊的综合性休闲娱乐活动。旅游在日益丰富其内容,将原先的日常休闲活动纳入其范围。纳入旅游的休闲活动主要有登山、散步、垂钓、狩猎、体育、文艺活动和夜生活等。旅游与休闲文化正在日益渗透交融。

二、旅游客体文化

旅游是旅游主体作用于旅游客体的活动过程。作为旅游客体的旅游资源是旅游业赖以生存和发展的物质基础和条件。旅游客体文化是旅游资源的文化内涵和价值所体现的观念和外在形态。

旅游资源类型很多,可大致分为自然旅游资源和人文旅游资源两大类;也可细分为自然旅游景观、人文旅游景观和社会旅游景观三种类型。根据后一种划分,旅游客体文化可以分为自然旅游文化、人文旅游文化和社会旅游文化三种类型。

1.自然旅游文化

自然旅游文化,即通常所说的山水文化,就是山山水水中所蕴含及引发的文化现象,也是绚丽的山水和辉煌的文化的结合。我们在此所说的山水不是指具体的山水,而是指以具体山水为主的自然环境、自然景观。我国拥有众多的名山胜水和物种丰富的生物旅游资源,其中名山不仅山体雄奇高大、景色秀丽,而且蕴藏着丰厚的文化底蕴,这些都是大自然造化以及祖先留给我们的宝贵财富。我们不但要好好珍惜,更要好好学习和研究,以便更好地为旅游事业服务。

2.人文旅游文化

人文旅游文化是建筑、饮食、文学艺术等旅游文化载体体现出来的静态的旅游文化。旅游文化是人文景观的灵魂。人文景观是指人类活动形成的至今仍具有一定物质形态和观赏研究价值的旅游吸引物，是人类活动在土地及土地空间上的烙印，是人类生产、生活的艺术成就和文化结晶的写照，是人类适应并改造自身生存环境的科学的、历史的概括，比如建筑、饮食、文学艺术等。

3.社会旅游文化

社会旅游文化是宗教、民俗、社会制度等旅游文化载体体现出来的动态的旅游文化。社会旅游文化更多地体现了旅游接待地居民鲜活的文化形态和对旅游者文化的持续影响。

旅游在客观上起着促进不同地区、不同民族乃至不同国度文化之间的相互沟通作用。与其他文化传播方式相比，社会旅游文化的交流方式优势十分明显：首先，它是一种直接交往，而不是以文字、有形物品或者以个别人为代表的间接交往；其次，社会旅游文化交往是人类的和平交往，是人类文化交流的最理想方式；再次，以社会旅游文化为媒介的对外文化交流虽然离不开政府的参与，但更多的是一种民间文化交流活动，这种民间活动常常能发挥正式的外交活动所起不到的作用。接待地通过发展社会旅游文化，一方面可以宣传自己，另一方面可以了解他人。

三、旅游介体文化

旅游介体，又称为旅游媒体，是指帮助旅游主体顺利圆满地完成旅游活动的中介组织，即向旅游主体提供各种服务的旅游部门和企业。旅游介体大体包括三个方面——直接提供服务的旅游企业，各旅行社、饭店、餐饮店、交通企业；辅助服务的旅游企业，各旅游商店、旅游工艺企业；开发旅游服务的部门、机构，各政府旅游管理机构、旅游协会、旅游培训机构。

旅游介体文化是指各种旅游媒体在长期的旅游实践活动中形成和不断完善的共同的价值取向、行业精神、行业环境、行业规范等方面的总和，主要包括旅游行业文化和旅游企业文化。

旅游行业文化是指为旅游主体的旅游活动提供服务的各种旅游行政部门、行业协会和服务企业所共同认可的价值观、行为方式、思想意识等方面的文化样式。

旅游企业文化是旅游企业主、客体相互作用而产生的物质财富、精神财富的总和，是旅游企业如饭店、旅行社、旅游交通公司及相关企业在长期为旅游者服务的经营活动中逐步形成和发展起来的带有本旅游企业特色的价值观、行为方式、经营作风、企业精神、道德规范、发展目标及蕴含在企业形象和企业产品之中的文化特色的总和。

旅游介体文化是旅游主体文化和客体文化的媒体,是主客体文化的桥梁,在旅游活动的全过程中,旅游介体文化起着重要的作用,没有旅游介体文化,旅游主、客体文化便无法交流。

◉ **本节相关知识链接**

1. http://www.9tour.cn,九游网

2. http://www.51yala.com/,中国旅游网

3. http://www.fokok.com/,神游中国

◉ **本节试题与知识训练**

一、填空

1. 旅游客体文化可以分为_____、_____和_____三种类型。

2. _____是旅游文化的核心,是旅游本质的集中表现,它是指旅游者在旅游决策和旅游活动中所表现出来的各种文化现象的总和。

二、判断

1. 旅游介体,又称为旅游媒体,是指帮助旅游主体顺利圆满完成旅游活动的中介组织,即向旅游主体提供各种服务的旅游部门和企业。　　　　　　　　（　　）

2. 旅游客体文化是旅游文化的重要组成部分。　　　　　　　　　　　（　　）

三、简答

1. 简述旅游文化的构成。

2. 简述旅游介体文化的含义及其构成。

第四节　旅游文化的重要地位和发展趋势

一、旅游文化的重要地位

本书将从旅游文化的功能和旅游文化的研究意义两个角度来阐述旅游文化的重要地位。

1.旅游文化的功能

波裔英国人马林诺夫斯基在《文化论》中提出功能性的文化定义,认为文化是人类生活的手段、工具,生活是文化的主体。"文化是包括一套工具及一套风俗——人体的或心灵的习惯,它们都是直接或间接地满足人类的需要。一切文化要素,若是我们的看法是对的,一定都在活动着,发生作用,而且是有效的。文化要素的动态性质指示了人类学的重要工作就是研究文明的功能。"马波诺夫斯基对于文化功能的阐述,对旅游文化的研究具有指导意义。既然文化是满足人类生活需要的一套工具,那么旅游文化自然也不例外,乃是人类为了满足自己追求自由的本性、超越自我、走向世界、发展认知和审美能力的一种工具,具有凝聚、教化、认知、启智、愉悦、辐射、约束、经济等功能。

(1)凝聚功能。

"物以类聚,人以群分"。文化是人类联结和凝聚的纽带。生产方式、生活方式、传统习惯是影响人类聚、分的基础性东西,价值观念、思维方式、宗教信仰是影响人类聚、分的深层次东西。旅游文化的这种凝聚功能是与其教化、认知、启智、愉悦功能密切联系、不可分割的。

(2)教化功能。

旅游文化的教化功能无处不在、无时不在。以旅游介体而言,优秀的旅游企业文化,可以促使旅游从业人员树立崇高理想、培养高尚道德、净化自己的心灵,使人学到为人处世的艺术,学到进行生产经营及管理的知识、经验,提高人的能力。以旅游主体而言,看到风采各异的民族文化成就时,会为我们国家的民族大团结而深深感动;看到长城,会为古代我国人民的伟大智慧和团结力量所折服;看到故宫、秦陵时,会为中华民族精湛的建筑艺术和高超的工艺水平而由衷的感到自豪。

(3)认知功能。

旅游文化作为人类物质文化和精神文化的一部分,无疑具有极其重要的认知功能。例如,通过学习中国饮食文化,可以了解中国的八大菜系,了解中国源远流长的茶文化、酒文化的历史;通过学习西方饮食文化,可以了解西方的酒文化、咖啡文化以及中西饮食文化的差别;通过学习民俗文化,我们可以看到各个民族之间生产、生活方式的差异。

(4)启智功能。

旅游文化能够启迪人的思维,培养人的想象力和创造力。旅游文化推动旅游主体创造了游记、山水诗词、探险小说、山水画、风俗画、风景摄影等文化艺术成就,涵盖文学、美术、摄影等各个领域。例如,孔子通过对商周文化的考察,创作了《诗经》;司马迁读万卷书,行万里路,创造了《史记》;李白、杜甫在吸收前人文化成果的基础上,创作了名扬千古的历史诗篇。

（5）愉悦功能。

马斯洛需要层次理论显示，对文化的渴求是人类较高层次的需求。因而，人类对异国他乡的文化具有一种特别的新奇感，对高层次的文化消费具有特别的满足感，对优秀的文化具有强烈的愉悦感。例如，旅游文化通过旅游主体对旅游客体的游览，可以引发旅游主体的审美愉悦。旅游客体，尤其是自然景观，包含着自然的美感如形象美、色彩美、动态美、听觉美、嗅觉美等。其中，形象美给予旅游主体的审美感受是十分突出的，如泰山之雄、黄山之奇、华山之险、雁荡之秀等都产生了畅神骋怀的审美愉悦。

（6）辐射功能。

旅游文化能够通过旅游介体（旅行社、旅游交通和饭店等）在旅游主体和旅游客体之间传播。就旅游主体而言，它可以将客源地的文化传播到目的地，也可以将目的地的文化传播回客源地。就旅游客体而言，可以通过目的地的文化影响旅游主体，也可以吸收旅游主体带来的客源地文化。就旅游介体而言，既可以将企业文化带给旅游主体和旅游客体，又可以吸收旅游主体和旅游客体的文化。当然，文化的这种辐射功能具有两面性，因此要想方设法传播、吸收先进的旅游文化，克服、排除落后的旅游文化，从而促进旅游文化的健康、持续发展。

（7）约束功能。

旅游文化特别是一些传统习惯和民族禁忌具有约束人们行为的功能。比如，回族人禁止在井边洗手洗衣；苗族人禁止砍伐村中风景林树木；土家族人禁食蛙肉、蛇肉。这些保护生态环境的良好风俗习惯和禁忌，不仅对本地居民具有良好的规范作用，而且对异国他乡的游客也会产生良好的约束作用。

（8）经济功能。

旅游既是一种社会现象、文化现象，还是一种经济现象。旅游文化的经济功能表现在，不仅可以拉动内需、解决就业、脱贫致富，还可以通过获取外汇、平衡国际收支、购买国外的先进技术和设备，推动经济的不断发展。2006 年，国家旅游局对入境旅客抽样调查结果显示，80％的境外游客是为了感受中国文化而入境旅游，只有 20％的境外游客是奔着中国的自然景观来的。可见，五千年的华夏文明对国际游客有很大的吸引力。旅游文化的经济功能是非常强大的。

2. 旅游文化的研究意义

研究旅游文化具有重要的意义。

（1）有利于完善旅游学科体系的建设。

旅游文化学的产生和建立是时代进步的结果,也是旅游学发展的要求。旅游文化作为一门旅游学与文化学的交叉学科,它的研究和发展,不仅有利于丰富和完善旅游学的学科体系,也有利于拓展文化学的研究范围,有助于文化学不断向着新的广度和深度发展。

(2)有利于人们认识旅游活动发展的机理。

马波先生认为,旅游文化学有助于解释人类的旅游行为,揭示旅游活动发展的机理。人类的旅游活动固然要受到经济因素的影响,但从根本上来说,它是文化使然,是人的一种自觉的活动。旅游文化学从文化的角度来审视旅游活动,研究旅游产生、发展乃至成为人们生活不可或缺的组成部分的内在规律,可以说,为人们认识旅游提供了最有效的方法和途径。

(3)有利于旅游者及其旅游从业人员素质的培养和提高。

旅游文化以旅游主体文化、旅游客体文化和旅游介体文化为研究对象,可以增加人们的旅游文化知识,加深人们对旅游文化现象的认识和理解,通过潜移默化的作用,不断提高旅游者、旅游从业人员乃至整个社会的文化素养和道德修养。

(4)有利于弘扬民族传统文化,促进社会和谐发展。

中国旅游文化源远流长,博大精深。旅游文化学的研究,有助于人们更加深刻地认识和理解中国独特的自然、人文、社会旅游文化,有助于弘扬民族传统文化,有助于促进社会的和谐、持续、稳定发展。

◆ **专题笔谈 1.4**

旅游文化——旅游可持续发展的源泉

随着现代社会的飞速发展,文化在现代旅游活动中扮演着越来越重要的角色,文化旅游正成为一种备受青睐的旅游形式。要加快中国旅游业的发展,提高国际竞争力,就必须高度重视旅游文化建设。

旅游文化是一个国家旅游业保持自身特色的决定因素,一个国家的旅游业若缺少了本民族传统文化的底蕴,便失去了特色和吸引力。实践证明,举凡旅游业昌盛之国,莫不以旅游文化取胜。

旅游文化蕴藏着巨大的经济潜能。旅游是以一国一民族独特的文化招徕旅客赚取外汇的文化经济资源。

旅游文化是提高人的素质,提高管理水平的关键。旅游文化大量体现在旅游业的管理者及其从业人员身上,其文化素质优劣、经营管理水平高低直接影响到旅游者能否获得良好的审美享受和精神满足,直接关系到旅游资源能否得到合理的开发和利用,进而影响到旅游业的发展。

中国旅游业要获得更大的发展,立足于世界旅游强国之林,就必须重视旅游文化建设,深入挖掘旅游文化的内涵,营造旅游文化氛围,建立一套具有中国特色的旅游文化体系,为旅游业的发展提供服务和指南。旅游文化是中国旅游业不可缺少的文化底蕴和灵魂,是中国旅游业保持中国特色、提高国际竞争力的关键。

资料来源:刘江.旅游文化——旅游可持续发展的源泉[J].技术与市场,2005,(2).

二、旅游文化的发展趋势

1.回归文化成为旅游的核心内容和发展的新趋势

旅游在经历了单纯的观光游到如今的深层次的旅游文化,这种回归文化的趋势取决于文化对旅游的作用。旅游业的竞争本质上是文化的竞争,文化因素成为旅游经济发展的决定性因素。在旅游活动中,旅游者物质方面的需求是较低级的需求,易于满足,但是,其最终目标是精神文化方面的需求,属于高级而复杂的需求,较难满足。由于各地域、各民族的文化差异性往往为一个地域、一个民族所独有,很难模仿和复制,可比性较低,易于创出自己的特色和品牌,形成发展旅游强有力的竞争能力。文化中所带有的民族和地域的独特信息,往往是不可再生也是不可替代的,因此突出旅游文化特色形成区域间文化特质,是培植旅游经济核心竞争力的关键。随着旅游开发逐渐向深度发展,文化像一只无形的手支配着旅游经济活动,只有通过文化创新才能保持旅游经济基业常青。

2.生态旅游与旅游文化交融是旅游业发展的新趋势

20世纪80年代以来,世界旅游业蓬勃发展,全球旅游产业规模日益增大,其过程对环境和自然生态的损害日趋严重,其程度远远超出了人们的估计。生态旅游是人们通过对环境的审美感受,重新发现自然物的环境意义。生态旅游旨在实现经济、社会和美学价值的同时,也寻求适当的利润和环境资源价值的维护。生态旅游资源主要包括自然保护区资源、风景名胜区资源、国家公园资源、森林公园资源以及生态实验站资源;从景观生态角度来看,主要包括地貌、森林、植被、各种水域、沼泽等景观生态资源类型。这类生态旅游资源的共同特点是保持着大自然的原有风貌和良好的生态环境,有些还具有丰富独特的人文积淀、浓郁的风俗民情。生态旅游资源正受到越来越多人的青睐,成为人们回归自然及开展可持续旅游的理想境地。

3.弘扬本土的民族文化是发展 21 世纪旅游文化的重要内容

"民族的就是世界的,也是最好的。"这里讲的"民族的"就是指本土文化。旅游经济需要国际化,需要与世界接轨,但旅游文化一定要保持和发扬本土的特色。许多中国大酒店设备先进、服务一流,但国外游客却抱怨说:"我好像不是在中国!"这说明,外国游客到中国,是想探寻五千年的东方文明,而不是照搬的西方文明。东方古国在大多数西方游客心里仍然是神秘的,充满好奇的。如何发扬民族文化,使我们的旅游服务、旅游设施以及各种旅游产品具有长久不衰的吸引力,将是 21 世纪旅游业的共同研究课题。

◆ **本节相关知识链接**

1. http://www.cnta.gov.cn,中国旅游网

2. http://www.cntc.com.cn/index.html,中国旅游文化网

◆ **本节试题与知识训练**

一、判断

1.研究旅游文化有利于完善旅游学科体系的建设。 ( )

2.研究旅游文化有利于弘扬民族传统文化,促进社会和谐发展。 ( )

二、选择

下列属于旅游文化功能的有_____。

A.凝聚功能 B.认知功能 C.启智功能 D.辐射功能

三、简答

1.旅游文化有哪些功能?

2.研究旅游文化的意义是什么?

3.旅游文化呈现什么样的发展趋势?

◆ **本章小结**

1.本章结语

本章主要讲述了旅游文化的定义、旅游文化的特征、旅游文化的结构以及旅游文化的重要地位和发展趋势。

2.本章知识结构图

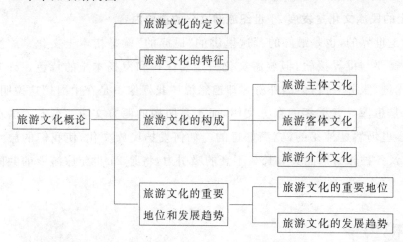

3.本章核心概念

旅游文化　旅游主体文化　旅游客体文化　旅游介体文化

◆ **实训练习**

以学习者所在城市为对象,实地考察所在城市的旅游文化(包括旅游主体文化、旅游客体文化和旅游介体文化)特点有哪些。

◆ **延伸阅读**

联合国教科文组织官员:旅游业开发要谨慎进行

"要重新考虑旅游业和文化多元化的关系,在旅游业开发方面要谨慎进行。"联合国教科文组织北京办事处文化官员卡贝丝女士说。

2007年7月14日,为期两天的首届创新型旅游文化国际论坛在吉林省延边朝鲜族自治州首府延吉市开幕。有关与会人员就国际旅游发展趋势、文化内涵对旅游产业的促进、地域文化的保护等相关课题进行了研讨。

卡贝丝说,旅游业近年来有了前所未有的提升,也为各个国家的经济发展提供了机遇。然而,旅游业如果没有得到良好的规划和管理,将会带来一些负面影响,可以非常轻易地就把从旅游业开发中带来的好处吞食掉,直接影响旅游业赖以生存的基础。

她认为,旅游业一个非常重要的方面,就是可持续发展以及人力资源开发。认识实现旅游业可持续发展和保护无价资源的重要性,保护好脆弱的文化和自然资源又能充分地进行利用,帮助当地的社区减轻贫困,同时实现文化的多元化目标,这些问题需要各国在旅游业发展和规划中进行充分考虑。

　　卡贝丝说,最近几年来,一些世界遗产的景点吸引了越来越多的游客,这是一个积极的方面,但是与日俱增的游客带来了越来越大的保护方面的压力。旅游业的快速发展,使文化保护和景点保护面临着巨大的挑战。

资料来源:徐家军:《联合国教科文组织官员:旅游业开发要谨慎进行》,新华网。

第 二 章

旅游主体文化

学习目标

知识要点：了解旅游主体文化在旅游文化中的地位；理解旅游主体消费文化的特征以及我国旅游主体消费文化存在的问题；掌握旅游主体审美活动及其类型；理解旅游主体审美感受的层次；了解旅游主体休闲文化的相关知识。

技能训练：将班级成员分成几个小组，实地考察所在城市的旅游商品并总结其特色。

能力拓展：将班级成员分成人数相当的小组，首先做一份调查问卷，然后根据调查问卷调查分析并总结所在旅游城市的旅游者在旅游决策和旅游活动中会表现出哪些文化现象。

引 例

中国农民旅游市场开发

农民旅游市场是我国旅游市场的重要组成部分。中国有 13 亿人口，农民就占了 8 亿多，农村将会成为我国最大的旅游消费市场。目前，农民参加旅游团的人数只占总人数的较小部分，绝大多数农民是以自助形式出游。在消费水平方面，300～400 元的人均花费构成了当前农民国内旅游消费的主流，这种消费水平约为城镇人口旅游消费水平的三分之一。相对较低的消费水平，使农民旅游市场的开发并不太被看好，农民除了自助游外较少有别的选择。城市化的旅游广告显然也不适合相对地广人稀的农村，成本太高,效益也低。针对农民旅游的特点,可培养"农民导游"来开发农民旅游市场,带动旅游消费。我们农民旅游既有可开发的潜力,又有可开发的现实可能性,只要我们努力解决其中存在的问题,我国农民旅游市场还是大有可为的。

案例引发的问题:农民作为我国特殊的旅游主体,有什么样的特点? 从案例资料来分析中国旅游主体成分正在发生哪些变化。

资料来源:仪孝法.中国农民旅游市场开发.旅游调研[J].2007,(1)

第一节　旅游主体文化在旅游文化中的地位

一、旅游主体与旅游主体文化

1.旅游主体

旅游主体就是我们通常所说的旅游者,是旅游客体的游览主体。旅游主体与旅游客体是旅游行为中一对相辅相成的概念。没有旅游客体,就没有旅游主体,反之亦然。旅游主体是旅游活动的主体,是旅游消费的主体,是旅游审美的主体。

2.旅游主体在旅游活动中的文化角色

(1)旅游主体是文化的需求者。

旅游者的文化需求是人类自身的一种发展需求。旅游活动与人类其他认识活动和实践相同,都是人类的需要。但是,与人类的一般由低到高的需求不同,旅游是人类自身发展的需求。虽然在旅游活动中也包含吃、住、行、购等人类共有的生活现象,但是这不同于人类自古以来就有的衣、食、住、行。从旅游文化学角度来说,前者是人类在解决生存、温饱之后更高的发展需求(多为精神需求),追求更有价值的生命意义,而后者则是为满足人类的一般由低到高的需要;前者注重生活和生命的质量,后者注重生活和生命的数量;前者是发展、丰富生活和生命的手段,后者则是维持、延长生活和生命的手段。鲁迅在谈到人类的生命过程时曾说过:"一要生存,二要温饱,三要发展。"旅游活动对于人类来说,无疑属于一种发展的需要。如果单从人们一般的由低到高的需要来说,解决起码的衣、食、住、行或要求更好的衣、食、住、行是社会发展的一般规律。但是,从旅游文化学的角度来说,这并不一定符合旅游者的需求,如居住在舒适、宽敞的洋房里的欧美游客偏要住一住北京的四合院或云南的傣族山寨,这一行为显然不是出于生存的需要,而是为了满足体验异域生存方式的心理需要,具有浓厚的人文色彩。

◆ **案例驿站 2.1**

"务农旅游"

农田耕作自古以来就是维护人类生存的最重要的方式,务农是人类传统的生存需要。但是,近年来在日本兴起一种别具意义的"务农旅游"。旅游者每天和当地农民一道早起下田劳动,一道戴月而归。除持镰割稻外,还有挖红薯、收蔬菜等农活。这些务农旅游者的参加者们不但得不到报酬,反而要交费。很明显,这种农作劳动已不是出自于一种生存上的需要,而是为了满足现代社会中人们的一种发展的需要,即一方面是为了继承、发扬日本的"稻作文化"传统,以引起人们对粮食生产的重视,另一方面也是体验一种与都市不同的生活,培养自己的劳动品格。

资料来源:http://news.sina.com.cn/s/2003-12-19/05511376919s.shtml,新浪新闻中心

旅游者的文化需求是物质性需求,更是精神性需求。应该说,旅游者的文化需求是以精神需求为主的,至少是在物质需求中伴随着强烈的精神需求,或者说,旅游者的文化需求主要体现在物质需求完成之后的那种精神需求上。因此,旅游者的旅游活动实际上是一种心理体验和情感体验。例如,许多中外旅游者到了山东,总是要去品尝一下正宗的"鲁菜"。就"吃"来说,这是一种物质性需求,但旅游者在吃"鲁菜"时,决不是将此作为维持生存的手段,而是作为一种特色的文化现象来看待。

(2)旅游主体是文化的传播者。

旅游者对某一异己文化的认知、体验及其对旅游地居民的影响,构成了旅游活动中的文化传播过程。根据传播的方向,可以把旅游文化传播分为归向文化传播和来向文化传播。

归向文化传播指旅游者从旅游地归来后,根据自己对旅游地文化的认知、体验,向他人或社会转述而形成的文化传播。这一传播具有如下特征。第一,传播的有意性。这是旅游者对自己的经历和旅游地风土人情的转述、回忆而主动进行的文化传播。西方学者罗伯特·麦金托什曾经认为,许多人的旅游动机往往来自旅游者归来后的炫耀,而炫耀本身即是一种有意的文化传播。这种文化可以说是被旅游者"有意带回来的文化"。在交通不很畅通、住宿业不发达的中世纪以前,这种文化传播方式是当时地域之间、国家之间最主要的文化传播方式。例如,《马可波罗游记》就是当时西方了解东方文化的主要依据,马可·波罗对自己的旅游经历的回忆和体验就是对东方文化的有意传播。因此,从这一意义上说,所有的旅游者或多或少都是文化的有意传播者,他们"带回了文化"。第

二,传播的局限性。由于旅游者的个人视角、感受程度、文化素质等因素的影响,这种归向文化传播具有某种限定性,即旅游者"带回来的文化"不是整体的而是局部的,不是客观的而是主观的,所以这种文化传播往往具有明显的局限性甚至变形性。

来向文化传播是指旅游地居住者对前来游览、观光的旅游者所表现出来的文化意义的认同和理解。这一文化传播具有如下特征。第一,传播的无意性。除了那些宗教旅游者和其他负有特殊任务的旅游者外,来向文化传播多是无意性的。因为旅游者文化对旅游居住者文化的影响往往是在潜移默化的过程中实现的。第二,传播的示范性。旅游者文化往往对旅游居住者具有示范性影响,后者对前者的"察言观色"的效仿,构成了来向文化的传播过程。它主要表现在居住者中青年一代对旅游者的服饰、姿态等外在行为的模仿。例如,牛仔裤在我国就是最早在旅游地和开放城市中流行起来的。随着时间的推移和开放程度的深化,在外在服饰等方面,居住者与旅游者的距离越来越小。

3.旅游主体文化研究对象和内容

旅游主体文化作为旅游文化研究的重要组成部分,历来为学术界所重视,但对其研究内容所指各抒己见,一直未有统一的定论。在这里,对有一定影响的三种观点进行简要的介绍和分析。

(1)旅游主体文化要素包括:①旅游者的政治主张、思想和信仰;②旅游者的旅游动因;③旅游者的居住地文化形态;④旅游者的文化素质、受教育程度;⑤旅游者的职业;⑥旅游者的心理、性格和爱好;⑦旅游者的生活方式。这种阐述比较具体,也概括了旅游者在旅游过程中的各种现象,但对旅游者的主体活动——旅游游览的文化现象有所忽视。

(2)旅游主体文化的研究对象应是影响旅游者进行旅游决策的文化因素及旅游实施后旅行者所表现出来的各种文化现象。具体包括:①旅游者心理因素——旅游动机、爱好、性格、兴趣等;②旅游审美要素及旅游者的审美表现——影响旅游者审美的因素,旅游者的文化背景、审美类型和审美方式;③旅游者消费行为——旅游者的消费价值观、生活方式、消费方式、消费行为模式;④旅游者的社会文化环境——社会时尚、历史认识。这种阐述既明确提出了旅游主体文化的研究对象,又列出了具体内容,从总体来说,这种表述很有价值,值得重视。

(3)旅游主体文化是与旅游者的思想观念、心理特征和行为方式有关的文化。具体包括:①旅游者的所在国(地区)的文化形态;②旅游者的思想信仰;③旅游者的文化素质;④旅游者的职业和经济状况;⑤旅游者的心理、性格、爱好;⑥旅游者的生活方式;⑦旅游者的消费习惯。这种表述,既明确了旅游主体文化的研究对象,又提出了具体的研究内容,是目前学术界对旅游主体的研究对象及内容的较为科学的表述,但对旅游决策动因缺乏阐述。

根据上述学术界对旅游主体文化的研究对象及内容的分析,我们认为可给旅游主体文化下如下定义:旅游主体文化是旅游文化的重要组成部分,是旅游者在旅游决策和旅游活动中所表现出来的各种文化现象的总和。

二、旅游主体文化在旅游文化中的地位

从本质上说,旅游文化是旅游的"人"化,即旅游者的文化,从旅游文化活动的发生、旅游文化活动的终极目标来看,旅游者文化在旅游文化中处于中心地位。

1. 从旅游文化活动的发生来看,旅游文化消费动机源于旅游主体的文化需求

旅游文化消费与日常商品消费不同,它主要表现为一种追求精神享受和发展需要的文化需求,这种文化需求就是旅游动机产生的直接原因。

根据马斯洛的需要层次理论,当人的物质生活需求基本满足之后,由本能所激发的对精神生活的需求日益迫切,旅游活动是满足这种需求的最佳途径。于是,旅游需要随之产生,作为旅游吸引物的旅游客体的存在使旅游需要转化成旅游动机,旅游活动由此展开。

也就是说,潜在的旅游者由于受到求美、寻奇等旅游动机的冲击和旅游客体的吸引,在旅游业的介入下,实现了旅游;在旅游过程中产生了欢快愉悦的心理状态和审美情绪,这是旅游文化最初和最核心的部分。因此,虽然旅游活动的发生是旅游三要素——旅游主体、客体和中介即旅游者、旅游资源和旅游服务企业三者紧密联系起来共同构成的,其中任何一个因素都不可能独自构成旅游,也不可能产生旅游文化。例如,旅游者在没有实现旅游时,只是潜在的旅游者;旅游客体如果不被旅游者观览欣赏,就仍然保持它们原来的自然形态或文化形态,失去了旅游的意义;而如果没有旅游者,或没有旅游客体可供欣赏,旅游服务企业的中介作用也无法发挥。但在三者当中,旅游主体更具有本源意义,其文化需求直接促成了旅游消费行为的发生。

2. 从旅游文化活动的终极目标来看,它是为使旅游文化主体获得精神享受和心理满足

只有实现了这一目标,旅游业才能实现自己的经济利益,因此,旅游者心理的满足是一切旅游管理工作的出发点和归宿。正如美国康纳尔大学旅游界的权威人士所说"旅游业最关心的产品——旅游者美好回忆"。旅游业必须通过为旅游者提供赏心悦目的游览景观、舒适惬意的住宿条件和热情周到的多种服务,使旅游者高兴而来、满意而归,在欢快愉悦的旅游中慷慨解囊。

具体来说,旅游管理工作需要做到以下三点来使旅游文化主体获得精神享受和心理满足。第一,旅游文化资源的开发需要研究旅游者的心理需求。第二,旅游设施建设需要满足旅游者的审美需求。第三,旅游服务需要尊重旅游者的审美个性。

我国旅游业经历了 20 多年的大开发、大发展之后,未来一个时期应该进入一个全面提升经营管理和服务水平、丰富旅游产品的文化内涵、注重旅游者的文化体验价值的新阶段。另外,旅游市场也由资源导向型走向市场导向型,为更好地满足市场需求,就必须重视旅游者的需要,以旅游者为本发展旅游。

所以说,在旅游活动的三个基本要素中(即旅游主体、客体、介体),旅游主体是主导和核心,由此也决定了旅游主体文化在旅游文化中处于核心地位。在旅游文化中,旅游客体文化和介体文化都因旅游主体文化现象的发生而被纳入旅游文化圈,并因旅游主体的线性流动而形成旅游文化系统。

三、旅游主体文化的成因

旅游主体文化是一种动态的、多样的文化,是历史与现实、个人与社会交互作用的结果,其形成的原因是多方面的,可以从内部与外部两个层面加以剖析。

1. 内部原因

(1)传统文化的负载。

旅游主体是散布在不同时空中的人,他们身上都留下了传统文化的烙印。传统文化在旅游主体身上展现得尤为充分。有人对世界主要客源国的旅游者的个性心理特征作了一个对比:英国人,矜持,幽默,绅士派头十足;美国人,开朗,大方,爱结交朋友,但随随便便;法国人,喜自由,易激动,爱享受生活;德国人,踏实,勤奋,不尚虚文;意大利人,热情,无拘无束,热爱生活。且不说以上关于各国人的国民性的标签贴得是否精当,但至少说明他们都负载着植根于民族特色传统文化的心理。

在我们看来,西方旅游者酷爱旅游,但并非一味地游山玩水,而是在旅游中加入了更多的元素如力量美、技巧美等。实际上,许多的休闲旅游项目都源自西方,如攀岩、冲浪、蹦极、潜水、探险等。在西方旅游者将旅游的内容不断深化的背后,我们看到了其传统文化的绰绰身影。

(2)旅游主体的学习。

文化是习得的,旅游主体在不断地学习过程中使自己的消费行为更加理性、审美心理更加成熟、休闲活动更加丰富、自身行为更加规范。

作为旅游消费者,首先必须学会如何成为旅游市场中一名精明的购买者。因为旅游产品和服务的内容在不停地变化,即使是最有经验的旅游者,也要不断地通过学习来改变自身的旅游行为。

旅游审美同样需要学习。根据马斯洛的需求理论,人们有审美的需要,它是仅次于自我实现需要的高层次需要。真、善、美是人类永恒的追求。科学求真,道德求善,审美求美。相对于科学和道德,审美处于更高的地位,它是对现实功利的超越,是对个人、社会和自然和谐关系的追求。旅游主体要在旅游过程中获得赏心悦目的美的享受,就必须学习和掌握基本的美学知识和审美技巧。

为了使旅游活动文明、健康、安全、和谐,旅游主体还有必要通过各种途径学习和了解相关的行为规范及行业规范。随着新技术的迅速发展和广泛应用,旅游业的科技含量不断提高带来了旅游方式的变化。例如,目前通过电子商务的形式进行网上预订、获取旅游信息的旅游者逐年递增,旅游主体应顺应时代潮流,掌握现代化的旅游手段。

2. 外部原因

(1)原有社会规范的影响。

社会规范有两种存在形式:一是成文的,带有强制性的规范,如法律、条例及各种规章制度;二是不成文的、不具强制性的规范,如道德、民俗等。由于旅游主体的文化濡化基本上是在其居住地进行的,因此原住地的社会规范对其有着深远的影响,哪怕是暂时离开了原住地,旅游主体的行为尺度依然以其大脑中的规范原型为主。

(2)行业规范的约束。

我国目前还没有一部完善的旅游法。为了规范并明确旅游介体和旅游主体的权利和义务,各地出台了一些地方性的旅游管理条例,对旅游者的权责作了比较具体的规定。例如《山东省旅游管理条例》第二十九条规定:"旅游者应当遵守国家法律、法规和社会公德,尊重当地民族风俗习惯和宗教信仰。"第三十条规定:"旅游者在旅游活动中,应当保护旅游资源,爱护旅游设施,自觉遵守旅游秩序和旅游景区、景点的安全规定和卫生规定。"

除了宏观的行业规范以外,各旅游企业对旅游者也会有一些具体的约束性措施。而只有当这些规范内化以后,才可能由旅游主体在旅游过程中反映出来,从而转化为旅游主体文化的一部分。

(3)接待地文化的影响。

旅游主体文化具有扩散性,但并不意味着旅游主体与东道主之间的文化传播是单向的。其实,旅游接待地文化同时也会辐射到旅游主体身上,二者是互动的,只是由于文化势能的存在,导致了强度的差异。当高势能文化区的旅游者来到低势能文化区时,旅游者刚开始常常挟其政治经济优势而居高临下,但随着旅游活动的增多,对接待地文化的了解也会由浅入深,对异质文化的认同感也会逐步增强。例如,许多西方旅游者不仅眷念中国美丽的自然风光,而且也深深地热爱悠久灿烂的中国文化。

四、旅游主体文化的主要特征

1. 民族性

民族性是指旅游主体文化具有民族特色。不同民族,其主体的旅游文化观念和行为模式是不同的。旅游者的性格要受传统文化影响。中国大多数旅游者比较内敛稳健,西方大多数旅游者则比较外向和具有冒险精神;中国人倾向于旅游道德塑造且富于人文情怀,而西方人重于求知价值,充满科学精神。旅游主体分属不同的民族,不同的民族处在各自的文化生态环境之中。因此,旅游主体的审美风尚和审美标准便具有民族的差异性。

2. 层次性

层次性是指旅游主体所具有的文化社会层次性差异。不同文化社会层次的旅游主体的旅游文化观念和行为方式各有其特色。同一社会不同社会阶层的旅游者,有着不同的经济收入、受教育程度、职业性质、居住环境、旅游工具和闲暇时间,随之形成不同的旅游爱好、旅游观念和旅游性格。

3. 时代性

时代性是指旅游主体文化具有时代特点,不同时代的旅游主体体现出不同的文化观念和行为方式。

(1)旅游主体性格:古代中国人表现为拘谨和内向;现在,尤其是青年旅游者则表现为开放和外向。

(2)旅游主体构成:古代休闲旅游者多为上层贵族,现在多为人民大众。

(3)旅游审美观念:对于同一个旅游客体,由于旅游审美标准不同,古代人可能不视为美意,现代人却备加欣赏;在上古人的眼中大自然是可怕的、灾难性的,而我们今天对自然山水的愉悦感受完全不同。对人文景观也是如此,中世纪人对古希腊著名雕刻《米洛岛的阿芙罗蒂德》就曾斥之为伤风败俗的女妖,而今天的旅游者则肯定为艺术的典范。

4. 生态性

生态性的主要表现是旅游者由以追求个人享受和眼前利益为目的的传统旅游者向关注生态效益、社会效益的现代旅游者转变。他们注重可持续发展,注重生态体验和消费体验的有机结合,注重保护环境、维护生态平衡,使旅游者与自然、人文和人类生存环境和谐统一。

5.审美性

审美是人对美的事物的一种带有情感的认识,指的是审美主体对客体的内容与形式、价值的感知、观察、审视和品评。通过旅游获得审美愉悦和满足,是所有旅游者的共同追求,也是旅游的本质所在。

旅游主体是旅游审美行为的负载者,是有着内在审美需要、具有审美结构和功能并与旅游客体结成一定审美关系的旅游者。

◆ 本节相关知识链接

1. http://www.chinaculture.org,中国文化网

2. http://www.cnta.gov.cn,中国旅游网

◆ 本节试题与知识训练

一、名词解释

旅游主体文化

二、判断

1.从本质上说,旅游文化是旅游的"人"化,即旅游者的文化,从旅游文化活动的发生、旅游文化活动的终极目标来看,旅游者文化在旅游文化中处于中心地位。　　（　　）

2.旅游主体文化是一种动态的、多样的文化,是历史与现实、个人与社会交互作用的结果,其形成的原因是多方面的,可以从内部与外部两个层面加以剖析。　　（　　）

三、简答

1.如何理解旅游主体文化是旅游文化研究的中心?

2.简述旅游主体文化的主要特征。

3.简述旅游主体文化的成因。

第二节　旅游主体消费文化

一、文化与旅游主体消费

在旅游过程中,文化与旅游者消费行为具有非常密切的关系。文化在引导、制约旅游者消费行为的同时,也在旅游者消费行为的影响下实现自身的发展。

1.旅游主体消费及其特点

旅游主体(旅游者)消费是旅游主体为获得一次美好的旅游体验所进行的一切消费活动的总和。它具有以下特征:

(1)综合性。

旅游主体消费活动的内容是多种多样的。旅游主体在完成其旅游消费的过程中,涉及食、住、行、游、购、娱等多种活动。这些活动既是保证其实现旅游经历和旅游体验的手段,同时又是构成其旅游经历和旅游体验的内容,因而使旅游主体消费活动成为涉及多方面内容的综合性活动。

(2)地理集中性。

旅游主体消费活动的开展规模并非平均分布于各个地方,而是相对集中于某些地区乃至某些地点。从全世界来看,国际旅游消费者集中活动于欧洲、北美和亚太地区,其他地区所占比重很小。就我国而言,旅游消费者也不是平均分散于各个省市的,而是相对集中于某些地区。从来访旅游消费者在一个地区或一个城市的活动情况看,同样也是集中于某些地区乃至某些景点,而不是平均分布的。

(3)季节性。

旅游主体消费活动在时间分布上是不均衡的,淡季和旺季非常明显。这种消费活动时间的不均衡性不仅存在于一年中的各季、各月以及各周之间,而且在一周中的不同日期之间同样存在,例如周末旅游人数较多就是典型的例证。

(4)体验性。

旅游主体消费活动对旅游者来说是一种“经历”。旅游消费者在购买旅游产品后,并不能获得有关服务设施和用品的所有权,而只是获得相应的使用权。旅游者消费是一项显著的服务消费活动,旅游者总是通过消费旅游企业所提供的旅游服务如餐饮、住宿、导游讲解等来获得完美的旅游体验。

2.社会文化因素对旅游主体消费产生的影响

社会文化主要是指一个国家、地区的民族特征、价值观念、生活方式、风俗习惯、宗教信仰、伦理道题、教育水平、语言文字等要素的总和。社会文化观念普遍渗透于社会群体每个成员的意识之中,左右着他们对社会事物和社会活动的态度。任何一个消费者都处于特定的社会之中,旅游者的消费行为必然深受其文化、社会、个人和心理特征的影响。社会文化因素是影响旅游主体消费行为最为广泛、最深刻的因素,它主要表现在以下几个方面(马波,1998):

第一,文化因素制约旅游者的某些心理欲求,禁止和限制那些本民族和社会不允许或不赞同的旅游消费行为。不同文化背景的旅游者都有本民族或宗教信仰上以及其他文化上的追求与禁忌,引导、约束和限制旅游消费活动中的行为。例如,信奉伊斯兰教的穆斯林旅游者,在旅游目的地的选择上,往往把伊斯兰圣地麦加作为首选,在饮食上也严格遵守伊斯兰的饮食习惯及有关规定。

第二,文化因素决定旅游主体的旅游消费观念和行为标准。不同地区的旅游者由于受各自文化因素的影响,旅游消费观念和行为方式有明显的差别。例如,在日本旅游团队中,日本旅游者会按照民族文化上的标准如年龄、社会地位等排列次序,并以此来约束自己相应的旅游消费行为。而西方旅游者由于价值观念不同,则具有很强的自主意识,喜欢直率地表达自己的意愿和要求。

第三,文化因素影响旅游者的消费习惯和具体的旅游消费行为。由于文化上的差异,使得不同国家或地区、不同阶层的人们在价值观、消费观、道德观和生活方式上存在着明显的差异,因而,构成了不同的旅游消费群体。在惯常消费心理和消费习惯的指引下,旅游者在旅游过程中的具体消费行为也具有明显的差异性。例如,在发达国家的上层人士中,追求名誉的旅游消费习惯成为时尚,而中产阶层人士的旅游消费习惯和行为具有讲究实惠的特点;青年人则比较乐于追求旅游中的自我实现,表现在旅游消费习惯和行为上则是多会选择惊险刺激具有挑战性的旅游产品形式,如探险旅游、滑雪、河段漂流等。

第四,文化因素通过社会风气、参照群体影响旅游消费行为的发展方向。文化因素对一定时代和地域的社会风气起着关键性的作用,而任何一个相关群体的旅游消费趋向和潮流都与当时的文化背景密切相关。例如,生态旅游与可持续发展的理念逐渐为人们所接受,就与当下文化具有密切的关联性。乡村旅游最初在知识分子群体中兴起,而知识分子作为参照群体对其他相关群体起着潜移默化的感染作用。

◆ **专题笔谈 2.1**

中西方旅游者消费行为的差异

1. 在旅游目标选择上的差异

中国旅游者偏重于社会知名的历史文化古迹和风景名胜区及建设发展较成熟的景区；在自然景观的选择上，大多喜欢优美和谐的景物；对中华民族始祖的发源地及故乡也比较热衷。

而西方旅游者喜独特、好新奇，比较倾向不同寻常的旅游目的地；喜欢自身智力和体力得到充分展示的旅游项目；喜欢接触他们不熟悉的异质文化和民族；在经受考验和获得发现中享受成功的喜悦。他们在对自然景观的选择上，大多喜欢原始古朴的景物；对历史文化景观的选择上，注重选择那些保持原始风貌的景观。

2. 在旅游方式选择上的差异

中国旅游者在远程或出国旅游中，多选择组团的形式；近程或假日旅游则往往选择全家出游或亲友同游的方式，较少个人单独出游。而西方旅游者选择单独出游方式比较普遍，也有选择组合旅游方式的，喜欢"基本结构（订房、机票）＋自然选择"的模式。自助型的旅游方式已成为许多西方年青旅游者所推崇的时尚。

3. 在旅游消费支出上的差异

中国旅游者大多注意节俭，讲求经济实惠，重视物质产品和饮食的消费，忽视劳务性消费；在交通和住宿的选择上偏重于经济性；在旅游消费支出中，购物支出所占的比重相对较大。而西方旅游者则注重劳务性消费（服务质量）；在交通和住宿的选择上开支较多；旅游中求知、考察、探险、健身方面的支出也相对较多。

总的来说，中西方旅游者在旅游消费行为上的各种差异，反映了各种因素对旅游主体消费行为的不同影响，其中文化因素显得特别重要。因此，旅游消费行为中的文化倾向明显，文化特征也较为突出。

资料来源：张廉.论旅游主体消费行为的文化过程[J].贵州商业高等专科学校学报,2004,(17),2:40-43.

3. 旅游主体消费的文化影响

旅游者的消费行为对社会文化的发展有着不可忽视的影响，随着旅游活动的开展，社会文化也相应地发生了变迁和完善。旅游主体消费对社会文化积极方面的影响体现在以下几个方面：

第一，旅游者消费活动的开展有助于提高国民素质。旅游使人们开阔了视野、增长了知识。古往今来各个领域的杰出人士，几乎都有外出旅游的经历。对于青年人来说，外出游历更是学习和接受新事物启发的有效途径。"行万里路，读万卷书"。通过外出游历，人们可以更多、更直接地了解世界、熟悉社会、增长知识和才干。例如，在旅游消费活动中，人们通过亲眼目睹祖国各地的风景名胜、历史遗迹和建设成就，更容易直接体会到祖国和民族的伟大，从而激发和增强自己的民族自豪感和爱国情怀。

第二，旅游者消费活动的开展有助于促进对外文化交流。旅游活动客观上有"民间外交"的作用。文化交流是文化发展的前提。旅游在客观上起着促进不同地区、不同民族乃至不同国度文化之间的相互沟通作用。与其他文化传播相比，旅游消费活动的交流方式的优势十分明显：首先，它是一种人群之间的直接交往，而不是以文字、有形物品或者以个别人为代表的间接沟通或信息传递；其次，旅游体现着各种社会文化现象的交叉和渗透，其中不同文化主体间的沟通内容涉及甚广，几乎无所不包；再次，旅游是人类的和平交往，是人类文化最理想的交流方式。

第三，旅游者消费活动的开展有助于促进民族传统文化的保护和发展。民族文化是一个国家或地区重要的旅游资源。体验和了解不同的文化是旅游者的主要动机之一，所以接待地在旅游开发中就有可能重视自己历史文化遗产的保护、开发和利用，以便尽可能多地吸引旅游者。随着世界旅游业的蓬勃发展及接待外来旅游者的需要，一些原先几乎被人们遗忘了的传统习俗和文化体育活动又得到开发和恢复，传统的手工艺品因旅游者的需求又得到了重视和发展，传统的音乐、舞蹈、戏剧等受到重视和发掘，几近湮灭的文物古迹得到维护、整修甚至重建。所有这些原先几乎被抛弃的文化遗产不仅随着旅游消费活动的开展获得了新生，而且成为其他旅游接待国或地区所没有的独特文化资源。

第四，旅游者消费活动的开展有助于促进社会文化的现代化。首先，旅游能促进接待地社会文化在物质层面上的现代化。为了适应旅游业发展的时代需要、吸引游客前来参观访问，接待地会不断改进自己的物质条件，增加新的文化设施，不断优化文化环境。旅游促进了一些城市独特风貌以及其他颇具创造性的人文景观的形成，为接待地增添了新的文化风采。其次，旅游能推动科学技术的交流和发展。在旅游交流的过程中，一些旅游者会给接待地直接带来先进的科学技术思想和成果，对接待地科学技术的发展起到促进作用。再次，在旅游活动的影响下，接待地社会的行为方式、价值观念会发生演变，这种演变在总体上会趋向开放，趋向更加国际化和现代化。

二、旅游主体消费文化的特征

1. 从文化层次看,旅游消费者的需求属于较高层次的需求

与日常商品消费不同,旅游主体消费需求主要表现为一种追求精神享受和发展需要的文化需求。根据美国著名心理学家马斯洛的需求层次理论,人的需求可以概括为由低到高的五个层面:生理需求、安全需求、社交需求、尊重需求和自我实现需求。旅游消费者的需求主要表现为认知需求、精神享受的需求和寻求尊重和自我实现的需求。认知需求,是探新求异和获取新知识的一种文化需要。精神享受的需求,是寻求精神和情感慰藉的一种文化需要。寻求尊重和自我实现的需求,是人们希望通过旅游消费活动,寻求发展,挑战极限,获得别人的尊重,以达到自我完善为目的的一种最高层次的文化需要,如通过科学考察和各种探险活动揭示自然奥秘、宣传环境及生态保护知识来实现自身抱负、体现自身价值、满足受社会尊重的需要。

2. 从文化产品看,个性化旅游产品前景看好

随着旅游者外出旅游次数的增多和旅游经验的不断积累,大众化的旅游产品已经不能满足旅游者的需求,旅游消费者开始追求个性化、富有特色的旅游产品,旅游主体消费进入个性化的消费时代。之所以出现这种变化,是基于以下原因:首先,由于旅游资源的开发和旅游产品的多样化,使游客对目的地和旅游项目有了更多的选择余地,旅游消费已经逐渐步入买方市场;其次,信息技术(网络、电视和平面媒体)使许多人足不出户就能对心仪的旅游景点获得较为深入的了解,旅游目标明确清晰;第三,旅游者对综合性、体验性、参与性旅游项目的需求期待越来越高,已经不满足于单一的观光产品;第四,游客在旅游过程中期望单位时间和金钱支出获得的收益最大化。那些综合型旅游地和旅游活动项目能够使人们从中获得集知识性、娱乐性、体验性、享受性为一体的多重满足。特色旅游产品及量身定做的旅游产品是典型的个性化旅游产品。例如,在少数民族聚居区开展民俗旅游;在人迹罕至地区开展探险旅游;在高山、海滨、滑雪胜地开展体育旅游;在风景名胜地开展摄影旅游;针对"安乐小康型"客人开展避暑、避寒和"天堂度假游";针对具体项目开展科学考察旅行;组织"爱车一族"进行自驾车旅行,等等。旅游产品的针对性使它具有突出的特色,展示出明显的产品个性和魅力。旅游过程中,客人们"各取所需",不仅丰富了知识、开阔了视野、感受了艺术、了解了异域文化、展示了旅游时尚,最重要的是发挥自我潜能、获得高峰体验、满足超越性的自我实现需要。旅行社可以提供由客人决定的线路、景点、游程、时间等项目的全程包价旅游产品,也可以提供具有较大自由度和自主性的半包价旅游产品。这就要求旅行社

的从业人员能够在客人咨询阶段随时为客人设计游程、填写游程报价单,提供符合客人需要的旅游产品。

3.从文化结构看,物质方面的需求明显下降,情感体验需求的比重上升

进入体验经济时代,旅游消费者在注重产品质量的同时,更加注重情感的愉悦和满足,人们更加偏好那些能与自己心理需求产生共鸣或能实现自我价值的感性旅游产品。例如,目前旅游者为了满足自己的某种嗜好或业余爱好而前往某地进行特殊兴趣旅游,乐于冒险的旅游者到人迹罕至的偏远之地开展探险旅游。这些旅游产品都能满足旅游者相应情感方面的需求,给旅游者创造一种愉快的经历和留下一份美好的体验。

三、我国旅游主体消费文化存在的问题及发展趋势

1.我国旅游主体消费文化存在的问题

(1)旅游者旅游消费意识缺乏,旅游消费没有在国内普及。

随着人民生活水平的普遍提高,旅游需求日益增加,但旅游者的旅游消费意识还不强,消费水平也不高,传统的消费观念、消费模式仍制约着旅游消费的发展。中国与西方旅游发达国家相比,旅游消费还没有普及和形成更大规模。中国旅游消费是在存在着城乡差别、工农差别情况下发生的旅游消费。因此,旅游消费多集中在城市,多集中在工业比较发达地区,多集中在东南沿海地区。消费人口分布多集中在广大市民阶层,相当一部分农村居民还没有大量进入旅游消费领域。这既是二元经济结构造成的中国旅游消费的局限性,同时又反映了中国旅游消费客源未来市场的巨大潜力。

(2)旅游者旅游消费结构不合理。

旅游消费结构是指旅游者在旅游过程中所消费的各种类型的旅游产品及相关消费资料的比例关系。旅游消费结构可从不同角度进行划分。按满足人们旅游需求的不同层次分类,可以将消费划分为生存资料的消费、享受资料的消费和发展资料的消费,其中食、住、行是满足旅游者在游览中生理需求的消费;而观赏、娱乐、学习等消费则是满足旅游者精神享受和智力发展的需要。从旅游消费对旅游活动的重要性来说,旅游消费可以分为基本旅游消费和非基本旅游消费,其中食、住、行、游等方面的消费是旅游活动过程中所必需而又基本稳定的部分,归为基本旅游消费,而娱乐、购物等则是满足旅游者旅游过程中发展和享乐需求消费,一般归之为非基本性旅游消费。基本旅游消费和非基本旅游消费是国际、国内分析旅游消费结构的主要分类方法。按照旅游者在旅游活动中的消费形态可把旅游消费划分为物质消费和精神消费两种。

旅游者旅游消费结构不合理主要表现在以下几方面:第一,非基本旅游消费与基本旅游消费比例失衡,购物、娱乐等非基本旅游消费支出所占比例太小。我国旅游者用于基本旅游消费的支出占大部分,与旅游发达国家的水平相差甚远。第二,在旅游总消费中,物质资料消费多,精神资料消费少。旅游者用于游览娱乐方面的消费占消费总额的比例很小。我国在旅游设施的建设上,还没有充分重视旅游景点的配套文化娱乐设施的建设,旅游活动中娱乐项目较少。第三,生存资料的消费所占比重较大,享受资料的消费和发展资料的消费所占比重较小。

(3)旅游消费主体素质不高,存在不文明的消费行为。

部分旅游者素质偏低,在旅游活动中的不文明行为对旅游环境、设施等造成损害。比如,在旅游活动中,旅游者忽视社会公德,缺乏自我约束,在古建筑上乱刻乱划,往往造成文物古迹难以修复的破坏;旅游者随地吐痰、乱扔垃圾、践踏草坪等对景区景点的环境造成了极大破坏。另外,旅游者还存在不健康的旅游消费行为,对我国旅游消费的正常发展起着极大的阻碍作用。例如,把旅游消费当作一种象征与标志、炫耀自己的富有、过度攀高的非理性消费,表现在旅游购物中,缺乏必要的商品鉴别知识和能力,倾向于花大钱买高档商品,结果买回的往往被鉴定为假冒产品;在旅游过程中把大量钱财用于满足某种虚幻的迷信的寄托上,在旅游过程中将钱财用于那些完全无益于身心健康甚至直接产生社会公害的活动中去,最典型的表现就是嫖和赌,对社会造成了极大的消极影响。

2.我国旅游主体消费文化的发展趋势

(1)旅游者旅游消费意识增强,旅游消费朝着大众化的方向发展。

受消费能力和消费观念的影响,我国国内旅游者一开始是以城镇居民为主力军,占人口多数的农村居民旅游消费意识不强,外出旅游所占比例较小。随着经济尤其是农村经济的发展,乡村居民的传统消费模式将有较大改变,用于食品等必需品之外的其他消费比重将逐步增加。乡村居民的旅游需求将不断增强,旅游消费能力、消费意识也将与日俱增。他们会于农闲节令时进城购物、探访名胜古迹,旅游也将逐渐成为乡村居民重要的精神文化生活方式。旅游者的范围将扩展,普及到乡村居民,从而在国内实现大众旅游。

(2)旅游主体消费需求朝着多样化、细分化的方向发展。

随着社会的发展,旅游消费层次将不断提高,旅游消费也将更体现个性化的趋势。为了满足旅游主体消费需求的多样化,就会出现旅游产品和满足旅游需求方式的多样化,旅游市场上将反映出细分化的特点。譬如,将大众旅游市场细分为度假旅游、商务旅游、探险旅游、蜜月旅游、家庭旅游等市场类型。在旅游消费中,一般的观光旅游所占比重将逐步减小,高层次的文化旅游、生态旅游、度假旅游以及其他一些有特色的旅游将越来越多,旅游的文化内涵将越来越丰富,消费个性化将日益显现。

(3)绿色旅游需求的呼声越来越高,旅游消费朝着可持续的方向发展。

随着人们物质生活水平的提高,旅游者的公益环保意识越来越强,旅游消费者将更加珍视我们的生存环境,重视生活质量,追求永续消费。生态旅游就是一种富有特色的绿色旅游消费方式。进入一些自然生态保护区,除了看到一些独特景观和珍稀动植物、学习丰富科学知识外,还可增长生态观念和绿色消费观念,满足旅游者返璞归真、回归大自然的享受需要,得到美的享受,实现社会经济、文化、环保的统一。我国有发展生态旅游的优越条件,有极为丰富的生态旅游资源。已建立了国家级自然保护区100多个(各省也建立了各自的自然保护区),已建立了800多个国家森林公园,这些都是发展生态旅游的重要场地,其中有不少是重点风景名胜区。例如,西双版纳,1982年被列为首批重点风景名胜区,1994年进入世界生物圈保护网络,有热带雨林奇观,是迷人的生态世界,又是我国最著名的热带生物宝库,有很多珍稀的动植物供人欣赏;又如,武夷山是国家级风景名胜区和自然保护区,1999年获得世界自然和文化双重遗产的殊荣,有奇特的丹霞地貌景观,有奇峰秀水,有很多珍稀动植物,是联合国教科文组织确定的国际生物区。

四、旅游商品消费文化

旅游商品是指旅游者在旅游活动过程中购买的物品如旅游纪念品、旅游工艺品、旅游服饰、旅游食品、旅游营养保健品、旅游活动用品及土特产等,也称旅游购物品。它与旅游者的吃、住、行、娱、购、游等要素有着紧密联系,体现了丰富的文化内涵。

1. 旅游商品的基本特征

旅游商品是以多种产品和服务组合形成的特殊商品,具有不同于其他商品的典型特征,具体表现为纪念性、艺术性、实用性、收藏性等。旅游商品应具备的基本特征是:

(1)民族性与地域性。

旅游商品具有鲜明的地域特色和民族特色,它的形成和发展反映着深厚的民族文化和地方文化。旅游商品能够将不同民族、不同地域的消费方式、审美标准、群体爱好和人际关系表示出来,具有很强的吸引力。各地旅游商品的这种民族性、地域性的特点使其与其他地方的旅游商品有着明显的差异,异地很难代替。富有民族特色的旅游商品,不仅很容易为旅游者所接受,而且能在市场中众多的旅游商品中创出自己的品牌。民族风格和地方特色越突出的旅游商品,越具有纪念意义,也越受旅游者的欢迎。

（2）层次性。

旅游商品具有很强的层次性。由于游客具有不同的消费需求和消费水平，旅游商品应相应分成高、中、低三个档次。低档旅游商品采用价格低廉的原材料，制作简单，工艺水平低，售价较低；高档旅游商品要较好反映传统文化内涵，原材料上等，工艺复杂，制作精美，售价相应较高。旅游商品的经营者可以根据旅游商品不同的消费层次生产不同花色、品种、价位的旅游商品，满足游客多方面的需求。

（3）艺术性与实用性。

旅游商品具有独特的艺术性，商品的整体设计新颖奇特、美观别致；同时，继承了传统文化和传统工艺且有所创新，体现时代特色，形成新的工艺水平，达到新的艺术高度，具有很高的艺术欣赏价值，给人以美的艺术享受。

旅游商品还具有较强的实用性，突出地表现在因人、因时、因地"三制宜"上。旅游商品往往能适应某种类型的人的需求，如带有精制小佛像的项链，对东南亚佛教徒来说，其实用性极大，而对西方天主教或基督教教徒而言，十字架或基督像比较受欢迎。旅游商品还与时间性和季节性密切结合，特别是一些地方的土特产品体现了明显的季节性。旅游商品还体现了地方特点和民族特色的纪念意义。一般地说，具有游览地的特征或者就地取材、就地加工、就地销售的商品更能吸引旅游者。这也是一种实用性的心理需求，如在景德镇购买瓷器就有很大的实用性。

（4）纪念性与收藏性。

旅游商品的造型或图案往往是根据各旅游地的自然风光、名胜古迹、历史人物、珍贵动物等历史"故事"为题材来设计的，并采用当地的特产材料作为原料进行生产，能显示出旅游地的特色。旅游者除了欣赏风景、领略风土人情外，还想从旅游地带回一些有纪念意义的东西收藏，以便旅游者触景生情，能在多年以后一看到商品就引起对旅游地的美好回忆。旅游商品既有民族风格又有时代特色、材料讲究、做工精致、小巧玲珑，被旅游者收藏以后会随时间的推移而身价倍增。

2. 旅游商品文化的四要素

旅游商品文化具有以下四个要素：

（1）题材。

题材是指旅游商品中的文化含义，是旅游商品的灵魂。它通过外观造型、图案、色彩、装饰来表现，反映的是不同的地区和时代的观念意识、宗教信仰、风俗习惯、价值取向、审美情趣等。一个传说，一个人物都可以作为题材。例如，潍坊杨家埠的年画中，有很多年画都是以神话传说、民间故事、戏曲人物、瑞兽祥禽为题材的。

（2）材料。

材料是指生产制作旅游商品所用的原材料。原材料的选择也会形成文化差异,就地取材设计制作器材,反映当地的文化,而且越是历史悠久的、传统的商品由"材"而反映出的文化背景就越深厚。比如中药,就是中国或地方特有的天然物质加上独特的工艺制作,它在治疗的药性方面反映的完全是中医传统文化,它也是东南亚旅游者青睐的旅游商品。

（3）制作工艺。

制作工艺是指旅游商品的加工制作方式。当地制作工艺与异地制作工艺,手工工艺与机械工艺,传统工艺与现代工艺,都是不同文化在商品中的折射。例如,我国金属工艺品中的重要品种景泰蓝采用了制胎、掐丝、烧焊、点蓝、烧蓝、磨光等制作工艺。

（4）功能。

功能即旅游商品的物质功能与精神功能。物质功能指能满足购买者的某种物质方面的需要。精神功能则指旅游商品因具有民族特征、价值观念、审美情趣、宗教信仰等而给予购物者精神享受。例如:被称为东方美食的糖画是用糖做的,它出自民间艺人的巧手,亦糖亦画,可食可看,食前先观以娱目,观后再食以悦口,融物质享受与精神享受于一体,堪称中国饮食文化宝库中凝聚民族智慧的瑰宝。

◆ 本节相关知识链接

1. http://www.zglysp.com/,中国旅游商品网
2. http://www.ce.cn/,中国经济网

◆ 本节试题与知识训练

一、填空

1. 旅游主体消费的特征是:综合性、_____、季节性、_____。

2. 旅游商品文化的四要素是:题材、_____、_____功能。

二、简答

1. 文化因素对旅游主体消费会产生哪些影响?

2. 我国旅游主体消费文化的发展趋势是什么?

第三节 旅游主体审美文化

美学家叶朗先生说:"旅游,从本质上说,就是一种审美活动。离开了审美,还谈什么旅游? 旅游涉及审美的一切领域,又涉及审美的一切形态。旅游活动就是审美活动。"可见,旅游不仅是一种休闲娱乐活动,也是一种"寓美于游"的美育活动。通过参与旅游审美活动,旅游者在获得美的享受的同时,心灵得到净化,情操得到陶冶,精神得到升华。

同其他审美领域一样,旅游审美的取向和结果常常因主体的不同而有较大的差异。究其原因,是由于旅游者的审美观存在差异。审美观差异的形成,主要有两个原因。其一是个体差异。人们在旅游审美活动中所获得美感随着审美主体心理结构的不同而千变万化。其二是文化差异。无论哪一个国家、哪一个地区的旅游者,对于景观的审美都是以其文化为背景,在旅游审美实践中形成各自的审美文化。因此,在深入剖析景观对象审美文化内涵的基础上,对旅游者的审美活动,既需要从审美心理学的角度加以分析,也需要从审美文化学的角度予以探讨。

一、旅游离不开审美

美,是旅游的动力,是旅游者潜在的追求。旅游活动虽然涉及内容多样,性质也各有侧重,但是关于旅游特征在各种不同版本的《旅游学概论》中都有相似的描述,其中都提到了重要的一点,即旅游是一项综合性的审美实践,这也就确定了审美在旅游活动中所占有的支配性地位。

1. 审美贯穿于旅游发展的过程中

旅游活动从萌芽的那一刻起,就与审美活动结下了不解之缘。以我国旅游的发展线索为例,我们可以说,一部中国旅游发展史,同时也是中国审美风向的嬗变史。在经历了对美最初的懵懂,对旅行最初的感悟,人们开始通过"游"的方式去发现蕴藏在大千世界、山林湖滨中的无尽之美,体验"游美"所带给人的愉悦与欢欣。

(1)先秦两汉高亢畅达的旅游之风。这一时期,政治动荡,战乱纷然,而文化却显辉煌,除了商旅之外,各种功利性的旅游活动,如帝王巡游、外交聘问、宫廷婚旅、学子游学、谋士游说、王侯游猎等都发展起来。在这一时期,丰富的旅游实践为旅游审美思想的产生提供了现实基础。例如,孔子关于"知者乐水,仁者乐山"的说法后来就发展为儒家传统的山水比德的自然审美观,成为我国传统审美观念的两大源流之一。与儒家相对应,在这一时期道家也形成了自己"逍遥游"的旅游审美思想。

(2)魏晋南北朝时期清丽超然的旅游之风。时至魏晋,一种崭新的审美之风扑面而来,旷达超然,清朗俊秀,这是一个"自然美真正为人发现并被人自觉追求的时代,也是一个旅游意识充分觉醒的时代"。宗白华先生指出:"魏晋六朝是一个转变的关键,划分了两个阶段。从这个时候起,中国人的美感走到了一个新的方面,表现出了一种新的美的理想,那就是,认为'初发芙蓉'比之于'错彩镂金'是一种更高的美的境界。"

(3)隋唐盛世宏阔与宋元明清的超逸。隋唐盛世,疆域辽阔,政治统一,经济发达,依托宏阔的社会背景,旅游又出现了一个高峰时期,旅游呈现出多彩的审美样态,既有入世的豁达志向,又有出世的素淡心怀。宋元明清之时,文人雅士继承了魏晋唐宋以来的超逸旷达的游风,暗示着封建专制统治下被压抑的苦闷心境只有在旅游中才有可能被抛弃,脱离俗世的缠绕,心无羁绊地自由呼吸。袁中道、徐渭、汤显祖、唐寅、叶燮等用他们的审美实践去印证着自己身处浊世的高洁心态,隐居、逃逸和行游都是对儒家道德规范和正统礼教的挑战和叫板。

2. 审美体现在旅游内容的各方面

回望历史让我们看清来路,注目现在让我们明确未来的方向。纵观旅游的历史发展,我们可以发现旅游与审美的不可分离。审视现代旅游的根本内容,我们同样也可以看出旅游与审美的密不可分。

(1)吃住之中有乾坤。

吃、住是人的最基本生活需求。现代人对吃已经不仅是满足于解决温饱的问题,而是开始讲求吃的艺术和情调,讲求吃的过程中的审美体验。虽然现在我们身在家中也能坐享天下美食,但在旅游的过程中谈吃却别有一番滋味。美食逐渐地与当地文化相互交融,对美食的品评也必然包含着与旅游地文化的最亲密接触。在旅游过程中住的选择同样包含了深刻的审美因素,住宿环境和位置的选择会直接影响到整个旅游活动的审美体验,起到烘托或催化的作用。

◆ **案例驿站 2.2**

十美风格——古代饮食审美思想

所谓"十美风格",是指中国历史上上层社会和美食理论家们对饮食文化生活美感的理解与追求的十个特别而又紧密关联的具体方面,是充分体现文化色彩和美感享受的总体风格。它们分别是:

"质":原料和成品的品质、营养,它贯穿于饮食活动的始终,是美食的前提、基础和目的。

"香"：鼓诱情绪、刺激食欲的气味，所谓未见其形，"闻其臭者，十步以外，无不颐逐逐然。"

"色"：悦目爽的颜色润泽，既指原料自然美质的本色（质美是前提，但烹调中的火候等因素也至关重要），也指各种不同原料相互间的组配。

"形"：体现美食效果，服务于食用目的的富于艺术性和美感的造型。中国古代饮食审美思想中对于肴馔形美的理解和追求，是在原料美基础之上并充分体现质美的自然形态美与意境美的结合。

"器"：精美适宜的炊饮器具，以饮食器具为主。饮食器具不仅包括常人所理解的肴馔盛器、茶酒饮器、箸匙等器具，而且包括专用的餐桌椅等配备使用的饮食用具。

"味"：饱口福、振食欲的滋味，也指美味，它强调原料的"先天"自然质味之美和"五味调和"的复合美味两个宗旨。这是进食过程中审美效果的关键。

"适"：舒适的口感，是齿舌触感的惬意效果。对于"适"的理解和追求，"滑""脆"是两个最常用的词。

"序"：指一台席面或整个筵宴肴馔在原料、湿度、色泽、味型、浓淡等方面的合理搭配，上菜的科学顺序，宴饮设计和饮食过程的和谐与节奏化程序等。

"境"：优雅和谐又陶情怡性的宴饮环境。宴饮环境有自然、人工、内、外、大、小等区别。

"趣"：愉快的情趣和高雅的格调。在物质享受的同时要求精神享受，最终达到二者结合通洽的人生享乐目的和境地。

综上所述，中国古代饮食审美思想在中华民族文字可考的数千年饮食文明史上，经历了不断深化和完善的漫长历史过程，最终发展成独立、系统和严密的"十美风格"饮食审美历史过程。它说明，自遥远的古代，我们民族的先人，尤其是那些杰出的美食家和饮食理论家们，一向非常注重从艺术、思想和哲学的高度来审视、理解与追求"吃"这一物质活动。饮食文化，作为精神和心理因素的一面，始终与物质和生理因素的另一面紧密结合并渗溶参悟，逐渐形成民族饮食文化特征和民族历史文化重要组成的完美系统的审美思想。

资料来源：http://xz8.2000y.net/mb/2/ReadNews.asp? NewsID＝388367，山涧小溪网

(2)游览行程是文章。

不论是山川河流、海滨沙滩，还是宫殿园林、教堂庙宇，对这些景观的游览与观赏本·

身就是旅游审美的内容。只有处于动态的过程中,才能对景观的每一个细微之处都有最悉心的体验。

(3)购物娱乐见精神。

旅游本身就是一个放松自我、娱乐身心的过程。很多的旅游经营者都会将一些具有当地传统特色的风俗或者节庆活动作为娱乐项目推荐给旅游者,营造出特殊的审美氛围,让旅游者在剧情式的场景中感受身临其境的审美体验。

二、旅游审美与旅游审美关系

(一)旅游审美主体

旅游审美主体是指旅游审美行为的承担者。具体地讲,是指有着内在审美需要,具有审美结构和功能,并与旅游产品(资源)结成一定审美关系的旅游者。旅游者作为旅游审美活动主体,有着如下审美主体的文化规定性:

1.旅游者主要是精神活动的主体

在各种具体的旅游审美活动中,旅游者作为主体追求的主要是精神享受而不是物质享受,是旅游产品的精神价值而非实用价值;在旅游审美活动中,旅游者运用的本质力量是精神感觉力量而非实践改造力量;在旅游审美过程中,旅游者的活动主要表现为精神活动,而非生理性本能活动或实践性物质活动。

宋代大学士欧阳修有云:"醉翁之意不在酒,在乎山水之间。山水之乐,得于心而寓以酒也。"王安石亦曰:"古人之观于天地、山川、草木、虫鱼、鸟兽,往往有得,以其求思之深,而无不在焉。"游山水而得于心,观草木而求其神,此乃有益之举。

2.旅游者是情感活动的主体

在旅游活动中,旅游者作为主体,主要处于一种情感状态,以丰富的情感(如兴奋、热情、激情、专注、兴趣、忘我、活泼、开朗、乐观、关爱、善于探究、不畏艰险等),对旅游景观凝神观望、从容打量、仔细欣赏、品味感悟,否则就不可能进入旅游审美的理想境界,获得旅游的真正乐趣。

对旅游景观的感悟,全在于观赏者倾情、纵情、寄情其间,挥洒情感,自我感悟所得。能享受旅游乐趣之人,唯有经受大自然的洗礼和社会文化的陶冶,才能发现和感动于自然美与人文美,净化和充实心灵,寻找出一种人生的价值,思悟出自我生存的一点精神。

3.旅游者是自由的生命活动的主体

人的任何一种审美活动都是摆脱了肉体需要支配的活动,是脱离了对"物"的绝对依赖性的活动,旅游审美活动更是如此。

　　旅游者作为旅游审美活动的主体,是能对旅游景观对象凝神观照、不旁及日常功利、不为物质欲望所缠绕的享有高度生命自由的人。

　　真正意义上的旅游者,应该是摆脱了精神压抑被解放了的自由的人,应该是摆脱了低级趣味和纯粹实用主义的高尚的人,是自由潇洒且不屈不挠、勇敢追求的人。旅游是表现"真我"的过程,是感受人类生命的本质力量和活力的过程。旅游能使旅游者体现出"自由生命"的独特风采和魅力。

◆ 专题笔谈 2.2

旅游主体审美修养的缺失与培养分析

　　随着人们生活水平的提高以及可自由支配收入的增加,越来越多的人逐渐加入到旅游这一行列。但许多旅游者的旅游还是盲目的,他们对旅游这一特殊生活方式的理解还比较肤浅,不少人只是走马观花,停留在"观"山、"看"水,以身临其境为满足,"如入宝山空手回",把旅游这一对美的追求的高级文化生活视同一般外出活动。究其根源就是旅游主体审美修养的缺失。

　　旅游主体修养缺失有几个突出表现:第一,缺乏旅游审美心理;第二,缺乏必须的文化知识;第三,一些旅游者还缺少游览观赏的审美方法。

　　如何才能提高旅游审美主体的审美修养呢? 笔者认为可以从以下几个方面着手:

　　1. 提高旅游者的文化素养,培养审美能力。

　　2. 导游要向旅游者传递审美信息,协调旅游者的审美行为。

　　3. 旅游产品开发要深挖文化内涵,引导旅游者提升审美修养。

　　4. 掌握一定的旅游审美方法,例如:把握好审美时机;选择好审美角度;安排好审美节奏,等等。

　　无论是旅游审美活动的主体——旅游者,还是旅游业内人士,都应该加强旅游美学的修养,不断提高审美能力,并且旅游产品开发也应遵循审美的原则。只有这样,才能使"供""需"达成一致,从而实现旅游活动的根本目的,使旅游者获得更高的旅游审美。

　　资料来源:韩薇.旅游主体审美修养的缺失与培养分析[J].辽宁师专学报(社会科学版),2008,(3)

（二）旅游审美客体

旅游审美客体是指旅游审美行为所及的对象。具体地说，就是具有审美价值属性、与主体结成一定审美关系的广义的旅游资源及其产品。

同其他的审美客体一样，旅游审美客体是相对于主体而言的，不能离开旅游者的审美感觉而存在，只能是旅游者所感觉到的、所意识到的对象。同时，它还是一种具有肯定性价值的对象性存在，能够满足旅游者的审美需要。

旅游审美客体作为一个特殊的审美客体，有其自身的特点：

1.广泛性

广泛性指旅游审美客体的多样性。各种各样的自然景象如山岳、江河、大海、泉瀑、花木、鸟兽虫鱼，丰富多彩的人文景观如文物古迹、建筑园林、城乡聚落、书画雕塑、音乐舞蹈、民俗风情、社会风尚乃至工农业生产景观，都可能成为旅游者审美的对象。旅游审美客体熔自然、社会、艺术、生活于一炉，包罗万象。需要特别指出的是，在现代旅游活动中，旅游从业人员以及旅游企业的硬件形象也是旅游审美客体构成中的一部分。准确地说，是旅游审美的次生客体。

2.协调性

协调性特指旅游审美客体体现了人与自然之间的协调关系。换言之，人类的文化沉淀和自然环境的变化，构成了对旅游资源美的相对性贡献。谢凝高先生曾指出："风景美包括自然景观美和人文景观美以及优美的神话和民间传说。由这些不同形式的美有机地结合在一起，形成综合的风景景观美。我国风景美的特点概括地讲，就是以具有美感的典型的自然景观为基础，渗透着人文景观美的地域空间综合体。"

3.制约性

任何审美对象都存在于一定的环境之中。以审美对象为核心，关系美感现实发生的一切事物、因素组成了审美环境。但环境因素有时往往不被主体注意，这是因为环境因素和对象已经相互协调为一个整体，主体在充分感受旅游客体美的同时，忽略了环境因素中对审美不利的因素，或者不一定会去深究这些不利因素是什么。然而，不管主体是忽略还是深究，这些不利的环境因素却始终起着制约的作用。

（三）旅游审美关系

旅游审美活动中的审美关系表现在两个方面。

1.人与景观的审美关系

这是旅游审美活动中的主导性关系。在现实生活中，主体相对于客体有多种关系，其中主要是实用、探究和审美三种关系。在旅游过程中，旅游者和旅游景观之间的关系是审美与被审美的关系,唯有此,可以把旅游者引向沉醉于山水景观中的美感境界。面对一潭碧水,我们可以从实用的角度去分析他对人类社会发展的作用,可以从探究的角度去分析它的组成成分,唯独审美眼光诱使人们从中发现美的底蕴,衍生出许多诸如"高山流水""小石潭记""平湖秋月"之类的曼妙意象的故事。

2.人与人,特别是旅游者与旅游从业人员的审美关系

旅游业最主要的产品就是服务。现代旅游服务的高级功能不是满足旅游者的物质需求,而是为游客提供与人性升华相联系的精神享受。旅游从业人员在提供服务的过程中,也成了旅游者审美活动中的审美对象,其训练有素的言行举止、服务态度和服务技能,就构成一幅美妙的画卷,给旅游者带来无尽的精神享受。在旅游实践中,要建立符合美的规律的旅游服务操作规范,例如,酒店服务人员通过礼仪规范的培养和训练,可以设计出一套让游客赏心悦目的行为程式。而这种战术性的构想,都将导向于一个核心——旅游者和旅游从业人员良好审美关系的建立。

三、旅游主体审美活动及其类型

旅游审美活动的内容异常丰富,包络万象。旅游者除了观赏风光绮丽的自然景观,体察多姿多彩的风俗民情,品尝欣赏不同风格的美食佳肴和参与各种有趣的文化娱乐活动之外,还会搜奇览胜,遍访文物古迹与建筑园林等众多人文景观,欣赏绘画雕塑、书法篆刻与音乐舞蹈等艺术作品。

人类审美的领域是逐渐展开的,旅游审美的领域也是如此。任何一种美的形式和内容都可能成为旅游者的审美对象,旅游审美的现象领域呈现相当多样的形态。总体上看,旅游审美领域大体上可以分为自然审美、社会审美和艺术审美,在各自展开的过程中,历史地形成了各类旅游审美文化形态。

1.自然审美

自然审美是以大自然为对象的旅游审美类型。大自然是一种本然的"物态"存在。它之所以能成为一种旅游审美的载体,是由于它已经进入到人类的文化圈中,并且成为人类旅游的一种直接的享受对象。自然审美是受到人与自然的关系制约的。随着人类文明的进步、抗拒自然能力的增强,自然之物大量地进入到人类的生活圈中,推进了自然审美文化的萌芽。

但是,自然作为审美客体的出现,还有赖于人类将自然由实用的对象转化为审美的对象。自然美虽然不是人所创造的,但却是由于人类所特有的理性和灵性而赋予的。人们寄情、倾情、纵情于自然山川,挥洒情感,感悟人生,尽情欣赏、感受自然之美。

把自然当作审美客体,始于中国的先秦时期,成于魏晋南北朝时期,盛于唐代。中国第一部诗歌总集《诗经》中有许多诗篇是以山水风景描写作为起兴的。春秋末期老子提出以"道"为核心的思想体系,明显地流露出对自然美的关注。战国时代的庄子则更进一步,不仅提出"天地有大美"的观点,还指出天籁、地籁高于人籁,因此他被誉为中国美学史上肯定自然作为审美客体独立存在的第一人。

至魏晋南北朝时期,社会形势动荡不安,道家思想和玄学思潮甚嚣尘上,人们的精神世界与前相比得到了极大的自由和解放,自然界逐渐成为人类审美的一个独立领域,观赏千岩竞秀、万壑争流、云蒸霞蔚的自然景色至少在知识分子阶层已成为一种时尚,故能有"倾耳听波澜"的谢灵运、"性本爱丘山"的陶源明这一类的名人涌现以及山水艺术创作的勃兴。

至唐代,社会经济发达,文化繁荣进步,人们欣赏山水之风趋盛,于是涌现出了以李白等为代表的一大批著名山水派诗人,从而将自然审美推向了兴盛阶段。特别是李白,他"须行即骑访名山""一生好入名山游"。他以极其丰富的个人情感和吞吐宇宙的豪迈气概,赋予大自然以崇高的审美价值。

自然美本质上无疑是一种物质形式与变化韵律之美,只有当自然的物态形式和变化韵律与旅游审美主体的生命韵律形成某种"同构"关系时,这种物态的自然才能获得审美的文化价值。自然界是广袤浩瀚的,以其为载体的物态旅游审美文化具有无限的意义。

2.社会审美

人类的社会交往、社会活动过程,也是美的创造过程。这些美普遍地存在于人类的道德伦理、习俗礼仪、婚姻家庭、经济、政治、宗教信仰以及社会劳动和社会产品之中,并以人类自身的存在状态和活动状态显现出来。旅游者所到之处,必然会以审美的态度观察、体验这些美,并由此形成一种社会审美文化形态。

社会审美的对象主要是由人的存在和活动所构成的人类社会,其本质则是由人的精神性存在的心灵、品格、情操、智慧、情感、理想等所构成的。当然,人的这些精神性存在只有在外化为感性的物质存在时,才能成为可以直观的对象,成为旅游审美的客体,此即所谓"诚于中而形诸外"。因此,社会审美的对象既是有韵味的物质文化形式,也是有意味的精神文化内涵,而主要是有意味的精神文化内涵。

旅游社会审美与旅游者所处的社会制度和个人的社会功利意识直接相关,这就使得旅游社会审美的表现则更为复杂。

3.艺术审美

旅游活动中的艺术审美是指旅游者与作为旅游审美客体的各种艺术作品发生"同

构"关系而产生的文化形态。艺术品是人们按照一定的意图,遵循美的法则创造出来的有意味的形象。只有那些能够给人以精神上的愉悦和快感,也就是具有审美性的人类创造物,才能称为艺术品。正因为艺术品具有审美价值,能给人审美享受,它才能进入旅游领域,成为旅游审美文化的一种载体。

艺术美是人创造的,凝聚着人类劳动和智慧的结晶。艺术作品则具有鲜明的主体性、形象性特点。基于艺术作品的这两个特点,旅游艺术审美与其说是艺术品与旅游者之间"同构"关系的发生、深化,不如说是旅游者与艺术创造者通过艺术品这个"媒体"进行相互沟通和交流,因而艺术审美具有对旅游主体的主导性和强制性,即旅游者审美时或多或少地、自觉或不自觉地受到艺术创造者主观意图的影响。从另一方面说,只有当欣赏者把握了创作者的真实意图时,艺术品的魅力和价值才能得到最大限度的发挥。

艺术审美对旅游者的反馈影响独特而深刻,旅游艺术审美不仅具有娱乐作用,还具有审美认识和审美教育作用。

四、旅游主体审美感受的层次

在具体的旅游审美活动中,旅游者在欣赏不同形态的景观时会获得不同的审美感受;有时即便观赏同一审美对象,也会出现不同的审美体验。由于观赏者各自的审美感受的程度不同,而呈现出一种多层次现象。

旅游审美之所以会表现出不同程度的审美体验,主要是因为审美是对客观事物的能动反映和评价,而旅游美感的产生,一方面要受制于旅游审美对象所具备的客观审美属性,另一方面则还受制于观赏者的审美敏感性、审美个性、历史文化心理结构及其主观理解的差异等多种因素。

在中国美学史上,学者们对从不同感官愉悦的角度来对不同审美体验的问题不断进行探究。当代美学家李泽厚在《中国美学及其它》一文中对此作了比较深入的探讨,他认为"审美有不同层次,最普遍的是悦耳悦目,其上是悦心悦意,最上是悦志悦神。但悦耳悦目并不等于快感,悦志悦神也并不同于宗教神秘经验"。这就为我们正确认识旅游者的审美感受表现的层次性提供了理论依据。

旅游者在旅游审美活动中获得的不同层次的审美体验依次表现为:

1. 悦耳悦目的审美体验

所谓"悦耳悦目"是指观赏者以视觉和听觉为主的全部感官在旅游审美活动中所体验到的愉快感受。这种审美体验通常以生理快适与心情舒畅的交融为基本特征,属于直觉性初级审美判断的范畴。就好像观赏者在与观赏对象的直接交流中,不假思索便于瞬间感受到对象的外在形态美,同时得到感官的满足并唤起心理的喜悦。

"悦耳悦目"的审美体验表面上看来似乎是纯感性的,是以生理快适为基准的,但实际上它已融合着一定的理性或社会性的因素。众所周知,人的感官之所以在功能上有别于动物的感官,如眼睛可以欣赏美的形式、线条与色彩,耳朵能欣赏美的声响、节奏与韵律,正是因为它们在人类长期的社会实践(特别是审美实践)活动中不断地演进或"人化",积淀和凝结着社会历史文化心理等方面的内容,能够自然地分辨或本能地趋附美的对象。

2. 悦心悦意的审美体验

所谓"悦心悦意"是指观赏者透过眼前或耳边具有审美价值的感性形象,领悟到对方某些较为深刻的意蕴,进入到一种"对心思意向的某种培育"的欣慰喜悦状态。这是一种基于对审美客体形式美的初级反应而升华了的较高级审美层次,主要以凝神观照的审美体察为其特征,基本超越了生理快感阶段,净化为相对纯然的精神愉悦体验。

一般说来,旅游者在这种审美体验中,通过对旅游景观形象和结构的凝神观赏,使得审美知觉、想象、理解和情感等心理功能交相引动且逐渐展开,其结果将会使观赏者从有限的、偶然的、具体的形象中领悟到其中无限的、必然的、本质的意味。

如果说悦耳悦目的审美体验主要是以感觉或知觉为主要特征,那么悦心悦意则表现为在认识基础上的观念的喜悦,并处于和谐自由的想象与理解状态,即超乎具体的形象之外,在自由的审美遐想中把握其中的深入意味,以使审美感受更为丰富和深化。另外,由于想象和理解等心理活动加强,悦心悦意的审美体验具有相对的持续性和稳定性,不容易随着时间的推移而淡忘。

3. 悦志悦神的审美体验

悦志悦神作为审美的最高层次,是指观赏者在欣赏审美对象时经由知觉、想象、理解和情感等心理功能的交互作用,于审美愉悦中进而唤起奋发向上的精神和意志,并进而激起追求道德超越与完善的动力。悦志悦神的审美体验融合着深刻的理性思考和崇高伦理情感。

悦志悦神的审美体验之所以高级而深刻,主要是因为它体现了观赏者大彻大悟的情怀,体现了观赏者从"小我"进入"大我"、从瞬间求得永恒、从有限达到无限的自我超越意识或精神境界,也体现了审美主体与审美客体的高度和谐统一。

悦志悦神的审美感受常常使人达到"天人合一"的至高审美境界,人的理性世界与情感世界暂时达到了高度和谐的阶段,在超越现实意识的同时进入了审美的"高峰体验"状态。这种体验会培养和造就一种博大的情怀,产生"天行健,君子以自强不息"的奋进精神与坚韧不拔的意志力量,从而使人自发投入到永无止境的创造美的各项人类事业之中。

总之,以上所述三种层次有别的旅游审美体验,使旅游者凭借"无限的交流意志",在旅游审美活动的不断循环中,通过审美知觉、审美想象、审美理解和审美情感等心理机制的交互作用,由低级向高级不断发展。

但是相比较而言,"悦耳悦目"突出感性功能与生理快适,"悦心悦意"突出认识功能与审美愉悦,而"悦志悦神"则具有突破而不舍弃感性形象,探求理性内容与追求自由无限等基本特点。不同层次的审美体验表现为一个逻辑意义上的不断深化过程。

◆ 本节相关知识链接

1. http://www.aesthetics.com.cn/,美学研究网

2. http://www.cnmxw.net/,当代美学网

◆ 本节试题与知识训练

一、填空

1. 旅游者作为旅游审美活动主体,有着如下审美主体的文化规定性:第一,旅游者主要是_____的主体;第二,旅游者是_____的主体;第三,旅游者是_____的主体。

2. 旅游审美客体作为一个特殊的审美客体,有其自身的特点,分别是_____、_____和_____。

二、名词解释

1. 旅游审美主体

2. 旅游审美客体

三、多项选择题

旅游主体审美活动的类型可以分为_____。

A. 自然审美　　　　B. 社会审美　　　　C. 艺术审美　　　　D. 文化审美

四、简答

1. 为什么说旅游离不开审美?

2. 简述旅游主体审美感受的层次。

第四节　旅游主体休闲文化

一、旅游休闲文化概述

1. 休闲

休闲（leisure）最早起源于希腊语"skole"，意为教育和闲暇，被认为是休闲主体在一定教育文化修养基础上获取知识和教益的过程。这一过程与休闲主体自身的文化水平密切相关。英语中对于"leisure"一词的解释与希腊语的解释有所差别，其中休息的成分很少，消遣的成分也不大，主要具有侧重自我发展的内涵，这一含义也表明了休闲所特有的文化内涵特点。

2. 休闲文化

当前我们对于休闲文化通常有广义和狭义两种理解。广义的休闲文化包括诸如各种设施、景观、工具等在内的休闲物质文化，以及诸如休闲习俗、建制、休闲法规、休闲政策在内的休闲制度文化和包含休闲理念、休闲精神、知识、道德和价值观在内的休闲精神文化。休闲精神文化通常又是我们从狭义角度对休闲文化的一种理解。从休闲文化包含的内容和对象来看，它包括静态的一面——自然地理环境、人文社会环境、历史文化遗迹和动态的一面——各种具有文化性和艺术性的活动，比如供人们消费或观赏的各种艺术和体育表演、各种比赛或竞技活动乃至各种媒体承载的类似内容等。

在对休闲和文化及其相关概念作了如上辨析之后，我们可以了解到休闲即休闲文化，休闲活动即休闲文化活动。文化以休闲活动为载体，通过休闲活动得以实现自身的起源、创新、传播和提升。而所有的休闲活动都要以休闲为中心来满足休闲主体精神的、身体的或者其他方面的休闲需求。因此，可以说，没有休闲，休闲文化就失去了其赖以存在和产生的基础，而没有文化，休闲活动就失去了灵魂，只是单纯留下休闲的空壳。两者存在着一种相互促进和相互发展的关系。随着经济水平的提高和人民生活水平的改善，旅游业发展迅速并形成了自己的休闲文化——旅游休闲文化，而这种休闲文化又影响着旅游业的发展。

二、我国休闲文化的发展

1. 我国古代休闲文化

中国是一个休闲文化历史非常悠久的国家。早在几千年前，中国的圣贤们就已经对"休闲"二字做出了极为精辟的阐释:"'休',以木而休,强调人与自然的和谐;'闲',娴静、思想的纯洁与安宁。"这从词义的组合上表明了休闲所特有的文化内涵和价值意义。

中国古代的休闲活动方式多种多样。比较有代表性的几种休闲方式为琴棋书画、诗词歌赋、盆景艺术、各种游戏、各地方的戏曲以及各少数民族的民族节日、庆典等。

中国古代,琴棋书画是士人居家休闲的主要文化活动之一。如魏晋南北朝时,抚琴听曲就成为士人居家休闲生活的一部分,许多古代士人都用优美的诗文赞美过琴。唐代大诗人白居易一生爱琴,在洛阳的私家园林中建有琴亭,认为"无琴酒不能娱也"。他认为,听了清新而优雅的音乐,可解除疾病、忘却烦恼、保养心性,因此有益于身心健康。唐代诗人王维是个竹痴,因居室中有大片竹林,称为"竹里馆"。《竹里馆》一诗,描写了他在清幽的竹林中,明亮的月光下,安然自得地弹琴、尘虑皆空的休闲意境。

棋类游戏也是我国古代比较常见的一种休闲活动方式,并且一直以来被认为是一种高智商的游戏。它历代传承,至今已经流传海外,尤其是对东南亚一些国家影响较大。书法也是中国古代一种比较常见的休闲活动项目。我国历史上不同朝代都曾出现过著名的书法大家。其书法作品字体或秀美或刚毅,或婀娜如兰,或疾走如风,或形如流水,意境极为高远,作者在笔锋游转间将自身的休闲意境表达得淋漓尽致,以至于现在仍有很多人习惯借由书法调节心绪。历代书法家更有许多同时也是画家,他们将人物、花鸟、山水、动物等景物通过画笔表现于纸上,借此达到陶冶情操、提升境界的目的。此外,作诗或作词,并将词配以曲调吟唱也是古代流行于文人墨客中间的一种比较普遍的休闲方式。历代诗人、词作家流传于今的作品不胜枚举。我国古代还曾出现过一种具有典型意义的民间休闲劳动——盆景的生产和由此而发展的盆景艺术。盆景艺术是一种创造性的居家休闲活动,它与中国传统的山水画艺术异曲同工,将自然的山水通过一个个经典的盆景表现出来并带入家居中,给人以美感。中国的盆景艺术起源于唐代,到明清时极为流行,成为士人家中必备的装饰品。

在长久的历史发展过程中,戏曲也逐渐成为老百姓喜闻乐见的一种休闲活动方式。中国各地的戏曲种目繁多,比较有代表性的有京剧、黄梅戏、梆子、越剧、豫剧、昆曲等。

富有动感的休闲方式则主要是各式体育项目和盛行于少数民族地区的节日庆典等,如那达慕大会、火把节、芦笙节、泼水节等都是此种类型的休闲活动。

2.我国现代休闲文化

在两千多年休闲文化的传承基础上,我国当代又形成了几种比较有典型意义的休闲方式。

　　首先是旅游,这是中国休闲的排头兵。因为旅游作为一种生活方式被家庭普遍接受,旅游作为一种国民教育达到了非常好的效果,旅游作为一种休闲方式做到了劳逸结合,旅游作为一种产业获得了丰厚的利润。

　　其次是打麻将。麻将,生于宋,长于明,成于清,被数学家誉为世上最聪明人的发明。这种游戏的文化品位是应变,对于沉闷少变的中国传统文化它满足了人们力求多变的心理。这种游戏又以它精密的必然性和偶然性排布使之适合任何人群。这种游戏更以无可休止的循环往复成为消磨时间的最佳方式。它的最大贡献就是占据了极大的余暇时间,成为古往今来中国国民花费时间最多的一种活动之一。它可能减少犯罪,也可能酿成犯罪,因此麻将成为中国最有争议的一种游戏。

◆ **案例驿站 2.3**

文物专家疾呼:麻将再不申遗,就被日本人抢去了

　　麻将申遗(申报世界非物质文化遗产保护),如果我们不加紧做,就会被日本人抢在前面。日前,中国世界民族文化交流促进会麻将文化交流中心主任江选旗先生透露,麻将首度申报国家级非物质文化遗产保护未果,绝不会影响他们致力于此事的信心。

　　麻将是中华民族独创的古老益智游戏,文化内涵丰富,涉及数学、逻辑学、统计学、心理学、博弈论、思维定式分析、智力开发等众多智慧。麻将首度"申遗",由著名学者于光远先生最先倡导发起,中国休闲文化研究中心、世界麻将组织等单位共同委托中国世界民族文化促进会麻将文化交流中心具体承办。江选旗先生介绍,去年6月申遗报告正式递交文化部后,在成都还成功举办首届世界麻将锦标赛,共有日本、美国等17地144名选手参加。老外选手的水平之高,让人吃惊。洋腔洋调的中文"吃""碰""杠""和"让人不禁哑然失笑。世界各类运动大赛中,唯有麻将赛以中文做比赛用语。

　　根据联合国教科文组织颁布的新公约,第一批列入世界非物质文化遗产保护名录的项目将在2009年公布,麻将要想列入世界非物质文化遗产保护名录,首先要申报列入国家批准的名录。这次申报国家级的多达2 300多项,竞争十分激烈。遗憾的是,今年已公布的国家级名录,麻将未能上榜。

　　受日本麻协邀请,2006年江选旗曾赴日本千叶,参观了那里建成的世界首座麻将博物馆,感叹日本"绅士麻将"发展规范、重视麻将文化保护的同时,江选旗也感受到对方言语间无意流露的潜意识——麻将起源中国,弘扬功在日本。

前段时间听说韩国人要抢注中国龙舟,与我们对历史文化遗存重视不够也有一定关系。麻将"申遗"如果不加紧,就会被日本人抢在前面,事实上他们这方面许多工作比我们更积极。江选旗透露,"申遗"两年一次,再次申报工作正在有序进行之中。"相信让世界认识和认可中国麻将文化并不是件遥远的事情"。

资料来源:http://www.voc.com.cn/article/200811/200811126093521270.html,华声在线

第三种休闲方式即体育——一个被中国休闲遗忘的角落。在世界各国倡导休闲的过程中,体育运动是最主要的活动方式之一,因为体育运动不仅强健人们的身体,也改善着人们的心理,可以产生积极的思维和情感,这些积极的思维和情感对于抑郁、焦虑和困惑等消极心境具有抵抗作用,从而促进心理健康。然而,中国的体育界始终不想与休闲搭界,既不想将休闲的因素纳入体育成为休闲体育,更不想把体育项目纳入休闲成为体育休闲。这是因为中国的体育背负着来自国家和民族的沉重负担,难以卸载。于是,既可以用为国争光的金牌光芒来暗淡休闲,也可以用强身健体增强体质来冲销休闲,因此就出现了体育淡化休闲的怪论。

第四种休闲形式是博彩。博彩的本质是娱乐休闲,但是中国现在的博彩成了一些彩民试图进行原始积累的手段,他们梦想着一夜暴富,但往往黄粱一梦,更有甚者还杀人越货、盗窃金库,少数人跑到境外用赌博的方式洗钱的案件也屡有发生。

第五种休闲方式为养宠物。随着中国社会结构和家庭结构的变化,出现了越来越多的空巢家庭,于是一种新的家庭休闲方式开始出现,就是饲养宠物。现在,每座城市都有宠物交易市场,每个街区都有宠物医院、宠物商店。将来人们一定会记住中国空巢时代家庭的历史,也可以记住在这个时代宠物是另一个"小皇帝"。

三、旅游休闲文化对旅游主体的功用

1.休闲活动直接关系个人的身心健康

从个人的健康角度说,"休闲利用是决定健康状况的一个关键变数",没有休闲,就没有个人的健康;健康主要来自休闲而不是劳动或工作。劳动是人的生命活动的异化形式。在劳动中,大多数时候不是感到幸福而是感到无奈甚至痛苦。一个人没有心境的放松、没有心灵的内在反思和调整,身体总是处于高压之下,是不可能健康的。一个人只有在休闲中,才能自由地支配自己的身心,才能使生命能力得以恢复,使自身生命力得到增强。

2.休闲与家庭成员的身心健康紧密相关

家庭是构成社会有机体的生命细胞,也是个人存在的一种形态。现代家庭越来越少地承担社会生产的功能而越来越多地承担着闲暇生活的职能。大部分人的闲暇生活是在家庭中度过的:看电视、看报纸杂志、上网、唱卡拉OK、与孩子共同玩耍或教育孩子、全

家外出散步游乐等。在社会学和心理学的视野中,家庭的休闲状况直接影响到每个具体个人的身心健康状态和幸福感受,也必然会影响到劳动的效率和结果,影响到下一代人的健康成长。

3.休闲活动与社会的和谐直接相关

工薪族下班回家,吃过晚饭,带着全家老小到一些休闲场所进行适当的放松和娱乐活动;失业者通过社区活动甚至可以获得很多就业信息,或者学到不少新的技能;儿童之间形成共同玩耍和游戏的浓郁气氛,并由此得到父母的关照以及与父母一起玩耍并获得某种教育的机会;不同家庭甚至来自不同地区和文化背景的老人之间可以形成良好的文化交流和传播,并由此可以和儿女共享天伦之乐;夫妻之间由此加深和融洽感情;街坊邻里,主要是来自各个不同劳动和工作领域的人们则由此获得充分的交流和沟通机会,从而增强社区集体协作意识和团结精神,等等。以上这些都说明休闲活动与社会的和谐息息相关。

4.休闲文化对旅游主体眼界、心境、个性等要素具有拓展作用

休闲的一个最重要的价值选择就是有益身心和谐和健康,通过追求身心和谐过程中的情感、直觉和意志体验来达到有益身心和谐的目的。休闲就是人在沉伏整个强硬的逻辑理性之后,使自己的情感、直觉和意志等因素充分展露和表达,获得一种和谐、纯洁和积极向上的情感体验,并以自己身心和谐状态下的知觉来洞察自身生命奥秘、体悟自然宇宙至理。在这里,人的各种非逻辑的生命意识和非理性意识都会自然地参与其中,从而使休闲表现出强烈的生命直观与直觉顿悟的特性或倾向。这时,人的生命自身的整体性,身心的整体性,人与外界自然、与社会的整体性得以凸现,各种创造灵感由此可以集中呈现。人回归到自己的身体之内,回归到自己的身心整体之内,融入大自然之中,进而提升到人对自己社会本质的真正占有;人回归到自己的社会本质之中,人升华到崇高的精神层次,通过修养和锻炼而成就完美的人格和大公的自我。

◆ **本节相关知识链接**

国外趣味休闲新方式

有人说,外国人的思维和我们不一样,他们经常能干出一些让大家想象不到的事情。近年来,国外比较流行接近自然的休闲方式,他们称之为舒服而自由的周末。

滑旱冰滑到大街上:法国人酷爱滑旱冰,春季更是旱冰一族大显身手的时候,他们在人行道上轻松自如地滑着前进,成为大街小巷一道亮丽的风景。据统计,法国滑旱冰的人已达到2 000万。

日本兴起踏石健身:在清新而略带寒意的晨风中,舒展开身体,迈出双脚自然而又舒适地走在凹凸不平的路上,唱一首歌,会多么的怡然自得,这就是兴起于我们近邻的日本

的踏石休闲法。许多学校和幼儿园专门开设"赤足教育"课程,让孩子们赤脚在走廊和操场上跑步,不少工厂、公司的入口处铺有一段卵石路,供职工上下班赤脚走10分钟。

饭后"百步走":韩国人也是崇尚"饭后百步走,活到九十九"这句格言的。不过,他们还有自己独特的认识。他们认为,饭后不应当立即去"走百步",而是应该稍事休息或卧床片刻,再去散步或做其他事情,这样更有利于食物的消化、胃肠保养和肝脏功能的保护。韩国人的这种观点已得到医学界的肯定,值得国人借鉴。

静思想健身美容:一种简单的休闲方法——静思想,使人在恬静的气氛中修身养性,既美容又健美,这是近年来在美国新建的"环保度假村"里出现的新鲜事。专家称此法是松弛思想的一种特殊运动,是专门针对快节奏生活给人们带来的疲劳而设计的,可以有效地消除疲劳,使左右脑获得平衡,预防和治疗疾病,进而获得美容健身的双重效果。

与海水共休闲:目前,海水和海藻疗法正方兴未艾,已被越来越多的人所接受。领导这股新潮流的有许多是西班牙文艺界和政界的著名人士,他们利用海水疗法在紧张的工作之后进行精神放松。医学专家已建立起形形色色的海水治疗中心,目的是使这种古老的治疗方法更趋于现代化与科学化,更好地为人们服务。

与鸵鸟赛跑:鸵鸟在澳大利亚被誉为"国鸟"。近年来澳大利亚人屡发奇想,设计出种种与鸵鸟为伴的休闲健身项目,令世人瞩目。最受欢迎的莫过于乘鸵鸟拉的四轮车在原野上兜风。新鲜的空气、温暖的阳光和满眼的绿意使人心旷神怡,从而得到醒脑健身之效。另外一些人干脆与鸵鸟赛跑,极大地增加了新鲜感。

学鸭子游泳:确切地说,应该是在水中练习跑步,这是加拿大人的"发明"。在地面上,每跑1千米,跑步者的两只脚就得撞击地面六七百次,脚部、腿部、臀部都会受到震动,容易扭伤肌肉或者拉伤韧带。而在深水中,跑步者下肢不受震荡,因而不易受伤,运动过后你将会有通体舒坦之感。另外,水中的阻力是空气阻力的4～10倍,在水中"战斗"45分钟,相当于在地面上跑2小时以上。

资料来源:孙锋,摘自《威海广播电视报》2006年9月29日

◆ 本节试题与知识训练

一、填空题

1. 文化的本质是＿＿＿＿＿＿,功能是＿＿＿＿＿＿。

2. 在我国当代形成了几种比较有典型意义的休闲方式,首先是旅游,其次是＿＿＿＿＿＿,第三种休闲方式即＿＿＿＿＿＿,第四种休闲形式是＿＿＿＿＿＿,第五种休闲方式为养宠物。

二、名词解释

休闲文化

三、论述

论述休闲活动对旅游主体的功用。

◆ **本章小结**

1.本章结语

本章主要讲述了旅游主体文化的概念、地位、成因以及主要特征。旅游主体文化主要由旅游主体消费文化、旅游主体审美文化、旅游主体休闲文化三部分构成。在第二、三、四节,分别就旅游主体文化的三个构成部分进行了详细的讲述。

2.本章知识结构图

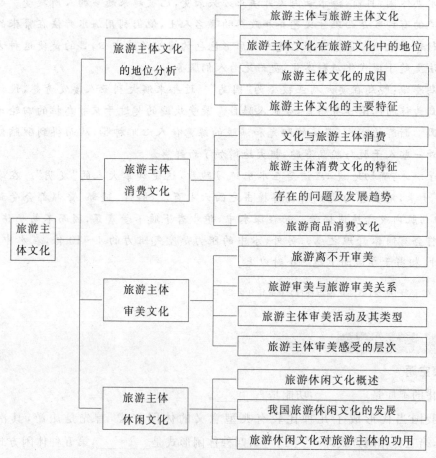

3.本章核心概念

旅游主体文化　旅游客体文化　旅游主体消费文化　旅游主体审美文化　旅游主体休闲文化

◆ 实训练习

1.将班级成员分成人数相当的小组,首先做一份调查问卷,然后根据调查问卷调查分析并总结出所在旅游城市的旅游者在旅游决策和旅游活动中会表现出哪些文化现象。

2.将班级成员分成人数相当的小组,调查所在旅游城市旅游消费结构并写出调研报告。

3.将班级成员分成几个小组,实地考察所在城市旅游商品的特色。

◆ 延伸阅读

中西方旅游审美的差异

中西旅游审美文化有很大差异。本文比较了中西方审美意识各个方面的不同,并以自然景观为例,具体分析了中西旅游审美知觉不同的主要表现。

一、中西审美不同的审美意识

1.思维方式的不同

审美意识首先表现为一般的思维方式。一般的、普通的思维方式又被看做是审美意识的基础,要比较审美意识必须还得比较一般思维方式。中西方思维方式大致有如下的差异:主要表现为中国人的"求同"和西方的"求异"。

我们可举一个生动的例子来说明中西思维方式的不同。有位中国教师与一群外国留学生一起外出买衣服。这位老师看到一件衣服不错,但究竟买不买却一下子拿不定主意。于是,她便很自然地像中国一般的顾客买东西那样,征求这些留学生的意见。谁知这些学生说,我们不参与意见,因为挑东西是自己喜欢的,勿需得到别人的认同。结果这位教师被弄得很尴尬。另一件是一位报社记者写的外国留学生素描:某大学有两个十八九岁的法国姑娘,人相当漂亮,活泼可爱,尤其是那一头垂肩的金发。奇怪的是,这两个妙龄少女夏天却剃去了满头秀发,理了个大光头。中国教师深以为怪,可她们却认为:"理光头凉快嘛。才不管别人怎么说呢。"而她们的一个中国女同学,每年春去夏来想早一点穿上裙子,可就不敢第一个穿。同样一间寝室,中国学生的东西整齐划一,书怎么放、鞋怎么放,都很讲究。外国留学生却光怪陆离。有睡地铺的,有把自己的床铺装饰得富丽堂皇的。有位金发女郎竟扯了7大块的花布钉在天花板上,正中画了一条大蛇,吓人得很,她却不以为然。美国学生说:"在我们国家,摆阔、学别人的都是无能的表现。上帝创造了人,都有一个脑子两只手,为什么要跟别人一样?"由此可见,在中国的传统教育、艺术创造和审美活动中,我们的求异意识是比较欠缺的。中国的传统研究中,往往是以"我注六经"代替"六经注我"。而在艺术和审美教育中,独创观念也只在培养了基本技巧才允许出现。

2.动观和静观

梁漱溟曾打过一个巧妙的比方来区别中西方人们生活的不同方式,他把中国人比作植物,把西方人比作动物。"植物为自养生物,恒就一地资取营养而不移动;动物为异养生物,恒游走觅取植物或其他动物为食。"

中国人讲究"静"是久有历史和深刻的哲学原因的。从老子的"致虚极,守静笃。万物并化,吾以观复""清静为天下正",到刘勰的"是以陶钧文思,贵在虚静",都贯穿着达一思想。因此,无论从哲学、宗教,还是从欣赏与创作看,"静"都是中国的一大特征。与此不同,西方人处于较大的社会变化中,再加上自然条件所驱,他们生性好动,无论是考察世界还是感受美,都着眼于动态。这种动态包括主客体两方面,故而我们称之为"动观"。

二、对自然景观不同的审美出发点

山水美是一种较为客观的、不经人为加工过的美。然而即使是面对这一自然而客观的对象,中国人和西方人对它的审美视角、深度、内在意蕴等并不完全相像,仍有着各自不同的特点。

中国人对自然美,特别是山水美的欣赏习惯是重现实和世俗、重实践理性的儒家文化,他们将山水看做是理想、追求、愤恨、道义以及人格等等的象征。"智者乐水,仁者乐山"是这一倾向的高度概括。正因有这样的思想,所以我们看到的中国古代作家的大部分游记都有丰富的寓意,这种寓意就是中国的那种忧国忧民、养精育德以及个人境遇与自然生命的密切关联等等的"比德"内容。西方人对山水自然景物的欣赏,不会寄托这么多的道德伦理内容。他们对山水的欣赏,主要出自于两点:一是纯粹欣赏自然的形态美,二是感受自然与人的心情契合。

三、对自然景观不同的审美意识的表现

1.中国人关注自然景观所负载的人文美,西方人则关注景观本身的自然美

中国曾有一句话:文因景成,景借文传。可以说,在我们国家,大多数有名的山水景观都是因为有名人贤士与之发生联系,因而得到永久的称颂。例如,江南三大名楼之一的岳阳楼,它的出名很大程度上是由于北宋著名文学家范仲淹写了一篇不朽的散文《岳阳楼记》。而西方人尤其侧重对自然景观本身的自然美的关注。我们可以通过车尔尼雪夫斯基的一段话来形象地说明:"水由于它的形状而显现出美。辽阔的、一平如镜的宁静的水在我们的心里产生宏伟的形象。奔腾的瀑布,它的气势是令人震惊的,它的奇怪特殊的形象也是令人神往的。水由于它的灿烂透明,它的淡青色光辉而令人迷恋,水把四周的一切如画地反映出来,把这一切屈曲地摇曳着。我们看到的水是第一流的写生画

家。"由此可见,西方人欣赏水的美,是美在它的形状、气势,它的灿烂透明,它的淡青色光辉。水由于它本身的美而美,而不是所附载的其他什么内容。

2.中国人的旅游审美集中于抒情的印象重现,西方人的旅游审美则集中于风景的对象描写

正如上述,西方人对自然景物的欣赏不会寄托那么多道德伦理的内容,是出自于一种纯粹的欣赏自然美。正如黑格尔所说:"自然事物之所以美,既不是为它本身,也不是由它本身为着显现美而创造出来的。自然美只是为其对象而美,这就是说,为我们、为审美的意识而美。"在中国人的审美意识中,人与自然不像西方那样是一种对立关系而是其中的一部分,总觉得宇宙自然不是人以外的外在世界,而是人在其中的宇宙整体。在审美心态上,"观山则情满于山,观海则意溢于海",相信人与自然总是和谐的,无机物与有机物都是宇宙息息相关、相交相融的实体。在中国人的眼中,生气灌注的宇宙自然是生命之根,是人可亲可近、相交相游、俯仰自得的亲和对象。人与自然是亲密无间的。"举杯邀明月,对影成三人"不重视对自然的观察、思考、研究,而是更多地追求、体验人与自然契合无间这样一种精神状态和境界。由此造成了二者之间的差异。

3.中国人的风景审美其目的在于舒适精神、怡乐性情,西方人的目的在于追求形式美的享受以及光感、色彩、空间感的真实性

例如,陶渊明的"久在樊笼里,复得返自然""采菊东篱下,悠然见南山。山气日夕佳。飞鸟相与还,此中有真意,欲辩已忘言"等,都让人感觉到中国古人的审美情趣所在。由此可见,中国人在旅游审美中以自适、畅神为宗旨,体现出重视人性自由的审美情调。自适、畅神是一种精神上的自我观照,是面对风景所产生的超功利的人性自由,是一种沉入意境的心灵状态。而西方文化中,因为深受自古希腊以来的形式主义美学思想的影响,十分看重物体的形态美,西方人认为美是一定数量关系的差异与统一所达到的和谐。

综上所述,中西旅游审美是有很大差异的。如果说中国人的审美是一种玄境的话,西方人的审美则是一种真境。中国人偏于抒情,西方人偏于写实;中国人偏于理想的寄托,西方人偏于现实美的享受。

探讨中西方旅游审美的差异有很大意义,有助于我们提供恰如其分的旅游服务,从而使我国的旅游业走上更为健康的发展之路。

资料来源:张敏.试论中西方不同的旅游审美知觉——以自然景观为例[J].魅力中国,2009,(16)

第 三 章

旅游山水文化

学习目标

知识要点:了解我国山水文化的形成与发展;掌握具有代表性的名山、江河湖泊、海滨、泉水文化及其特点。

技能训练:以某一著名景区为例,根据我国山水文化的形成发展,具体分析其文化的形成原因。

能力拓展:应用所学内容,展开对某一景区的文化内涵调查,通过小组形式展开讨论,做一份案例研究报告。

引 例

泰山——世界上第一个文化与自然双重遗产

1972 年,联合国教科文组织第 17 届大会通过《保护世界文化与自然遗产公约》,1975 年生效。1985 年 11 月 22 日,全国人大常委会批准该公约,中国成为缔约国。1986 年,中国联合国教科文组织全国委员会拟定推荐中国首批世界自然遗产和文化遗产清单,泰山是拟定的自然遗产,由建设部牵头申报。

申报之初,申报小组是按自然遗产拟写上报材料的。后来,申报小组觉得应该将泰山极其丰富的文化遗产内涵写进申报材料。这便是泰山后来成为世界自然与文化双重遗产的发端。

1987 年 5 月,世界遗产专家卢卡斯先生奉命来泰山考察。他看了申报材料后,"特别欣赏泰山既是自然遗产又是文化遗产,从《泰山遗产》的材料中看到了中国人的审美观,这能促使世界遗产概念的更新。一般来说,列入世界遗产清单的,不是自然的就是文化的,很少有双重价值的遗产在同一保护区内"。"泰山是自然遗产,但文化也不可忽视。

如果泰山作为自然和文化双重遗产,我想大家都会满意。"

卢卡斯先生还兴奋地为泰山题词:"泰山把自然与文化独特地结合在一起,并在人与自然的概念上开阔了眼界,这是中国对世界人类的巨大贡献。"1987年底的世界遗产大会上,泰山作为自然遗产列入《名录》。同时,泰山丰厚的文化遗产也让评委们大开眼界,进而又将泰山列入文化遗产《名录》。

由此,泰山成为世界上第一个文化与自然双重遗产,从而改写了世界遗产的分类。

案例引发的问题:自然景观与文化之间有什么样的联系?

资料来源:http://www.gcpnews.com/articles/2007-12-03/C1046_17590.html,环球华报

第一节　山文化

一、山与文化

所谓"山不在高,有仙则灵"。古代人们对于山有着近乎宗教一般的崇拜与敬畏。自夏商时代始,历代帝王都有登山封禅和祭祀山神的传统。春秋之前,朝廷设有掌管大山的官吏被称为"岳"。尧在位时,晚年选择继承人,命四岳"悉举贵戚及疏远隐匿者"。四岳推荐了舜。因此,山又称为"岳"。五岳之首泰山可谓中国的文化山。儒教创始人孔子感慨"登泰山而小鲁",杜甫赞叹"会当凌绝顶,一览众山小"。据考,中国历史早期只有东西南北"四岳",因为在中国的文化词汇中,有五行、五谷、五音、五味之说,因此,添加了中岳嵩山,始有五岳之说,以求对应和平衡。中国古代众多的神话传说大都发生在名山大川之中,像神农尝百草、愚公移山、孙悟空与花果山等。《西游记》《聊斋志异》提到的魑魅魍魉神仙鬼魅的出没藏身之地则不是山洞就是山头。而武当山、嵩山与博大精深、独树一帜的中华武林文化有着深厚渊源。

山文化是中国古代文化的一部分,从陶渊明的"采菊东篱下,悠然见南山"诗句中可窥见一斑。王维在《山居秋暝》中对山中美景一咏三叹,唯美之至;黄公望晚年隐居富春山,一幅《富春山居图》被后人誉为画中之兰亭。白居易筑草堂于北香炉峰,其《庐山草堂记》开头便是"匡庐奇秀,甲天下山……",为庐山奠定了很高的声望。"背山面水"不仅是中国古代建筑学上的人居经典,而且是今天的房地产商宣传中最响亮的招牌之一。

有山多有水,水随山转,山因水活。山静水动,阴阳互生,这是古今中外崇尚的最佳审美和休闲境界。中国古代的文人墨客、雅士鸿儒寄情于山水,以达到物我两忘的超然境界。南北朝时的郦道元、宋代沈括、明朝的徐霞客均遍游名山大川,留下《水经注》《梦

溪笔谈》《徐霞客游记》等文笔优美的地理学著作。李白、杜甫、谢灵运一生纵情于祖国山河，获得了取之不尽、用之不竭的灵感源泉。中国古代的艺术史上还形成了山水诗、山水画的主流派别。"读万卷书，行万里路"的苏轼为后世文人效仿的楷模，庄子"智者乐水，仁者爱山"为后人津津乐道。九九重阳登高习俗又对中国人的山地休闲起着推波助澜作用。在国人眼中，山蕴涵着宇宙无限奥妙，是得道生慧、宁静致远、淡泊明志和修身养性之处，是吸取天地精华、与天地精神往来的处所。山与休闲文化的关系，体现了中国人特有的休闲方式和休闲理念。

二、中国山文化的形成发展

1. 人与大自然的精神关系及其产物

山文化的发展过程最早体现在人与大自然的关系，即自然崇拜。

远古时期，生产力水平低下，人对大自然的认识、利用、征服能力具有很大局限性，这就形成了先民对自然的双重情结：一方面感谢自然赐予的生存资源，另一方面对电闪雷鸣、火山地震等自然现象迷惑不解、心存恐惧，因而产生神秘感。受惶恐敬畏的心理驱使，人类形成了种类繁多的自然神崇拜，包括日神、月神、山神、水神等。人类期望神灵护佑自己风调雨顺、家族兴旺、安居乐业。在众多自然崇拜中，对山川、河流的祭祀与人类关系最为紧密，形成了五岳、四渎（长江、黄河、淮河、济水）、五镇祭祀文化。古代帝王将相崇神的祭祀活动很大程度上促进了我国自然山水景观的建设与开发。在人类社会最初阶段，人们只知向大自然索取食物以满足自己的生理需求，除对大自然恩赐的感谢和威慑的恐惧外，并未产生更多的感情和精神关系。

从甲骨文和最早的文字记载来看，那时的自然崇拜现象已十分普遍了。由于人们对大自然缺乏科学认识，将各种自然现象如日、月、天、地、山、川等当作自然神加以崇拜，借以寄托人们精神和心理的祈求。《山海经》所记400多座山，都有不同规格的祭祀，说明当时自然崇拜的普遍性。在诸多自然崇拜对象中，山逐渐成为大自然的代表，五岳则象征神州大地。帝王封禅泰山包含祭祀天和地。封禅祭祀主要是出于"神道设教"，即为了政治目的，借自然山之神来加强对人民的精神统治。群众祭祀山神，是祈求吉祥平安、五谷丰登，亦带有功利性。后来，人们从远古的普遍祭祀具体的名山，发展到祭祀那些富有象征意义的名山，从而把名山从普通的作为物质利用的对象中分离出来、保护起来，作为象征性的祭祀对象加以崇拜。这是先秦时代人与自然精神关系的主要方式，也是当时名山大川的主要功能，相应地产生了一系列的祭祀文化。

2. 审美的出现

在普遍自然崇拜中，民间也萌发了自然山水的审美苗头，人对自然的认识由原来的恐惧、崇拜、敌对、疏远过渡到亲近、喜爱、愉悦。这种转变在我国大致始于先秦,完成于魏晋时期。早在《诗经》中就出现了一些歌颂自然山水的诗句,如"泰山岩岩,鲁邦所瞻""嵩高维岳,峻极于天"等。人与山水之间审美关系的建立和发展,促进了表达美感经验的山水艺术的形成以及人与自然之间审美关系的确立。盛唐时期,经济繁荣,社会安定,文化发达,宗教繁盛,山水名胜广为扩展,山水文化如山水诗画、山水游记蓬勃发展。隋唐以后的两宋以至元明清时期,山水文化得到了进一步发展。有的学者、思想家、隐士,对人与自然的关系有了新的见解。孔子提出"仁者乐山,知者乐水"的观点,认为山和水的形象内蕴藏着值得人们效法和崇拜的美德,值得作为审美对象欣赏。

3.宗教的出现极大地推动了山文化的发展

佛教自传入中国后,就逐渐与山结下不解之缘。山林幽深,云雾缭绕,寺庙坐落在这样的地方,更显出佛的尊严和神秘,同时也适合佛徒修身养性。佛因山而显赫,山因佛而著名。例如,从东汉明帝永平年间起,五台山就开始兴建佛寺,成为我国最早的佛教名山。此后,峨眉山、九华山、普陀山相继崛起,形成举世闻名的四大佛教名山。据统计,中国佛教名山数以百计。这些佛教名山不仅记录了佛教在中国的发展,而且又是各代文物荟萃的场所。历代的建筑家、雕塑家、绘画家、书法家等各色艺人与能工巧匠,都在这里留下了他们的杰作。历代高僧、名士、文人学者的遗迹,也引起人们无限的兴趣和追念。

道教是产生于我国的古老宗教,和我国山文化的形成与发展也有着密切关系。东汉顺帝时,张道陵于四川鹤鸣山创立道教,曾在青城山、龙虎山等清幽之处修道炼丹,奉老子为教祖,以《道德经》为主要经典,同时又承袭了古代的巫术和神仙方术。道教宣扬修道成仙,追求超凡脱俗的"仙境"。道教认为,除了升天的神仙,还有一些"地仙"居住于十洲三岛、洞天福地。十洲三岛在四海之中;三岛就是蓬莱、方丈、瀛洲;洞天福地则在陆地之内,包括十大洞天、三十六小洞天、七十二福地。自古以来,一些洞天福地成了人间的佳境,游人仰慕名胜寻迹而至。道教为山水文化的形成起了直接的推动作用。

魏晋南北朝时期,游览自然风景已成为士大夫、文人们的新风尚,自然名山开始成为人们独立的审美对象。士人、诗人、画家、官宦、僧人和道士们常常集结于名山大川之间,欣赏山水,清淡玄理,吟诗作画,参禅悟道,创建寺庙,开发风景而结成朋友。可见,中国名山的开发和建设,一开始便有许多有文化素养的人士参与。优美的自然风景激发了文人墨客们的灵感,于是悟之于胸,发之于笔端,开辟了中国山文化的新纪元。在中国文学史上产生了山水诗,在中国绘画史上诞生了山水画派。自然山水已独立地进入了人们的审美意识之中,作为审美对象的自然山水——风景的概念便产生了。

到了唐宋时期,社会经济进一步发展,文化繁荣,宗教隆盛,文人学士游览名山大川、群众性的朝山进香和游览活动相当盛行,这就大大促进了名山的建设,不仅有寺庙、宫观等宗教建筑,而且有许多驿馆、书院、亭阁、路桥及摩崖石刻等文化景观点缀于名山之间,处处渗透着山的审美意识。大批诗人、画家、文学家和跋山涉水的旅行家,为追求自然风景之美而踏遍天下名山,他们寄情于大山,触景生情,著之于文字,再现于书画,将山文化推上了历史高峰,在整个社会文化中产生巨大的影响。

明清时代,反映人与自然精神关系的山水文化虽无重大突破,但也在继续发展,尤其是在风景区的建设实践和理论方面皆有重大贡献,如明代武当山的规划、设计和建设实践,计成关于园林建设理论专著《园冶》等,都显示了中国在风景建设和造园艺术方面的特色和成就。现存于风景名胜区的古代人文景观,大多是明清时代的作品。

在自然山水成因规律的科学探索方面,虽然古代有不少科学家做出过卓越的贡献。例如,宋代沈括,考察雁荡山风景地貌的成因,认为是流水对地形的侵蚀作用形成的;明代地理学家徐霞客,前后用 30 年时间,遍历中国名山大川,不仅洞察山川的美学特征,而且探索其成因,尤其对岩溶地貌的考察研究,走在了世界前列。但是,用现代自然科学方法来研究名山大川的自然景观,还是开创于 20 世纪之初,而运用现代地质、地貌、植被、野生生物、水文气候、生态等科学全面广泛的研究风景区,则是 20 世纪二三十年代以后,尤其是新中国成立后的事。据笔者对全国大多数传统风景区考察来看,其自然景观的典型性,多具有很高的科学价值,也就是说,中国传统山水观认为具有美学价值的自然景观,今天从自然科学观点来看,也往往具有其科学价值。所以,这些风景区,不仅是审美对象,而且也是科学研究对象,是了解地球演变、沧海变桑田的天然博物馆,是进行自然科学普及教育的课堂。

三、中国名山文化赏析

1. 五岳

五岳是远古山神崇拜、五行观念和帝王巡猎封禅相结合的产物,后为道教所传承被视为道教名山,它们是东岳泰山、西岳华山、南岳衡山、北岳恒山、中岳嵩山。

五岳中"岳"意即高峻的山。在中国古代,认为高山"峻极于天",遂将位于中原地区的东、南、西、北方和中央的五座高山定为"五岳"。魏晋南北朝时期,佛教和道教开始在五岳修建佛寺、道观,进行宗教活动,每个"岳"均尊奉一位"岳神"(或称"大帝"、"神君"等)作为掌管该岳的最高神祇。这几座山上的天然风景亦逐渐被开发出来,供朝山信徒游览。于是,五岳又成为中国以山岳自然景观之美而兼具佛、道人文景观之胜的风景名胜区。唐宋以前,五岳大抵是佛、道共尊,寺、观并存。宋以后,佛教和道教各自依靠政治背景和社会势力彼此展开争夺。到明清时期,南岳、北岳和中岳仍保持着佛、道共尊的局面,东岳和西岳则以道教势力为主,成为中国道教的中心。

(1)泰山。

泰山古称"岱山",又名"岱宗",春秋时始称"泰山"。"山以岳遵,岳为东最"。自汉代我国确立"五岳"以来,泰山就居于"五岳独尊"的地位(图3.1)。古代的封建帝王在这里举行隆重的封禅典礼,文人墨客在这里流连观赏、吟咏赞叹。到泰山,既可以饱览历史文化的精品,又可以领略大自然的神奇之美。异峰突起在华北平原大地上的泰山,山势突兀挺拔,气势磅礴,颇有"擎天捧日"之势,通常被人们看做是崇高、伟大的象征,成为中华民族的骄傲。

图3.1　泰山

泰山位于山东省的中部。泰山从东平湖东岸向东北延伸至淄博市南和鲁山相接,它的主要山峰都在泰安境内,外围的低山丘陵一直延伸到历城、长清、肥城和济南等地,起伏绵延达200多千米,总面积为426平方千米。人们通常把泰安境内的泰山主峰及其邻近的山地称为"泰山",而把泰山及其外围的低山丘陵总称为"泰山山区",它是鲁中山地的重要组成部分。按地质构造分类来看,泰山属于"断块山",它是在中生代,由地壳断裂上升作用形成的。从红门宫以南的一天门起,泰山拔地而起,在水平方向仅5 000米的距离,垂直升高竟达1 300多米;其间形成了三个明显的阶梯:一个在一天门,一个在中天门,另一个在南天门。泰山是我国古老的变质岩系出露的标准地区之一。

它的古老岩系包括泰山群的混合变质沉积岩层,以及各种成因类型的花岗岩类,基性侵入岩体和岩脉等,它们统称为"泰山杂岩"。泰山杂岩是太古代的古老岩石。根据同位素测定,泰山群的年龄在25亿年以上,杂岩中的岩体的年龄也在22亿年至17亿年之间。

泰山主峰海拔1 545米。名为"玉皇顶",又称"天柱峰",其相对高度为1 391米,是我国东部沿海地带大陆口的第一高山。它山势峻拔高挺,素有"泰山天下雄"之誉。

(2)华山。

华山位于陕西省华阴县境内,为五岳中的西岳。华山之险居五岳之首,有"华山自古一条路"的说法,素有"奇险天下第一山"之誉(图3.2)。

华山名字的来源说法很多,一般认为,与华山山峰像一朵莲是分不开的。古汉语中"华"与"花"通用,正如《水经注》所说"远而望之若花状",故名。

华山有东、西、南、北、中五峰。东峰是华山的奇峰之一,因峰顶有朝台可以观看日

图 3.2　华山

出、美景，故又名朝阳峰。北峰也叫云台峰，山势峥嵘，三面绝壁，只有一条山道通往南面山岭，电影《智取华山》即取材于此。西峰叫莲花峰，峰顶有一块"斧劈石"，相传神话传说故事《宝莲灯》中的沉香劈山救母就发生在这里。南峰即落雁峰，是华山主峰，海拔 2 160 米，也是华山最险峰，峰上苍松翠柏，林木葱郁，峰东有凌空飞架的长空栈道。中峰亦名玉女峰，依附于东峰西壁，是通往东、西、南三峰的咽喉。

华山山路奇险，景色秀丽，沿山路从玉泉院到苍龙岭可以看到许多胜景，从华山脚下到青柯坪，一路上风光幽静，山谷青翠，鸟语花香，流泉垂挂，令人心旷神怡。青柯坪以东才是真正爬山的开始，这里有一巨大的回心石，站在石上朝上看是危崖峭壁、突兀凌空的"千尺幢"，胆小的人一般会就此止步，准备往回走，只有不畏艰险、勇于攀登的人才有机会领略到华山险峰上更美的风光。千尺幢窄陡的石梯只能容纳一人上下，370 多个石级，非铁索牵挽，难以攀登。过千尺幢经百尺峡就到了"老君犁沟"。这是夹于陡绝石壁之间的一条沟状道路，有 570 多个石级，其尽头是"猢狲愁"，顾名思义，就是连猴子都发愁的意思，可想而知崖壁是多么陡峭了。过了"猢狲愁"就到了华山北峰。北峰海拔 1 614.9 米，为华山主峰之一，因位置居北得名。北峰四面悬绝，上冠景云，下通地脉，巍然独秀，有若云台，因此又名云台峰。峰北临白云峰，东近量掌山，上通东西南三峰，下接沟幢峡危道，峰头是由几组巨石拼接，浑然天成。绝顶处有平台，原建有倚云亭，现留有遗址，是南望华山三峰的好地方。峰腰树木葱郁，秀气充盈，是攀登华山绝顶途中理想的休息场所。

（3）衡山。

南岳衡山位于湖南省衡阳市境内，是我国著名的五岳名山之一，被国务院于 1982 年批准为国家级重点风景名胜区，现为中国首批 5A 级风景区。南岳衡山自然风光秀丽多姿，人文景观丰富多彩，素有"五岳独秀"和"文明景区"之称。祝融峰之高，藏经殿之秀，方广寺之深，水帘洞之奇，古称南岳"四绝"。春看花，夏观云（图 3.3），秋望日，冬赏雪，为南岳四季奇观；飞瀑流泉，茂林修竹，奇峰异石，古树名木，亦是南岳佳景。风景区内有 24

岩、12 洞、7 潭、8 溪、20 泉、3 瀑布。自晋以来南岳佛道共存，历代不衰，为宗教史上所罕见。南岳山高林密，环境宜人，气候独特，是著名的避暑和观冰赏雪胜地。

图 3.3　衡山

南岳这块神奇的土地，为历代帝王、名人所仰慕。远古时代的尧、舜、禹三帝均到过南岳祭祀。相传大禹治水，曾在衡山杀白马祭告天地，在皇帝岩斋戒祈求上天帮助，获天赐金筒玉书后取得了治水方案，制服滔天洪水，功垂万世。乾隆、康熙皇帝曾为南岳题词；李白、杜甫、柳宗元、朱熹、魏源、王船山、谭嗣同等历史名人到过南岳，并留下了 3 700 多首诗词、歌、赋和 375 处摩崖石刻。

（4）恒山。

北岳恒山位于山西省大同市浑源县境内。恒山风景名胜区总面积 147.51 平方千米，所辖功能各异、景色纷呈的旅游小区 15 个，由东北向西南绵延五百里，锦绣一百单八峰，主峰天峰岭海拔 2 017 米，为北国万山宗主。

恒山又名玄岳，集"雄、奇、幽、奥"特色为一体，素以"奇"而著称，在五岳中有"泰山如坐、华山如立、衡山如飞、嵩山如卧"之说，而"恒山如行"。回溯中华五千年的文明，恒山历史悠久，文化灿烂，气候凉爽，民俗独特，自然和人文景观兼胜，素有"人天北柱""绝塞名山""道教第五洞天"之美誉。

恒山曾名常山、恒宗、元岳、紫岳。据史书记载，早在 4 000 多年前，舜帝北巡时，遥望恒山奇峰耸立、山势巍峨，遂叩封为北岳，为北国万山之宗主。之后，汉武帝首封恒山为神，唐玄宗、宋真宗封北岳火王，明太祖又尊北岳为神。恒山山脉祖于阴山，横跨塞外，东连太行，西跨雁门，南障三晋，北瞰云代，东西绵延五百里，号称 108 峰。倒马关、紫荆关、平型关、雁门关、宁武关虎踞为险，是塞外高原通向冀中平原之咽喉要冲，自古是兵家必争之地。主峰天峰岭在浑源县城南，海拔 2 016.8 米，被称为"人天北柱""绝塞名山""天下第二山"（图 3.4）。

图 3.4　恒山－悬空寺

（5）嵩山。

"五岳"是道教封的,而五岳中规模最大档次最高的道教建筑群是中岳庙(图 3.5)。中岳庙始建于秦,后来汉武帝、武则天和赵匡胤等皇帝仿照皇宫对其进行扩建。现存的中岳庙为清朝乾隆皇帝仿照北京故宫所建,故又名"深山故宫"。由此可见,真正的五岳之首是嵩山。在地质学上,嵩山是世界上唯一的一个横跨太古代、元古代、古生代、中生代和新时代的名山。而泰山仅跨了两个地质年代。所以,嵩山在古代就被尊为万山之祖。在文化上,嵩山是儒释道文化圣地,也是中国古代天文学和建筑学圣地。

图 3.5　中岳庙

嵩山属伏牛山脉,其主体在今河南登封县境内,东邻省会郑州,西邻九朝古都洛阳。嵩山古称外方山,周平王东迁洛阳后,以左岱(泰山),右华(华山),嵩山位于中央,是为天地之中,故定嵩山为中岳。武则天天册万岁元年(695 年)封禅嵩山时,改中岳为神岳。北宋以后,又称之为中岳嵩山。嵩山主要由太室、少室二山组成,山体从东至西横卧,蜿蜒 70 千米,故有"华山如立,中岳如卧"之说。嵩山之顶名曰峻极,海拔 1 512 米,古有"嵩高峻极"和"峻极于天"之说。站在峰顶远眺,北可望黄河之雄,南可观山川之秀。

2.佛教四大名山

中国佛教四大名山是山西五台山、安徽九华山、浙江普陀山、四川峨眉山,有"金五台、银九华、铜普陀、铁峨眉"之称。

中国佛教圣地分别供奉文殊菩萨、地藏菩萨、观音菩萨、普贤菩萨。四大名山随着佛教的传入，自汉代开始建寺庙，修道场，延续至清末。中华人民共和国成立后受到国家的保护并对寺院进行了修葺，已成为蜚声中外的宗教、旅游胜地。

(1)五台山。

五台山是中国佛教第一圣地(图3.6)。位于山西省五台县境内，方圆500余里，海拔3 000米，由五座山峰环抱而成，五峰高耸，峰顶平坦宽阔，如垒土之台，故称五台。

图3.6　五台山

汉唐以来，五台山一直是中国的佛教中心，此后历朝不衰，屡经修建，鼎盛时期寺院达300余座，规模之大可见一斑。目前，大部分寺院都已无存，仅剩下台内寺庙39座、台外寺庙8座。现在五台山是国家级重点风景名胜旅游区之一。寺院经过不断修整，更加富丽堂皇、雄伟庄严，文化遗产极为丰富，举世称绝；其中，最著名的五大禅寺有显通寺、塔院寺、文殊寺、殊像寺、罗睺寺。

五台山在隋唐时已经名声远播，宋以后，日本、印尼、尼泊尔等国的僧侣与五台山都有往来。从五台山源远流长的兴始发展中，我们不难看出它在四大佛山所占据的特殊地位。它不仅生动翔实地记录了中国佛教起落兴衰的过程，同时还展现了佛教文化的灿烂和进步。作为我国四大佛教名山之首的五台山，千百年来吸引了无数的游人。

(2)九华山。

图3.7　九华山

九华山位于安徽省池州市，距池州市青阳县20千米，距长江南岸贵池区约60千米，方圆120平方千米，主峰十王峰1 342米，为黄山支脉，是国家级风景名胜区。

九华山共有99座山峰，以天台、十王、莲华、天柱等9峰最雄伟，群山众壑，溪流飞瀑，怪石古洞(图3.7)，苍松翠竹，奇丽清幽，相映成趣，名胜古迹，错落其间。

九华山古刹林立，香烟缭绕，是善男信女朝拜的圣地。九华山相传为地藏王菩萨道场。九华山风光旖旎，气候宜人，是旅游避暑的胜境。九华山现有寺庙80余座、僧尼300余人，已逐渐成为具有佛教特色的风景旅游区。在中国佛教四大名山中,九华山独领风骚,以"香火甲天下""东南第一山"的双重桂冠而闻名于海内外。

唐代大诗人李白三次游历九华山。见此山秀异、九峰如莲花,写下了"昔在九江上,遥望九华峰,天江挂绿水,秀出九芙蓉"的美妙诗句,后人便削其旧号,易九子山为九华山。

(3)普陀山。

普陀山位于浙江舟山群岛,据传曾是观音菩萨道场,同时也是著名的南海观音海岛风景旅游胜地。普陀山位于杭州湾以东约100海里,是舟山群岛中的一个小岛,全岛面积约12.5平方千米。如此美丽,又有如此众多文物古迹的小岛,在我国可以说是绝无仅有。

普陀山的名称,出自佛教《华严经》等六十八卷,全称为"补坦洛迦""普陀洛迦",是梵语的译音,意为"美丽的小白花"。由于中国历代帝王多建都在北方,所以自元朝以来,惯称此山为"南海普陀"。普陀山又有"五朝恩赐无双地,四海尊崇第一山"的美誉。

(4)峨眉山。

图 3.8　峨眉山

峨眉山(图 3.8)位于中国四川省峨眉山市境内,景区面积 154 平方千米,最高峰万佛顶海拔 3 099 米,是著名的旅游胜地和佛教名山,是一个集自然风光与佛教文化为一体的中国国家级山岳型风景名胜。1996 年 12 月 6 日被列入《世界自然与文化遗产名录》。

峨眉山平畴突起,巍峨、秀丽、古老、神奇。它以优美的自然风光、悠久的佛教文化、丰富的动植物资源、独特的地质地貌而著称于世,被人们称之为"仙山佛国""植物王国""动物乐园""地质博物馆"等,素有"峨眉天下秀"之美誉。唐代诗人李白诗曰"蜀国多仙山,峨眉邈难匹";明代诗人周洪谟赞道"三峨之秀甲天下,何须涉海寻蓬莱";当代文豪郭沫若题书峨眉山为"天下名山"。古往今来,峨眉山就是人们礼佛朝拜、游览观光、科学考察和休闲疗养的胜地。

3.道教名山

(1)武当山。

武当山,又名太和山(图 3.9),位于湖北省西部丹江口市境内。武当山方圆 400 千米,东邻襄樊市,西接十堰市(新兴的汽车城),背靠神农架林区,面临丹江口水库,是国家第一批重点风景名胜区之一。它有 72 峰、24 涧、11 洞、10 石、10 池、9 泉、9 井、3 潭、9 台

图 3.9　武当山

以及元、明建筑群等风景胜迹，居于 72 峰之道的天柱峰，海拔 1 612 米。北宋书画家米芾曾赞武当为"天下第一山"。这里既是道教名山之一，又是武当拳的发源地。丹江口水库之滨的玄武门（石雕牌坊），坊额刻有明代嘉靖皇帝御笔"治世玄岳"四字。玄岳门西一千米处，有明成祖永乐十五年（1417）敕建的遇真宫，是纪念武当拳的创始者张三丰的。天柱峰顶端有建于 1416 年的金殿，是武当山最突出、最有代表性的道教建筑群，也是我国现存最大的铜建筑群；殿高 5.54 米、宽 5.8 米、深 4.2 米、重 80 余吨，英姿魁伟，有铜铸金童、玉女及水火二将侍立两侧，十分壮观。汉代阴长生，唐代吕洞宾，明代张三丰等均在此修炼过。

（2）龙虎山。

龙虎山原名云绵山，位于江西省鹰潭市贵溪县渔塘乡境，由酷似龙虎的两山组成，是我国典型的丹霞地貌区。相传因第一代天师在此炼丹，丹成而龙虎见，故改名龙虎山。张道陵第四代传人——张盛，由鹤鸣山转到这里，至民国末年已承袭 63 代，历 1 900 年，为道教"第三十二福地"和张天师子孙世居之地。贵溪县上清镇东面的上清宫，是历代天师祀奉太上老君和朝会之处，也是我国最古老、最大的道宫之一。现存福地门、钟楼、玉门殿、东隐院、九曲巷、下马亭及明代石刻等古迹。上清宫附近的天师府，占地 400 公顷，房屋 100 余间，是历代天师的住处，也是我国规模最大的道教建筑之一，是现今保存较完好的封建时代大府第之一。龙虎山风景名胜区的主要风景点除龙虎山之外，还有象鼻山、张家山、尘湖山、马祖岩、仙岩、排衙石、上清河等。

（3）青城山。

青城山位于四川省都江堰市西南，主峰老霄顶海拔 1 260 米（2007 年）。整山林木青翠，四季常青，诸峰环峙，状若城郭，故名青城山。山中丹梯千级，曲径通幽，以幽洁取胜，自古就有"青城天下幽"的美誉；与剑门之险，峨眉之秀，夔门之雄齐名，素有"拜水都江堰，问道青城山"之说。青城山是中国著名的道教名山，中国道教的发源地之一，自东汉以来历经 2 000 多年。东汉顺帝汉安二年（公元 143 年），"天师"张陵来到青城山，选中青城山的深幽涵碧，结茅传道，青城山遂成为道教的发祥地，成为天师道的祖山，全国各地历代天师均来青城山朝拜祖庭。全山的道教宫观以天师洞为核心，包括建福宫、上清宫、祖师殿、圆明宫、老君阁、玉清宫、朝阳洞等至今完好保存的数十座道教宫观（图 3.10）。

图 3.10　青城山

（4）齐云山。

齐云山又名白岳、云岳，距安徽省屯溪市 33 千米，在休宁县城西 15 千米处，海拔1 000余米，面积 60 多平方千米，因最高峰齐云岩得名，以幽深奇险著称。此山有 36 奇峰、72 怪岩、24 洞及其他许多洞泉飞瀑，与黄山、九华山合称"皖南三秀"，素有"天下无双胜境，江南第一名山"之誉。早在唐代建寺、宋代宝庆二年（1226）建佑圣真武祠，成为道教中心。宋代嘉靖皇帝敕建殿，御赐山额，以后佛、道两教繁盛，建有三清殿、玉虚殿、无量寿宫、文昌阁等著名道观。以后游人日盛，文人墨客多有题咏，至今尚存碑碣及摩崖石刻 1 400 余处。

◆ 本节相关知识链接

42 座旅游名山

国家先后两批公布共计 42 座旅游名山为"重点风景名胜区"，除"五岳""四佛""四道"已包括在内的名山外，其余 28 座分别是：

第一批 25 座，其余 12 座：辽宁千山、江苏钟山、浙江雁荡山、安徽天柱山、福建武夷山、山东崂山、陕西骊山、河南鸡公山、四川缙云山、甘肃麦积山、新疆天山、江西井冈山。

第二批 17 座，其余 16 座：广西花山、河北苍岩山、江苏天台山、浙江天台山、安徽琅瑯山、福建清源山、福建万石山、福建太姥山、江西三清山、湖北大洪山、湖南武陵山、广东西樵山、广东丹霞山、四川贡嘎山、四川金佛山、云南玉龙雪山。

◆ **本节试题与知识训练**

一、填空、

我国四大道教名山为_____、_____、龙虎山和_____。

二、判断

普陀山位于浙江舟山群岛,相传是观音菩萨道场。　　　　　　　　　　（　　）

三、简答

简述我国山文化的形成和发展。

四、案例分析

峨眉山——乐山大佛,1997 年被联合国教科文组织世界遗产委员会批准列入《世界遗产名录》,成为文化与自然双重遗产。峨眉山位于四川省峨眉山市,其自然景观雄秀神奇,佛教文化更是千年不衰,并享有"佛门圣地"之美誉。乐山大佛,位于峨眉山东麓的凌云山栖弯峰、濒岷江、大渡河、青衣江三江汇流处,佛像是 8 世纪初一座依山凿成的弥勒坐佛造像,建造历时 90 米,通高 71 米,为世界最高弥勒石刻大佛。

请分析:峨眉山——乐山大佛为什么会成为文化与自然双重遗产?

第二节　水文化

一、水与文化

水,作为自然的元素,生命的依托,从一开始便与人类生活乃至文化历史形成了一种不解之缘。纵观世界文化源流,是水势滔滔的尼罗河孕育了灿烂的古埃及文明,幼发拉底河的消长荣枯影响了巴比伦王国的盛衰兴亡,地中海沿岸的自然环境是古希腊文化的摇篮,流淌在东方的两条大河——黄河与长江滋润了蕴藉深厚的中原文化和绚烂多姿的楚文化。

中国古典而优美的农耕文化依水而生,伴水而在,随水而长。从单纯依赖自然赋予的水资源到能动地改造利用水资源,反映了古代人类从生存到发展的文明历程;而从利用自然、改造自然的社会实践中产生的文化,正是基于这段文明的历程得以产生且取得长足的进步。人类文化的早期发展史,也就是一部壮美的"河流文明"发展史。

人类社会早期对以水为主的先天环境就有着很强的依赖,其后在基本生存条件有了保障之后,作为一种历史现象和社会现象的文化在社会实践中产生。我们可以得出这样的结论:人类早期文化的产生和分布在相当程度上是以水的分布为主体的,虽然水不是人类文化产生的唯一条件,但由于人类早期的社会活动是以农耕为主,因此无论从哪些方面讲,对于水的依赖却是不可替代的。如果说早期人类有意识地寻求水资源丰富的地区作为一切活动的中心,只是初步认识到水对人类生存的必要性,那么,当农耕生产的形势得到稳定和发展之后,古代人类已不再满足于完成生存所必需的基本生产了,他们转而以主观能动的方式进一步认识水,从而求得社会的进步与文化的发展。

二、中国水文化的形成与发展

在人类社会的发展过程中,水文化是人类对人类社会各个时代和各个时期水环境观念的外化,是人类为适应自然生态环境与满足兴利除害需求的一种方式,也是人类指导自身行为和评价水利工程、水利事业的准则,以及人与人之间对于在从事水利工程建设和水利事业工作活动中,进行经验交流和总结与评估其效果、效益及其价值的准则。同时,水文化也反映着人类社会各个时代和各个时期一定人群对自然生态环境的认识程度,以及其思想观念、思维模式、指导原则和行为方式。

1. 我国水文化的形成与古代水利工程之间的关系

(1)在原始社会,世代相传的大禹治水,就是典型的原始社会的水文化。传说鲧用堵法治水失败,只好自沉于羽渊,化为玄龟。而禹因受启示于龟背文(纹),用疏法治水获得成功。《洛阳记》载:"禹时有神龟,于洛水负文列于背,以授禹。文即治水文也。"这使后人在治水之前,均祭祀神龟,治水中,浇注大龟,以镇水妖,永保平安。

(2)在春秋战国时期,秦国郡守李冰兴建都江堰工程,郑国修建的郑国渠(即现在的泾惠渠前身),楚国修建的芍陂等,至今仍存在,后经扩建、改造和发展,继续为人民造福。在黄河下游两岸,各诸侯国自筑防洪堤防,"壅防百川,各以自利",以堤防保护本国,又以邻为壑,彼此"水攻"。直到公元前221年,秦始皇统一中国,才废止了"水攻",统一了全国水政。这些都表现出我国奴隶社会时期水文化的主要特征。

(3)在秦汉期间水文化的代表性灌溉工程有关中的郑白渠、成国渠,以及为开拓岭南修建的灵渠,使湘漓通航。自汉代起,为巩固国防,在西北屯边垦殖,开发了青海的湟水流域、宁夏的河套地区和甘肃的河西走廊。

(4)隋朝时期,隋炀帝动用几百万人,开凿贯通了大运河,为以后国家的经济文化空前繁荣作出了巨大贡献。大运河隋代开始全线贯通,经唐宋发展,最终在元代成为沟通海河、黄河、淮河、长江、钱塘江五大水系、贯通南北的交通大动脉。在2 000多年的历史进程中,大运河为我国经济发展、国家统一、社会进步和文化繁荣作出了重要贡献,至今仍在发挥着巨大作用。

由上可见,古代水文化和水利工程紧密关联,它充分体现着各个时代人们的价值观念、思维方式和行为准则,体现了人类为适应自然环境、适应当时的生产力与生产关系以及在满足兴利除害要求活动中所创造的水利工程成就和体现出来的丰富水文化。

2. 审美的出现

随着社会的发展,人们对山水的审美需求日益加强,在这样的基础上,游览山水之风日渐兴起,许多胜景吸引着游客,长江三峡、桂林山水、杭州西湖等逐渐成为著名的风景区。与此同时,以山水为表现对象的文学艺术应运而生,五彩缤纷的山水审美文化蔚为大观,表现出中华民族的审美意识和创造才能的发展。中国以山水之美著称,尤以诗国名世,山水引发出无数诗篇。刘勰在《文心雕龙》中说:"庄老告退,而山水方滋。"范文澜、钱钟书认为山水诗形成于东晋,它的奠基人公认为谢灵运,朱自清在《经典常谈》中称他为"第一个在诗里全力刻画山水的人"。唐代中国的山水文化发展到成熟阶段,取得了辉煌成就。此后,历代山水诗异彩纷呈,经久不衰。与山水诗并驾齐驱,描摹山水的游记也渐渐发展起来。这类作品可以更自由更充分描绘锦绣山河,多方面展现作者的审美体验,中国文学史上各具时代特色和鲜明个性的游记名篇佳制层出不穷。在中国的名胜之地,还随处可见楹联。楹联融语言艺术和书法艺术于一炉,是中华民族特有的一种艺术形式。历代才识之士置身于大好河山之中,往往触景生情,抚今怀古,题词兴联,留下许多楹联佳作:有的描绘景色,有的借景抒情,有的寓蕴哲理,有的就题发挥,虽然寥寥数句,但往往有洞幽烛微,画龙点睛之效。这种以山水为表现对象的审美创造结晶,为山水添辉增彩,使描写对象名扬四海,从多方面沟通人们与山水之间的关系。在世界上,中国又是山水画出现最早和最发达的国家,山水画写自然之性,亦写吾人之心。历代著名画家的山水杰作,为中国的山水文化作出了巨大贡献。中国的山水园林也很有特色,它是从欣赏发展起来的。以上皆显示了中国水文化日益丰富的内容,也反映出了审美需求和审美能力发展在水文化形成中的意义。

三、中国水文景观文化赏析

1. 江河文化

(1)长江。

长江是我国第一大河,也是世界第三大河,是中华民族的骄傲。长江源远流长,长江的正源沱沱河出自青海省西南边境唐古拉山脉的格拉丹冬雪山,沿岸自然景观奇特,文化内涵极为丰富,是华夏文明的重要发祥地之一。峡谷、险滩、奇峰、流泉、溶洞构成了三峡两岸的自然风光。长江源远流长,孕育了华夏文明,孕育了中华民族,哺育了一代又一代中华儿女。

（2）黄河。

黄河是我国第二长河，发源于青海巴颜喀拉山，干流贯穿 9 个省、自治区，流经青海、四川、甘肃、宁夏、内蒙古、陕西、山西、河南、山东，全长 5 464 千米，流域面积 75.2 万平方千米，年径流量 574 亿立方米。

黄河是中华民族的发源地。黄河流域是中华民族古文化的摇篮，自古以来我们的祖先就劳动生息在这块土地上，黄河两岸遍布着华夏民族活动的踪迹。从中石器时代起，黄河流域就成了我国远古文化的发展中心，从燧人氏、伏羲氏、神农氏创造发明了人工取火技术到原始畜牧业和原始农业，他们拉开了黄河文明发展的序幕。

这里有蓝田猿人化石、有半坡村仰韶文化遗址；有跌宕冲撞、奔腾而来、咆哮而去的大河气度；有群峰竞秀、山水交融的黄河三峡；有峰峦雄奇，危崖耸立，似鬼斧神工；林海浩瀚，烟笼雾锁，如缥缈仙境；高峡平湖，山水一色，有漓江神韵，集南北山水之大成的小浪底黄河三峡风景区。黄河既有南国山水的柔媚与婉约，又不失北方山水的雄健与阳刚。

（3）桂林山水。

桂林是一座文化古城，2 000 多年的历史使它具有丰厚的文化底蕴。秦始皇统一中国后，设置桂林郡，开凿灵渠，沟通湘江和漓江，桂林从此便成为南通海域、北达中原的重镇。宋代以后，它一直是广西政治、经济、文化的中心，号称"西南会府"，直到新中国成立。在漫长的岁月里，桂林的奇山秀水吸引着无数的文人墨客，流传下许多脍炙人口的诗篇和文章，刻下了两千余件石刻和壁书。这里还有许多古迹遗址。

广西桂林是世界著名的风景游览城市，自古就有"桂林山水甲天下"的赞誉（图 3.11）。

图 3.11　桂林山水

（4）京杭大运河。

京杭大运河北起北京通州区，南达杭州，流经北京、天津、河北、山东、江苏、浙江六省市，沟通了海河、黄河、淮河、长江和钱塘江五大水系，全长 1 794 千米，相当于苏伊士运河的 10 倍多,巴拿马运河的 22 倍,是世界上最长的人工河流,也是最古老的运河之一。它和万里长城并称为中国古代的两项伟大工程,闻名全世界。

京杭大运河是我国古代劳动人民创造的一项伟大工程,是祖先留给我们的珍贵物质和精神财富,是活着的、流动的重要人类遗产。大运河始建于春秋时期,形成于隋代,发展于唐宋,最终在元代成为沟通海河、黄河、淮河、长江、钱塘江五大水系,纵贯南北的水上交通要道。在 2 000 多年的历史进程中,京杭大运河为我国经济发展、国家统一、社会进步和文化繁荣作出了重要贡献,至今仍在发挥着巨大作用。

京杭大运河显示了我国古代水利航运工程技术领先于世界的卓越成就,留下了丰富的历史文化遗产,孕育了一座座璀璨明珠般的名城古镇,积淀了深厚悠久的文化底蕴,凝聚了我国政治、经济、文化、社会诸多领域的庞大信息。

人们常把黄河比喻为中华民族的母亲河,把京杭大运河比作中华民族的生命之河、智能之河。那是因为京杭大运河是世界上开凿时间最早、规模最大、里程最长的运河。它经历了上千年的沧桑风雨,养育了一代又一代的中华儿女,积淀了内容丰富、底蕴深厚的运河文化,记录了中国古代政治、经济、文化、科技、军事等方方面面的丰富信息。它是中国悠久历史的缩影,是中国人民智慧和勤劳的结晶,是中华民族弥足珍贵的物质和精神财富,是中华文明传承发展的纽带。

2. 湖海文化

(1)湖泊。

我国境内湖泊众多,天然湖泊遍布全国各地。有的地区湖泊星罗棋布,有的地区却串联如珠,有的湖泊身居层峦叠嶂之中,有的却安居于平原之上。著名的有杭州西湖、无锡太湖、湖南洞庭湖、江西鄱阳湖、浙江千岛湖、长白山天池、新疆天池,以及云南的滇池、洱海等。湖泊的美不同于跌宕起伏的江河,它更加清新秀丽、娇柔妩媚、静谧幽深。西湖苏堤柳树如烟,晴天娇媚,雨天幻奇;新疆天池湖水清澈、深邃,光洁如镜;洞庭湖港汊纵横,渚清沙白,芳草如茵,风景宜人。

①洞庭湖。

"楼观岳阳尽,川迥洞庭开。"这是唐代大诗人李白登岳阳楼后写下的千古名句。烟波浩渺的洞庭湖为我国第二大淡水湖,位于湖南省北部。湖中心有座葱翠常绿的小山,名叫洞庭山,洞庭湖便因此而得名。湖区总面积约 18 000 平方千米。洞庭湖碧水共天、沧溟空阔,古往今来,历朝历代,对它的记载和描绘无尽其数。

　　位于洞庭湖畔的岳阳楼,耸立于岳阳古城西隅的崇台之上,北枕万里长江,南望三湖四水,气势非常雄伟,是我国著名的江南三大楼之一,人称"洞庭天下水,岳阳天下楼"。大文学家范仲淹在此写下了名传千古的《岳阳楼记》,虽然只有寥寥369字,其内容之博大,哲理之精深,气势之磅礴,语言之铿锵,可谓匠心独运,堪称绝笔。其中,尤以"先天下之忧而忧,后天下之乐而乐"一句成为千古名言。自此,岳阳楼更是名扬中外。以后历朝历代的诗人、作家在此留下了大量优美的诗文。

　　②西湖。

　　西湖位于杭州市中心,旧称武林水、钱塘湖、西子湖,宋代始称西湖。西湖是一个历史悠久、世界著名的风景游览胜地,她古迹密布,山水秀丽,景色宜人。湖中有小瀛洲、湖心亭和阮公墩三个小岛以及苏堤、自堤两条长堤。杭州西湖碧水连天,面积达5.6平方千米,像一面巨大的明镜。西湖,是一首诗,一幅天然图画,一个美丽动人的故事。阳春三月,草长莺飞,苏白两堤,桃柳夹岸。湖中是水波潋滟;游船点点,湖岸是山色空蒙,青黛含翠。西湖的周遭长堤如画,杨柳含情,青山带笑,美不胜收,荟萃着历朝历代的名胜古迹和人文景观。

　　千百年来,西湖以其迷人的景致吸引人们前来游览,英雄豪杰、文人墨客以及无数不知名的作者,在这里留下了许多脍炙人口的诗篇。杭州西湖,从唐代大诗人白居易的诗句中走来,从宋代散文家、词人苏东坡的诗句中走来,从元明清历代诗人墨客的笔下走来,在历史的迷离烟雨中格外飘逸美丽。一首"水光潋滟晴方好,山色空濛雨亦奇。欲把西湖比西子,淡妆浓抹总相宜"的神妙诗篇,把苏东坡和西湖紧紧地系在一起,湖与诗人皆千古流芳。

　　从古到今,游湖的文人墨客无不折服于西湖的美貌和内涵,仅仅"西湖竹枝词"这一体例的诗篇就有数千首之多,关于西湖的游记、小说、传说故事等也不计其数。可以说,诗人墨客们的诗词文章因沾了西湖的灵气而格外芳香四溢,而西湖也因为有诗人墨客们的梳妆打扮,在山水的自然美之外又增添了一种文化的魅力。南宋以来,先后形成了西湖十景:苏堤春晓(图3.12)、平湖秋月、断桥残雪、曲院风荷、花港观鱼、柳浪闻莺、三潭印月、双峰插云、雷峰夕照、南屏晚钟。

　　③太湖。

　　太湖是中国第三大淡水湖(图3.13),面积2 250平方千米,跨江浙两省,烟波浩渺,气势磅礴。太湖以优美的湖光山色和灿烂的人文景观闻名中外,是我国著名的风景名胜

图3.12 苏堤春晓

区。无锡山水、苏州园林、洞庭东山和西山、宜兴洞天世界都是太湖地区的著名旅游胜地。

无锡濒临太湖北半圈,占有太湖最美一角。这里山清水秀,极富江南水乡风味。浩瀚如海的太湖,散布着48个岛屿,这些岛屿连同沿途的山峰和半岛,号称72峰,它们均由浙江天目山绵延而来,或止于湖畔,或纷纷入湖,形成了山水环抱之势,组成一幅山外有山、湖外有湖的天然图画。位于湖的南部面积为62.5平方千米的洞庭西山是太湖最大的也是最美的岛,和洞庭东山隔水遥对。太湖72峰,西山占41座。耸立于岛中央的主峰缥缈峰,又叫杳眇峰,海拔336米。山中除寺宇和避暑建筑外,主要以自然美取胜,秋月、梅雪之类的景物最具特色。另外,西山上怪石嶙峋、洞穴颇多,玲珑剔透的太湖石,将全岛点缀得颇为别致。太湖东面的洞庭东山,其主峰的大尖顶是72峰之一,山中主要古迹有紫金庵的宋代泥塑像、元代轩辕宫、明代砖刻门楼,以及近代的雕花大楼等。太湖的名胜古迹精华集中在太湖北岸。

④滇池。

在苍崖万丈、云横绝顶的群山之间,有一湖碧绿如玉、烟波浩渺的池水荡漾着,这就是素有"高原明珠"之称的昆明滇池(图3.14)。它方圆五百里,既有湖泊的秀逸和韵味,又有大海般的气势和情调。滇池风景区位于昆明城及滇池周围地区,包括昆明城、滇池

图 3.13　太湖美景

及附近众多的公园、名胜古迹,总面积 770 平方千米。

图 3.14　俯瞰滇池

　　滇池是昆明风景名胜的中心,周围散布着许多美丽诱人的风景名胜和历史悠久的文物古迹:可环湖探访石器时代的遗址、探索云南文化摇篮的奥秘、追寻古滇王墓的踪迹、拜谒著名航海家郑和的故里;又可登上西山,遍游气象恢宏的华亭寺、苍深雄峻的太华寺和鬼斧神工的龙门;可以到沿湖的大观公园、白鱼口公园、郑和公园、西华园去欣赏稻菽飘香、群鸥翔集、归帆远影、花木掩映的景色;还可以泛舟湖上,去领略那水天一色、空漾澄碧、山光波影、浑然天成的超然境界。

(2)海滨。

海滨是海水与大陆交相作用的历史印迹。波浪、潮汐、海流涌向海岸,惊涛拍岸,撼人心魄。海浪对海岸经久不衰的冲击和磨蚀形成了人力难为的美丽风景,包括海蚀穴、海蚀崖、海蚀拱桥、海蚀柱、海滩及岛礁等观赏性极高的海蚀与堆积地貌。

从北向南,中国著名的海滨有位于秦皇岛的北戴河海滨,位于辽东半岛的大连南部海滨,位于山东半岛胶州湾东南岸的青岛海滨,位于舟山群岛的普陀山岛的普陀山海滨,位于海南岛的三亚海滨等。大连海滨气候清新,景色宜人,山水相连,礁石林立,海蚀洞、海蚀崖、海蚀柱、海蚀拱桥等景观极为丰富。三亚海滨石美、海美、沙更美。三亚海边巨石光滑湿润,石块或成群簇立,或孤石突兀,充满诗情画意,极具生命的韵律感。这里的海水湾阔、沙白、水清、波平,海水轻吻着细沙,絮语低沉,波光粼粼,清风徐徐,海天一色。这里的海岸沙滩细腻、宽阔、平坦,在沙滩上行走、奔跑,好似踩在柔软的地毯上那般舒适,那一刻仿佛沐浴在金色的天堂,无比陶醉惬意。

①青岛海滨风景区。

位于青岛市区南部沿海一线,东西长约 25 千米,南北宽约 3 千米。陆地包括青岛山、信号山、观象山、太平山、八关山、小鱼山及南侧区域。海域则有团岛湾、青岛湾、汇泉湾、太平湾、浮山湾等海域及所含岛、礁、海滩等。主要风景游览区有八大关景区、八大峡景区、太平山景区和太平角景区。主要风景点有栈桥,鲁迅公园,小青岛,小鱼山,百花苑,汇泉广场,五四广场,音乐广场,燕儿岛公园,第一、二、三、六海水浴场及海滨观光大道——东海路、香港路等。

从 20 世纪初开始,青岛由一处军事重镇、商埠逐步发展成为城市,并以其优美的自然环境、适宜的气候成为当时国内最早的避暑胜地。20 世纪二三十年代,国内一大批学者、文化界人士云集青岛,使得青岛成为当时中国的文化重镇。同时,国内的达官显贵及外国商人也进入青岛,活跃了青岛的工业、商业和建筑业。不同国籍、不同地域的文化在这里产生碰撞和融汇,为青岛初期的城市建设构筑了特定的理念。半个多世纪中,“碧海、蓝天、绿树、红瓦、黄墙”及依山就势、鳞次栉比的优美建筑成为青岛独占鳌头的风光特色,青岛海滨因此也成为享誉海内外的著名旅游胜地。

②大连海滨—旅顺口风景名胜区。

大连海滨—旅顺口风景名胜区包括大连海滨与旅顺口两个景区。大连海滨景区海岸线长达30余千米,水面浩瀚,碧海蓝天。白云山庄莲花状地质构造地貌和由岩溶礁石构成的黑石礁如同"海上石林",为世上所罕见。旅顺口是中国的海上门户,地形雄险壮阔,有众多古迹,景区内有中国近代史上记载中日甲午战争和日俄战争以及日本侵华战争的各种工事、堡垒等战争遗迹多处。旅顺口外礁岛棋布,口内峰峦叠翠,自然风光绮丽多彩。

③北戴河海滨。

北戴河海滨位于河北省秦皇岛市,环境优美,风光秀丽。这里沙软潮平,滩宽水清,潮汐稳静,风爽无尘;岸边林带苍翠,绿树成荫。北戴河海滨具备了当今世界海岸旅游的五大要素:海洋、沙滩、空气、阳光和绿色,是游人进行海浴、日光浴、沙浴、空气浴的最理想的天然场所。风景区西面是婀娜俊美的联峰山,山色青翠,植被繁茂,每逢夏秋季节,山上草木葱茏,花团锦簇,各种松柏四季常青。山中文物古迹众多,举世闻名的山海关,是中国名胜古迹荟萃、风光旖旎、气候宜人的历史文化古城和旅游避暑胜地。这里奇岩怪洞密布,各种风格的亭台别墅掩映其中,如诗如画。

④三亚海滨。

三亚热带海滨风景区位于海南省三亚市,总面积约212平方千米,由海棠湾、亚龙湾、天涯海角、落笔洞、大小洞天等景区组成。

三亚海岸线长约180千米,分布着19个港湾、11个岛屿,风光旖旎,令人神往。独具特色的热带植物景观,曲折多变的海岸线构成了典型的热带海滨风光。明媚的阳光、洁白的沙滩、碧蓝的海水是人们日光浴、海水浴、沙浴的理想之地,也是冬泳避寒的绝佳场地。

著名的"天涯海角"风景区依山傍海,碧海、青山、白沙、礁盘浑然一体;椰林、波涛、渔帆、鸥燕、云层辉映点衬,形成南国特有的"椰风海韵"。"天涯海角"(图3.15)因古人在此两处巨石上刻着"天涯"和"海角"四字而得名,寓意为"天之边缘、海之尽头"。这里记载了历史上谪臣贬官的悲剧人生,经历代文人墨客的题咏描绘,成为我国具有神奇色彩的著名游览胜地。

三亚海滨集阳光、海水、沙滩、气候、森林、动物、温泉、岩洞、田园、风情等10大风景资源和丰富的历史文化资源于一体。三亚著名的旅游景点有天涯海角、亚龙湾、大东海、鹿回头、落笔洞、南田温泉、椰子洲岛等海景乐园,此外还有崖州古城鉴真和尚东渡日本

图 3.15　天涯海角

时避风登陆遗址等人文景观。

3.其他水文景观文化

（1）泉水。

我国幅员辽阔,各地分布着千姿百态的碧水清泉的踪迹,总数有 10 万之多。其中水质好、水量大或因水奇泉怪而闻名遐迩的"名泉"也有百处之多。汩汩清泉,水质清澈,晶莹可爱。它不仅给人们提供了理想的水源,有的还具有神奇的医疗作用。

泉水滋养了人类的生命,更美化了大地,给了我们秀美的山川景色:温泉四季如汤;冷泉刺骨冰肌;承压水泉喷涌而出,飞翠流玉;潜水泉清澈如镜,汩汩外溢;喷泉腾地而起,水雾弥漫;间歇泉时淌时停,含情带意;还有离奇古怪的水火泉、甘苦泉、鸳鸯泉,等等。这些名泉,均对风景名胜有锦上添花之妙,相得益彰,誉满中外。

自古以来,很多文人墨客游历大江南北,品水题留,各大名泉都留下他们的足迹。

①趵突泉。

趵突泉位于济南市中心区趵突泉南路和泺源大街中段,南靠千佛山,东临泉城广场,北望大明湖,面积 158 亩,是以泉为主的特色园林。该泉位居济南 72 名泉之首,被誉为"天下第一泉",也是最早见于古代文献的济南名泉。趵突泉是泉城济南的象征与标志。1956 年将此修辟为趵突泉公园,其名胜古迹,文化内涵极为丰富,是具有南北方园林艺术特点的最有代表性的山水园林。

趵突泉是公园内的主景,泉池东西长 30 公尺、南北宽 20 公尺,泉分三股涌出平地,泉水澄澈清洌。泉的四周有大块砌石,环以扶栏,可凭栏俯视池内三泉喷涌的奇景。在趵突泉附近,散布着金线泉、漱玉泉、洗钵泉、柳絮泉、皇华泉、杜康泉、白龙泉等 30 多个名泉,构成了趵突泉泉群。其中,漱玉泉与宋代女词人李清照有关,她的故居就在漱玉泉边,因有文集《漱玉集》而得名,现在泉北的李清照纪念堂正是为纪念这位著名的词人而修建的。值得一提的是趵突泉公园的南大门,布置得富丽堂皇、雍容华贵,大门上的横匾"趵突泉"蓝底金字,是清朝乾隆皇帝的御笔,有人誉为中国园林"第一门"一点也不为过。趵突泉边立有石碑一块,上题"第一泉",其色为墨绿色,为清同治年间历城王钟霖所题。

如今趵突泉泉北有宋代建筑"泺源堂"(现为清代重建),堂厅两旁楹柱上悬挂有"云雾润蒸华不注,波涛声震大明湖"的对联;西南有明代建筑"观澜亭",亭前水中矗立的石碑,上书"趵突泉"三字,为明代书法家胡缵宗所写;池东为"来鹤桥",桥南端耸立一古色古香的木牌楼,横额上有"洞天福地""蓬山旧迹"字样。

趵突泉越来越为世人所瞩目,有"游济南不游趵突,不成游也"之盛誉。趵突泉曾被评为全国十大优秀园林、"十佳"公园和国家 4A 级景区,是首批国家重点公园。

②惠山泉。

相传经中国唐代陆羽亲品其味,故一名陆子泉,经乾隆御封为"天下第二泉"(图3.16),位于江苏省无锡市西郊惠山山麓锡惠公园内。

唐代陆羽评定了天下水品二十等,惠山泉被列为天下第二泉。随后,刘伯刍等唐代著名茶人又均推惠山泉为天下第二泉,所以人们也称它为二泉。中唐时期诗人李绅曾赞扬道:"惠山书堂前,松竹之下,有泉甘爽,乃人间灵液,清鉴肌骨。漱开神虑,茶得此水,皆尽芳味也。"宋徽宗时,此泉水成为宫廷贡品。元代翰林学士、大书法家赵孟頫专为惠山泉书写了"天下第二泉"五个大字,至今仍完好地保存在泉亭后壁上。当时,赵孟頫还吟了一首咏此泉的诗:"南朝古寺惠山泉,裹名来寻第二泉,贪恋君恩当北去,野花啼鸟漫留连。"

惠山泉为唐大历元年至十二年(766—777)无锡令敬澄所开凿。惠山的得名是因为古代西域和尚慧照曾在附近结庐修行,古代"慧""惠"二字通用,便称惠山。惠山泉水源于若冰洞,呈伏流而出成泉。泉池先围砌成上、中两池。上池呈八角形,由八根小巧的方柱嵌八块条石以为栏,池深三尺余。池中泉水水质很好,水色透明,甘洌可口。中池紧挨上池,呈四方形,水体清淡,别有风味。至宋代,又在下方开一大池,呈长方形,实为鱼池。明代雕刻家杨理特在下池池壁雕刻了一具螭首,这螭首似龙非龙,俗称石龙头,中池泉水则通过石龙头下注到大池之中,终年喷涌不息。池前建有供茶人品茗的漪澜堂,苏东坡

图 3.16 天下第二泉

曾在此赋诗曰:"还将尘土足,一步漪澜堂。"惠山泉水为山水,即通过岩层裂隙过滤了流淌的地下水,因此其含杂质极微,"味甘"而"质轻",宜以"煎茶为上"。清乾隆皇帝计量各地名泉,量得惠山泉水为每量斗重一两零四厘,仅比北京玉泉水稍重略微。近年来经多次化验,知惠山泉水所含矿物质有钙、镁、碳酸盐等及微量氡气,表面张力大,水高出杯口数毫米而不溢,水质清澈透明而无任何有害物质,与世界卫生组织及美、日等国家的饮用水水质相比较,确系当今世界饮用水中之佼佼者。

③虎跑泉。

虎跑泉位于在浙江杭州市西南大慈山白鹤峰下慧禅寺(俗称虎跑寺)侧院内,距市区约 5 千米。

虎跑泉的来历相传在唐元和十四年高僧寰中(亦名性空)来此,喜欢这里风景灵秀,便住了下来。后来,因为附近没有水源,他准备迁往别处。一夜忽然梦见神人告诉他说:"南岳有一童子泉,当遣二虎将其搬到这里来。"第二天,他果然看见二虎跑(刨)地作地穴,清澈的泉水随即涌出,故名为虎跑泉。张以宁在题泉联中,亦给虎跑泉蒙上一层宗教与神秘的色彩。

其实,虎跑泉是从大慈山后断层陡壁砂岩、石英砂中渗出,据测定流量为 43.2～86.4 立方米/日。泉水晶莹甘洌,居西湖诸泉之首,被誉为"天下第三泉"。

"龙井茶叶虎跑水",被誉为西湖双绝。古往今来,凡是来杭州游历的人们,无不以能身临其境品尝一下以虎跑甘泉之水冲泡的西湖龙井之茶为快事。历代的诗人们留下了许多赞美虎跑泉水的诗篇。如苏东坡有:"道人不惜阶前水,借天与匏尊自在偿。"清代诗人黄景仁(1749—1783)在《虎跑泉》一诗中有云:"问水何方来? 南岳几千里。龙象一帖然,天人共欢喜。"诗人是根据传说,说虎跑泉水是从南岳衡山由仙童化虎搬运而来,缺水的大慈山忽有清泉涌出,天上人间都为之欢呼赞叹,亦赞扬高僧开山引泉、造福苍生功德。

近年来,随着改革开放的飞速发展,旅游业的方兴未艾,也推动了杭州茶文化事业的蓬勃发展。杭州建起了颇具规模的茶叶博物馆,借以弘扬中华民族源远流长的茶文化优秀遗产,普及茶叶科学知识,促进中外茶文化的交流。如今,在西湖风景区的虎跑、龙井、玉泉、吴山等处均恢复或新建了一批茶室,中外茶客慕名而至,常常座无虚席。杭州市内的不少品茗爱好者,往往于每日清晨乘车或骑自行车到虎跑等名泉装取泉水,用以冲茶待客,或自饮品尝,以取陶然之乐。鉴于品泉者日益增多,杭州新闻界曾经呼吁,应适当节制每日取水量,以保护古泉的自然水量及其久享盛名的清爽甘醇。"虎跑"还是家喻户晓的传奇人物"济公"归葬的地方,"济公殿""济公塔院"坐落于此。近代艺术大师李叔同在此出家为僧,弘一法师纪念室也很引人关注。

◆ 本节相关知识链接

长江三峡

长江三峡,中国 10 大风景名胜之一,中国 40 佳旅游景观之一。长江三峡西起重庆奉节的白帝城,东到湖北宜昌的南津关,是瞿塘峡、巫峡和西陵峡三段峡谷的总称,是长江上最为奇秀壮丽的山水画廊,全长 193 多千米,也就是常说的"大三峡"。除此之外还有大宁河的"小三峡"和马渡河的"小小三峡"。这里两岸高峰夹峙,港面狭窄曲折,港中滩礁棋布,水流汹涌湍急。"万山磅礴水泱漭,山环水抱争萦纡。时则岸山壁立如着斧,相间似欲两相扶。时则危崖屹立水中堵,港流阻塞路疑无。"郭沫若同志在《蜀道奇》一诗中,把峡区风光的雄奇秀逸,描绘得淋漓尽致。

长江三峡,地灵人杰。这里是中国古文化的发源地之一,著名的大溪文化在历史的长河中闪耀着奇光异彩;这里,孕育了中国伟大的爱国诗人屈原和千古名女王昭君;青山碧水,曾留下李白、白居易、刘禹锡、范成大、欧阳修、苏轼、陆游等诗圣文豪的足迹,留下了许多千古传颂的诗章;大峡深谷,曾是三国古战场,是无数英雄豪杰驰骋用武之地;这里还有许多著名的名胜古迹,白帝城、黄陵庙、南津关……它们同这里的山水风光交相辉映,名扬四海。

三峡是渝鄂两省市人民生活的地方,主要居住着汉族和土家族,他们都有许多独特的风俗和习惯。每年农历五月初五的龙舟赛,是楚乡人民为表达对屈原的崇敬而举行的一种祭祀活动。巴东的背篓世界、土家人的独特婚俗,还有那被称为鱼类之冠神态威武的国宝——中华鲟。1982年,三峡以其举世闻名的秀丽风光和丰富多彩的人文景观,被国务院批准列入第一批国家级风景名胜区名单。

2005年10月23日,中国最美的地方排行榜在京发布。评选出的中国最美的十大峡谷分别是:雅鲁藏布大峡谷、金沙江虎跳峡、长江三峡、怒江大峡谷、澜沧江梅里大峡谷、太鲁阁大峡谷、黄河晋陕大峡谷、大渡河金口大峡谷、太行山大峡谷、天山库车大峡谷。

◆ 本节试题与知识训练

一、填空

1.北戴河海滨位于河北省_____市。

2.被称作天下第三泉的是_____。

二、判断

1.黄河是我国第二长河,发源于青海唐古拉山,干流贯穿九个省、自治区　　（　　）

2.京杭大运河修凿于隋朝。　　（　　）

三、简答

试述我国三大名泉的特点。

四、案例分析

黄河是我国第二长河,发源于青海巴颜喀拉山,干流贯穿九个省、自治区,流经青海、四川、甘肃、宁夏、内蒙古、陕西、山西、河南、山东,全长5 464千米,流域面积75.2万平方千米,年径流量574亿立方米。

黄河是中华民族的发源地。黄河流域是中华民族古文化的摇篮,自古以来我们的祖先就劳动生息在这块土地上,黄河两岸遍布着华夏民族活动的踪迹。

请分析为什么说黄河被称为“母亲河”。

◆ 本章小结

1.本章结语

中国众多的名山胜水,不仅自然景观雄奇秀丽,而且沉积着深厚的文化,闪耀着灿烂的异彩。"山水"是一个开放型的概念,是指具有美学、科学和文化价值的景观,是专供人们进行游览、审美、科研、文化教育等精神活动的重要场所。山水文化的形成和发展,体现出人类文明的演进过程。中国山水文化的形成和发展除了具有优越的客观自然条件外,佛教和道教的出现在自然山水的开发和建设中起着不可忽视的作用;人与山水之间审美关系的建立和发展,促成了表达美感经验的山水艺术的形成;人类对自然山水的改造、利用和科学开发在一定程度上也推动着山水文化的建设。许多名山声誉远播是因为它们所蕴涵的主要文化内容不同,而成为不同个性的名山。各种不同的水域因有不同的特点,如江河、湖泊、海滨等各有自身的条件,因而也就有不同的文化内涵。这样构成了意蕴丰厚,形式各异,具有宗教、审美、科学多重价值的中国山水文化。人与自然的互生共同推动着山水文化的发生、发展。

2.本章知识结构图

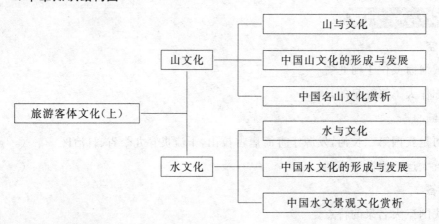

3.本章核心内容

中国山文化的形成与发展　中国水文化的形成与发展　四大佛教名山　四大道教名山　三大名泉

◆ 实训练习

以小组为单位利用课余时间选取本地区一家较为知名的具有一定历史的山水旅游景点,搜集其相关的信息,可以从地理位置、人文环境、历史渊源角度进行分析,形成字数约 3 000 字的调查报告。

◆ 延伸阅读

五岳独尊——泰山

泰山海拔 1 532 米,在中国的群山中并不高,五岳中比西岳华山低近 1 000 米,地位所以如此崇高,是由其地理和历史两方面原因促成的。

从地理上看,首先泰山为黄河下游地区第一高山,其山南的大汶口文化和山北的龙山文化充分说明泰山地区是古代文明的发祥地之一。黄河流域经常发生大水,先民借泰山以躲避水灾,在他们心里泰山是他们生命、种族、生活的地理依托,形成了依靠泰山的心理,泰山的保佑使古人产生敬畏,渐渐被神化。其次,古人由于对自然界的认识狭窄,认为一切都是天地日月所赐,从而产生神秘崇拜。泰山居住的太昊少昊部落,其"昊"字既是天上有日的含义,太昊少昊也被尊为太阳神。为了让天更清楚地知道他们的敬仰和祈祷,高山是最佳的选择,由于当时人们活动范围有限,在他们的活动区域中,泰山是最高的山,"泰""岱"在古字中相通,都是"大"的意思,泰山就是大山。所以,泰山是与天日最接近的,大汶口出土的日火山形象,十分形象地表现了当时古人的心理,泰山的这种功能更加使泰山得以神化。

从历史上看,由于先人活动范围和泰山在这个区域的第一高度,使泰山出现祭天崇拜,这种崇拜并没有随生产力和知识的进步消失,反而因为中国古代帝王为加强自己的统治,不约而同地宣传"神权天授"的理论。为了使这种理论得以证明,便有了封禅泰山的活动,使泰山祭天的作用得以延续,封建统治者的这种行为让泰山在人们心中的神山地位进一步强化,随后成为历代帝王一生必做的大事之一。虽然到宋朝之后不再进行封禅,但崇拜活动却进一步扩大,黎民百姓无不知神山泰山。

泰山地处山东中部,现代科学测定,生成于 25 亿年前的地球造山运动。由于山前出现造山断裂带,所以山势陡峭山形集中,加上周围地势相对较低,从而使先人对泰山产生雄大、厚重的感觉。

泰山古称"岱山""岱宗",面积 426 平方千米,海拔 1 545 米。泰山既有风景壮丽、峰峦起伏、幽谷深壑、松柏苍劲、瀑布流鸣、四季景色变化万千的自然景观,又有"旭日东升""云海玉盘""黄河金带""晚霞夕照"等十大自然奇观。泰山主峰傲然拔地而起,环绕主峰的知名山峰有 112 座、崖岭 98 座、溪谷 102 条,构成了群峰拱岱、气势磅礴的泰山山系。

俯瞰泰山,山南自东向西有东溪,中溪、西溪三条大山谷,北自东而西有大津河、天烛峰、桃花峪三条大谷,六条大山谷将泰山自然地化分成六个不规则区域,形成了泰山著名的六大旅游区。"幽、旷、奥、秀、妙、丽"便是泰山神秀精髓。它既是天成,又有数千年无数劳动者的构筑。

泰山是自然和人文景观绝妙的结合体,帝王登泰山者始于秦始皇,相继有汉武帝、光武帝、光武帝,唐代的高宗、玄宗、武则天,宋代的真宗,清代的康熙、乾隆等帝,都到泰山巡游,留下了不少文物古迹。同时,泰山又是佛、道两教盛行之地,因而庙宇、名胜遍布全山。泰山自然风景和人文原因,也吸引着历代文人墨客如李白、杜甫等漫游泰山,留下了许多优美的诗篇。

泰山拥有2 000多处摩崖石刻,其规模之大、精品之多、时代之久、书体之全,在国内外名山当中是无语伦比的。巍巍泰山就像一座民族的丰碑屹立于中华大地,举世瞩目。泰山降水丰富,水果、动物、药材品种繁多。在树木方面,除泰山自然生长外,因为历朝历代的重视,人工种植很多,所以沿路古树极多。百年以上的古树名木30 000余株,其中有汉朝皇帝种植的汉柏6株,树龄已达2 100多年,还有1 300年前生的唐槐,500年前生的望人松、五大夫松等。

从另一角度看,帝王来泰山封禅,以政治为目的,百姓来泰山,是祈求泰山老母碧霞元君的保佑;佛道来泰山,是借泰山的名气弘扬自己的理论;文人墨客来泰山,却大多以游历山水为目的。所以,他们应当是现代旅游的先驱者。1987年泰山被确认为世界自然与文化双遗产,他们功不可没。

泰山的风景名胜区以主峰为中心,呈放射形分布,历经几千年的保护与建设,已成为中国山岳风景的代表:自然景观与人文景观融为一体泰山拔起于齐鲁丘陵之上,主峰突兀,山势险峻,峰峦层叠,形成"一览众山小"和"群峰拱岱"的高旷气势泰山多松柏,更显其庄严巍峨葱郁;又多溪泉,故而不乏灵秀与缠绵。缥缈变幻的云雾则使它平添了几分神秘与深奥。它既有秀丽的麓区、静谧的幽区、开阔的旷区,又有虚幻的妙区、深邃的奥区,还有旭日东升、云海玉盘、晚霞夕照、黄河金带等大自然奇观及石坞松涛、对松绝奇、桃园精舍灵岩胜景等十大自然景观,宛若一幅天然的山水画卷。

第四章

旅游建筑文化

学习目标

知识要点:了解中国古建筑发展的历史沿革;理解中国古建筑的类型和特点;掌握西方建筑的主要类型及建筑特点;掌握中国代表性古建筑和西方代表性建筑概况。

技能训练:将班级成员分成人数相当的小组,以特定的旅游建筑作品为对象,分析讨论其存在的年代、所属的类型及自身的特点。

能力拓展:以自选代表性建筑为对象进行实地或实物考察,分析它们的文化内涵,同时分析它们的存在对旅游产生的影响。

引 例

西班牙馆、英国馆同获英国皇家建筑师学会国际建筑大奖

世博网 2010 年 5 月 25 日消息:上海世博会西班牙国家馆、英国国家馆,近日一同荣获 2010 年英国皇家建筑师学会国际建筑大奖,在 12 个获奖项目占了两席。

英国皇家建筑师学会国际大奖旨在表彰其成员在世界各地的优秀建筑项目,包括外国建筑事务所项目、在外国建造的建筑项目以及英国本国建筑事务所在欧盟以外的项目。

上海世博会开幕以来,西班牙馆、英国馆建筑得到了媒体、公众以及建筑界专家和评论家的多方赞赏。西班牙馆在传统材料——天然编织藤条中融入了最新科技,用藤板通体覆盖展馆外墙,用长达 25 000 米的钢骨管支撑起 8 524 块藤编板,以前所未有的规模为游客营造出壮丽奇特的视觉效果,被游客昵称为"西班牙大篮子"。

昵称为"蒲公英"的英国馆,其最大的亮点是由6万根蕴含植物种子的透明亚克力杆组成的巨型"种子殿堂"——这些触须状的"种子"顶端都带有一个细小的彩色光源,可以组合成多种图案和颜色。所有的触须将会随风轻微摇动,使展馆表面形成各种可变幻的光泽和色彩。

案例引发的问题:建筑与旅游的关系是什么?建筑文化的发展趋势是什么?

资料来源:http://www.expo2010.cn/a/20100525/000078.htm,世博网

第一节 中国古代建筑文化概述

一、中国古建筑的发展历史与界定

中国古建筑文化发展历史悠久,从旧石器时代开始,包括中国古建筑在内的中国几千年的建筑文化逐渐由萌芽成长壮大起来。夏朝大禹治水的史料记载说明当时的人们已经知道用建筑方法来防治水患。商周时期,中国典型的木柱梁框架结构已经开始形成。秦朝时期,当时的统治者已经开始建立起了华丽的宫殿。汉代开始出现了技艺成熟的木建筑和砖石建筑。魏晋南北朝时期,受佛教文化的影响,各地陆续出现了许多宏伟的佛塔和佛寺。唐代的木结构殿堂、石桥、陵墓等建筑精品更是层出不穷。宋代建筑在风格上开始追求柔和秀美,还出现了《营造法式》一书,标志着建筑理论的进一步完善。元明清时期是中国古代建筑艺术的高峰期,建筑设计布局在这一时期更趋合理、美观,并出现了各种建筑用材及工艺。

根据国家质量监督检验检疫总局发布的《旅游资源分类、调查与评价》中对我国旅游资源的划分,涉及建筑的占有两大类,分别列有E(遗址遗迹)类和F(建筑与设施)类;其中,与古建筑有关的遗址遗迹类里面包括人类活动遗址、原始聚落、军事遗址与古战场、废弃寺庙、废弃生产地、交通遗迹、废城与聚落遗迹、长城遗迹和烽燧;建筑设施类里面包括佛塔、塔形建筑物、楼阁、石窟、长城段落、城堡、摩崖字画、碑碣(林)、传统与乡土建筑、特色街巷、名人故居与历史纪念建筑、书院、会馆陵区陵园、墓(群)、悬棺等。联合国教科文组织在《关于历史地区的保护及其当代作用的建议》中指出,历史地区包括"史前遗址、历史城镇、老城区、老村庄、老村落以及相似的古迹群"等广泛的内容。因此,下文所指的古建筑在此也主要参考以上规定。

二、中国古建筑类型

根据建筑的内部构造与外形,可以将我国的古建筑大致分为以下几种类型:

1.中国古代宫殿建筑

中国宫殿建筑是最能代表中国古代建筑水平和时代特征的一种建筑类型。我国历代的皇室宫廷建筑是供最高统治者日常生活起居的场馆场所。每一件建筑单体都是当时最著名的匠师采用当时最高级的建筑材料,利用当时最精湛的技艺,花费多年的时间和心血设计修建而成的。这些建筑不仅在建筑外形上豪华精美,代表当时最高的建筑技术;建筑里面所陈设的设施和物件等也均代表当时的最高技艺和工艺生产水平,具有很强的观赏性。

2.中国古代陵墓建筑

古代陵墓建筑是在古人的一种"肉体已殉,灵魂永存"的观念下的衍生和具体表现。帝王不同于凡民,死了以后更需要建筑陵墓,以祈求祖宗保佑,江山社稷永存。名人墓地为后人留下了纪念敬仰的场所。这些陵墓不仅代表了当时社会的世界观和人生观,同时隐藏着巨大的珍贵文物、文献古籍和鲜为人知的秘密。随着时代的演变,陵墓建筑也在不同时期表现出不同的建筑样式。通过对古代陵墓的游历,给游人一种厚重的历史感和更详细了解历史的机会。

3.中国园林建筑

中国园林建筑闻名世界,在世界园林艺术中独具一格,具有很高的艺术欣赏价值。我国古代园林属于自然山水式园林,从发展到成熟积淀了千百万能工巧匠的巧妙心思和精湛技艺。由于园林多为古代财主和富商的居所,这些人在平时的生活和经商中大多游历各地,饱览世间罕物,就在修建园林时将这些所见所闻传达给工匠,得以使异地风情跃然本地,具有"师法自然、融于自然、顺应自然、表现自然"的特点。它会借助厅、堂、楼、阁、馆、榭、轩、斋、廊、坊、亭、桥、墙等建筑表现形式,以及外界的自然的或是人工的山、石、水、池等造出符合园林主人性格和心境的园林。

4.中国古代宗教建筑

由于我国长期处于封建统治之下,所以各朝各代的帝王为了巩固自己的统治地位,利用宗教安抚百姓,大力兴建宗教建筑的先例举不胜举。现在遗留下来的古代宗教建筑大都保留完好,也为我们留下了一笔十分珍贵的文化遗产。现存的很多宗教建筑中包含很多我国古建筑之最。河南登封的嵩岳寺塔是现存年代最早的大型古塔;北京妙应寺的白塔是现存最早、最大的覆钵式喇嘛塔;山西应县的木塔是现存唯一最古最大的楼阁式木塔。

5.中国古代军事、水利、桥梁建筑

军事防御建筑主要包括长城、城墙、地下战道、炮台等。古城市的选址首先考虑到防御战备的功能,其次才考虑风水对城市的影响。小到各个城市的护城河,大到长城,都是一种古代战略思想的体现。在水利工程方面,最具盛名的是四川的都江堰,靠这项水利工程,成都平原才成为"天府之国"。其中,分鱼嘴、宝瓶口、飞沙堰部分的设计科学巧妙,扬名古今中外,在今天也仍发挥着积极的作用。桥梁也是我国古代建筑里面的重要部分,它是一种架在河川溪流之上的以便通行的建筑物。由于各地的地形、水文、地质条件的不同,桥梁的造型和结构也有很大的区别,并且在桥梁装饰上表现着各个地区的文化背景和民风民俗。

6.中国古城镇、古民居

我国地域广阔,民族众多,古城镇、古民居因为地域性和习俗性不同而表现为各自的特殊性,从而得以形成一种建筑文化。这种古城镇和古民居文化不仅反映历史、宗教、风俗、地理,而且还展示了中华民族的美好特征。

三、中国古建筑的文化特点

1.结构设计以科学的木构架结构为主

中国古代建筑主要为木构架结构。此结构方式有立柱、横梁、顺檩等构件组成,主要有抬梁、穿斗、井干三种结构样式。抬梁式是在立柱上架梁,梁上又抬梁,所以称为"抬梁式"。宫殿、坛庙、寺院等大型建筑物中常采用这种结构方式。穿斗式是用穿枋把一排排的柱子穿连起来成为排架,然后用枋、檩斗接而成,故称作"穿斗式",多用于民居和较小的建筑物。井干式是用木材交叉堆叠而成的,因其所围成的空间似井而得名。这种结构一方面可以使各部件合理承重,另一方面又能够起到抗震的作用。有这种结构形成的斗拱结构还具有独特的装饰作用。

2.以均衡对称为主的庭院式族群布局

中国古建筑的平面布局一般比较简明,通常以"间"为单位,由单个建筑组成庭院。就整体而言,多采用均衡对称的方式,以院为单位,以纵轴线或横轴线为基准,进行群体建筑的有机组合。北京的故宫和四合院便是体现这一布局特色的实例。

3.优美的造型艺术

我国古代建筑的造型优美,其中尤以屋顶造型设计最为突出。中国传统屋顶有6种,其中以重檐庑殿顶、重檐歇山顶为级别最高,其次为单檐庑殿、单檐歇山顶等。庑殿

顶四面斜坡,有一条正脊和四条斜脊,屋面稍有弧度,又称四阿顶。歇山顶是庑殿顶和硬山顶的结合,即四面斜坡的屋面上部转折成垂直的三角形墙面,由一条正脊、四条垂脊、四条依脊组成,所以又称九脊顶。悬山顶屋面双坡,两侧伸出山墙之外。屋面上有一条正脊和四条垂脊,又称挑山顶。硬山顶屋面双坡,两侧山墙同屋面齐平,或略高于屋面。攒尖顶平面为圆形或多边形,上为锥形的屋顶,没有正脊,有若干屋脊交于上端。一般亭、阁、塔常用此式屋顶。卷棚顶屋面双坡,没有明显的正脊,即前后坡相接处不用脊而砌成弧形曲面。

4.丰富多彩的建筑装饰

中国古代建筑装饰多采用彩绘和雕饰。经过长期的实践,中国建筑在运用色彩方面积累了丰富的经验。例如在北方的宫殿、官衙建筑中,很善于运用鲜明色彩的对比与调和。房屋的主体部分亦即经常可以照到阳光的部分,一般用暖色,特别是用朱红色;房檐下的阴影部分,则用蓝绿相配的冷色。这样就更强调了阳光的温暖和阴影的阴凉,形成一种悦目的对比。朱红色门窗部分和蓝、绿色的檐下部分往往还加上金线和金点,蓝、绿之间也间以少数红点,使得建筑上的彩画图案显得更加活泼,增强了装饰效果。在山明水秀、四季常青的南方,建筑的色彩一方面为封建社会的建筑等级制度所局限,另一方面也是因为南方终年青绿、四季花开,为了使建筑的色彩与南方的自然环境相调和,它使用的色彩就比较淡雅,多用白墙、灰瓦和栗、黑、墨绿等色的梁柱,形成秀丽淡雅的格调。

雕饰是中国古建筑艺术的重要组成部分,包括墙壁上的砖雕、台基石栏杆上的石雕、金银铜铁等建筑饰物。雕饰的题材内容十分丰富,有动植物花纹、人物形象、戏剧场面及历史传说故事等。这些雕饰也构成了我国丰富多彩的古建筑装饰的一部分。

5.重视"天人合一"的哲学思想

"天人合一"的哲学思想强调人尊重自然,顺应自然,与自然协调发展。我国传统的建筑文化,一直受到儒、道、佛"天人合一"观念的影响。在建筑方面,认为建筑应与环境协调融合,成为所处环境的有机组成部分。比如,在传统庭院中,主要建筑多用廊子相绕,廊实际上是室内建筑空间与室外自然空间的一个过渡,是中国建筑与自然保持和谐的一个中介和桥梁。同时,我国建筑适应顺从自然还表现在对房屋基地和方位选择的高度重视,这便是中国古代的建筑风水学说。风水学说对我国古建筑的选址、布局甚至装饰等都有着深远的影响。

◈ **本节相关知识链接**

1. http://www.newsccn.com/,中国建筑新闻网

2. http://www.archcn.com/,中国建筑网

3. http://www.chinaasc.org/,中国建筑学会

◈ **本节试题与知识训练**

一、填空

1. 根据建筑的内部构造与外形,可以将我国的古建筑大致分为以下几种类型:中国古代宫殿建筑、_____、_____、_____,中国古代军事、水利、桥梁建筑,中国古城镇、古民居。

二、判断

中国古建筑的特点之一是以结构呈均衡对称为主的庭院式族群布局。　　　　（　　　）

三、简答

中国古建筑的艺术特点是什么?

第二节　中国建筑的艺术欣赏

1. 故宫

故宫(图4.1),旧称紫禁城,是明清两代皇宫,是中国现存最大最完整的古建筑群。故宫占地72万平方米,屋宇9 999间半,建筑面积15.5万平方米。故宫为一长方形城池,四角矗立风格绮丽的角楼,墙外有宽52米的护城河环绕,形成一个森严壁垒的城堡。故宫建筑气势雄伟、豪华壮丽,是中国古代建筑艺术的精华。

故宫有四个大门,正门名为午门,俗称五凤楼。其平面为凹形,中有重楼,重檐为庑殿顶,两翼各有重檐楼阁四座。午门明廊相连,宏伟壮丽。午门后有五座精巧的汉白玉拱桥通往太和门。东门名东华门,西门名西华门,北门名神武门。

故宫宫殿的建筑布局有外朝、内廷之分。内廷与外朝的建筑气氛迥然不同。外朝以太和、中和、保和三大殿为中心,是封建皇帝行使权力、举行盛典的地方。内廷以乾清宫、交泰殿、坤宁宫为中心,是封建帝王与后妃居住之所。此外还有文华殿、武英殿、御花园等。太和殿俗称金銮殿,在故宫的中心部位,是故宫三大殿之一。太和殿建在高约5米高的汉白玉台基上,台基四周矗立成排的雕栏称为望柱,柱头雕以云龙云凤图案,前后各

图 4.1　故宫俯瞰图

有三座石阶,中间石阶雕有蟠龙,衬托以海浪和流云的"御路"。殿内有沥粉金漆木柱和精致的蟠龙藻井,上挂"正大光明"匾,殿中间是封建皇权的象征——金漆雕龙宝座。太和殿红墙黄瓦、朱楹金扉,在阳光下金碧辉煌,是故宫最壮观的建筑,也是中国最大的木构殿宇。中和殿是故宫三大殿之一,位于太和殿后。平面呈方形,黄琉璃瓦四角攒尖顶,正中有鎏金宝顶,形体壮丽,建筑精巧。保和殿也是故宫三大殿之一,在中和殿后,平面长方形,建筑装修与彩绘十分精细绚丽。乾清宫在故宫内庭最前面,清康熙前此处为皇帝居住和处理政务之处。交泰殿在乾清宫和坤宁宫之间,含"天地交合、安康美满"之意,其建于明代,清嘉庆三年(公元 1798 年)重修,是座四角攒尖、镀金宝顶、龙凤纹饰的方形殿。明、清时,该殿是皇后生日举办寿庆活动的地方。坤宁宫在故宫"内庭"最后面,明时为皇后住所,清代改为祭神场所。其中,东暖阁为皇帝大婚的洞房,康熙、同治、光绪三帝均在此举行婚礼。

2.天坛

北京天坛位于北京南郊,建于明永乐十八年(1420 年)。天坛的主体建筑有圜丘、皇穹宇和大享殿。天坛主要建筑由南而北排列在一条轴线上,近为圆丘,中为皇穹宇,远为大享殿(图 4.2)。

圜丘平面为圆形，共三层，各层都用青色琉璃铺砌坛面和栏杆，边角镶以白石。坛面的直径、高度、踏步、墙的高度都用五与九之数，以表示对天帝的崇敬（清乾隆年间已将青色琉璃坛面与栏杆改为白石）。坛外有两道较矮的围墙，称为"天坛土城"，是坛庙建筑中特有的设置。坛的北面有一座圆形的重檐建筑称为"皇穹宇"（图4.3），是存放"昊天上帝"牌位的地方，两侧配殿则存放陪祀诸神的牌位。坛东墙外还有神厨、神库、宰牲亭等附属设施。大享殿（图4.4）平面为圆形，立于三层白石台基之上，上覆三重檐的攒尖顶屋

图 4.2　天坛主体建筑图

面。上檐用青琉璃瓦，中檐用黄琉璃瓦，下檐用绿琉璃瓦，代表天、地、万物（清代重建后改为三檐一律用青琉璃瓦，更名为祈年殿，孟春在此行"祈谷"礼）。殿后是存放上帝神位的皇乾殿。

图 4.3　天坛皇穹宇

图 4.4　天坛大享殿（祈年殿）

3. 秦始皇陵

秦王朝是中国历史上辉煌的一页，秦始皇陵更集中了秦代文明的最高成就。秦始皇陵地下宫殿是陵墓建筑的核心部分。考古发现该地宫面积约18万平方米，中心点的深度约30米。陵园以封土堆为中心，四周陪葬分布众多，内涵丰富、规模空前。除闻名遐迩的兵马俑陪葬坑、铜车马坑之外，又新发现了大型石质铠甲坑、百戏俑坑、文官俑坑以及陪葬墓等600余处，数十年来秦陵考古工作中出土的文物多达10万余件。

秦始皇陵共发现 10 座城门,南北城门与内垣南门在同一中轴线上。坟丘的北边是陵园的中心部分,东西北三面有墓道通向墓室,东西两侧还并列着 4 座建筑遗存。陵墓地宫中心是安放秦始皇棺椁的地方,陵墓四周有陪葬坑和墓葬 400 多个,范围广及 56.25 平方千米。主要陪葬坑有铜车、马坑、珍禽异兽坑、马厩坑以及兵马俑坑等,历年来已有 5 万多件重要历史文物出土。兵马俑坑现已发掘 3 座,俑坑坐西向东,呈"品"字形排列,坑内有陶俑、陶马 8 000 多件,还有 4 万多件青铜兵器。兵马俑坑(图 4.5)是秦始皇陵的陪葬坑,位于陵园东侧 1500 米处,誉为"世界第八奇迹"。

图 4.5　秦陵兵马俑坑

4. 苏州留园

留园在苏州阊门外,为全国重点文物保护单位,与拙政园、北京颐和园、承德避暑山庄齐名,为全国"四大名园"。留园占地 30 余亩,集住宅、祠堂、家庵、园林于一身。该园综合了江南造园艺术并以建筑结构见长,善于运用大小、曲直、明暗、高低、收放等文化,吸取四周景色,形成一组组层次丰富、错落相连的,有节奏、有色彩、有对比的空间体系。全园曲廊贯穿,依势曲折,通幽渡壑,长达六七百米,廊壁嵌有历代著名书法石刻 300 多方;其中,最有名的是董刻二王帖,为明代嘉靖年间吴江松陵人董汉策所刻,历时 25 年,至万历十三年方始刻成。全园用建筑来划分空间,可分中、东、西、北四个景区:中部以山水见长,池水明洁清幽,峰峦环抱,古木参天;东部以建筑为主,重檐迭楼,疏密相宜,奇峰秀石,引人入胜;西部环境僻静,富有山林野趣;北部竹篱小屋,颇有乡村田园风味(图4.6)。

图4.6 留园一角

5. 平遥古城

平遥古城位于中国北部山西省的中部,始建于西周宣王时期,现较为完好地保留着明、清(1368~1911)时期县城的基本风貌,堪称中国汉民族地区现存最为完整的古城(图4.7)。平遥目前基本保存了明清时期的县城原型,有"龟"城之称。街道格局为"土"字形,建筑布局则遵从八卦的方位,体现了明清时的城市规划理念和形制分布。城内外有各类遗址、古建筑300多处,有保存完整的明清民宅近4 000座,街道商铺都体现历史原貌,被称作研究中国古代城市的活样本。

平遥城墙建于明洪武三年,现存有6座城门瓮城、4座角楼和72座敌楼,是中国现存规模较大、历史较早、保存较完整的古城墙之一,亦是世界遗产——平遥古城的核心组成部分。此外,还有镇国寺、双林寺和平遥文庙等也都被纳入世界遗产的保护范围。

平遥古城的交通脉络由纵横交错的4大街、8小街、72条蚰蜒巷构成。南大街为平遥古城的中轴线,北起东、西大街衔接处,南到大东门(迎熏门),以古市楼贯穿南北,街道两旁,老字号与传统名店铺林立,是最为繁盛的传统商业街;西大街,西起下西门(凤仪

图 4.7　平遥古城城楼远眺

门),东和南大街北端相交,与东大街呈一条笔直贯通的主街,著名的中国第一家票号——日升昌就诞生于古城西大街,被誉为"大清金融第一街";东大街,东起下东门(亲翰门),西和南大街北端相交,与西大街呈一条笔直贯通的主街;北大街,北起北门(拱极门),南通西大街中部。

6. 安徽徽州民居

徽州古民居建筑(图 4.8)之所以享誉海内外,成为徽派建筑代表,一方面是它保留的完整性、风格的统一性、造型的多样性、形式的艺术性;另一方面在于它有着十分丰富的历史文化内涵。徽州人崇尚自然美,追求人与自然高度的和谐和统一。他们利用徽州山地"高低向背异、阴晴众豁殊"的环境,以阴阳五行为指导,千方百计去选择风水宝地,选址建村,以求上天赐福,衣食充盈,子孙昌盛。在古徽州,几乎每个村落都有一定的风水依据:或依山势,扼山麓、山坞、山隘之咽喉;或傍水而居,抱河曲、依渡口、岔流之要冲。有呈牛角形的,如婺源西坑;有呈弓形者,如婺源太白司;有呈带状的,如婺源高砂;有呈之字形的,如婺源梅林;有呈波浪形的,如黟县西递;有呈云团聚形的,如歙县潜口;有呈龙状的,如歙县江村;还有半月形、丁字形、人字形、口字形、方印形、弧线形、直线形等。

图 4.8　徽州民居

形态各异,气象万千。

在徽州古民居建筑中,儒家严格的等级制度,以及尊卑有别、男女有别、长幼有序的封建道德观表现得也十分明显。实用性与艺术性的完美统一,是徽州民居的又一典型特点。徽州古民居,大都依山傍水,山可以挡风,方便取柴烧火做饭取暖,又给人以美感。村落建于水旁,既可以方便饮用、洗涤,又可以灌溉农田,美化环境。徽居的古村落,街道较窄,白色山墙宽厚高大,灰色马头墙造型别致。

徽派建筑结构,节约土地,便于防火、防盗、降温、防潮,使各家严格区别,房子的白墙灰瓦,在青山绿水中,十分的美观。徽居的天井,可通风透光、四水归堂,又适应了肥水不流外人田的朴素心理。传统徽派民居还有以下讲究:

朝北居:假如不是地形特殊,住屋的最佳朝向,当选择坐北朝南,但徽州明清时期所建民居却大多是大门朝北。原来古徽人的居住习惯有许多禁忌。汉代就流行着"商家门不宜南向,征家门不宜北向"的说法。究其原因,据五行说法:商属金,南方属火,火克金,不吉利;征属火,北方属水,水克火,也不吉利。徽州明清时期,徽商鼎盛,他们一旦发了财,就回乡做屋,为图吉利,大门自不朝南,皆形成朝北居。至今徽州仍保留有数以万计的朝北古民居。

屋套屋:徽州宅居很深,进门为前庭,中设天井,后设厅堂住人,厅堂用中门与后厅堂隔开,后厅堂设一堂二卧室,堂室后是一道封火墙,靠墙设天井,两旁建厢房,这是第一进。第二进的结构仍为一脊分两堂,前后两天井,中有隔扇,有卧室四间,堂室两个。第三进、第四进或者往后的更多进,结构都是如此。一进套一进,形成屋套屋。

重檐:徽派民居皆建成双层屋檐。这重檐习俗的形成,有着一段广为流传的故事。据传,五代十国时,歙州是南唐后主李煜所管辖的地方。赵匡胤发动陈桥兵变,建立宋朝,亲征到了歙州。正当宋太祖抵达今休宁县海阳城外的时候,天色突变,大雨将至,太祖便至一间瓦房处避雨。为免扰民,太祖下令不得进入室内,可是徽州民居的屋檐很小,远不及中原地带的屋檐那么长,加上这天风大雨急,众人都被淋了个落汤鸡。雨过天晴,居民开门发现太祖此般模样,以为死罪难逃,跪地不起,太祖却未责怪,问道:"歙州屋檐为什么造的这么窄呢?"村民答曰:"这是祖上沿袭下来的,一向都是如此。"太祖便道:"虽说祖上的旧制不能改,但你们可以在下面再修一个屋檐,以利过往行人避雨。"村民一听,连称有理,于是立即照办。自此以后,徽州渐渐所有的民居都修上了上下两层屋檐。

满顶床:徽州传统床具。因为床顶、床后和床头均用木板围成,故称"满顶床"。床前挂帐幔,犹如休息台。床柱多用榉木制作,因为榉数年花果同树而生,取"四代同堂"和"五世昌盛"的彩头。床板常用7块,寓"五男二女"之意。床的正面,雕饰较为讲究,左右两侧一般雕饰为"丹凤朝阳",上牙板雕为"双龙戏珠",床周栏板一般均雕有"凤凰戏牡丹""松鼠与葡萄""鸳鸯戏水"等精美图案。

压画桌:徽州宅居的传统陈设。徽州民居厅堂正中壁上多挂中堂画、对联,或用大幅红纸写上"天地君亲师"五字,均装裱成卷轴悬挂。在卷轴之下设长条桌,桌面上放置两个马鞍形的画脚,卷轴向下展开至长条桌,搁入画脚的"马鞍"内,画幅即平整稳固,此长条桌则称"压画桌"。

◆ **本节相关知识链接**

1. http://www.naic.org.cn/,中国民族建筑网

2. http://www.chinaacsc.com/Index.htm,中国建筑文化网

3. http://www.aaart.com.cn/cn/,中国建筑艺术网

4. http://www.szgujian.com/Index.aspx,苏州古建网

◆ **本节试题与知识训练**

一、填空

1._____旧称紫禁城。是明清两代皇宫,中国现存最大最完整的古建筑群。

2.天坛的主体建筑有圜丘、_____和_____。

3._____是秦始皇陵的陪葬坑,位于陵园东侧 1 500 米处,誉为"世界第八奇迹"。

4.留园在苏州阊门外,为全国重点文物保护单位,与_____、北京颐和园、_____齐名,为全国"四大名园"。

二、简答

简述古徽州民居的建筑特点。

第三节　西方建筑文化艺术欣赏

一、古埃及建筑

从古埃及王国时期至新埃及王国时期,古埃及共经历了三个时期,相应的建筑类型也由以陵墓建筑为主逐渐转到以太阳神庙为主。早期陵墓建筑中最多的是金字塔建筑,如胡夫金字塔是古埃及文明永恒的象征。新王国时期,适应专制制度需要,出现了太阳神庙建筑。它一方面是群众性的宗教仪式场所,因而力求富丽堂皇;另一方面又是膜拜皇帝的场所,所以力求幽暗而威严的氛围。无论是金字塔还是神庙,都是以高超的石材加工技术创造出巨大的建筑,运用简洁的结合形体,追求雄伟、庄严、神秘、震撼人心的效果。

胡夫金字塔赏析:

埃及境内保存的金字塔共有 96 座。胡夫金字塔(图 4.9),又称齐阿普斯金字塔,兴建于公元前 2760 年,是历史上最大的一座金字塔,也是世界上的人造奇迹之一,被列为世界 7 大奇观的首位。该塔原高 146.5 米,由于几千年的风雨侵蚀,现高 138 米。原四周底边各 230 米,现长 220 米。锥形建筑的四个斜面正对东、南、西、北四方,倾角为 51 度 52 分。塔的四周原铺设着一条长约 1 千米的石灰石道路,目前在塔的东、西两侧尚有遗迹可寻。整个金字塔建在一块巨大的凸形岩石上,占地约 5.29 万平方米,体积约 260 万立方米,由约 230 万块石块砌成。外层石块约 11.5 万块,平均每块重 2.5 吨,最大的一块重约 16 吨,全部石块总重量为 684.8 万吨。令人吃惊的是,这些石块之间没有任何黏着物,而是一块石头直接叠在另一块石头上,完全靠石头自身的重量堆砌在一起的,表面接缝处严密精确,连一个薄刀片都插不进去。而塔的东南角与西北角的高度误差也仅1.27厘米。这是当时征召了 10 万劳力前后历时 30 年才建成的。

胡夫金字塔室内仅有一具深褐色磨光的大理石石棺,棺内空空,棺盖去向不明。墓室上方有 5 层房间,最高的一层顶盖是三角形的,为的是把上面压下的重量均匀地分布在两边。同时,墓室还有砌筑在石块中的通风道。胡夫大金字塔外形庄严、雄伟、朴素、稳重,与周围无垠的高地、沙漠浑然一体,十分和谐。它的内部构造复杂多变、匠心独具、自成风格,凝聚着非凡的智慧。该金字塔历经数千年沧桑,地震摇撼不倒塌、不变形,显示了古代不可思议的科技水平与精湛的建筑艺术。

金字塔前有座狮身人面像(图4.10),是古国王第四王朝法老胡夫的儿子哈沸拉的形象,它叫斯芬克斯,高20米,长57米,仅一只耳朵就有两米高。除狮爪是用石头砌成之外,整个狮身人面像是一块天然的大岩石凿成的。

图4.9　胡夫金字塔 　　　　　　　　　图4.10　狮身人面像

二、古希腊建筑

古希腊建筑开欧洲建筑的先河,其发展大致经历了古风时期、古典时期以及希腊文化向西亚、北非传播的希腊化时期。希腊建筑主要是用石制的梁柱,围绕长方形的建筑主题,形成一圈连续的围廊、柱子、梁坊和两坡顶的山墙,共同构成建筑的主要方面,并且经过不断发展,形成了对欧洲建筑影响深远的柱式结构。其柱式类型主要有:多立克式、爱奥尼式和柯林斯式。不同柱形上雕有不同的图案形象。多立克式比例较粗壮,开间较小,柱头为简洁的倒圆锥台,柱身有尖棱角的凹槽,柱身收分、卷杀较明显,没有柱础,直接立在台基上,檐部较厚重,线脚较少,多为直面。总体上,力求刚劲、质朴、有力、和谐,具有男性性格。爱奥尼式比例则比较细长,开间较宽,柱头有精巧如圆形涡卷,柱身带有小圆面的凹槽,柱础为复杂组合而有弹性,柱身收分不明显,檐部较薄,使用多种复合线脚。总体上风格秀美、华丽,具有女性的体态与性格。晚期成熟的科林斯柱式柱头由毛茛叶组成,宛如一个花篮,其柱身、柱础与整体比例与爱奥尼柱式相似。整体建筑风格特征为庄重、典雅、精致、有性格、有活力。

帕特农神庙赏析:

帕特侬神庙(图4.11)为雅典城邦守护神雅典娜而建的祭殿,它的设计代表了全希腊建筑艺术的最高水平。神庙采取八柱的多利亚式,东西两面是8根柱子,南北两侧则是 17 根,东西宽 31 米,南北长 70 米。东西两立面(全庙的门面)山墙顶部距离地面 19 米,也就是说,其立面高与宽的比例为 19 比 31,接近希腊人喜爱的"黄金分割比",难怪它让人觉得优美无比。柱高 10.5 米,柱底直径近 2 米,即其高宽比超过了 5,比古风时期多利亚柱式(三种希腊古典建筑柱式中最简单的一种)通常采用的 4 比 1 的高宽比大了不少,柱身也相应颀长秀挺了一些。柱间的用大理石砌成的 92 堵殿墙上,雕刻着栩栩如生的各种神像和珍禽异兽。神庙有两个主殿:祭殿和女神殿,从神庙前门可进祭殿,踏后门可入女神殿。在东边的人字墙上的一组浮雕,镌刻着智慧女神雅典娜从万神之王宙斯头里诞生的生动图案;在西边的人字墙上雕绘着雅典娜与海神波塞冬争当雅典守护神的场面。从外貌看,它气宇非凡,光彩照人,细部加工也精细无比。它在继承传统的基础上又作了许多创新,事无巨细皆精益求精,由此成为古代建筑最伟大的典范之作。

图 4.11　帕特农神庙

三、古罗马建筑

古罗马建筑在集成古希腊建筑的基础上,开拓了新的领域。在艺术手法、建造技术等方面都达到了欧洲奴隶社会的鼎盛。古希腊建筑开始使用火山灰制成的混凝土材料,结构方面发展了梁柱和拱券技术,其中罗马建筑的布局、空间组合、艺术形式都与拱券技术密不可分。同时,古罗马建筑还在原有的希腊柱式结构的基础上发明了混合柱式和塔司干柱式,解决了柱式线脚和巨大建筑体积之间的矛盾。古罗马人利用筒拱、交叉拱、十字拱、穹隆和拱券平衡技术,创造出拱券覆盖的单一空间,单向纵深空间,序列式组合空间等多种建筑形式。其大型公建更是风格雄浑、凝重、宏伟,形式多样,构图和谐统一。

罗马大斗兽场赏析:

位于今天的意大利罗马市中心,是古罗马时期最大的圆形角斗场,建于公元72～82年间,由4万名战俘用8年时间建造起来的,现仅存遗迹。从功能、规模、技术和艺术风格各方面来看,罗马斗兽场是古罗马建筑的代表作之一。

从外观上看,它呈正圆形;俯瞰时,它是椭圆形的(图4.12)。它的占地面积约2万平方米,大直径为188米,小直径为156米,圆周长527米,围墙高57米。这座庞大的建筑可以容纳近9万人数的观众。围墙共分四层,前三层均有柱式装饰,依次为多立克柱式、爱奥尼柱式、科林斯柱式,也就是上文在古代雅典看到的三种柱式。整个斗兽场以宏伟、独特的造型闻名于世。

图4.12　古罗马斗兽场俯瞰图

　　罗马斗兽场能容纳的观众大约5万人。共有3层座位,下层,中层及上层,顶层还有一个只能站着的看台,这是给地位最低下的社会成员——女人、奴隶和穷人准备的。但即使在其他层,座位也是按照社会地位和职业状况安排的:皇室成员和守望圣火的贞女们拥有特殊的包厢;身着白色红边长袍的元老们坐在同一层的"唱诗席"中;然后依次是武士和平民。不同职业的人也有特殊的席位,如士兵、作家、学者和教师及国外的高僧等。观众们从第一层的80个拱门入口处进入罗马斗兽场,另有160个出口遍布于每一层的各级座位,被称为吐口。观众可以通过它们涌进和涌出,混乱和失控的人群因此能够被快速的疏散。

四、拜占庭建筑

　　从历史发展的角度来看,拜占庭建筑是在继承古罗马建筑文化的基础上发展起来的。同时,由于地理关系,它又汲取了波斯、两河流域、叙利亚等东方文化,形成了自己的建筑风格,并对后来的俄罗斯的教堂建筑、伊斯兰教的清真寺建筑产生了积极的影响。

　　拜占庭建筑的特点主要有四个方面。第一个方面是屋顶造型普遍使用"穹隆顶"。第二个方面是整体造型中心突出,体量既高又大的圆穹顶,往往成为整座建筑的构图中心。第三个方面是它创造了把穹顶支撑在独立方柱上的结构方法和与之相应的集中式建筑形制,其典型作法是在方形平面的四边发券,在四个券之间砌筑以对角线为直径的穹顶,仿佛一个完整的穹顶在四边被发券切割而成,它的重量完全由四个券承担,从而使内部空间获得了极大的自由。第四个方面是在色彩的使用上既注意变化,又注意统一,使建筑内部空间与外部立面显得灿烂夺目。

圣索菲亚大教堂赏析:

　　位于土耳其首都君士坦丁堡的圣索菲亚大教堂的整个平面是个巨大的长方形。从外部造型看,它是一个典型的以穹顶大厅为中心的集中式建筑。从结构来看,它有既复杂又条理分明的结构受力系统。从内部空间看,这座教堂不仅通过排列于大圆穹顶下部一圈的40个小窗洞将天然光线引入教堂,使整个空间变得飘忽、轻盈而又神奇,增加宗教气氛,而且也借助建筑的色彩语言进一步构造艺术氛围。大厅的门窗玻璃是彩色的,柱墩和内墙面用白、绿、黑、红等彩色大理石拼成,柱子用绿色,柱头用白色,某些地方镶金,圆穹顶内都贴着蓝色和金色相间的玻璃马赛克。这些缤纷的色彩交相辉映,既丰富多彩,富于变化,又和谐相处,统一于一个总体的意境:神圣、高贵、富有,从而有力地显示了拜占庭建筑充分利用建筑的色彩语言构造艺术意境的魅力(图4.13)。

图 4.13　圣索菲亚大教堂

五、西欧中世纪建筑

1.罗曼建筑

罗曼建筑承袭初期基督教建筑,采用古罗马建筑的一些传统做法如半圆拱、十字拱等。后经过长期的演变,逐渐用拱顶取代了初期基督教堂的木结构屋顶,同时还对罗马的拱券技术不断进行试验和发展,采用扶壁以平衡沉重拱顶的横椎力,后来又逐渐用骨架券代替厚拱顶,但其平面仍为拉丁十字。出于向圣像、圣物膜拜的需要,常会增设若干小礼拜室,从而整体建筑的平面形式渐趋复杂。

罗曼建筑的典型特征是:墙体巨大而厚实,墙面用连列小券,门宙洞口用同心多层小圆券,以减少沉重感。西面有一二座钟楼,有时拉丁十字交点和横厅上也有钟楼。中厅大小柱有韵律地交替布置。窗口窄小,在较大的内部空间造成阴暗神秘气氛。朴素的中厅与华丽的圣坛形成对比,中厅与侧廊较大的空间变化打破了古典建筑的均衡感。

罗曼建筑的著名实例有:意大利比萨主教堂建筑群(图 4.14)、德国沃尔姆斯主教堂等。

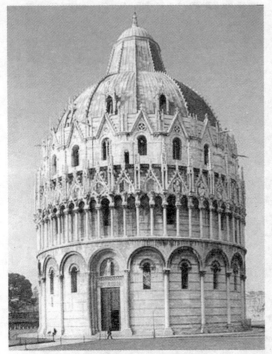

图 4.14　比萨教堂建筑群

2.哥特式建筑

哥特式建筑是 11 世纪下半叶起源于法国,13～15 世纪流行于欧洲的一种建筑风格。哥特式建筑以其高超的技术和艺术成就,在建筑史上占有重要地位。哥特式建筑从外部看,飞扶壁、墙面、塔都是垂直向上且几乎没有墙面可作装饰,只有柱间的大窗做成彩色,起到装饰效果。内部框架式骨架做拱顶承重构件,独立飞扶壁在中厅十字拱的起脚处抵住其侧推力,和骨架券共同组成框架式结构。中厅高度很高,尖尖的拱券在拱顶相交,如同挺拔的枝干,形成向上升腾的动势。

巴黎圣母院赏析:

巴黎圣母院(图 4.15),亦译"巴黎圣母大教堂"。该教堂以其哥特式的建筑风格、祭坛、回廊、门窗等处的雕刻和绘画艺术,以及堂内所藏的 13～17 世纪的大量艺术珍品而闻名于世,为欧洲早期哥特式建筑和雕刻艺术的代表,同时也是欧洲建筑史上一个划时代的标志。

西堤岛(Cite)位于巴黎市中心,巴黎圣母院即坐落于此。它始建于 1163 年,是巴黎大主教莫里斯·德·苏利决定兴建的。整座教堂在 1345 年才全部建成,历时 180 多年。左邻塞纳河,站在塞纳河畔,远眺高高矗立的圣母院,巨大的门四周布满了雕像,一层接着一层,石像越往里层越小。大门上的雕刻也是精巧无比,多为描述圣经中的人物,大门正中间则是一幕《最后的审判》。左右两边各另设一个大门,左侧大门是圣母玛丽亚的事迹,右侧则是圣母之母——圣安娜的故事,每一个雕塑作品都是层次分明、工艺精细。主入口的上部设有巨大的玫瑰窗。其直径约 10 米,建于 1220～1225 年。中央供奉着圣母圣婴,两边立着天使的塑像,两边侧立的是亚当和夏娃的塑像。

图 4.15　巴黎圣母院

走入圣母院内,右侧安放一排排烛台,数十枝白烛辉映使院内洋溢着柔和的气氛。坐席前设有讲台,讲台后面置放三座雕像,左、右雕像是国王路易十三及路易十四,两人目光齐望向中央《圣母哀子像》——耶稣横卧于圣母膝上,圣母神情十分哀伤(图 4.16)。在中庭的上方有一个高达百米的尖塔,所有的柱子都挺拔修长,与上部尖尖的拱券连成一体。中庭又窄又高又长。从外面仰望教堂,那高峻的形体加上顶部耸立的钟塔和尖塔,使人感到一种向蓝天升腾的雄姿。进入教堂的内部,无数的垂直线条引人仰望,数十米高的拱顶在幽暗的光线下隐隐约约、闪闪烁烁,加上宗教的遐想,似乎上面就是天堂。于是,教堂就成了与上帝对话的地方。厅内的大管风琴也很有名,共有 6 000 根音管,音色浑厚响亮,特别适合奏圣歌和悲壮的乐曲。曾经有许多重大的典礼在这里举行,如宣读 1945 年第二次世界大战胜利的赞美诗、1970 年法国总统戴高乐将军的葬礼等。圣母院第二层楼是著名的玫瑰窗,色彩斑斓,它不仅仅是装饰,这富丽堂皇的彩色玻璃还刻画着一个个的圣经故事,以前的神职人员即借由这些图像来做传道之用。圣母院第三层楼,也就是最顶层,便是雨果笔下的钟楼。从钟楼上可以俯瞰巴黎如诗画般的美景——欧洲古典或现代感的建筑物和美丽的塞纳河风光。

圣母院深具历史意义,法国民族女英雄贞德为法国领兵征战大获全胜,但后来被出卖,遭火刑处死。多年后圣母院教会予以平反昭雪,举行平反仪式,在院内竖立贞德的雕像,从此后人尊称为《圣女贞德》。法国大文豪雨果更是以圣母院为背景完成名作《巴黎圣母院》,使圣母院一时声名大噪,吸引不少人慕名而来,前往寻找在钟楼隐居的驼背怪人。

图 4.16 圣母哀子像

六、文艺复兴建筑

继哥特式建筑之后出现,15 世纪产生于意大利,后传播到欧洲其他地区,形成了带有不同特点的各国文艺复兴建筑。它最明显的特征是扬弃中世纪时期的哥特式建筑风格,而在宗教和世俗建筑上重新采用古希腊罗马时期的柱式构图要素。文艺复兴时期的建筑师和艺术家们认为这种古典建筑,特别是古典柱式构图体现着和谐与理性,并且同人体美有相通之处。

圣彼得大教堂赏析:

圣彼得大教堂(图 4.17)位于意大利首都罗马西北的梵蒂冈,是欧洲天主教徒的朝圣地与梵蒂冈罗马教皇的教廷。整栋建筑呈现出一个十字架的结构,富有罗马式和巴洛克式建筑风格,是全世界的第二大教堂。1506 年破土动工,在长达 120 年的重建过程中,意大利最优秀的建筑师布拉曼特、米开朗琪罗、德拉·波尔塔和卡洛·马泰尔相继主持过设计和施工。它不仅是一座富丽堂皇值得参观的建筑圣殿,它所拥有多达百件的艺术瑰宝更被视为无价的资产。

大教堂占地广阔,教堂的长度,包括门廊,为 230 米,拱顶的高度是 38 米。正殿尽头的彩色玻璃大窗上有一只圣灵信鸽,翼展达 1.5 米。整座教堂可容纳 6 万人。教堂下面的廊檐上方有 11 樽雕像,中间是耶稣基督,两侧各有一座钟,右边显示格林尼治标准时间,左边显示罗马时间。大殿下面有 5 扇门,平常一般游客都入中门。每 25 年的圣诞之

图 4.17　圣彼得大教堂外观

夜,圣门打开由教皇领头走入圣堂,意为走入天堂。其他三门分别是"圣事门""善恶门"和"死门"。通过中门进入能容纳 5 万人的圣彼得教堂内部。这是一座艺术宝库,其中最引人注目的雕刻艺术杰作主要有三件:一是米开朗琪罗 24 岁时雕塑的作品,雕塑家将圣母怀抱死去儿子的悲痛感和对上帝意旨的顺从感在作品中刻画得淋漓尽致;二是贝尔尼尼雕制的青铜华盖,它由 4 根螺旋形铜柱支援撑,足有 5 层楼房高那么高,华盖前面的半圆形栏杆上永远点燃着 99 盏长明灯,而下方则是宗座祭坛和圣彼得的坟墓;三是圣彼得宝座,也是贝尔尼尼设计的一件镀金的青铜宝座,宝座上方是光芒四射的荣耀龛及象牙饰物的木椅,椅背上有两个小天使,手持开启天国的钥匙和教皇三重冠。除此三件艺术杰作外,站在米开朗琪罗设计的穹隆顶下抬头上望,你会感到大堂内的一切都显得如此渺小。此穹顶周长 71 米,为罗马全城的最高点。

圣彼得大教堂正前的露天广场就是闻名世界的圣彼得广场(图 4.18),建于 1667 年。

主持设计施工者贝尔尼尼——巴洛克艺术之父,他设计出广场上排成四行的 284 根托斯卡拉式圆柱,柱子上方雕有美妙绝伦的圣者塑像。

图 4.18　圣彼得大教堂广场

贝尔尼尼原是教廷的总建筑师。1656 年,他接受教皇委托去为圣彼得大教堂前的广场进行设计。这个广场是椭圆形的,方圆约有三公顷半,正中间是一高耸的方尖碑,两边各有一个喷水池。大教堂前有一梯形广场,椭圆形广场与其相联结。梯形的小广场前是一个倾斜的舞台,教皇每逢重大日子就在这里举行弥撒,此时椭圆广场就成"观众席",能容纳从四面八方聚来的善男信女。广场的两边,成弧形地组成巨大而彼此联结的柱廊。从高处俯视,这两边的弧形柱廊犹如教皇伸出的两只手,把所有参加弥撒的信徒拥入自己"仁慈"的怀抱,足见艺术家的心机,使这种巴洛克建筑风格能够更好地服务于宗教。为了与宏大的圣彼得大教堂及其圆顶在风格上取得和谐,这个广场的柱廊采用一种气派浑厚的塔斯干柱式,即每排四根巨柱,共计柱子 284 根;而在每根柱上边塑有雕像,共计 165 尊雕像。柱与柱之间,相互掩映,人进入这条柱廊会感受到复杂的明暗效果。就艺术的处理上看,这是贝尔尼尼广场综合建筑中最成熟的杰作之一。此外,贝尔尼尼还在这条环绕广场的柱廊以外,重建了一条通向梵蒂冈罗马教廷的甬道。唯一不足的一点是,当人们站在广场上无法完全看到圣彼得大教堂上那华美的圆顶,这是贝尔尼尼设计时所未曾估算到的视觉差。

七、巴洛克建筑

巴洛克建筑是 17～18 世纪在意大利文艺复兴建筑基础上发展起来的。它突破以往建筑常规,采用双柱式或三柱式结构,大量使用贵重材料和壁画雕刻,开始打破建筑、绘画、雕刻的界限,并开始将人体雕刻渗入建筑,尽显富丽堂皇和标新立异。其外形自由多变、追求动感,喜好使用富丽的装饰、雕刻和强烈的色彩,常用穿插的曲面和椭圆形空间来表现自由的思想和营造神秘的气氛,以变形和不协调的方式表现空间,以夸张的细长比例表现人物等。这种风格在反对僵化的古典形式、追求自由奔放的格调和表达世俗情趣等方面起了重要作用,对城市广场、园林艺术以至文学艺术等部门都产生重要影响。

◉ **本节相关知识链接**

1. http://www.far2000.com/,自由建筑报道
2. http://aa.chinaasc.org/,a＋a 建筑知识

◉ **本节试题与知识训练**

一、填空

1. 巴黎圣母院为欧洲早期_____建筑和雕刻艺术的代表,而圣彼得大教堂广场则是_____建筑的杰作。

二、判断

古希腊建筑直接继承和发展了古罗马建筑的艺术风格。　　　　　　　　(　)

三、简答

根据所学知识,简要介绍西欧历史上出现的几种著名的建筑艺术风格。

◆ **本章小结**

1.本章结语

建筑被誉为"人类历史文化的纪念碑"。数千年人类发展历史证明,不朽的建筑传承历史,铭刻着人类文明和文化的轨迹,是人类文明发展时代的标志。学习了本章内容,可以使我们更深入、透彻、全面地了解建筑艺术、体会建筑文化、品味建筑魅力,会让我们的旅游体验更加异彩纷呈。

2.本章知识结构图

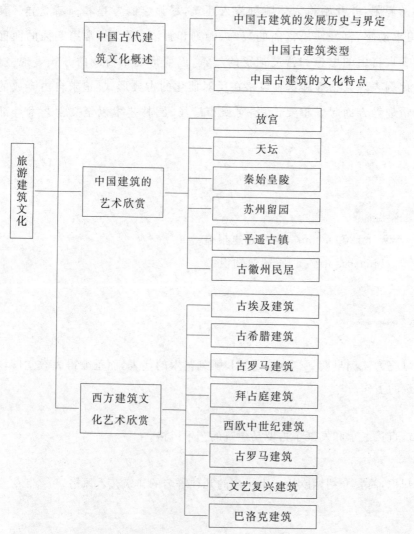

3.本章核心概念

旅游建筑　中国古建筑艺术　西方建筑艺术

◆ **实训练习**

1. 以小组为单位,对本地的特色建筑与特色资源做一次调查,并进行实地导游模拟讲解。

2. 以自选代表性建筑作品为对象进行实地或实物考察,分析它们的文化内涵,同时分析它们的存在对旅游产生的影响。

3. 将班级成员分成人数相当的小组,以特定的旅游建筑作品为对象分析讨论其存在的年代、所属的类型及自身的特点。

◆ **延伸阅读**

KPF,世界建筑界的一颗明星

建筑作为"石头的史书",作为一个地区,一个城市的标志,它体现着特定的时代和人的精神风貌,影响极为深远……摒除不假思索、盲目照搬的行为,通过研究别人好的作品,了解其创作背景、创作思想,学习其创作方法,而后加以批判地借鉴与吸收,才能创作出无愧于时代的佳作。

20世纪80年代后期,随着改革开放的进一步贯彻实施,全国各地掀起了轰轰烈烈的经济建设高潮。作为国民经济的支柱产业之一——房地产业的投资热也是一浪高过一浪。大大小小的城市里多层、高层甚至超高层建筑如雨后春笋般拔地而起,构成了生机勃勃的现代城市建设图景。

与此同时,建筑界对外交流也逐渐增多。在国外备受瞩目的、以高层建筑创作为主要职业特色的新生代建筑师事务所——KPF事务所也被介绍进来。其清新脱俗、匠心独具的建筑构思与创作语汇为众多建筑师和房地产商所青睐,在高层建筑设计和建筑细部处理方面形成一股潮流。于是乎,价格昂贵的原版KPF作品集一上市就被抢购一空,不同地区、不同城市的建筑方案中陆续出现了KPF建筑的特征:方的、圆的镂空檐口;立面上虚实墙面的猛烈撞击;水平遮阳板与竖直不锈钢桅杆的固定组合……

如果仅把建筑看作商品,这种现象不足为奇。一哄而上的商业行为最终还有市场调节,有市场调节就会有优胜劣汰。而于城市中的建筑来说,则并非如此简单。建筑,尤其是高层建筑,由于其耐久性,在城市中耸立少则几十年,多则上百年。除使用功能外,还有存在于精神领域的美学、社会学等问题。作为"石头的史书",作为一个地区,一个城市的标志,它体现着特定的时代和人的精神风貌,影响极为深远。因此,建筑师必须以严谨和认真负责——对业主负责、对社会负责、对历史负责——的态度进行建筑创作。摒除不假思索、盲目照搬的行为,通过研究别人好的作品,了解其创作背景、创作思想,学习其创作方法,而后加以批判地借鉴与吸收,才能创作出无愧于时代的佳作。

前不久,适逢建筑界的一大盛事——世界建筑师大会在北京召开。借着这千载难逢的大好时机,中国建筑工业出版社推出了一系列建筑丛书。其中包括《KPF 建筑师事务所》在内的一套中英文对照丛书《世界建筑大师优秀作品集锦》,这是国内建筑师了解世界建筑最新动态和潮流,学习世界建筑大师立意、构思和创作手法的一套不可多得的建筑图书精品。因为以往国内对当代世界建筑大师及其作品的介绍只能零星散见于图书、刊物的一篇或几篇文章中;结集出版的《国外著名建筑师丛书》又因其历史性、全面性的要求而与当前最新潮流有一定距离;而且小幅黑白图书所传递的信息量又不能满足需求;另一方面,国外原版引进未经文字翻译的图书价格较高,由于语言上的差异而使本来就惯于"看图识字"的建筑师更偏于对建筑形象与符号的借鉴,忽略对其产生的地域、文化背景及创作构思与组织手法的研究,形成一定程度的误导。如前所述的"KPF 现象"与之也有一定关系。因此,由中国建筑工业出版社大规模、全方位引进、翻译出版的这套《大师》系列丛书对国内建筑界来说,的确是一件很有现实意义和价值的事件。

1976 年,A·尤金·康、威廉·佩德森与谢尔登·福克斯共同组建 KPF 建筑师事务所,开始了其具有传奇色彩的职业旅程。事务所成立仅三年就设计出令建筑界瞩目的优秀作品,十多年时间就发展成为贝聿铭、SOM、菲利浦·约翰逊等老牌建筑师事务所强有力的竞争对手。在至今的 20 多年时间里,KPF 事务所设计了上百项大型公共建筑,大部分是体量巨大的高层建筑。美国、德国、加拿大、澳大利亚、中国、日本、韩国、新加坡、马来西亚的超高层建筑天际线中,往往能发现 KPF 事务所细部精湛、造型优美的建筑作品。这些作品同时为不同国家的学术界、执业界和社会人士所欣赏。可以说,KPF 建筑师事务所是 20 世纪末美国建筑界一颗闪亮的明星。

为让读者初步领略 KPF 的不同凡响之处,现将该事务所的几个代表作品简要介绍如下:

·芝加哥瓦克大道 333 号办公楼

设计于事务所成立仅三年的这座大厦获得了建筑界极高评价,同时也为事务所的发展打开了局面。建筑最显著的特点在于临河的立面设计成一个平滑舒展的玻璃曲面,如同河水的延伸一般,将天光云影纳入其中,折射出周围高低起伏、错落有致的城市剪影。

·法兰克福 DG 银行总部

这座建筑是 KPF 事务所迈向国际化、设计风格出现突破性创新的里程碑。设计者将分解的手法运用于高层建筑,使之更加具有活力;不同材质、不同开窗方式、不同高度穿插咬合成的体量构成建筑主体,其上的檐部是一个尺度巨大的"皇冠",以其新颖独特的标志向人们挥手致意。

·上海环球金融中心

这座摩天楼位于上海浦东陆家嘴金融区。设计者引入古代中国人"天圆地方"宇宙观，作为建筑创作、造型与结构组织的出发点，使完全现代化的这座建筑孕育着一种抽象的文化观与宇宙观。自下而上逐渐收分的优雅曲线和顶部镂空的圆洞则以其轻快、鲜明的特色体现了 KPF 事务所在高层建筑设计领域的最新探索。

通过本书，读者不难感觉到 KPF 建筑事务所严谨的职业风范。特别是，其建筑设计的新造型、新手法并非凭空获得，而是产生于不断的思考与探索、不断的发展与创新、不断的超越与自我完善。相信通过阅读本书，国内建筑师不但在设计技巧上，而且在别的方面也会有所受益。

资料来源:http://www.gmw.cn/01ds/1999-07/07/GB/257~DS1508.htm.中国读书报

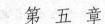

第 五 章

旅游饮食文化

学习目标

知识要点：了解中国饮食文化、茶文化、酒文化的起源和发展；理解中国饮食文化的特色、酒的分类及特色、西方饮食文化的特点；掌握中国饮食文化的地域流派、十大名茶、西方馔肴的风味流派的相关内容。

技能训练：选择某一特色菜系，分析其特点。

能力拓展：以自选代表性饮食为对象进行实地或实物考察，分析其特点及文化内涵。

引 例

云浮市新兴县首届旅游文化美食节

为积极响应广东省文化大省建设的号召，发展旅游文化经济，为造福百姓，促进旅游餐饮业等第三产业的发展，由新兴县旅游局主办，新兴县饮食协会协办，广州健顺文化传播有限公司承办，于2009年5月23日～5月30日在新兴县文化广场隆重举行"2009新兴首届旅游文化美食节"活动，共同打造"民以食为天"的嘉年华盛会，带旺了新兴旅游、餐饮业，促进了当地餐饮行业、旅游业的发展，同时，为老百姓带来精神上、感观上的愉悦享受！

案例引发的问题：旅游文化美食节对旅游业的发展有什么作用？

资料来源：http://bbs.live0766.com/thread-3179-1-1.html，云浮社区

俗话说："吃在中国。"中国是一个讲究美食的国家，讲究"食不厌精，脍不厌细""一菜一格，百菜百味"。中华饮食文化源远流长，是中华民族宝贵的文化遗产，也是中国旅游资源的重要组成部分。"食"作为旅游的六大要素之首，历来为中外游客所关注。

第一节　中国饮食文化概述

饮食文化，是指有关食物和饮料，在加工、制作和食用过程中所形成的一切物质、行为和精神现象及其关系的总和。

一、中国饮食文化的起源和发展

火的使用促使人们脱离了"生吞活剥""茹毛饮血"的阶段，一方面为人类烹调技术多样化创造了可能，另一方面产生了釜、甑等烹饪工具，从而饮食文化也就初现端倪。据考古发掘，中国早在"山顶洞人"时就已能人工取火，说明中国饮食文化的发端较早，其发展大致分为原始社会、夏商周、汉魏两晋南北朝、隋唐两宋、明清等几个阶段。

原始社会时期是中国饮食文化的孕育时期。当时人们（以新石器时代的仰韶、河姆渡等文化为代表）已学会种植谷子、水稻等农作物与饲养猪、犬、羊等家畜，这时便已奠定中国饮食以农产品为主、肉类为辅的杂食性饮食结构的基础。与此同时，人们已制造出鼎、幕、瓶等烹饪陶器，在取食器方面已出现骨匕、石刀，从其烹饪器中可以看出当时的烹调技术只有炮、炙、蒸、煮等几种初级方法。在这个时期，人们的饮品中已出现了酒。在距今 5 000 多年前的龙山文化的考古发掘中出土了许多酒器，这说明中国人至少在 5 000 多年前就已有酿造技术。

夏商周时期是中国饮食文化的形成时期，后人有"百世相传三代艺，烹坛奠基开新篇"的评价。经过夏商周的近 2 000 年的发展，中国传统饮食文化的特点已基本形成。烹调原料显著增加，习惯于以"五"命名，如"五谷"（稷、黍、麦、菽、麻籽）、"五菜"（葵、藿、头、葱、韭），"五畜"（牛、羊、猪、犬、鸡），"五果"（枣、李、栗、杏、桃），"五味"（米醋、米酒、饴糖、姜、盐）之类。炊饮器皿革新，轻薄精巧的青铜食具登上了烹饪舞台。青铜食器的问世，不仅提高了烹饪工效和菜品质量，还显示礼仪装饰筵席，展现出奴隶主贵族饮食文化的特殊气质。由于原料充实和炊具改进，这时的烹调技术有了长足进步。一方面，饭、粥、糕、点等饭食品种初具雏形，肉酱制品和羹汤菜品多达百种，花色品种大大增加；另一方面，可以较好运用烘、煨、烤、烧、煮、蒸、渍、糟等 10 多种方法，烹出熊掌、乳猪、大龟、天鹅之类高档菜式，产生影响深远的"周代八珍"。"周代八珍"的出现，标志着我国烹饪成为一门重要的艺术，显示了周人的精湛技艺和食饮的科学性。这一时期，在饮食制度等方面也有新的建树。例如，从夏朝起，宫中首设食官，配置御厨，迈出食医结合的第一步；重视帝后的饮食保健，这一制度一直延续到清末。再如筵宴，也按尊卑分级划类。此外，在民间，屠宰、酿造、炊制相结合的早期饮食业也应运而生,大梁、燕城、咸阳、临淄等地的酒肆兴盛。

汉魏两晋南北朝时期是中国饮食文化的快速发展时期,这应归功于汉代中西(西域)饮食文化的交流及各民族饮食的大融合。这个时期的技术成就,主要体现在原料选用范围的扩大、食物类型的基本确定、烹饪技术的定型等方面。豆腐的发明、"胡食"的传入、素食的兴起、豪门之食与平民之食的泾渭分明,极大丰富了饮食发展的内容。这个时期的重要文献《齐民要术》在第七、第八两卷中详细记述了古菜谱以及各种菜肴和食品的烹调方法,是中国第一部系统按照烹饪工艺程序和方法编写的一部食书。

隋唐两宋时期是中国饮食文化的繁荣时期。这一时期由于经济发达、城市繁荣,饮食文化得到进一步发展。饮食原料的来源不断增多,食品加工和制作技术也更加成熟,饮食业打破了坊市分隔的界限,酒楼、茶坊、食店等饮食店遍布城乡各地,出现了前所未有的繁荣景象。饮食业的布局、营业时间、饮食结构以及进食方式上都得到了改进,并形成了简朴的饮食观。中国烹饪技艺所追求的色、香、味、形在宋代已经臻于成熟,宋代食坛上名菜佳肴大批涌现,不少珍馐成为后世的地方名菜,把传统饮食文化推到了一个新高峰,为明清时期菜系的形成奠定了良好的基础。

明清时期是中国饮食文化的鼎盛时期。这一时期烹饪发展在技术上更加成熟和完善,在文化上则全方位、深层次地广泛积累。其突出的成就,表现于精湛的加工技术,大量的烹饪著述,以及具有华夏特色的饮食膳食服务系统。川、鲁、苏、粤四大菜系逐渐形成且最终定型,形成了华夏神州丰富多样的饮食特色。

二、中国饮食文化的特色

1. 以味为本,注重养生

西方饮食把食物的营养价值放在首位,中国饮食讲究以味为本、五味调和的烹调术,旨在追求美味。它强调原料的先天自然质味和五味调和的复合美味。中国人品评菜肴时总是"味"字挂帅的,赞美一道好菜时会说"味道好极了!"古人所谓的"五味调和"中的"五味",一是对食物五味的泛称,二是指酸、甜、苦、辛、咸五种滋味及调味料。"五味调和"即通过对五味的调制达到饮食之美的最佳境界——"和"。"和"即配合得当和谐。中国传统饮食观认为"和"能满足人的生理和心理的需要。

但是,重视味觉并不代表忽视营养、不注重科学饮食。中国饮食与养生密不可分,中国传统饮食文化的核心是讲究饮食卫生和饮食调节。中国人在适应自然、改造自然的同时积极地利用自然。中国古代哲学、医学都把人的生存与健康放在生态环境中去认识,追求阴阳平衡、天人合一,即人与自然的和谐。在此基础上形成了"食治养生"这一中国传统的营养观念,强调辩证施食、饮食有节,即食物的合理调配、食量调节、质量调节、温度调节。这也就是老百姓常说不要过饥过饱、不要过冷过热、不要偏食偏嗜,此可谓饮食的中庸之道、长寿之道。中国人从适应自然的观点出发选择了"养、助、益、充",即《黄帝内经》中"五谷为养、五果为助、五畜为益、五菜为充"的三素一荤饮食结构,孙中山先生赞之"极合于科学卫生"。养助益充的饮食结构强调的是:粮食(杂食五谷)为主食,肉类为佐养之益品,以蔬菜辅佐补充,以果来帮助和维护健康。历史经验证明,这种饮食结构是科学合理的。

2.讲究美感,艺术性强

中国饮食追求美感,各种饮食品的"质、香、色、味、形、器、序、境"是中国饮食文化不可分割的几个方面。"质"首先指是原料和成品的品质、营养。它贯穿于饮食活动的始终,是美食的前提、基础和目的。"质"还在于其质地,即以不同口感(松、软、脆、酥、滑、爽)为主要美感特色的质地美感。"香"能鼓诱情绪、激发食欲,闻香是鉴别美质、预测美味的关键审美环节和检测烹调技艺的重要指标。所谓"闻香下马,知味停车",指的是各种菜肴的香味除了引发人的感官享受需求,还在于人们对菜肴香味的审美杂糅了各种人生记忆。"色"指食物悦目爽神的润泽颜色,既指原料自然美质的本色,也指各种不同原料相互间组配而成的美色。由菜肴的色泽不仅可以看得出原料的美质,也可以看得出烹调的技巧和火候等加工手段的恰到好处,还可以看得出多种原料色泽之间的辉映协调美。"味"是饱口福、振食欲的滋味,也指美味。美味是中国古代饮食追求的最主要目标,也是最高的理想境界。"形"指富于艺术性和美感的造型,是饮食形态美和意境美的结合,即通过巧妙的烹调技艺再现原料的自然形态和天然美质,以达到一种特定意境和观赏美感。"器"指精美适宜的炊饮器具,"葡萄美酒夜光杯""美食不如美器"这些与美食密切相关的器具已经发展成为独立的工艺品种,有独特的鉴赏标准。"序"指菜肴制作品味过程的序列美感,即整个宴席肴馔在原料、温度、色泽、味型、浓淡等方面的合理搭配,上菜的科学顺序,宴饮设计和饮食过程的和谐与节奏化程序等。"境"指优雅和谐、陶冶性情的宴饮环境。饮食生活被中国人作为一种文化审美活动后,"境"就自然成了其中的一个美学因素。

3.遵循礼仪,食风、食俗特色浓郁

中国是礼仪之邦。中国人的饮食礼仪比较发达,也比较完备,而且有历史传承的特点。《礼记·礼运》说:"夫礼之初,始诸饮食。"在中国,根据文献记载可以得知,在周代时,饮食礼仪已形成为一套相当完善的制度。这些食礼在以后的社会实践中不断得到完善,在古代社会发挥过重要作用,对现代社会依然产生着影响,成为文明时代的重要行为规范。早在夏商时代就已经形成了饮宴座次的重要礼俗,主人按照礼宾次序排定席位,宾客分别在指定的位置上落座就餐。这种座次制度目的是突出主宾,使其享受应有的尊荣,并合理对待其他宾客,使之各安其所。中国人十分讲究文明就餐、吃相文雅。比如,菜肴上齐后,主人未说"请"字,客人不可动筷;他人的餐具不可随意代为移动;夹菜忌多,舀汤忌满;不可嘴含食物与人讲话;用筷时不能有游筷(满桌游走)、剔筷(以筷剔牙)等动作。中国人在宴会上很讲究客套。比如,入座时,主人会再三邀请大家,客人也会为座位互相礼让;每上一道菜,主人都会招呼大家吃,连声说"请,请,请",还常说"慢慢吃""多吃点";客人对主人的热情招待总是表示礼让,说些"谢谢""不必麻烦""不用了""我自己来"等客气话。中国人的餐桌上一般都比较热闹,劝酒,劝菜,客人们可以高声谈笑。中国人喜欢劝酒,总是千方百计地劝客人多喝一点。在北方有些地方还有这样的风俗,即认为只有客人喝醉了,才跟主人是真正的好朋友。宴会结束的时候,先吃完的人,总是会先跟其他人打招呼"慢慢吃""慢用",而主人总是要最后一个吃完,他必须陪着客人。

具有较强民族性、地域性、社会性、传承性的食风食俗,被人称为"凝固的历史"。我国 56 个民族的食风食俗可谓多姿多彩,特色浓郁。汉族的传统节日食俗各地大致相同:春节除夕之夜吃饺子,含"辞旧迎新"之意;元宵节吃元宵(俗称汤圆),含"骨肉团圆"之意;端午节吃粽子,饮雄黄酒避邪;中秋节吃月饼,象征家人团聚;重阳节饮酒登高,寄寓"思乡怀人"之意。

各少数民族也有着丰富多彩的饮食习俗和爱好。比如,回族在开斋节时有着本民族独特的饮食习俗。回族的斋月,是伊斯兰教历九月。回族在斋月里的饮食生活安排得比平时要丰盛得多,一般都备有牛羊肉、白米、白面、油茶、白糖、茶叶、水果等有营养的食品。封斋的人,在东方发白前要吃饱饭。东方发晓后至太阳落山前,要禁止行房事,断绝一切饮食。封斋的目的就是让人们体验饥饿和干渴的痛苦,让有钱的人真心救济穷人。通过封斋,回族人民逐步养成坚忍、刚强、廉洁的美德。当人们封了一天斋,快到开斋时,斋戒的男子大多数都要到清真寺等候。听见清真寺里开斋的梆子声后,就在寺里吃"开斋饭"了。开斋时,若是夏天,有条件的先吃水果,没有条件的喝一碗清水或盖碗茶,而后再吃饭。这主要是因为斋戒的回民在夏天首先感到的是干渴,而不是饥饿。若在冬天,有的人还讲究吃几个枣子后再吃饭,这是因为相传穆罕默德开斋时爱吃红枣,所以回民现在也有这种习惯。斋戒期满,就是回族一年一度最隆重的节日之一——开斋节。节日中,家家户户炸馓子、油香等富有民族风味的传统食品。同时,还宰鸡、羊,做凉粉、烩菜等,互送亲友邻居,互相拜节问候。

三、中国饮食文化的地域流派

我国是一个地大物博、历史悠久的文明古国。由于各地菜肴的原料、调味品、烹制方法不同,及受自然地理、社会因素和文化、宗教的影响,形成了各具特色的地方菜系。在中国众多的菜系中,最早形成的是川、鲁、苏、粤四大菜系,后来又有八大菜系(川、鲁、苏、粤、湘、闽、浙、徽)、十大菜系(川、鲁、苏、粤、湘、闽、浙、徽、沪、京)和十二大菜系(川、鲁、苏、粤、湘、闽、浙、徽、沪、京、豫、陕)之说。现将闻名中外的几大菜系作一概括性介绍。

1. 川菜

川菜即四川菜,它历史悠久,在国内外都享有很高的声誉。四川古称巴蜀之地,号称"天府之国",位于长江上游,气候温和,雨量充沛,群山环抱,江河纵横,盛产粮油,蔬菜瓜果四季不断,家畜家禽品种齐全,山岳深丘特产熊、鹿、獐、狍、银耳、虫草、竹笋等山珍野味,江河湖泊又有江团、雅鱼、岩鲤、中华鲟等珍稀鱼种。优越的自然环境,丰富的特产资源,都为四川菜的形成与发展提供了有利条件。

川菜是以成都、重庆两个地方菜为代表,选料讲究,规格划一,层次分明,鲜明协调。川菜特点是突出麻、辣、香、鲜、油大、味厚,重用"三椒"(辣椒、花椒、胡椒)和鲜姜,调味方法有干烧、鱼香、怪味、椒麻、红油、姜汁、糖醋、荔枝、蒜泥等复合味型,形成了川菜的特殊风味,享有"一菜一格,百菜百味"的美誉。在烹调方法上擅长炒、滑、熘、爆、煸、炸、煮、煨等,尤以小煎、小炒、干煸和干烧有其独到之处。川菜从高级筵席"三蒸九扣"到大众便餐、民间小吃、家常风味等,菜品繁多,花式新颖,做工精细。它的代表菜有宫保鸡丁、干烧鱼、回锅肉、麻婆豆腐(图5.1)、夫妻肺片、樟茶鸭子、干煸牛肉丝、怪味鸡块、灯影牛肉(图5.2)、鱼香肉丝、水煮牛肉等。

图 5.1　麻婆豆腐

图 5.2　灯影牛肉

2. 鲁菜

鲁菜即山东菜,是黄河流域烹饪文化的代表。鲁菜的形成和发展与由山东地区的文化历史、地理环境、经济条件和习俗有关。山东是我国古文化发祥地之一,地处黄河下游,气候温和,胶东半岛突出于渤海和黄海之间。境内山川纵横,河湖交错,沃野千里,物产丰富,交通便利,文化发达。其粮食产量居全国前几位,蔬菜种类繁多,品质优良,号称"世界三大菜园"之一。其中,胶州大白菜、章丘大葱、苍山大蒜、莱芜生姜都蜚声海内外。

鲁菜可分为济南风味菜、胶东风味菜、孔府菜和其他地区风味菜,并以济南菜为典型,有煎炒烹炸、烧烩蒸扒、煮氽熏拌、溜炝酱腌等有50多种烹饪方法。济南菜以清香、脆嫩、味厚而纯正著称,特别精于制汤,其汤品清浊分明,堪称一绝。胶东风味亦称福山风味,包括烟台、青岛等胶东沿海地方风味菜。该菜精于海味,善做海鲜,珍馐佳品,肴多海味且少用佐料提味。此外,胶东菜在花色冷拼的拼制和花色热菜的烹制中,独具特色。孔府菜做工精细,烹调技法全面,尤以烧、炒、煨、炸、扒见长,而且制作过程复杂。以煨、炒、扒等技法烹制的菜肴,往往要经过三四道程序方能完成。"美食不如美器",孔府历来十分讲究盛器,银、铜等名质餐具俱备。此外,孔府菜的命名也极为讲究,寓意深远。孔府菜代表菜有清汤银耳、奶汤蒲菜、九转大肠、锅爆燎肉、糖醋黄河鲤鱼(图 5.3)、塌蛎黄、汤爆双脆、赛螃蟹、大虾、油爆肚仁、清汤燕菜、锅烧肘子等。

图 5.3　糖醋黄河鲤鱼

3.苏菜

苏菜即江苏菜,是我国主要菜系之一,历史源远流长。江苏东滨大海,西拥洪泽,南邻太湖,长江横贯中部,运河纵流于南北,河湖交错,加以寒暖适宜、土壤肥沃,素有"鱼米之乡"之称。江苏菜有如下几个特点:一是选料严谨,制作精细,因材施艺,按时治肴;二是擅长炖、焖、煨、焐、蒸、烧、炒等烹饪方法,且精于泥煨、叉烤;三是口味清鲜,咸甜得宜,浓而不腻,淡而不薄;四是注重调汤,保持原汁。

江苏菜主要由淮扬、苏州、徐海三个地方风味所组成。淮扬菜为其代表,特点是讲究选料,注重火工色调淡雅,造型清新,口味咸甜适中;苏州菜口味趋甜,以烹制四季佳蔬、江河湖鲜见长;徐海菜则咸味大减,色调亦趋淡

图 5.4　松鼠桂鱼

雅,向淮扬菜看齐。江苏地方代表菜有三套鸭、荷包鱼、清炖甲鱼、大煮干丝、清炖蟹粉狮子头、双皮刀鱼、清蒸鲥鱼、松子肉、松鼠桂鱼(图5.4)、荷花铁雀、三虾豆腐、常熟叫化鸡等。

4.粤菜

粤菜即广东菜。广东地处亚热带,濒临南海,雨量充沛,四季常青,物产富饶,烹调技术在秦汉时期就具有一定的特色。由于水陆交通方便,商业发达,粤菜广泛地吸取了川、鲁、苏、浙等地方菜的烹调技术精华,自成一格,有"食在广州"的美誉。

广东菜是由广州、潮州、东江三个地方菜组成,还有海南地方风味,其中以广州菜为代表。广州菜选料广,配料奇,技艺精良,善于变化,口味讲究鲜、嫩、滑爽、生脆,夏秋里尤清淡,冬季偏重浓醇,擅长煎、炒、烧、烩、烤、焗等,调味爱用蚝油、虾酱、梅膏、沙茶、红醋和鱼露,颇具特色。广州用蛇做菜由来已久,近一个世纪以来,发展到运用烩、炒、熘、蒸、炖等多种烹调方法,做出的蛇菜味道鲜美、营养丰富。此外,广州菜还用些奇珍异味烹制菜肴如鹧鸪、禾花雀、豹狸、穿山甲、海狗、猫、菜鼠、猴、金钱龟、禾虫、猫头鹰等,各具特色。广州菜烹调技法上还吸取了西菜的操作特点,重视蒸、炸,色彩鲜艳,生动活泼。潮州菜接近闽粤,汇两家之长,自成一派,刀工考究,善烹海鲜,口味偏重香、浓、鲜、甜,汤菜、素菜、甜菜最具特点。东江菜又称客家菜。客家原是中原人,汉代末年和北宋后期迁入居住广东东江山区一带,食俗保留中原固有风貌,主料多用肉类,讲究香浓,下油重,味偏咸,主料突出,朴实大方,以烹制鸡、鸭、鹅等沙锅菜著称。海南菜清淡鲜美,甘香可口,文昌鸡和嘉积鸭驰名中外。广东地方代表菜有豹狸烩三蛇、文昌鸡、竹丝鸡烩五蛇、潮州冻肉、鼎湖上素、东江盐焗鸡、大良炒鲜奶(图5.5)等。

图5.5　大良炒鲜奶

◉ **本节相关知识链接**

1.http://bbs.live0766.com,云浮社区

2.http://baike.baidu.com,中国食文化—百度百科

◉ **本节试题与知识训练**

一、填空

1.中国的菜系,按传统习惯划分为"四大菜系",指的是_____、_____、

_____、_____。

2. 广东菜主要由_____、_____、_____、_____组成。

二、判断

1. 麻婆豆腐、松鼠桂鱼是苏菜中的代表菜。　　　　　　　　　　（　　）

2. 中国饮食讲究以味为本。　　　　　　　　　　　　　　　　　（　　）

三、简答

中国饮食文化的特色是什么?

第二节　中国茶文化

我国是茶叶的故乡,古代就将茶叶推崇为"百草之首,万木之花",是世界三大饮料之一。由于茶叶出生在我国,又备受人们喜爱,故我国茶文化源远流长。

一、茶文化的起源和发展

中国是茶树的原产地,又是最早发现茶叶功效、栽培茶树和制成茶叶的国家。在东汉时期的《神农尝百草》中记述了"神农尝百草,日遇七十二毒,得荼解之"之说。据说神农氏当年为民解除病痛尝遍百草,他前后共尝试过 72 种毒草,在他奄奄一息躺在一棵树下的时候,有片落叶掉进他的口中,清香甘甜使他精神矍铄。他将树上的叶子采下继续尝试,顿时毒气消散、神精气爽,于是他认定此叶可以救治疾病,并称之为"荼"。自神农尝百草发现茶至今已有四五千年的历史了。

我国饮茶之风的兴起大约开始于西汉。相传西汉末年,四川蒙山甘露寺的禅师吴理直曾在石栏内栽植七棵茶树,被人们认为是仙茶。树高一尺左右,采制成茶,饮之能治宿疾,于是蒙山茶远近驰名并成为贡茶。相传当年这里每年只采 360 片芽叶,贮藏在两只银瓶中进贡,供皇帝祭天祭祖之用,故有人称它为"人间第一茶"。"扬子江心水,蒙山顶上茶"至今一直被称为双绝。

茶被当作家庭普遍饮用的饮料,要比酒晚得多。开始茶是被当作药材,不叫茶,"茶"字是在唐代定下来的。唐以前的古籍中只有"荼""茗"等字。荼是一种苦菜,也当"茶"字用,最初称茶为"苦荼"。在长期的医药实践中人们逐步认识到茶不但能够治病,而且还可以清热解渴、健脑提神并富有清香气味,是一种极好的饮品,于是人们开始大量种植采制,逐渐养成了一种饮茶的习惯。随着饮茶越来越深入人们的生活之中,作为饮用植物的"茶"越来越广泛。为避免与"荼"字的其他含义相混,唐代便把"荼"字减去一笔而成了

"茶"字,"茶"字便成了这种饮料的专用名词了。

唐代是我国封建社会高度发达的一个朝代,也是我国茶叶获得空前发展的时期,盛极一时。唐代茶学专家陆羽和他的《茶经》的出现,称得上是饮茶史上的一座里程碑。陆羽遂被后人誉为"茶圣",奉为"茶仙",祀为"茶神"。当时茶神像多为陶瓷小偶人,为茶商和茶肆老板所供奉,让他保佑茶业兴隆。

宋代,由于生产技术的不断提高,茶文化得到进一步发展。当时宫廷茶事颇多,茶仪已成为宫廷中的礼制,其中赐茶是皇帝笼络大臣、眷怀亲族乡里的重要手段,均有隆重的仪式。在平民百姓和文人雅士中,茶文化更有生气和活力。城镇的茶坊相继兴起,不仅环境布置幽雅,室内还有挂画、插花、说书、唱戏等曲艺活动。宋代的茶坊已成为市民们品茶、娱乐、会友、洽谈、沟通思想感情、增进友谊、和睦相处等活动的重要场所。宋徽宗赵佶也十分喜爱茶叶并和群臣斗茶,从而带动了茶叶采制、烹点技艺的一系列变化。他在总结自己实践经验的基础上编著了《大观茶论》,该书成为当时宋代点茶法的规范。

明清时期,由于茶叶加工技术的进步,茶叶花色品种齐全,已出现了绿茶、黄茶、黑茶、白茶、青茶和红茶等。在绿茶中又有蒸青、烘青、炒青、晒青,其外形千姿百态,琳琅满目,有扁平形、条形、圆形、片形、针形等等,紧压茶也有所改进。中国的传统制茶方法,至此已基本具备。茶类的增多,泡茶技艺的差别,加上中国的地域、民族的差异,茶叶品饮的方式方法也多种多样、各不相同。由于茶叶生产和加工技术的提高以及茶叶出口贸易的增加,促进茶文化的进一步的普及和发展,茶事活动更为频繁,爱好茶文化的人更多,当时著有茶书60多种,咏茶诗上千篇。其中,乾隆皇帝写下了不少咏茶诗篇,是中国历代皇帝中写作茶诗最多的一位。他曾6次南巡,游名山,封御茶,推动了名茶的发展。

民国时期是我国茶叶检测机构、茶叶科研机构、茶叶教育机构、茶叶贸易机构创立的一个重要时期,对中国茶业和茶文化事业的发展起了积极的推动作用。

新中国成立后,茶文化进入了快速发展时期,茶叶研究与教育工作得到了全面发展,以弘扬茶文化为宗旨的茶文化团体相继建立。尤其是改革开放以后,各种茶文化活动更趋频繁,茶馆、茶室遍布城乡,不少地方还开展了以茶为主题的旅游活动,茶叶著述与茶类刊物大量出现,茶的生产技术已开始向机械化方向迈进,茶文化已达到了前所未有的繁荣。

二、中国茶叶的分类

我国产茶的历史悠久,茶叶的类别多,种类全。对茶的分类方法有很多,分出来的类别也各有不同。按发酵程度不同,可分为不发酵茶、半发酵茶、全发酵茶;按季节,可分为春茶、夏茶、秋茶、冬茶;按其生长环境,可分为高山茶、丘陵茶和平地茶。

习惯上常以茶叶的加工方式分类,一是基本茶类,二是再加工茶类。(具体分类见表5.1)

表 5.1　　　　　　　　　　茶叶分类(以茶叶的加工方式为标准)

基本茶类	红茶	功夫红茶	滇红,祁红,川红,闽红等
		碎红茶	叶茶,碎茶,片茶,末茶
		小种红茶	正山小种,烟小种等
	绿茶	炒青绿茶　眉茶	炒青、特珍、珍眉、凤眉、秀眉、贡熙等
		炒青绿茶　珠茶	珠茶、雨茶、秀眉等
		炒青绿茶　细嫩炒青	龙井、大方、碧螺春、雨花茶、松针等
		烘青绿茶　普通烘青	闽烘青、浙烘青、徽烘青、苏烘青等
		烘青绿茶　细嫩烘青	黄山毛峰,太平猴魁,华顶云雾,高桥银峰
		晒青绿茶	滇青、川青、陕青等
		蒸青绿茶	煎茶、玉露等
	乌龙茶(青茶)	闽北乌龙	武夷岩茶、水仙、大红袍、肉桂等
		闽南乌龙	铁观音、奇兰、水仙、黄金桂等
		广东乌龙	凤凰单枞、凤凰水仙、岭头单枞等
		台湾乌龙	冻顶乌龙、包种、乌龙等
	白茶	白芽茶	白毫银针等
		白叶茶	白牡丹、贡眉等
	黄茶	黄芽茶	君山银针、蒙顶黄芽等
		黄小芽	北港毛尖、沩山毛尖、温州黄汤等
		黄大芽	霍山黄大茶、广东大叶青等
	黑茶	湖南黑茶	安化黑茶等
		湖北老青茶	蒲圻老青茶等
		四川边茶	南路边茶、西路边茶等
		滇桂黑茶	普洱茶、六堡茶等
再加工茶类	花茶		菊花茶,茉莉花茶,玫瑰花茶,桂花茶
	紧压茶		黑砖,方茶,茯砖,饼茶
	萃取茶		速溶茶,浓缩茶,罐装茶
	果味茶		荔枝红茶,柠檬红茶,猕猴桃茶
	药用保健茶		减肥茶,降脂茶
	含茶饮料		茶可乐,茶汽水

资料来源:沈祖祥.旅游与中国文化[M].北京:旅游教育出版社,2002

三、中国十大名茶

1.西湖龙井

因产于杭州西湖山区的龙井而得名。西湖龙井茶,位居我国十大名茶之首,以色绿、香郁、味甘、形美"四绝",闻名于世。西湖龙井茶的特点是形状扁平挺直,大小长短匀齐,像一片片兰花瓣,其色泽嫩绿或翠绿,鲜艳有光,香气清高鲜爽,滋味甘甜。若将茶叶在玻璃杯中冲泡,则叶片嫩匀成朵,一旗一枪,交错相映,茶汤清碧,悦目动人。

西湖山区各地的龙井茶,由于生长条件不同,自然品质和炒制技巧略有差异,形成不同的品质风格。历史上按产地分为四个花色品目,即狮、龙、云、虎四个字号,以狮峰龙井品质最佳,最富盛誉。现在调整为狮、龙、梅三个品目,仍以狮峰龙井品质最佳。

◆ **案例驿站 5.1**

18棵御茶树的传说

传说,乾隆皇帝有一次下江南时,在狮峰山下胡公庙前欣赏采茶女制茶,并不时抓起茶叶鉴赏。正在赏玩之际,忽然太监来报说太后有病,请皇帝速速回京。乾隆一惊,顺手将手里的茶叶放入口袋,火速赶回京城。

原来太后并无大病,只是惦记皇帝久出未归,上火所致。太后见皇儿归来,非常高兴,病已好了大半。忽然闻到乾隆身上阵阵香气,问是何物。乾隆这才知道原来自己把龙井茶叶带回来了。乾隆于是亲自为太后冲泡了一杯龙井茶,只见茶汤清绿,清香扑鼻。太后连喝几口,觉得肝火顿消,病也好了,连说这龙井茶胜似灵丹妙药。

乾隆见太后病好,也非常高兴,立即传旨将胡公庙前的18棵茶树封为御茶,年年采制,专供太后享用。这就是18棵御茶树的传说。

资料来源:http://baike. Baidu. com/view/21414. htm? fr=ala0_1_1,百度百科

2.洞庭碧螺春

属于绿茶类。主产于江苏省苏州市吴县太湖的洞庭山(今苏州吴中区),所以称"洞庭碧螺春"。碧螺春茶条索紧结,卷曲如螺,白毫毕露,银绿隐翠,叶芽幼嫩,冲泡后茶味徐徐舒展,上下翻飞,茶水银澄碧绿,清香袭人,口味凉甜,鲜爽生津,早在唐末宋初便列为贡品(图5.6)。

图5.6　洞庭碧螺春

碧螺春茶已有 1 000 多年历史,民间最早叫"洞庭茶",又叫"吓煞人香"。相传有一尼姑上山游春,顺手摘了几片茶叶,泡茶后奇香扑鼻,脱口而道"香得吓煞人",由此当地人便将此茶叫"吓煞人香"。到了清代康熙年间,康熙皇帝视察并品尝了这种汤色碧绿、卷曲如螺的名茶,备加赞赏,但觉得"吓煞人香"其名不雅,于是题名"碧螺春"。

3. 黄山毛峰

清朝名茶,属绿茶烘青类。长期以来人们用"名山产名茶"的观点,推断黄山毛峰系明朝黄山云雾茶之后称。黄山毛峰产于安徽省歙县黄山,由清代光绪年间谢裕泰茶庄所创制(《徽州商会资料》)。每年清明谷雨,选摘初展肥壮嫩芽,手工炒制。该茶外形微卷,状似雀舌,绿中泛黄,银毫显露,且带有金黄色鱼叶(俗称黄金片);入杯冲泡雾气结顶,汤色清碧微黄,叶底黄绿有活力,滋味醇甘,香气如兰,韵味深长。由于新制茶叶白毫披身、芽尖峰芒且鲜叶采自黄山高峰,遂将该茶取名为黄山毛峰。形容黄山毛峰的品质特点,可用八个字:香高、味醇、汤清、色润。

4. 庐山云雾

庐山云雾茶,古称"闻林茶",从明代起始称"庐山云雾"。此茶产于江西庐山,是绿茶类名茶,芽壮叶肥,白毫显露,色泽翠绿,幽香如兰,滋味深厚,鲜爽甘醇,耐冲泡,汤色明亮,饮后回味香绵。朱德曾有诗赞美庐山云雾茶云:"庐山云雾茶,味浓性泼辣,若得长时饮,延年益寿法。"

5. 六安瓜片

六安瓜片(又称片茶),为绿茶特种茶类,主产地是革命老区金寨县。全县地处大别山北麓,高山环抱,云雾缭绕,气候温和,生态植被良好。六安瓜片是真正大自然中孕育成的绿色饮品。同时,"六安瓜片"的采摘也与众不同,茶农取自茶枝嫩梢壮叶,因而叶片肉质醇厚、营养最佳,是我国绿茶中唯一去梗去芽的片茶。外形:单片平展、顺直、匀整,叶边背卷、平展,不带芽梗,形似瓜子,色泽宝绿,叶被白霜,明亮油润;内质:汤色清澈,香气高长,滋味鲜醇回甘;叶底:黄绿匀高。

"六安瓜片"具有悠久的历史底蕴和丰厚的文化内涵。早在唐代,《茶经》就有"庐州六安(茶)"之称;明代科学家徐光启在其著《农政全书》里称"六安州之片茶,为茶之极品"。"六安瓜片"在清朝被列为"贡品",慈禧太后曾月奉十四两;《红楼梦》中有 80 多处提及,特别是"妙玉品茶(六安瓜片)"一段,读来令人荡气回肠;到了近代,"六安瓜片"被指定为中央军委特贡茶,开国总理周恩来同志临终前还念叨着"六安瓜片";1971 年美国前国务卿第一次访华,"六安瓜片"还作为国家级礼品馈赠给外国友人。可见,"六安瓜片"在中国名茶史上一直占据显著的位置。

6. 君山银针

产于湖南岳阳洞庭湖中的君山，黄茶中的珍品。其芽头苗壮，紧实而挺直，白毫显露，内呈金黄色，茶芽大小长短均匀，形如银针，故得其名。饮用时，将君山银针放入玻璃杯内，以沸水冲泡，这时茶叶在杯中一根根垂直立起，踊跃上冲，悬空竖立，继而上下游动，然后徐下沉，簇立杯底。军人视之谓"刀枪林立"，文人赞叹如"雨后春笋"，艺人偏说是"金菊怒放"。君山银针茶汁杏黄，香气清鲜，叶底明亮，又被人称作"琼浆玉液"。君山茶历史悠久，唐代就已生产、出名。文成公主出嫁西藏时就曾选带了君山茶。乾隆皇帝下江南时品尝到君山银针，十分赞许，将其列为贡茶。

7. 信阳毛尖

亦称"豫毛峰"，产于河南大别山区的信阳市（主要集中在浉河区内的二大主产区域：浉河港乡和董家河乡）境内，是河南省著名土特产之一，因条索紧直锋尖，白毫显露，故取名"豫毛峰"。该茶素来以"细、圆、光、直、多白毫、香高、味浓、汤色绿"的独特风格而饮誉中外。唐代茶圣陆羽所著的《茶经》，把信阳列为全国八大产茶区之一；宋代大文学家苏轼尝遍名茶而挥毫赞道"淮南茶，信阳第一"；信阳毛尖茶清代已为全国名茶之一，1915年荣获巴拿马万国博览会金奖，1958年评为全国十大名茶之一。

信阳毛尖的色、香、味、形均有独特个性，其颜色鲜润、干净，不含杂质，香气高雅、清新、味道鲜爽、醇香、回甘，从外形上看则匀整、鲜绿有光泽、白毫明显，外形细、圆、光、直、多白毫，色泽翠绿，冲后香高持久，滋味浓醇，回甘生津，汤色明亮清澈。优质信阳毛尖汤色嫩绿、黄绿或明亮，味道清香扑鼻；劣质信阳毛尖则汤色深绿或发黄、混浊发暗，不耐冲泡、没有茶香味。

8. 武夷岩茶

武夷岩茶产于闽北"秀甲东南"的名山武夷，茶树生长在岩缝之中。武夷岩茶具有绿茶之清香，红茶之甘醇，是中国乌龙茶中之极品。武夷岩茶属半发酵茶，制作方法介于绿茶与红茶之间，其主要品种有"大红袍""白鸡冠""水仙""乌龙""肉桂"等，其中以"大红袍"最为名贵。大红袍是无性繁育，亲本的优点能遗传而不变异。武夷岩茶具有"活、甘、清、香"和妙不可言的"岩韵"，所以蜚声四海、誉满九州，令古往今来的茶人爱的如醉如痴。

◆ **案例驿站 5.2**

大红袍的由来

一曰：大红袍茶树受过皇封，御赐其名，故当地县丞于每年春季（到来）亲临九龙窠茶崖，将身披红袍脱下盖在茶树上，然后顶礼膜拜，众人高喊"茶发芽"，待红袍揭下后，茶树果然发芽,红艳如染。

　　二曰:相传清朝时候,有一文人赴京赶考,行到九龙窠天心永乐禅寺,突发腹胀,腹痛不已,后经天心寺僧赠送大红袍茶,饮后,顿觉病体痊愈,得以按时赶考,高中状元。为感念此茶治病救命之恩,金科状元亲临茶崖,焚香礼拜,并将身披红袍,脱下盖在茶树上,大红袍遂得此名。

　　三曰:大红袍因春芽萌发的嫩芽呈紫红色,远远望去,茶树红艳,因而得其名,故历史上亦有"奇丹"之称。

　　资料来源:http://baike.baidu.com/view/37254.htm? fr=ala0_1_1,百度百科

9. 安溪铁观音

　　福建安溪是我国古老的茶区,境内生长着不少古老野生茶树,在蓝田、剑斗等地发现的野生茶树树高 7 米,树冠达 3.2 米,据专家考证,已有 1 000 多年的树龄。

　　铁观音是乌龙茶的极品,其品质特征是茶条卷曲、肥壮圆结、沉重匀整、色泽砂绿,整体形状似蜻蜓头、螺旋体、青蛙腿,冲泡后汤色金黄浓艳似琥珀,有天然馥郁的兰花香,滋味醇厚甘鲜,回甘悠久,俗称有"音韵"。铁观音茶香高而持久,可谓"七泡有余香"。

10. 祁门红茶

　　著名红茶精品,简称祁红,产于安徽省祁门、东至、贵池、石台、黟县,以及江西的浮梁一带,茶叶的自然品质以祁门的历口、闪里、平里一带最优。当地的茶树品种高产质优,植于肥沃的红黄土壤中,而且气候温和、雨水充足、日照适度,所以生叶柔嫩且内含水溶性物质丰富,又以 8 月份所采收的品质最佳。

　　祁红外形条索紧细匀整,锋苗秀丽,色泽乌润(俗称"宝光");内质清芳并带有蜜糖香味,上品茶更蕴含着兰花香(号称"祁门香"),馥郁持久;汤色红艳明亮,滋味甘鲜醇厚,叶底(泡过的茶渣)红亮。清饮最能品味祁红的隽永香气,即使添加鲜奶亦不失其香醇。春天饮红茶以它最宜,下午茶、睡前茶也很合适。祁门茶区的江西"浮梁工夫红茶"是"祁红"中的佼佼者,向以"香高、味醇、形美、色艳"四绝驰名于世。"祁门红茶"自诞生以来,一直以其优异的品质和独特的风味蜚声于国际市场,国外赞为"祁门香",被列为世界三大高香茶之首,有"王子茶""茶中英豪""群芳最"之美称。

◆ **本节相关知识链接**

1. http://www.nongli.com,中华农历网

2. http://www.uuchaye.com,悠悠茶叶网

3. http://baike.baidu.com,百度百科

◆ **本节试题与知识训练**

一、填空

1. 茶叶按发酵程度不同可分为_____、_____、_____、_____。

2. _____被称为"茶圣"。

二、判断

1. 绿茶中的代表是洞庭君山银针。　　　　　　　　　　　　　　　　（　　　）

2. 1971年美国前国务卿第一次访华,"六安瓜片"作为国家级礼品馈赠给外国友人。

　　　　　　　　　　　　　　　　　　　　　　　　　　　　　　（　　　）

三、简答

根据所学知识,简要介绍几种名茶。

第三节　中国酒文化

　　酒文化是指酒在生产、销售、消费过程中所产生的物质文化现象和精神文化现象的总称。酒文化包括酒的制法、品法、作用、历史等酒文化现象,其中既有酒自身的物质特征,也有品酒所形成的精神内涵,是制酒饮酒活动过程中形成的特定文化形态。酒文化在中国源远流长,不少文人学士写下了品评鉴赏美酒佳酿的著述,留下了斗酒、写诗、作画、养生、宴会、饯行等酒神佳话。酒作为一种特殊的文化载体,在人类交往中占有独特的地位。酒文化已经渗透到人类社会生活中的各个领域,对文学艺术、医疗卫生、工农业生产、政治经济各方面都有着巨大影响和作用。

一、酒文化的起源和发展

　　酒在我国有着悠久的历史。关于酒的起源,有多种说法。

　　一说是"上天造酒说"。自古以来,中国人的祖先就有酒是天上"酒星"所造的说法。酒旗星的发现,最早见于《周礼》一书中,距今已有近3 000年的历史。《晋书》中有关于酒旗星座的记载:"轩辕右角南三星曰酒旗,酒官之旗也,主宴饮食。"轩辕,中国古称星名,

共 17 颗星,其中 12 颗属狮子星座。酒旗三星,呈"一"形排列。

二说是"猿猴造酒说"。唐人李肇所撰《国史补》一书中,有一段人类如何利用猿猴嗜酒的特点捕捉聪明伶俐的猿猴的记载。猿猴不仅嗜酒,而且还会"造酒",这在中国历史的典籍中都有记载。明代文人李日华在他的著述中记载:"黄山多猿猱,春夏采花果于石洼中,酝酿成酒,香气溢发,闻数百步。"清代文人李调元在他的著述中有"琼州多猿……尝于石岩深处得猿酒,盖猿酒以稻米与百花所造,一百六轧有五六升许,味最辣,然极难得"的记载。昔年,《安徽日报》曾刊登老画家程啸天先生在黄山险峰深谷觅得"猴儿酒"的事情。这些不同时代人的记载,都证明在猿猴的聚居处,常常有类似"酒"的东西发现。由此也可推论酒的起源,当由果发酵开始,因为它比粮谷发酵容易得多。

三说是"仪狄造酒说"。史籍中有多处提到仪狄"作酒而美""始作酒醪"的记载。

四说是"杜康造酒说"。杜康"有饭不尽,委之空桑,郁绪成味,久蓄气芳,本出于代,不由奇方",意思是说,杜康将未吃完的剩饭放置在桑园的树洞里,剩饭在树洞中发酵,有芳香的气味传出。这就是酒的作法,杜康就是酿祖。魏武帝乐府诗曰:"何以解忧,惟有杜康。"自此之后,认为酒就是杜康所创的说法似乎更多了。

约在公元前 2800 年至前 1800 年的龙山文化时期,便出现了自然发酵的果酒。到了商代,利用谷物糖化再酒化的酿酒技术已很普遍,那时用黑黍加香草酘酿成的"秬鬯"是当时的极品,为王室所有,而一般普通的用酒叫"醴"。到了先秦时期,出现了用谷物或其副产品培养出一种能发酵的活性微生物或其酶类的"曲"的直接酿酒法,使我国成为世界上最早用曲酿酒的国家。汉代以后更是发展了制曲技术,曲的种类增多,也就增加了酒的品种。东汉时期又从西域引进了葡萄酒的生产。稍后的魏晋时期,伴随着饮酒风气的盛行,出现了以文人喝酒成风为主要标志的所谓的魏晋风度。到了唐宋,造酒业得到进一步发展,除了粮食酒外,还开始酿造果酒和药酒,并且唐宋两代的文人也是嗜酒成风,李白、杜甫、白居易、杜牧、苏东坡等酒文化名人辈出。元代出现了蒸馏法酿制的烧酒,前人就是从这开始酿造举世闻名的中国白酒的。明清时期,伴随着造酒业的进一步发展,酒度较高的蒸馏白酒迅速普及,从此,中国白酒深入生活,成为人们普遍接受的饮料佳品。

二、酒的分类及特色

酒的分类方法很多,可以从酒的颜色、香气、滋味、甜度、酒精度、种类、酒名、酿酒期、酿造法、陈酿等来识别。根据酿造方法,可分为蒸馏酒、发酵原酒、配制酒。按酒精含量,可分为高度酒、中度酒、低度酒。按风味特点,可分为白酒、黄酒、啤酒、葡萄酒(果酒)及其他配制酒等。

1. 白酒

白酒又名烧酒、白干,是我国传统蒸馏酒。中国白酒以谷物及薯类等富含淀粉的作物为原料,经过发酵蒸馏而成。中国白酒之酒液清澈透明,质地纯净,无混浊,口味芳香浓郁,醇和柔绵,刺激性较强,饮后余香,回味悠久。白酒按香型可分为五种类型:

图 5.8　茅台酒

酱香型白酒:以茅台白酒(图 5.8)为代表,特点是酒质醇厚,酱香浓郁,香气幽雅,绵软回甜,倒入杯中放置较长时间香气不失,饮后空杯留香。

浓香型白酒:以泸州老窖特曲为代表,特点是芳香醇厚,回味悠长,饮后幽香。

清香型白酒:以汾酒(图 5.9)分代表,特点是酒液晶莹透亮,酒气幽雅清香,酒味醇厚绵软,甘润爽口。

米香型白酒:以桂林三花酒为代表,这类酒主要以大米为原料发酵成的小曲酒,特点是酒气蜜香清柔,幽雅纯净,回味怡畅。

其他香型白酒:因具体酒种不同,又细分为几种小香型:如药香型白酒,以董酒为代表;芝麻香型白酒,以景芝白干为代表;豉香型白酒,以豉味玉冰烧为代表。

2. 黄酒

黄酒也称为米酒,是我国最古老的一种饮料酒,因其多数品种都有黄色或黄中带红的色泽,故称为黄酒。它以大米等谷物为原料,经过蒸煮、糖化和发酵、压滤而成的。其中,以浙江绍兴黄酒为代表的麦曲稻米酒是黄酒历史悠久、最有代表性的产品。它是一种以稻米为原料酿制成的粮食酒。不同于白酒,黄酒没有经过蒸馏,酒精含量低于 20%。不同种类的黄酒颜色亦呈现出不同的米色、黄褐色或红棕色。山东即墨老酒是北方粟米黄酒的典型代表,福建龙岩沉缸酒、福建老酒是红曲稻米黄酒的典型代表。

中国黄酒以绍兴黄酒为最,天下尽知。但是"**房县庐陵王黄酒**"(房县位于鄂西北神农架大山深处)却比绍兴黄酒还早 400 年,至今盛产不衰。因其在酿造工艺上的考究及质量的绝佳被业界誉为黄酒中的极品,被称为黄酒中的宝马。

◆ **案例驿站 5.3**

"庐陵王"典故(大唐宫廷酒 千年庐陵王)

庐陵王,武则天之子——唐中宗李显。唐嗣圣元年(公元 684 年),唐中宗李显被贬为庐陵王,左迁房州(今湖北房县)。在房十三年,李显嗜酒,人称"品酒郎君"。庐陵王入房时,随行 700 余人中带有宫廷酿酒工匠,利用世界著名的清峰大断裂带天然神农架矿泉水,特选当地稻米(糯米)酿制出醇香的黄酒佳品。李显复位后,特封此酒为"皇封御酒",故房县黄酒又称"皇酒"。后来此酿酒工艺流传到民间,至今千年有余。房县黄酒属北方半甜型,色玉白或微黄,酸甜可口。黄酒在当地人一年四季常备不缺,婚丧嫁娶必不可少。

资料来源:http://baike.baidu.com/view/27587.htm? fr=ala0_1_1,百度百科

3.葡萄酒

葡萄酒是用新鲜的葡萄或葡萄汁经发酵酿成的酒精饮料。按酒的色泽,葡萄酒分为红葡萄酒、白葡萄酒、桃红葡萄酒三大类,但在市场上很难看到桃红葡萄酒。根据葡萄酒的含糖量,分为干红葡萄酒、半干红葡萄酒、半甜红葡萄酒和甜红葡萄酒。按酒的二氧化碳的压力来分,葡萄酒包括无气葡萄酒、起泡葡萄酒、强化酒精葡萄酒、葡萄汽酒和加料葡萄酒。

葡萄酒以山东烟台葡萄酒、河南民权葡萄酒、河北沙城葡萄酒、吉林长白山葡萄酒、通化葡萄酒等最为著名。

4.啤酒

啤酒是在 20 世纪初传入我国,属外来酒种。啤酒以大麦芽、酒花、水为主要原料,经酵母发酵作用酿制而成的饱含二氧化碳的低酒精度酒。现在国际上的啤酒大部分均添加辅助原料。根据所采用的酵母和工艺,国际上啤酒分下面发酵啤酒和上面发酵啤酒两大类。目前,青岛啤酒、燕京啤酒、沈阳啤酒、上海啤酒、杭州中华啤酒、安徽宣城的古泉啤酒等较为有名。

三、节日饮酒习俗

中国人一年中的几个重大节日,都有相应的饮酒活动,如端午节饮"菖蒲酒",重阳节饮"菊花酒",除夕夜的"年酒"。在一些地方如江西民间,春季插完禾苗后要欢聚饮酒,庆贺丰收时更要饮酒,酒席散尽之时,往往是"家家扶得醉人归"。

1.春节

俗称过年。汉武帝时规定正月初一为元旦;辛亥革命后,正月初一改称为春节。春

节期间要饮用屠苏酒、椒花酒（椒柏酒），寓意"吉祥、康宁、长寿"。

"屠苏"原是草庵之名。相传古时有一人住在屠苏庵中，每年除夕夜里，他给邻里一包药，让人们将药放在水中浸泡，到元旦时再用这井水对酒，合家欢饮，使全家人一年中都不会染上瘟疫。后人便将这草庵之名作为酒名。饮屠苏酒始于东汉。明代李时珍的《本草纲目》中有这样的记载："屠苏酒，陈延之《小品方》云，'此华佗方也'。元旦饮之，辟疫疠一切不正之气。"饮用方法也颇讲究，由"幼及长"。

"椒花酒"是用椒花浸泡制成的酒，它的饮用方法与屠苏酒一样。梁宗懔在《荆楚岁时记》中有这样的记载："俗有岁首用椒酒，椒花芬香，故采花以贡樽。正月饮酒，先小者，以小者得岁，先酒贺之。老者失岁，故后与酒。"宋代王安石在《元旦》一诗中写道："爆竹声中一岁除，春风送暖入屠苏。千门万户瞳瞳日，总把新桃换旧符。"北周庾信在诗中写道："正朝辟恶酒，新年长命杯。柏吐随铭主，椒花逐颂来。"

2.灯节

又称元宵节、上元节。这个节日始于唐代，因为时间在农历正月十五，是三官大帝的生日，所以过去人们都向天宫祈福，必用五牲、果品、酒供祭。祭礼后，撤供，家人团聚畅饮一番，以祝贺新春佳节结束。晚上观灯、看烟火、食元宵（汤圆）。

3.清明节

时间约在阳历 4 月 5 日前后。人们一般将寒食节与清明节合为一个节日，有扫墓、踏青的习俗。清明节始于春秋时期的晋国。这个节日饮酒不受限制。据唐代段成式著的《酉阳杂俎》记载：在唐朝时，于清明节宫中设宴饮酒之后，宪宗李纯又赐给宰相李绛醅酒。清明节饮酒有两种原因：一是寒食节期间，不能生火吃热食，只能吃凉食，饮酒可以增加热量；二是借酒来平缓或暂时麻醉人们哀悼亲人的心情。古人对清明饮酒赋诗较多，唐代白居易在诗中写道："何处难忘酒，朱门美少年，春分花发后，寒食月明前。"杜牧在《清明》一诗中写道："清明时节雨纷纷，路上行人欲断魂；借问酒家何处有，牧童遥指杏花村。"

4.端午节

又称端阳节、重午节、端五节、重五节、女儿节、天中节、地腊节。时在农历五月五日，大约形成于春秋战国之际。人们为了辟邪、除恶、解毒，有饮菖蒲酒、雄黄酒的习俗，同时还有为了壮阳增寿而饮蟾蜍酒和镇静安眠而饮夜合欢花酒的习俗。最为普遍及流传最广的是饮菖蒲酒。据文献记载：唐代光启年间（885—888 年），即有饮"菖蒲酒"事例。后逐渐在民间广泛流传。历代文献都有所记载。菖蒲酒是我国传统的时令饮料，而且历代帝王也将它列为御膳时令香醪。明代刘若愚在《明宫史》中记载："初五日午时，饮朱砂、雄黄、菖蒲酒、吃粽子。"由于雄黄有毒,现在人们不再用雄黄兑制酒饮用了。对饮蟾蜍酒、夜合欢花酒,在《女红余志》、清代南沙三余氏撰的《南明野史》中有所记载。

5. 中秋节

又称仲秋节、团圆节,时在农历八月十五日。在这个节日里,无论家人团聚,还是挚友相会,人们都离不开赏月饮酒。文献诗词中对中秋节饮酒的反映比较多。《说林》记载:"八月黍成,可为酎酒。"五代王仁裕著的《天宝遗事》记载:唐玄宗在宫中举行中秋夜文酒宴,并熄灭灯烛,月下进行"月饮"。韩愈在诗中写道:"一年明月今宵多,人生由命非由他,有酒不饮奈明何?"到了清代,中秋节以饮桂花酒为习俗。据清代潘荣陛著的《帝京岁时记胜》记载,八月中秋,"时品"饮"桂花东酒"。

我国用桂花酿制露酒已有悠久历史,2300年前的战国时期,已酿有"桂酒",在《楚辞》中有"奠桂酒兮椒浆"的记载。汉代郭宪的《别国洞冥记》也有"桂醪"及"黄桂之酒"的记载。唐代酿桂酒较为流行,有些文人也善酿此酒,宋代叶梦得在《避暑录话》有"刘禹锡传信方有桂浆法,善造者暑月极美、凡酒用药,未有不夺其味、沉桂之烈,楚人所谓桂酒椒浆者,要知其为美酒"的记载。金代,北京在酿制"百花露名酒"中就酿制有桂花酒。清代酿有"桂花东酒",为京师传统节令酒,也是宫廷御酒。对此在文献中有"于八月桂花飘香时节,精选待放之花朵,酿成酒,入坛密封三年,始成佳酿,酒香甜醇厚,有开胃,怡神之功……"的记载。直至今日,也还有在中秋节饮桂花陈酒的习俗。

6. 重阳节

又称重九节、茱萸节,时在农历九月初九日,有登高饮酒的习俗。始于汉朝。宋代高承著的《事物纪原》记载:"菊酒,《西京杂记》曰:'戚夫人待儿贾佩兰,后出为段儒妻,说在宫内时,九月九日佩茱萸,食蓬饵,饮菊花酒,云令人长寿'。登高,《续齐谐记》曰:'汉桓景随费长房游学'。谓曰:'九月九日,汝家当有灾厄,急令家人作绢囊,盛茱萸,悬臂登高山,饮菊花酒,祸乃可消'。景率家人登,夕还,鸡犬皆死。房曰,'此可以代人'。"自此以后,历代人们逢重九就要登高、赏菊、饮酒,延续至今不衰。明代医学家李时珍在《本草纲目》一书中,对常饮菊花酒可"治头风,明耳目,去痿,消百病","令人好颜色不老","令头不白","轻身耐老延年"等。因而古人在食其根、茎、叶、花的同时,还用来酿制菊花酒。除饮菊花酒外,有的还饮用茱萸酒、茱菊酒、黄花酒、薏苡酒、桑落酒、桂酒等酒品。历史上酿制菊花酒的方法不尽相同。晋代是"采菊花茎叶,杂秫米酿酒,至次年九月始熟,用之",明代是用"甘菊花煎汁,同曲、米酿酒。或加地黄、当归、枸杞诸药亦佳"。清代则是用白酒浸渍药材,而后采用蒸馏提取的方法酿制。因此,从清代开始,所酿制的菊花酒,就称之为"菊花白酒"。

1. http://www.china.com.cn,中国网

2. http://baike.baidu.com,百度百科－酒文化

◆ 本节试题与知识训练

一、填空

1. 酒根据酿造方法可分为_____、_____、_____。

2. 中国最古老的饮料酒是_____。

二、判断

1. 按葡萄酒的色泽,葡萄酒分为红葡萄酒、白葡萄酒、桃红葡萄酒三大类。　（　　）

2. 我国的白酒有若干不同的香型,其中主要的香型包括窖香型、清香型、米香型。

（　　）

三、简答

简要介绍一下端午节的饮酒习俗。

第四节　西方饮食文化

西方饮食是我国人民和其他部分东方国家和地区的人民对西方国家菜点的统称。我们所说的"西方"习惯上是指欧洲国家和地区,以及由这些国家和地区为主要移民的北美洲、南美洲和大洋洲的广大区域,因此西方饮食文化主要指代的便是以上区域的饮食文化。西方饮食传入我国已有100多年的历史,近年来随着旅游业的发展和国内人民生活水平的提高,西菜、西点有了很大的发展,它的影响力正在不断加深。

一、西方饮食文化的特点

不同的民族和国家存在着各具特色的饮食文化,它的丰富性和多样性也正是不同民族创造性的体现。由于历史、地域特征、气候环境、风俗习惯等因素的影响,中西饮食在观念、礼仪、内容等方面存在很大差异。下面简要介绍一下西方饮食文化的特点。

1. 实(食)用的饮食观

在英、美等西方国家,饮食仅仅作为一种生存的必要手段和交际方式。美国心理学家马斯洛在著名的需求定律中将人的需求由低级到高级划分为五个层次,饮食则被划分在第一层,即作为人类的最低级的需求,在此之上还有安全需求、情感需求、尊重需求及

自我实现需求。林语堂先生曾说:"西方人的饮食观念不同于中国,英美人仅以'吃'为对一个生物的机器注入燃料,保证其正常的运行,只要他们吃了以后能保持身体健康、结实,足以抵御病菌、疾病的攻击,其他皆在不足道中。"由此可见,"吃"在他们的心目中只是起到了一种维持生命的作用。就交际手段而言,"吃"虽然重要,但是从文化的意义上看,在西方国家只是停留在简单的交流、交际的层面上,并没有像在中国那样被赋予更多、更为重要的"使命",更谈不上是"众礼之源"。

2. 简单、随意的宴会形式

与中国讲排场、内容丰盛的宴会不同,在西方,盛大的西餐宴席通常安排六道菜,而且其中只有两道菜算得上是菜,其余不过是陪衬。平时宴请,饭菜更为简单。在美国,有时朋友聚餐会采取大家作贡献的手法,称之为"Potluck",即每人各带一样菜,让大家共享。还有一种聚会,称之"Party",主人只提供饮料、酒和一些简单的食物,如奶酪、炸薯条、三明治等,并不提供饭菜。可见,他们将吃饭看成是聚会和交流的机会,是重温旧谊和结交新人的机会,也是获得信息的场所,吃的东西固然必不可少,但并不是最重要的,更不需要摆阔气、讲排场。正是受这一观念的影响,西方的宴会并不重吃,而重宴会形式的自由化、多样化,主人要千方百计地创造出一种轻松、和谐、欢快的气氛,让客人们享受一段自由自在的美好时光。

3. 讲营养、重均衡

对比注重"味"的中国饮食,西方人却很重视饮食的营养价值,力求口味清淡和膳食的均衡。西式早餐往往是一个鸡蛋、一杯牛奶、几片面包再加上一根香肠,热量非常充足;午餐往往是自助快餐,即使是最讲究的晚餐也不外乎是面包、薯条、香肠、牛排、炸鸡、奶酪等,也很简单,但营养十分丰富。这正是由于受到"食用主义"思想的影响。西方人在摄取食物时基本上从营养学的角度来理解饮食的,饮食只是一种手段,所以态度也就较为随便,吃得也较为简单,在饮食中享受基本上不占重要位置,故而不会过分地追求口味。

◆ **案例驿站 5.4**

西方人赴宴的礼仪

无论您是出国旅游还是出差,如果有人邀请您参加正式宴会,那么您需要了解一些西方社交场所的基本礼仪。

到达:最好按时到达,迟到四五分钟也行,但千万不能迟到一刻钟以上,否则到时为难的不是别人,而是你自己。如果去的是富裕而讲究的人家,你进大门时遇到的第一个人可能是个男当差,负责帮你挂衣服或者是给你带路的,所以你先别急着跟他握手,观察一下再决定。

准备:进了客厅,你不要着急找位子坐。西方人在这种场合一般都要各处周旋,待主人为自己介绍其他客人。你可以从侍者送来的酒和其他饮料里面选一杯合适的边喝边和其他人聊天。等到饭厅的门打开了,男主人和女主宾会带着大家走进饭厅,女主人和男主宾应该走在最后,但如果男主宾是某位大人物,女主人和他也许会走在最前面。

入席:西餐入席的规矩十分讲究,席位一般早已安排好,这时,和你同来的先生或女士绝不会被安排坐在你身边。欧美人认为熟人聊天的机会多得很,要趁此机会多交朋友。男女主人分别坐在长方形桌子的上、下方,女主人的右边是男主宾,男主人的右边是女主宾。其他客人的座次是男女相间。男士在入席之前要帮右边的女士拉开椅子,待女士坐稳后自己再入座。

大家落座之后,主人拿餐巾,你就跟着拿餐巾。记住:不管这时出现什么情况(如主人有饭前祷告的习惯),主人没拿餐巾之前你不能拿餐巾。

用餐:一般的菜谱是三至五道菜,前三道菜应该是冷盘、汤、鱼,后两道菜是主菜(肉或海鲜加蔬菜)、甜品或水果,最后是咖啡及小点心。吃饭的时候不要把全部的精力都放在胃的享受上,要多和左右的人交谈。甜品用完之后,如果咖啡没有出现,那可能是等会儿请你去客厅喝。总之,看到女主人把餐巾放在桌子上站起来后,你就可以放下餐巾离开座位。这时,懂礼貌的男士又要站起帮女士拉开椅子,受照顾的女士不必对这一前一后的殷勤有特别的想法,这是他应该的。

告别:如果你不想太引人注目,你最好不要第一个告辞,也不要最后一个离开,在这期间你什么时候告辞都可以,只是一旦告辞就应该爽快地离开。

资料来源:http://www.51edu.com/chuguo/2008/0927/article_11803.html,留学常识,精品学习网

二、西方馔肴的风味流派

西餐大致可分为法式、英式、意式、俄式、美式等几种流派,不同国家的人有着不同的饮食习惯。有种说法非常形象,说"法国人是夸奖着厨师的技艺吃,英国人注意着礼节吃,德国人考虑着营养吃,意大利人痛痛快快地吃……"现在,我们就来看看不同西餐的主要特点。

1. 西菜之首——法式大餐

法国人一向以善于吃并精于吃而闻名,法式大餐至今仍名列世界西菜之首。法式菜

肴的特点是:选料广泛,用料新鲜,滋味鲜美,讲究色香味形的配合,花式品种繁多,重用牛肉、蔬菜、禽类、海鲜和水果,特别是蜗牛、黑菌、蘑菇、芦笋、洋百合和龙虾。法国菜肴烧得比较生,调味喜用酒,菜和酒的搭配有严格规定,如清汤用葡萄酒,火鸡用香槟。法国人十分喜爱吃奶酪、水果和各种新鲜蔬菜。法国菜的上菜顺序是,第一道冷盆菜,一般是沙丁鱼、火腿、奶酪、鹅肝酱和色拉等,其次为汤、鱼,再次为禽类、蛋类、肉类、蔬菜,然后为甜点和馅饼,最后为水果和咖啡。比较有名的法国菜是鹅肝酱、牡蛎杯、焗蜗牛(图5.10)、马令古鸡、麦西尼鸡、洋葱汤、沙朗牛排、马赛鱼羹等。

2. 简洁与礼仪并重——英式西餐

英式西餐有家庭美肴之称。英式菜肴的特点是:选料局限,英国人不讲究吃海鲜,比较偏爱牛肉、羊肉、禽类等;口味清淡,简单而有效地使用优质原料,并尽可能保持其原有的质地和风味;烹调简单,富有特色,常用的烹调方法有煮、烩、烤、煎、蒸等。英式菜肴的代表菜有熏鱼、松饼(图5.11)、松脆煎饼、圣诞节布丁、糖浆馅饼、苹果布丁、黑梅蛋糕、酥饼、藏红花小圆面包、带骨腿肉烤的土豆、英格兰北部美味土豆饼、羊肚杂碎布丁、都柏林大虾、牛津橘皮果酱、斯蒂尔顿乳酪、温斯莱台尔乳酪、考克斯橘苹果、英国乡村面包、羊油布丁等。

图 5.10 焗蜗牛

图 5.11 松饼

3. 西餐之母——意式菜

意大利民族是一个美食家的民族,意大利人在饮食方面有着悠久历史,如同他们的艺术、时装和汽车,也总是喜欢精心制作菜肴。就西餐烹饪技艺来讲,意大利人可以与法国人、英国人媲美。意式菜肴的特点是:菜肴注重原汁原味,讲究火候的运用,烹调方法以炒、煎、烤、红烩、红焖等居多;巧妙利用食材的自然风味,烹制美馔;以米面做菜,花样繁多,口味丰富;区域差异,造就地方美食。由于南北气候风土差异,意大利菜有四大菜系:北意菜系、中意菜系、南意菜系和小岛菜系。品味意大利餐极为讲究,一般先吃头盘,如汤或面食、利梭多饭、玉米糕、比萨饼。主菜包括海鲜盘和肉盘。然后是色拉、甜品或奶酪。意大利的甜品花样繁多，包括糕饼、雪糕和酒香水果等，比较出名的有意式芝士饼、西西里三色雪糕、提拉米苏等。在享用甜品之后，侍应生会推上芝士车。芝士在意大利是十分普遍的食物，种类大概有 400 种，可以入菜或者伴红酒进食。常见的意大利芝士有宝百士(BeiPaese)、芳天娜芝士(Fonfina)、布旺伦芝士(Provolone)等。用餐后，可以喝一杯浓缩咖啡(espresso)，或者泡沫咖啡帮助消化，最好伴一点杏仁曲奇。意大利菜分量比较大，为了避免浪费，每道菜肴选一款即可。意大利人的口味一般喜肥浓、爱辣、甜酸味，注重菜品的浓、香、烂，讲究菜肴与酒的搭配。意式菜肴的名菜有通心粉素菜汤、焗馄饨、奶酪焗通心粉、肉末通心粉、红炖白豆牛肚、比萨(见图 5.12)等。

4.营养快捷——美式菜肴

美国菜是在英国菜的基础上发展起来的，继承了英式菜简单、清淡的特点，口味咸中带甜。美国菜的主要特点有：水果入菜相当普遍；口味趋向清淡、生鲜；烹调方法以煮、蒸、烤、铁扒为主。美国人对饮食要求并不高，只要营养、快捷即可。美式菜肴的名菜有烤火鸡(图 5.13)、橘子烧野鸭、美式牛扒、苹果沙拉、苹果黄瓜沙拉、华道夫沙拉、美式螃蟹杯、美式煮鱼、姜汁橘酱鱼片等。

图 5.12　比萨

图 5.13　烤火鸡

5.西菜经典——俄式大餐

俄罗斯饮食文化更多地接受了欧洲大陆的影响，呈现出欧洲大陆饮食文化的基本特征，但由于特殊的地理环境、人文环境以及独特的历史发展进程，也造就了独具特色的俄罗斯饮食文化。俄式菜肴特点为选料广泛、讲究制作、加工精细、因料施技、讲究色泽、味道多样、适应性强、油大、味重。俄罗斯人喜欢酸、甜、辣、咸的菜，因此，在烹调中多用酸奶油、奶渣、柠檬、辣椒、酸黄瓜、洋葱、白塔油、小茴香、香叶作调味料。俄国人喜食热食，爱吃鱼肉、肉末、鸡蛋和蔬菜制成的小包子和肉饼等，各式小吃颇有盛名。俄罗斯冷菜丰富多样,包括沙拉、杂拌凉菜、肉、禽冷盘、鱼冷盘、鱼冻、肉冻、鸡蛋冷盘,青菜酱、鱼泥、肉泥及各种加味黄油。俄式菜肴在西餐中影响较大,一些地处寒带的北欧国家和中欧南斯拉夫民族的人们日常生活习惯与俄罗斯人相似,大多喜欢腌制的各种鱼肉、熏肉、香肠、火腿以及酸菜、酸黄瓜等。俄式菜肴的名菜有什锦冷盘、鱼子酱(图 5.14)、酸黄瓜汤、冷苹果汤、鱼肉包子、黄油鸡卷等。

6.啤酒、自助——德式菜肴

德国人对饮食并不讲究,喜吃水果、奶酪、香肠、酸菜、土豆等,不求浮华只求实惠营养。德国人最先发明了自助快餐,菜品主要有以下特点:肉制品丰富;食用生鲜菜肴;口味以酸咸为主;用啤酒制作菜肴。德国人喜喝啤酒(图 5.15),每年的慕尼黑啤酒节大约要消耗掉 100 万公升啤酒,一些菜肴也常用啤酒调味。

图 5.14　鱼子酱

图 5.15　黑啤

◆ 本节相关知识链接

1. http://www.meishichina.com,美食天下

2. http://baike.baidu.com,百度百科－西餐

◆ 本节试题与知识训练

一、填空

1._____被称为"西餐之母"。

2._____菜肴特点为:选料广泛、讲究制作、加工精细、因料施技、讲究色泽、味道多样、适应性强、油大、味重。

二、简答

简要介绍一下西方饮食文化的主要特点。

◆ 本章小结

1. **本章结语**

中国饮食文化博大精深，源远流长。中国饮食文化既是一种养生文化，也是一种艺术。传统饮食礼仪体现了礼仪之邦的风范。西方饮食文化内容丰富多彩，对我国的影响力正在不断加深。

2. **本章知识结构图**

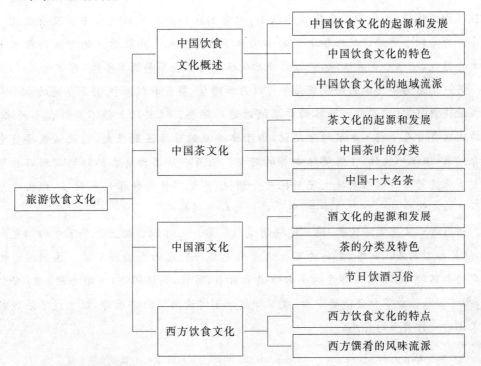

3. **本章核心概念**

饮食文化　茶文化　酒文化　西方饮食文化

◆ 实训练习

以小组为单位，考察所在地饮食文化的特色。

◆ 延伸阅读

历史悠久的法国咖啡文化

提起法国的波尔多市,人们可能会更多地联想到享誉世界的波尔多葡萄酒。但事实上,世界贸易中的大宗商品——咖啡,多年来也和波尔多市息息相关。

欧洲的第一家咖啡屋是在 17 世纪中期出现的。随着咖啡贸易的发展,法国的两个港口——勒阿佛和波尔多逐渐成为进口咖啡豆的贸易中心。在 300 多年的时间里,咖啡在波尔多留下的已经不仅仅是遗产了。

咖啡豆呈绿色,所以也被称作"绿咖啡"。绿咖啡经过焙烧后才成为人们常见的褐色咖啡豆。焙烧后的咖啡豆经粉碎,再用沸水冲泡或煮,才成为香浓美味的咖啡。波尔多有很多咖啡焙烧店,尽管这些店铺都很小,但它们在与大公司的竞争中并没有败北。有一个名为马歇尔的焙烧店每年加工的咖啡豆多达 125 吨。马歇尔店的老板马歇尔·格里斯介绍说,绿咖啡芳香四溢,经过焙烧后的味道甚至和葡萄酒有些像,非常诱人。

另一家名为萨博瑞的焙烧店每年可以为咖啡屋、餐厅和饭店提供 200 吨的咖啡。为了经营得更好,他们需按照顾客的要求随时进行调整。这实际上并不是件容易的工作。萨博瑞店负责人亨利·戴尔斯介绍说,由于咖啡豆的货源区别很大,因此必须要将它们混合起来,保证一致性,才能确保咖啡的质量。还有一家名为莫吉的焙烧店则以独到的波尔多味道著称。该店老板克里斯托夫介绍说,尽管零售的顾客越来越多,但由于经济不景气以及国内外大公司的冲击,他们的经营一直很艰苦。

法国咖啡文化源远流长,绝非吃喝消遣般简单。一杯咖啡配上一个下午的阳光和时间,这是典型的法式咖啡,重要的不是味道而是那种散淡的态度和做派。法国人喝咖啡讲究的是环境和情调,在路边的小咖啡桌旁看书,写作,高谈阔论,消磨光阴。20 世纪以来,咖啡馆往往成了社会活动中心,成了知识分子辩论问题的俱乐部,以至成了法国社会和文化的一种典型的标志。

资料来源:http://www.agri.gov.cn/xfpd/yswh/t20080328_1004486.htm,中国农业信息网

第 六 章

旅游文学艺术文化

学习目标

知识要点:了解旅游文学的产生和发展、绘画艺术的历史渊源;理解绘画与旅游的关系、书法对于旅游的影响;掌握中国旅游文学的特征、不同历史时期的书法艺术特点。

技能训练:将班级成员分成人数相当的小组,以特定的旅游文学、绘画、书法作品为对象,分析讨论其存在的年代、所属的类型及自身的特点。

能力拓展:以自选代表性绘画、书法作品为对象进行实地或实物考察,分析它们的文化内涵,同时分析它们的存在对旅游产生的影响。

引 例

打造书香榆林 弘扬陕北文化

——2009 榆林旅游文化艺术节圆满成功

"项目有新意、活动有特色、届届有亮点、逐届有提高。"在 2006 年开始连续举办三届旅游文化艺术节的基础上,今年,榆林市又举办了第四届旅游文化艺术节。本届旅游文化艺术节在榆林市委、市政府的正确领导和各部门的鼎力支持下,按照"政府主导、市场运作、产业发展"的思路成功举办,进一步挖掘了陕北文化资源,为打造"书香榆林"、加快西部文化城市建设、全面展示榆林市改革开放所取得的巨大成就搭建了新的平台,产生了良好的社会效果。

案例引发的问题:旅游文化艺术对旅游业的发展有什么作用?

资料来源:http://www.sxdaily.com.cn/data/wwxwdd/20091217_9908336_1.htm,陕西日报,旅游频道

旅游文学艺术是旅游文化的精华。随着人们对精神生活需求层次的提高,旅游者越来越不满足于山水景观的浅层观赏,而是追求从文化的高品位上去获得一种审美愉悦,去探求认识生活、美化心灵的真正价值,这其中包括从旅游文学艺术中寻求并且感悟我们民族的文化底蕴和厚重美感。

第一节　旅游文学

一、旅游文学的产生和发展

从古至今,旅游与文学结下了不解之缘。旅游文学是以旅游生活为对象,反映旅游者在整个旅游过程中的思想、情感和审美情趣的文学。我国的旅游文学源远流长。

先秦时期是旅游文学的萌芽期。诗歌是旅游文学最初的表现形式。我国第一部诗歌总集《诗经》中就有描写旅行和山水的诗句,如《诗经·溱洧》就是一首较完整的旅游诗,该诗描写了一对青年男女游历的过程,展示了当时的旅游风俗和欢快的游乐场景。伟大的爱国诗人屈原是旅游文学的先驱,他的《涉江》一诗是一篇比较完整的纪实作品。

两汉魏晋南北朝是旅游文学的发展期。在汉代,除了旅游诗外,出现了纪游赋和纪游文。赋是两汉旅游文学最引人注目的题材,其主要特点是铺陈事物,赋的产生及内容大多都与旅游有关。汉赋作家不仅有着丰富经历,而且怀着强烈的旅游审美观念,代表作家是司马相如,他的《子虚赋》、《上林赋》就是这方面的代表作。两汉的旅游散文传世不多,有一篇却不可不读,即马第伯的《封禅仪记》,它被誉为中国游记文学的始祖。

魏晋南北朝时期,是旅游文学真正崛起的时期,在此期间,我国的山水诗与游记散文都得到了很大的发展,游记作品正式产生,涌现了一大批"模山范水"的作家,其中山水诗人以曹操、曹植、陶渊明、谢灵运、鲍照等为代表,散文家则以陶弘景、吴均、郦道元等为代表。这一时期,由于士人游历活动的增多,旅游文学进入了第一个丰收的季节。早期的旅游文学主要是山水文学,其中谢灵运的山水诗和吴均的山水小品最有成就。谢灵运是南朝的文坛领袖,又是当时的大旅行家,在宦海沉浮中寄情山水,多有佳作问世。作为我国第一位以描写山水为主的诗人,谢灵运打破了南朝玄言诗的传统,给当时文坛带来了一股清新的空气。谢著《谢康乐集》,后人评之甚高,所谓"自骚人以来,多历年代,虽文体稍精,而此必未见"。谢灵运的成功,同时也表明文人对山水美的欣赏达到了一个新的美学高度。吴均登上文坛后,山水诗渐渐让位于山水小品,吴即因善写山水小品为世人所瞩目。吴氏的《与朱元思书》,是六朝山水小品的代表作。此文仅用了140余字,就将一幅生动逼真的山水画卷展现在读者眼前，风格清新，意境高远，阅之令人忘俗。

唐宋两代，是旅游文学的繁荣期。进入唐代，特别是盛唐，随着社会安定，经济空前繁荣，隐逸、漫游成为时代之风，从而形成了山水旅游诗名家名篇迭出的繁荣局面。旅游文学的题材日益广泛，写作技巧也更加成熟，出现了以孟浩然、王维为代表的田园山水诗派和以岑参、高适为代表的边塞诗派。李白和杜甫是唐代最伟大的诗人，也是文人漫游的杰出代表。李白似乎是天生的旅行家，足迹遍及天下名山大川。他的《望庐山瀑布》《蜀道难》《登金陵凤凰台》《望天门山》等都是传古的不朽之作。杜甫也是写景大家，他对景物的观察细致入微。他的诗作中，有"感时花溅泪，恨别鸟惊心"的匠心独具，有"窗含西岭千秋雪，门泊东吴万里船"的意境悠长。

唐代旅游文学在游记散文方面同样取得了巨大丰收。柳宗元是划时代的人物，他在永州的旅行日记是脍炙人口的山水名篇，其《永州八记》更被后世奉为山水小品的经典。柳宗元把对人生际遇的感悟寄托文中，使他的散文小品充满了淡泊沉静之美。从此，山水散文开始大行于天下。

宋代诗歌也有许多写景佳作，反映社会生活与山川风物的面也较广。写景状物尤富传神风致，闻名遐迩之作有北宋欧阳修的《丰乐亭游春三首》、王安石的《书湖阴先生壁二首》、苏轼的《游金山寺》、黄庭坚的《笑出净慈寺送林子方》、文天祥的《扬子江》等。宋人尚理，影响到宋人的游记散文。诗人们到山水中求理趣，形成议论化倾向。陆游创新体式，以日记体著游记《入蜀记》，启迪了300多年后的徐宏祖。宋代是词流行的时代，文人以词记游写景，较之于宋诗，别具一种隽永的韵味。苏轼的《念奴娇·赤壁怀古》、欧阳修的《采桑子》、柳永的《望海潮》都是传世佳作。

在元代旅游文学中，除了诗文以外还有不少散曲作品，这些散曲在写景抒怀方面都有自己的特色，如关汉卿的《南吕·一枝花·杭州景》、张养浩的《山坡羊·潼关怀古》、徐再思的《中吕·朝天子·西湖》、周德清的《塞鸿秋·浔阳即景》。以《天净沙·秋思》闻名的散曲作家马致远的一些写景之作更是形象鲜明，语言简练流畅，很有特色。

明清时期，旅游文学在继承前代遗产的基础上有新的发展，各体兼备，异彩纷呈。徐宏祖是明代著名的地理学家、大旅行家，也是著名的散文作家。他以毕生精力进行旅游和地理考察，涉奇历险，追根究底，并以日记的形式记下每天的地理、人文见闻，写了《徐霞客游记》一书，在中国文化史上占有重要地位。《徐霞客游记》把自然科学和文学艺术和谐地融为一体，篇幅巨大，内容丰富，文字清新奇丽，被后人誉为"世间真文字、大文字、奇文字"。明末时期，山水游记小品大放异彩，卓然成家者众，尤以袁宏道和张岱成绩最为突出。袁宏道作为公安派主将，主张"独抒性灵，不拘格套"，形成自由抒写、个性鲜明、自然清新的新风格。张岱集众家之长,写景抒情、叙事论理,浑然一体。明中叶以后,随着商品经济的发展和城镇的兴起,市民阶层力量的增长,带来了旅游观念的新变化,人们在旅游中着意于现实的享受。这些,都在袁宏道、张岱等晚明文人游记小品里得到生动的体现。

清代是中国古代旅游文学大发展的时期,多样的思潮、多彩的旅游生活在作品中得到了反映,涌现了大批艺术精品,它们各展其长,各具风格。写作大型组诗,是清代诗人的新尝试,如钱谦益的黄山游诗,姚燮的四明、普陀游诗,刘光第的峨眉游诗,都是数十首为一组描绘祖国美好河山的杰作。叶燮、袁枚、姚鼐等著名作家,都酷爱旅游,游踪所至,皆发而为诗文。桐城派古文讲求义理、考据、文章三者合而为一,这股风气也波及游记散文的写作。风景名胜楹联的繁盛也为这一时期的旅游文学增光添彩。中国现今旅游景点中的楹联大多题刻于这个阶段。风景名胜楹联是人们写景抒怀、交流情感的一种特殊的文学形式。运用楹联增润景点的名声风采,也是中国旅游文化史的特色之一。

◆ 案例驿站 6.1

武汉黄鹤楼楹联赏析

"一支笔挺起江汉间,到最上头放开肚皮,直吞得八百里洞庭,九百里云梦;

千年事幻在沧桑里,是真才人自有眼界,哪管他去早了黄鹤,来迟了青莲。"

上联开篇语出惊人,以笔喻楼,出神入化,既形象地状出黄鹤楼的外貌,又恰好暗含该楼与崔颢、李白结下不解的文字之缘,别具双关之妙。下联用崔颢《黄鹤楼》"昔人已乘黄鹤去"诗句及李白叹服崔颢诗而搁笔不写的典故。纵观全联,文气狂放不羁,构思新奇不俗,将黄鹤楼的豪迈气势及作者目空一切的风骨,刻画得活灵活现。

资料来源:沈祖祥.旅游与中国文化[M].北京:旅游教育出版社,2002年9月.

二、中国旅游文学的特征

1.真实性

旅游文学作品在特定的环境、特定的时间描画山水景物,记述旅途的自然现象与社会现实,不容虚构,无须矫饰。从这个意义来讲,离开实际旅游的文学,不论其思想性有多高,艺术性有多美,都不能算作是旅游文学。唐代边塞诗人高适曾两次出使西域,写下了很多边塞诗,如《别董大》:"千里黄云白日曛,北风吹雁雪纷纷。莫愁前路无知己,天下谁人不识君。"前两句写景,大野苍茫、落日黄云是边塞独有的奇景,后两句表现离情,慰藉即将远行的游子,悲壮中充满豪气。只有在真实事物和情感基础之上,诗人才能把边塞风光和离别之情描绘得如此淋漓尽致。这就是旅游文学的真实性,也是它的艺术性,是旅游文学的艺术生命。

2. 意境的审美性

"意境"是古代传统艺术门类都离不开的一个表现范畴,也是中国古典美学的一个重要范畴。文学作品之美来源其意境之美,作者在创作时总是注重主观"意"和客观"境"的有机融合,从而创作出饱含作者主观感情的理想景观,给读者各种美的享受。文学作品的意境美主要表现在文学实境与虚境的统一上。"虚实相生"是中国古典美学的一个重要原则。文学作品有虚有实,才能令读者产生丰富的联想,创造独特的意境,如:

> 昔人已乘黄鹤去,此地空余黄鹤楼。
>
> 黄鹤一去不复返,白云千载空悠悠。
>
> 晴川历历汉阳树,芳草萋萋鹦鹉洲。
>
> 日暮乡关何处是?烟波江上使人愁!
>
> （崔颢《黄鹤楼》）

叙昔人黄鹤,杳然已去,给人以渺不可知的感觉;忽一变而为晴川草树,历历在目,萋萋满洲的眼前景象。这一对比,不但能烘染出登楼远眺者的愁绪,也使文势因此而有起伏波澜。末联以写烟波江上日暮怀归之情作结,使诗意重归于开头那种渺茫不可见的境界。这样能回应前面,如豹尾之能绕额的"合",做到了实境与虚境的统一。

意境美还体现在主观情感与客观情感的统一上。我国美学家宗白华认为:"意境就是情景交融的结晶石。""情"与"景"是诗歌创作的两个要素。情因景而物态化,景因情而意象化,是诗人进行形象思维和艺术构思的基本内容。而触景生情——情景相生——情景交融,便成了诗歌意境创造的基本途径之一,如:

> 迟日江山丽,春风花鸟香。
>
> 泥融飞燕子,沙暖睡鸳鸯。
>
> （杜甫《绝句二首》之一）

古典诗歌往往通过借景言情,寓情于景,而使诗情画意高度融合,从而在艺术上表现为含蓄蕴藉,诗味浓郁,使人读之,悠然深远。

3. 形象性

文学是语言的艺术。通过用语言塑造一个个文学形象,作家将其内在的审美感受物化为使他人可以接受把握的对象,表现自己对人生的理解和感受。文学形象既是一种传达审美意识的特殊符号,又是审美意识得以显现的一种表现形态。前者侧重客观存在,如人物形象等;后者侧重创作主体心态,如情感等。

因此,旅游文学反映的自然,不但有客观美的因素,也包含了极多的人的情感因素。景物在作家的笔下,人格化与情绪化了,具有人的思想情感,具备喜怒哀乐之情,成了"人化的自然"。如柳永的《雨霖铃》,我们只有通过阅读这些文字符号,通过联想和想象,才会浮现出诗歌所表现的形象画面:词人的离别,去路茫茫,道路修远。这样的境遇,凄清的气氛,冷落的客情,清幽的风景,缅邈的离愁,全是用语言来凝聚,通过语言来表现。所以再好的旅游文学作品对语言漠然的读者来说是没有任何意义的。

三、古代旅游文学名篇选读

1.诗词选读

登金陵凤凰台

李 白

凤凰台上凤凰游,凤去台空江自流。

吴宫花草埋幽径,晋代衣冠成古丘。

三山半落青天外,一水中分白鹭洲。

总为浮云能蔽日,长安不见使人愁。

此诗是作者流放夜郎遇赦返回后所作,一说是作者天宝年间,被排挤离开长安,南游金陵时所作。

开头两句写凤凰台的传说,十四字中连用了三个凤字,却不嫌重复,音节流转明快,极其优美。"凤凰台"在金陵凤凰山上,相传南朝刘宋永嘉年间有凤凰集于此山,乃筑台,山和台也由此得名。在封建时代,凤凰是一种祥瑞。当年凤凰来游象征着王朝的兴盛;如今凤去台空,六朝的繁华也一去不复返了,只有长江的水仍然不停地流着,大自然才是永恒的存在。

三四句就"凤去台空"这一层意思进一步发挥。三国时的吴和后来的东晋都建都于金陵。诗人感慨万分地说,吴国昔日繁华的宫廷已经荒芜,东晋的一代风流人物也早已进入坟墓。那一时的烜赫,在历史上留下了什么有价值的东西呢!

诗人没有让自己的感情沉浸在对历史的凭吊之中,他把目光又投向大自然,投向那不尽的江水:"三山半落青天外,一水中分白鹭洲。""三山"在金陵西南长江边上,三峰并列,南北相连。李白把三山半隐半现、若隐若现的景象写得恰到好处。"白鹭洲",在金陵西长江中,把长江分割成两道,所以说"一水中分白鹭洲"。这两句诗气象壮丽,对仗工整,是难得的佳句。

李白毕竟是关心现实的,他想看得更远些,从六朝的帝都金陵看到唐的都城长安。但是,"总为浮云能蔽日,长安不见使人愁。"这两句诗寄寓着深意。长安是朝廷的所在,日是帝王的象征。李白这两句诗暗示皇帝被奸邪包围,而自己报国无门,他的心情是十分沉痛的。"不见长安"暗点诗题的"登"字,触境生愁,意寓言外,饶有余味。相传李白很欣赏崔颢《黄鹤楼》诗,欲拟之较胜负,乃作《登金陵凤凰台》诗。在用韵上,两诗都是意到其间,天然成韵。语言也流畅自然,不事雕饰,潇洒清丽。作为登临吊古之作,李诗更有自己的特点,它写出了自己独特的感受,把历史的典故、眼前的景物和诗人自己的感受交织在一起,抒发了忧国伤时的怀抱,意旨尤为深远。

望海潮
柳　永

东南形胜,三吴都会,钱塘自古繁华。烟柳画桥,风帘翠幕,参差十万人家。云树绕堤沙。怒涛卷霜雪,天堑无涯。市列珠玑,户盈罗绮,竞豪奢。

重湖叠巘清嘉。有三秋桂子,十里荷花。羌管弄晴,菱歌泛夜,嬉嬉钓叟莲娃。千骑拥高牙,乘醉听箫鼓,吟赏烟霞。异日图将好景,归去凤池夸。

这首词一反柳永惯常的风格,以大开大阖、波澜起伏的笔法,浓墨重彩地铺叙展现了杭州的繁荣、壮丽景象,可谓"承平气象,形容曲尽"(见陈振孙《直斋书录解题》)。这首词,慢声长调和所抒之情起伏相应,音律协调,情致婉转,是柳永的一首传世佳作。

《望海潮》词调始见于《乐章集》,为柳永所创的新声。这首词写的是杭州的富庶与美丽。在艺术构思上匠心独具,上片写杭州,下片写西湖,以点带面,明暗交叉,铺叙晓畅,形容得体。其写景之壮伟、声调之激越,与东坡亦相去不远。特别是,由数字组成的词组,如"三吴都会""十万人家""三秋桂子""十里荷花""千骑拥高牙"等在词中的运用,或为实写,或为虚指,均带有夸张的语气,有助于形成柳永式的豪放词风。

2.楹联选读
济南趵突泉公园李清照纪念堂楹联(郭沫若)

> 大明湖畔趵突泉边故居在垂杨深处,
> 漱玉集中金石录里文采有后主遗风。

此楹联不仅点明了李清照故居的地理位置,更写出了李清照词的风格。

3.游记选读

兰亭集序

王羲之

永和九年,岁在癸丑,暮春之初,会于会稽山阴之兰亭,修禊事也。群贤毕至,少长咸集。此地有崇山峻岭,茂林修竹,又有清流激湍,映带左右。引以为流觞曲水。列坐其次,虽无丝竹管弦之盛,一觞一咏,亦足以畅叙幽情。是日也,天朗气清,惠风和畅。仰观宇宙之大,俯察品类之盛,所以游目骋怀,足以极视听之娱,信可乐也。

夫人之相与也,俯仰一世。或取诸怀抱,晤言一室之内;或因寄所托,放浪形骸之外。虽取舍万殊,静躁不同,当其欣于所遇,暂得于己,快然自足,曾不知老之将至。及其所之既倦,情随事迁,感慨系之矣。向之所欣,俯仰之间,已为陈迹,犹不能不以之兴怀。况修短随化,终期于尽。古人云:"死生亦大矣。"岂不痛哉!

每览昔人兴感之由,若合一契,未尝不临文嗟悼,不能喻之于怀。固知一死生为虚诞,齐彭殇为妄作。后之视今,亦犹今之视昔。悲夫!故列叙时人,录其所述,虽世殊事异,所以兴怀,其致一也。后之览者,亦将有感于斯文。

《兰亭集序》是王羲之为诗集《兰亭集》所写的一篇序文,但就其内容和形式而言,它又不仅是一般意义上的书序,而且是我国文学史上一篇立意深远、文笔清新自然的优美散文。

文章从兰亭集会落笔,首先用简洁的文字点明集会的时间、地点、缘由和与会人物,接着用抒情的笔调描绘了清雅优美的山、水、林、竹等自然景物,而正是这些自然风光引起与会者饮酒取乐、临流赋诗的雅兴;下文就自然转入叙写雅事,叙写与会者"一觞一咏""游目骋怀"的种种欢乐情景;段末以"乐"字作结,揭示了与会者沉浸在美好的自然和人文环境中得到审美愉悦而暂时忘却烦恼的情趣。

第二段作者紧承上文"俯""仰"二字和"信可乐也"一语,转写人世变幻、情随事迁之情。不管是"晤言一室之内"的静者,还是"放浪形骸之外"的躁者,他们虽都在一时一事上"快然自足",但是这些眼前的美景和人世的欢乐,"俯仰之间,已为陈迹",乐极而悲生,他们不得不面对严酷的现实:"老之将至""终期于尽",人生苦短。至此,作者自然提出"死生亦大矣"这一主旨。本段末以"痛"字反诘作结,不仅为呼应上段的"乐",更为引起读者深思"死生"这一人生最重大问题。

第三段作者抓住死生问题,进一层表明自己的生死观。作者首先借古立论,说明从古至今,人们一直重视死生问题,自己也不能例外。接着作者针对当时士大夫务清谈、鲜实效、无经济大略的社会风气,痛斥"一死生""齐彭殇"的老庄学说为"虚诞""妄作",从而表明了作者积极进取的生死观,而这正是作者编辑《兰亭集》并为之作序的目的。文章前面两段分别以"乐""痛"作结,最后一段以"感"字作结,表明作者坚信后世读者会从斯文(这篇序文)中产生同感:认识死生问题的重要,树立正确的生死观。

纵观全文,作者着眼"死""生"两字,借一次集会宴游阐明人生哲理,表明了作者深远的立意。《兰亭集序》之所以流传千古,不仅因为其立意深远,而且因为其文笔清新流畅、朴素自然。魏晋时期出现了骈文的高潮,骈文几乎占有了一切文学领域,这种文体讲究对偶、辞藻、音律、典故,极不利表情达意。在这种骈文风行的时代,作者能不拘成格,用洒脱流畅、朴素简洁、极富表现力的语言写景、叙事、抒情、议论,充分体现了作者散文的个人风格。特别是文中用了"群贤毕至""崇山峻岭""茂林修竹""天朗气清""游目骋怀""情随事迁""感慨系之""若合一契"等词语写兰亭山水之优美,叙时人宴游之雅致,抒盛事不常之感慨,议死生意义之重大,而这些词语从此便被后人当作成语使用,极大丰富了祖国的语言宝库,从而也奠定了《兰亭集序》在中国文学上的地位。

◆ 本节相关知识链接

1. http://baike.baidu.com,旅游文学_百度百科

2. http://www.docin.com/p-24195310.html,豆丁网

◆ 本节试题与知识训练

一、填空

1. 蒲松龄故居聊斋正房内,悬挂着蒲松龄的画像,画像两旁撰写"写鬼写妖高人一等,刺贪刺虐入骨三分"的对联是_____为其所写。

2. 南宋成就最大的爱国词人_____是_____派的代表。

二、简答

中国旅游文学的特征有哪些?

第二节　绘画与旅游

中国传统绘画艺术是旅游审美活动中最为引人注目的艺术形式之一,它以其强烈的民族感和独特的艺术魅力已经成为中国传统文化的形象代言品。在旅游生活中,游客们在宾馆、餐厅、车站、人文景点等处常常能见到绘画艺术的身影。

一、中国绘画艺术的历史渊源

中国绘画源远流长。古代岩画是中国绘画萌芽期的代表,大约发生在旧石器时代。地处边远地区的神秘岩画反映了狩猎、舞蹈、祭祀和战争等人类早期活动内容。随后陶器彩绘成为古代先民最乐于从事的绘画活动。以质朴明快、绚丽多彩为特色仰韶文化和马家窑文化的彩陶图案,是我国先民的杰出创造。仰韶类型的彩陶以西安出土的半坡陶盆《人面鱼纹盆》(图6.1)最具特色。此外,在青海大通出土的舞蹈纹彩陶盆,描绘了氏族成员欢快起舞的景象,堪称新石器时代绘画艺术的杰作。

图6.1　人面鱼纹盆

先秦时期的帛画(如图6.2)最为典型。先秦绘画已在一些古籍中有了记载,如周代宫、明堂、庙祠中描画的历史人物、战国漆器上的图案、青铜器纹饰、楚国出土帛画等,都已达到较高的水平。

6.2　战国帛画《美女龙凤图》

图6.3　河北安平东汉墓壁画

秦汉时期宫殿壁画建树非凡。秦汉王朝疆域辽阔,国势强盛,丝绸之路沟通着中外艺术交流,使绘画艺术得到空前发展与繁荣。秦汉时代的绘画艺术,大致包括宫殿寺观壁画、墓室壁画、帛画等门类。尤其是汉代盛行厚葬之风,其墓室壁画(如图6.3)、画像砖、画像石，以及随葬帛画，生动塑造了现实、历史、神话人物形象，具有动态性、情节性，在反映现实生活方面取得了重大成就。其画风往往气魄宏大、笔势流动，既粗犷豪放，又细密瑰丽，内容丰富，形式多姿多彩。

　　魏晋南北朝时期发展得最为突出的是人物画（包括佛教人物画）和走兽画。这一时期战争频繁、民生疾苦，但是绘画仍取得了较大的发展。苦难给佛教提供了传播的土壤，佛教美术勃然兴起，如新疆克孜尔石窟、甘肃麦积山石窟、敦煌莫高窟都保存了大量的该时期壁画，艺术造诣极高。由于上层社会对绘事的爱好和参与，除了工匠，还涌现出一批有文化教养的上流社会知名画家，如顾恺之、陆探微、张僧繇并称"画界三杰"。顾恺之的传世摹本有《女史箴图》《洛神赋图》（图6.4）《列女仁智图》等。这一时期玄学流行，文人崇尚飘逸通脱，画史画论等著作开始出现，山水画、花鸟画开始萌芽。这个时期的绘画注重精神状态的刻画及气质的表现，以文学为题材的绘画日趋流行。

图6.4　顾恺之《洛神赋图》

　　隋唐时人物画进一步发展，花鸟画、山水画已经渐渐发展为独立画种。这一时期国家统一、社会相对稳定、经济比较繁荣、对外交流活跃，给绘画艺术注入了新的生机。在人物画方面虽然佛教壁画中西域画风仍在流行，但吴道子、周昉等人具有鲜明中原画风的作品占了绝对优势，民族风格日益成熟；展子虔、李思训、王维等人的山水画、花鸟画工整富丽,亦取得了较高的成就。

　　五代两宋之后,中国绘画艺术进一步成熟完备,出现了一个鼎盛时期。此时,朝廷设置画院,宫廷绘画盛极一时,文人学士亦把绘画视作雅事并提出了鲜明的审美标准,故画家辈出、佳作纷呈,而且在理论上和创作上亦形成了一套独立的体系,其内容、形式、技法都出现了丰富精彩、多头发展的繁荣局面。北宋画坛上,突出的成就是山水画的创作。画家们继承前代传统,在深入自然、观察体验的过程中创造了以不同笔法去表现不同的山石树木的方法,李成和范宽为其代表。花鸟画在北宋宫廷绘画中占有了主要地位,风格是黄筌的富贵之风,直到崔白等画家的出现才改变这个局面。北宋人物画的主要成就表现在宗教绘画和人物肖像画及人物故事画、风俗画的创作上,武宗元、张择端《清明上河图》(图 6.5)都是人物画家中的杰出人物。这时期还出现了由文人士子创作的绘画作品,诗书画印在同一个画面里相结合,被称为"文人画",即所谓"诗中有画,画中有诗",以苏轼、黄庭坚、李公麟、米芾等人为代表,采用的手法是水墨,内容有山水和花鸟等。

图 6.5　张择端《清明上河图》

　　至元、明、清时期,文人画获得了长足发展。题材上,山水画、花鸟画占据了绝对的地位;立意上,强调抒发主观情绪,"不求形似""无求于世",不趋附大众审美要求,借绘画以示高雅,表现闲情逸趣,倡导"师造化""法心源",强调人品画品的统一,并且注重将笔墨情趣与诗、书、印有机融为一体,形成了独特的绘画样式。这一时期,涌现了众多的杰出画家、画派,以及难以数计的优秀作品。

　　中国绘画是中国文化的重要组成部分,根植于民族文化土壤之中。它不单纯拘泥于外表形似,更强调神似。它以毛笔、水墨、宣纸为特殊材料,建构了独特的透视理论,大胆而自由地打破时空限制,具有高度的概括力与想象力。这种出色的技巧与手段,不仅使中国传统绘画独具艺术魄力,而且日益为世界现代艺术所借鉴吸收。

◆ **案例驿站 6.2**

绘画之最

　　最古老的绘画:法国的拉斯科洞穴中 17 000 年以前的动物壁画。

　　耗时最久的画:米开朗琪罗花了四年半的时间才完成的罗马西斯廷礼拜堂天花板上的画作。这幅画的面积超过 900 m²。

　　最昂贵的画:毕加索的著名油画作品《拿烟斗的男孩》在美国纽约索思比拍卖行被拍卖,并最终以创纪录的 1.04 亿美元(包括竞拍者的额外费用)的价格成交,成为世界上"最昂贵的绘画"。

　　最大的画:1995 年 4 月由美国的学生制作的一幅猫王埃尔维斯·普雷斯利的绘画,其面积广达 7 127.8 m²。

　　最小的画:画家鲁东经过多年的艺术探索和试验,成功的开创了超小幅油画。他的 100 多幅超小幅油画,以其独特的审美观念和娴熟的技巧,从多角度、多侧面展示了中国西部山区山民古朴、原始的生活现状。这批精美的艺术珍品,有着巨大的艺术价值和人文历史价值!

　　资料来源:http://baike.baidu.com/view/32870.htm,百度百科—绘画

二、绘画艺术与旅游的关系

　　绘画艺术与旅游的关系十分密切。

　　首先,古代山水画家都是一流的旅游家。历史上一些山水画家钟爱于某些名山大川,或旅游,或移居,对景写生,画出了许多真山实水,许多山水画是画家本人游踪和游程的真实记录。比如,明末清初黄山画林的代表人物石涛、郑重等人的佳作,都是从黄山的自然美中吸取了丰富的艺术创作乳汁。他们的艺术创作和黄山自然风光之间有着很深的渊源关系。

　　其次,绘画艺术是重要的旅游资源。绘画艺术本身就是融合在特定区域人文景观中的一类重要因素。例如,富有中国传统文化特色的人文景观如果缺少了绘画艺术就会使人感觉缺少了内在的精气神;各种专项绘画展览所展出的珍贵的艺术品,其历史价值、文物价值也会对海内外游人有强烈的吸引力。绘画还是古典园林和古建筑的重要组成部

分,并往往是点睛之笔,如敦煌石窟壁画、麦积山壁画、北京法海寺壁画、布达拉宫壁画等。这些绘画作品中不仅艺术形象生动鲜活,带有强烈的时代特征,显示出画师高超的技艺,而且是吸引游客的重要资源。

◈ **本节相关知识链接**

1. http://www.yiyuanyi.org/plus/view.php? aid＝681,一元一国学网

2. http://baike.baidu.com/view/32870.htm? fr＝ala0_1_1,绘画_百度百科

◈ **本节试题与知识训练**

一、填空

1.先秦时期_____画最有名。

2.吴道子、周昉是_____画家。

二、判断

1.东晋著名画家顾恺之的主要代表作是清明上河图。　　　　　　　（　　）

2.苏轼、黄庭坚、李公麟、米芾等人的画被称为"文人画"。　　　　　（　　）

三、简答

绘画艺术与旅游的关系是什么?

第三节　书法与旅游

一、书法艺术的魅力渊源

　　书法是中国最具民族特色的艺术形式之一,起源于中国文字。作为世界上最古老的文字之一,中国文字在长期的演变过程中逐渐形成了甲骨文、金文、篆、隶、楷等不同的字体。汉字成为书法艺术的载体,更多的是源于汉字自身的形态美。因为从符号的表意功能看,汉字并没有比西方文字显示出其特殊的优越性,而从文字外在的形态来看,汉字千变万化的结构特征却是其他文字所缺乏的。汉字造字的象形冲动,使汉字博采大自然万象众美而获得了丰富的形象美,这是一种独特的异质同构现象。汉字结构匀称对比的和谐美,以及由此产生的节奏和秩序美感,正是体现了与大自然同构的关系。汉字介入书法后,通过书法艺术特定的媒介工具和技巧手段,在对汉字的形式躯壳的表现上熔铸了

传统的书法美学理念和文化意蕴,比如在线条的表现上注重轻重、徐疾、提按、粗细、浓淡,讲求汉字的精、气、神等。汉字遂脱胎换骨,由单纯的物质形式变成活生生的艺术形象,它包含了创作主体的生命情思、审美趣味和审美评判。这个艺术形象由书法家加以应用,他们在宣纸平面上遵循常与变的规律,以方块结体为基本核心,随法成体,变化多端,精、骨、血、肉、气丰盈,极尽形态美之能事。书法中正书的平正、和谐、庄重,行草书的跌宕、倚斜、险奇,为汉字的视觉美提供了广阔的展示空间。

书法是最纯粹的线的艺术,是一种线的形式的艺术。书法通过线的运动和变化本身,构成自己独立的艺术世界。书法是表现的艺术。书法作品中线的运动,蕴涵着主体生命律动的节奏:东汉《莱子侯刻石》表现的线的矜持;崔瑗的《贤女帖》表现的线的灵动;张芝和唐代张旭以及怀素的狂草所表现出的线的奔放;王羲之的《乐毅论》表现的线的纤巧秀媚;《上虞帖》表现的线的飘逸与诡异,都是主体生命、个性和情致在书法中的投射。同一位书法家在不同时期、不同心境和不同方式下所创作的不同的作品,其线的形态及其审美效果也不太相同。甚至同一位书法家的同一幅作品,由于书写的先后次序不同,也许由于心情的变化,其前后线型运动也会出现较大变化。西晋杜预的《岁终帖》,前半部分笔法顿挫滞涩,后半部分却收放自如、龙飞凤舞,将线的轻重缓急、腾挪转折化作墨的美妙舞蹈。

书法中间往往流淌着的那种可见的或隐匿的气势和力度,以及这种气势和力度的微妙的变化向度。书法也恰恰是通过这种气势和流向来体现书法的艺术特色。萧何说:"笔者,意也;书者,骨也,力也,通也,塞也,决也。"萧何的意思是说,书法是一种在笔法、线型和体势中融入了意念、骨气和力量等多种因素的能量,能量中的多种因素通常会相互交替,以顺畅、滞涩和狂放的形式表现出来。书法是意动和手动的融合,思维和技巧的协调。但是,好的书法,通常不只是和谐秀媚,那种达到高度审美境界的书法,往往是通过冲突的、辩证的图式显现出来:是动与静的结合,刚与柔的对照,冷与热的混合。书法中的笔势、骨气,永远处于变化和运动之中,充满动势和动能,但是有时却不妨出之以"娴雅"静淑。宁静之后,很快又"随态运奇","云集水散,风迴电驰",其意动之迹,笔势之象,"快则如惊蛇失道,慢者,断而还连","游丝断而还续,龙鸾群而不争"。

◆ 案例驿站 6.3

东晋·王羲之书法作品欣赏——《兰亭序》

王羲之(约321—379),字逸少,号澹斋,原籍琅琊临沂(今属山东),后迁居山阴(今浙江绍兴),东晋伟大的书法家,被后人尊为"书圣"。王羲之出生显赫但生性旷达,其书法也雄浑开阔,具有自由气象、潇洒神态,历代书家都推《兰亭》为"行书第一"。

在书法创作过程中,手完成心的意图;眼是手和心中间的枢纽,为心搜集信息,使心做出正确决断;为手的运动的准确性和审美的效度提供视觉指导。心、眼、手,其实也正代表了指挥部、装备。从另一方面看,心、眼、手的妙合,也可以表现为情、意、形的统一。书法既体现了主体的艺术意志,也体现了主体的情感,而作为书法终极成果的作品,是以形,也就是图式的方式表现出来的。所以,书法是主体意图和情感的表象。

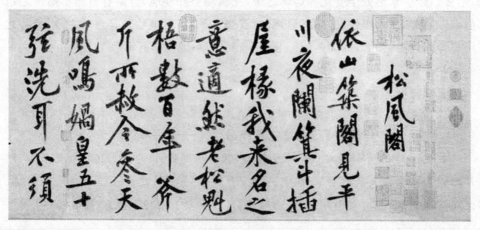

◆ **案例驿站 6.4**

宋代·黄庭坚之书法作品欣赏——《松风阁诗》

黄庭坚(1045—1105),字鲁直,号山谷道人,洪州分宁(今江西修水)人,北宋诗人,书法家。其笔法以侧险取势,纵横奇倔,字体开张,笔法瘦劲,自成风格,为"宋四家"之一。他著名的书迹有《松风阁诗》《黄州寒食诗跋》《花气熏人帖》《虹县诗》等。

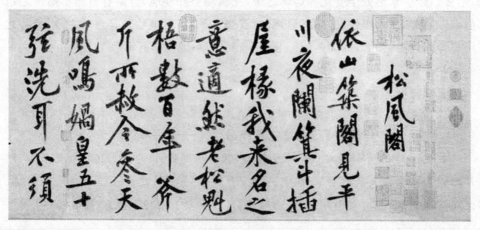

二、当代书法艺术特征

当代书法艺术随着经济的发展和社会的进步以及人们审美观念的更新，呈现出与以往不同的特征。

首先，书法的艺术意识与审美意识更加独立而自觉。在当今社会，科学技术飞速进步，文字的使用方式已大量电子化，电脑、网络的广泛运用使人们手写的几率大大减少，人们对书写的要求也大大降低。从表面上看，这对书法的普及性似乎产生了根本性的影响，但在这样的前提下，特别是以毛笔在宣纸上的书写，人们的着眼点几乎就单纯地集中在其书写的艺术性之上。所以在当今社会发展进程中，书法艺术的"艺术"独立意识得到了空前提高。人们对往昔的书法作品及书家在客观上有了重新的审视与定位。在当今书法创作中，人们更加注意其"写意"性，人们对古代书法把握的趋向也与以使用为主导的古人有着明显的不同。人们的观念也随之产生了巨大的变化。所以今天的书法表现出了前所未有的纯粹艺术化追求和独立意识。

其次，书法艺术传承视野更加宽广、审美倾向更加多元化、表现意识更加强烈。书法艺术在漫长的历史进程中积累了浩瀚的传统，在不同的时期产生了不同的风格、流派，形成了各个阶段的时代风貌。书法的取法式样丰富多彩，人们对书法艺术的理解融入了更多的现代意识与时代特色，在不断把握经典的同时有相当多的人着力于"民间书法"的探索。更有一部分书法家在中西方艺术思想频繁交流之下，以西方现代派意识对书法艺术进行尝试。总的来说，传统的书法精髓即是书法艺术的根本，但人们对书法艺术的理解却与古人有了很大的不同。在当今缤纷的社会大背景之下，书法艺术的情趣和追求呈现多元化的趋势，书法艺术的个性追求更加突出。

第三，书法艺术的表达方式更加独立，人们欣赏书法的方式也大有不同。书法艺术的社会效应更具艺术化与主动性，书法艺术往往通过展览的方式得以集中体现其艺术的造诣，书法艺术的报刊也起到了重要的媒介作用。艺术化的氛围自觉而浓重。书法的展览与比赛成为当今书法活动最突出的形式。对于书法的表现形式大多也以展厅与壁挂的方式展示效果为前提，因而书法创作的形式感、外在的视觉效果甚至装饰手段，都成为当今书法的重要特征。

最后，书法艺术专业化倾向也是当今值得关注的特点。而今，书法学科的体系正在逐步建立，高等书法教育机构设置不断增加，书法艺术专业化人才逐步增多。古人很早就以"书"作为"六艺"之一，但这只是从书写的使用技巧出发的。这种书法艺术专门人才的教育和培养在以往是没有的，这对书法艺术在当今社会的发展将会产生直接影响。

◆ 案例驿站 **6.5**

宋代·欧阳修之书法作品欣赏——《致端明侍读留台执事尺牍》

欧阳修(1007—1072),字永叔,号醉翁,晚年又号六一居士,庐陵(今江西吉安)人。他文史兼通,造诣很深,对宋代文风的改革颇有贡献,为唐宋古文八大家之一。他同时也是著名的书法家,擅写楷书,其书法受颜真卿影响较深,其书用尖笔干墨作方阔字,神采秀发,膏润无穷。传世书迹有《行书自书诗文稿卷》《集古录跋尾》《灼艾帖》《致端明侍读留台执事尺牍》等。

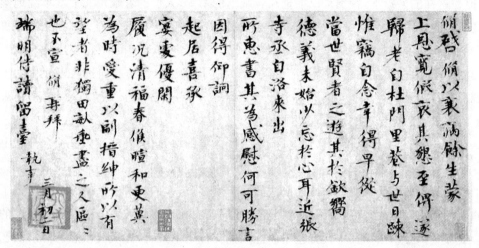

三、书法艺术鉴赏旅游

中国书法艺术的形制或赋存载体有书法艺术品、书法工艺品、书法景观等多种大类。艺术品中又有碑铭法帖、长卷立轴、条屏中堂、镜片小品、册页扇面、竹木瓷雕等多种形式;书法景观则有各地的书法碑刻、摩崖、名胜题铭、庭院匾牌楹联以及各地碑林等。它们都彰显着独特的艺术魅力。

在我国各地的名胜古迹中,书法艺术无处不在,具体展现形式以碑刻、摩崖、匾额、楹联为主。尤其是古代的一些碑刻书法作品,其上篆、隶、楷、行、草皆有,成为我国古代石刻文字中最为优美的文字资料,以及各地旅游资源中不可缺少的一部分。现存的碑刻大多摹刻精良,笔画完好,神备气足或古茂浑朴,或苍劲雄健,或秀丽飘逸,风格多样,蔚为壮观,因而驰名中外,成为人们欣赏书法艺术和临习的范本,为书法家和书法爱好者和旅游者所倾慕向往。

从中国书法艺术的特点来看,其欣赏性已经远远大于其本身的实用性。历代书法家对于书法的研究更倾向于书法的形体美和其特有的艺术规律。中国书法的这一特点对于日、韩等东南亚国家书法爱好者产生了深远的影响,我国的书法艺术普遍受到这些国家游客的青睐。例如,镇江焦山碑刻群汇集了自六朝至唐、宋、元、明、清,历代碑刻其中艺术价值最高的当是被称之为"大字之祖"的南朝梁《瘗鹤铭》碑刻。此铭的书法艺术对后世影响很大,为隋唐以来楷书的风范。特别是日本书法家尤为推崇,每年有大批日本游客慕名而来,无不争相观赏,以为快事。

　　流传至今的书法遗产以碑林和石刻居多。例如,西安碑林,是我国荟萃碑石最丰富的地方。这里碑石如林,保存着自汉魏至明清以来,十多个王朝遗留下来具有历史、文学、绘画、书法和雕刻等价值的数千块珍贵碑石。唐代名碑"多宝塔碑"风格秀媚多姿,骨奇而又神秀,更多地保留了晋和初唐楷书的风韵,被认为是唐朝新书体的创造者,人称"颜体"。汉碑名品东汉的"曹全碑"清秀俊美,纤丽飞动,线条婉转流畅,如行云流水,为汉隶秀丽书法的典型。"开成石经"是刻于唐开成二年的《周易》《尚书》等13种经书,计65万字,洋洋大观。特别是宋徽宗赵佶自书的"大观圣作之碑",其"瘦金体",婀娜如兰、劲枝如竹。在这里书法艺术爱好者不仅可以看到中国书法艺术的沿革发展过程,而且观赏到历代书法家精妙的作品。其中,以隋唐碑最为壮观,驰名中外,最为中外书法家和广大书法爱好者们所倾慕向往。

◆ 案例驿站 6.6

清代·郑燮之书法作品欣赏——《难得糊涂》

　　郑燮(1693—1765),字克柔,号板桥。江苏兴化人。为"扬州八怪"之一,性格旷达,不拘小节,喜高谈阔论。他的诗、书、画世称"三绝",画擅兰竹。其书法以画法入笔,杂用篆、隶、行、楷并以隶为主,自称"六分半书"。纵横错落,整整斜斜,如乱石铺街,不落前人窠臼,别具一番风味,后人亦称书体为板桥体。

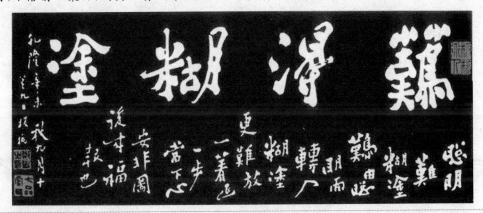

除了碑林和石刻,我国历代书法家还留下了许多摩崖作品。例如,黄山清凉台的"灵幻奇秀""天然图画""清凉世界";海南三亚的"天涯海角""南天一柱"等石刻;以及武夷山、崂山等山石壁上的题刻,无不为中外游客所观赏、所玩味,从中领略到山水之情。中国书法艺术除了碑之外,还有另一个重要载体就是帖。这种写在绢上或纸上的帖,为我国书法艺术的发展开辟了新的形式,大大地丰富了书法艺术的表现力。帖的流传不仅为书法旅游提供了宝贵的资源,同时也给游人一种有别于碑文的艺术形象。游人不仅可以旅游观摩、欣赏,还可以买上几册贴带回家仔细揣摩、品味,这也是一种艺术体验。

◆ 本节相关知识链接

1. http://baike.baidu.com/百度百科

2. http://www.9tour.cn,九游网

3. http://www.cnctrip.com,中国文化旅游网

◆ 本节试题与知识训练

一、填空

1. 中国书法起源于_____。

2. 中国书法艺术的形制或赋存载体有_____、书法工艺品、_____等多种大类。

3. 书法景观则有各地的书法碑刻、_____、名胜题铭、_____以及各地碑林等。

二、判断

1. 西安碑林,是我国荟萃碑石最丰富的地方。   (   )

2. 唐代名碑"多宝塔碑"风格秀媚多姿、骨奇神秀,更多保留了晋和初唐楷书的风韵。

                                                          (   )

三、简答

简述现代书法艺术特征。

◆ **本章小结**

1.本章结语

文学艺术文化本身就是一种旅游资源。它不仅能带给游人美的享受,更能给人以精神的激励。通过了解文学知识,品味绘画与书法艺术,可以让旅游者的旅游生活更加丰富而有意义。

2.本章知识结构图

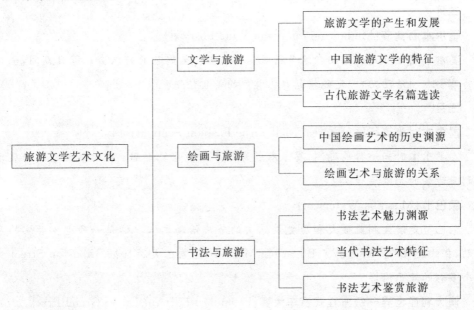

3.本章核心概念

旅游文学　绘画艺术　书法艺术

◆ **实训练习**

1.《念奴娇·赤壁怀古》赏析。

2.《洛神赋图》赏析。

3.王羲之书法赏析。

◆ **延伸阅读**

节庆之都墨尔本

墨尔本一年四季的节庆活动不断,精彩纷呈,既有激动人心的极速赛车,也有经典优雅的高档时装展,充分反应了这座美丽城市的社会、文化、体育和商业的丰富多元化色彩。无论是春夏还是秋冬,无论您的背景如何,墨尔本都能为您提供适合您品位的节庆活动。

一月

澳大利亚网球公开赛(Australian Open Tennis Championships)

澳大利亚网球公开赛吸引了来自世界各地的网球好手。为期两周的赛事将有超过55万观众前来观看,使其成为澳大利亚观众最多的年度体育活动。

二月

墨尔本酒食节(Melbourne Food and Wine Festival)

墨尔本酒食节是人们品尝维多利亚和墨尔本精美厨艺的好机会。节日期间,全州境内将有140项活动,你一定能找到自己喜欢的美食佳酿。

三月

墨尔本时尚流行展(L'Oreal Melbourne Fashion Festival)

在墨尔本时尚流行展期间,墨尔本成为世界高档时装之都。该时装节也成为展示澳大利亚时装的无限展台。

蒙巴节(Moomba Waterfest)

蒙巴节是澳大利亚最大和历史最悠久的节庆活动之一。这是一项老少皆宜的家庭活动,狂欢庆祝的人群充满了 Birrarung Marr 公园,蒙巴大游行把 Swanston Street 变成一个多彩的欢乐海洋。

澳大利亚世界一级方程式赛车大赛(Formula 1TM Australian Grand Prix)

澳大利亚世界一级方程式赛车大赛在维多利亚风景如画的亚伯特公园举行,距墨尔本市中心只有数分钟车程之遥。大赛期间,观众不仅可以欣赏5.3千米长的赛车道上展现的一级惊险和刺激,还可有机会观赏精美的时装,品尝美味佳肴,参加各种欢庆活动。

墨尔本国际喜剧节(Melbourne International Comedy Festival)

在墨尔本国际喜剧节期间,墨尔本将是世界上最具喜剧色彩的城市,来自世界和本土的喜剧大师们每年汇聚于此,将使整个城市充满欢声笑语。

四月

墨尔本国际花展(Melbourne International Flower and Garden Show)

绚丽的墨尔本国际花展会向观众展示上万多种新鲜切花,届时将有300多个商家参展。

五月

大洋路国际马拉松赛(Great Ocean Road International Marathon)

从 Lorne 到阿波罗湾(Apollo Bay)的赛程,是世界马拉松赛事中风景最秀丽和最具挑战性的赛程。优胜者可以获得 3 万 2 千澳元。

十月

澳大利亚国际摩托车赛车大赛(Australian Motorcycle Grand Prix)

菲利普岛是澳大利亚国际摩托车赛车大赛的大本营,每年举办的摩托车大奖赛是世界摩托车大奖赛的一个赛段。在为期三天的大奖赛期间,来自世界的顶尖骑手将参加三个级别的角逐。

墨尔本国际艺术节(Melbourne International Arts Festival)

在墨尔本国际艺术节期间,来自世界各地和澳大利亚的艺术家将在舞蹈、戏剧、音乐、歌剧等视觉艺术方面做精彩演出。这些独特的免费室外活动使墨尔本国际艺术节赞誉不断。

十一月

墨尔本杯赛马节(Melbourne Cup Carnival)

墨尔本的意义已远不只是一次赛马会,它拥有 145 年的社会和文化历史,是澳大利亚的一个万人空巷的活动。在观看精彩的世界级赛马活动的同时,观众可以欣赏时装,品尝美食和晚宴大餐。

资料来源:http://simplifiedchinese.visitmelbourne.com/,墨尔本旅游官方网站

第 七 章

旅游宗教文化

学习目标

知识要点:了解四大宗教的创立及发展概况;理解四大宗教的基本教义、标志和主要供奉对象;掌握四大宗教各自具有代表性的旅游景点。

技能训练:分别选择佛教、道教、基督教、伊斯兰教的一个代表性景点,分析其基本教义、标志和主要供奉对象的状况,并根据景点的具体情况,结合所学知识写出导游词进行讲解。

能力拓展:以小组为单位,通过对当地宗教建筑的参观,了解宗教文化知识,能运用宗教文化知识,在宗教旅游场所有针对性地讲解宗教文化知识。

引 例

小王的尴尬

小王是济南一家旅行社的导游,2009 年 10 月 24 日他受旅行社的委托接待了一个从广东来的旅游团。该旅游团的成员原本是从广东到济南来观看全运会比赛的,比赛于 10 月 23 日闭幕,但返回的机票是 25 日的,于是他们便找了一家旅行社,打算游览一下济南有代表性的景点。

小王先给他们介绍了行程。他说:"今天要游览的景点除了济南的三大名胜——大明湖、趵突泉、千佛山外,再有就是济南著名的民俗旅游景区——九顶塔和海内四大名刹之一的灵岩寺。"

当小王在大明湖的北极阁给游客讲解完毕时,一位团友问道:"你好,王导。真武大帝应该是道教里的四方神,对吗? 他是哪个方位上的神呢?"游客的这一问题问得小王哑口无言。

小王带游客游览完了市内的景点之后，又带他们到了长清区万德境内的灵岩寺。当他带着游客进入千佛殿时，一位团友指着殿内正中的"三身佛"问："王导，你能给我讲一下从左到右的这三座佛像分别是什么佛吗？"这一问题又把小王难住了。

最后，小王带着游客来到了柳埠镇的九顶塔。当他们来到九顶塔民俗风情园时看到一群上穿浅色紧身窄袖短衫、下穿花筒裙的少数民族少女在跳舞。一位游客问："王导，这群姑娘着这样的装束，她们是什么民族啊？"小王又无言以对了。

游客问了三个问题，小王都没回答上来，真是万分尴尬。

案例引发的问题：如果你是小王，上述三个问题你知道答案吗？

宗教是人类社会的一种意识形态，是人类社会发展到一定历史阶段出现的一种文化现象。旅游与宗教有着密切的联系，宗教文化已成为人文旅游资源不可或缺的一部分，是旅游文化的重要组成部分。

我国是一个多种宗教并存的国家，我国公民具有宗教信仰自由。目前在我国比较有影响的宗教主要有佛教、基督教、伊斯兰教和道教。其中，道教是我国土生土长的宗教，其余三种宗教则是外来宗教，传入中国后与中国传统文化长期交流融合因而具有了中国民族特色。

中华民族五千年的漫长发展史，流传下来大量与宗教有关的节日、传说、故事，遗留下来举不胜举的名山大川、遗址遗迹、宗教建筑、宗教圣地等宗教文化旅游资源。了解和熟悉了宗教文化，将有助于旅游从业人员更好地为游客提供旅游服务。

第一节　佛教文化

一、佛教概述

1. 佛教的创立

佛教创立于公元前 6 世纪的古印度，是世界宗教中创立时间最早的宗教。创始人是迦毗罗卫国的王子乔达摩·悉达多，后人称其"释迦牟尼"，意即释迦族的圣人。

释迦牟尼约出生于公元前 565 年（相当于我国春秋时代），诞生地是尼泊尔的蓝毗尼花园，是当时边毗罗卫国（以前属古印度，现在尼泊尔王国南部）国王的长子。他亲眼目睹了人间的生老病死和社会的动荡不安，于是抛弃王位，29 岁时出家修行，以求解脱。

经历了 6 年的苦行生活之后,35 岁时在菩提伽耶城外的菩提树下盘腿而坐,静思己身及大千世界,终于大彻大悟,成为佛陀。得道之后,在鹿野苑初转法轮,弘扬佛教。80 岁时在拘尸那迦城外的娑罗双树中间圆寂。现在释迦牟尼的出生地蓝毗尼花园、成道地菩提伽耶城、初转法轮地鹿野苑、圆寂地拘尸那迦已成为了佛教的四大圣地。

2. 佛教的发展

(1)佛教在印度的发展。

印度是佛教的故乡。佛教在古印度的发展大致可以分为五个时期:原始佛教时期、部派分裂时期、大乘中观学派兴盛时期、大乘瑜伽学派兴盛时期、密宗盛行时期。佛教在印度走向衰落是在 7 世纪以后。13 世纪初由于伊斯兰教的传入,佛教在印度消亡,直到19 世纪末才重新由斯里兰卡传入,但与原来的佛教已经有了很大差异。

(2)佛教在世界范围的传播。

公元前 3 世纪,印度孔雀王朝阿育王时期,佛教开始向印度以外地区传播。从世界范围来说佛教的传播有三条路线:

①南传佛教。

公元前 3 世纪,阿育王的儿子和女儿先后去斯里兰卡传教,使佛教在斯里兰卡迅速传播。后佛教又传入柬埔寨、缅甸、泰国、老挝及我国云南地区,形成了现在的南传佛教。

②藏传佛教。

藏传佛教是北传佛教的一支,俗称喇嘛教,发源于中国西藏地区。西藏原始的宗教信仰是苯教,公元 7 世纪佛教从中国汉地和印度传入后,苯教和佛教相互间融合,形成了具有西藏地方特色的佛教。主要流传于中国的西藏、内蒙古以及尼泊尔、锡金、俄罗斯、蒙古等国家和地区。

③北传佛教。

佛教创立后,大约经过了 500 年传入中国,中国成为北传佛教的中心,逐渐发展形成了中国佛教的三大系:汉地佛教(汉语系)、藏传佛教(藏语系)、云南上座部佛教(巴利语系)。后由中国传入朝鲜、日本、越南等国。

3. 佛教在中国的传播

佛教由印度传入中国后,经长期传播发展,形成了具有中国民族特色的中国佛教。中国的佛教包括了南传、北传和藏传佛教三大体系,可以说佛教的起源在印度,发展却在中国。根据不同阶段佛教传播的特点,可以将佛教在中国的传播分为四个阶段:

(1)译传阶段。

佛教传入中国大约在两汉时期,从两汉到后来的三国、魏晋、南北朝各朝代时期,佛教在中国的主要传播活动是佛典的翻译。这一阶段，魏都洛阳和吴国的都城建业都是传播活动的中心。这阶段的译经工作和对佛教教义的研究、宣传，为以后佛教发展打下了良好的基础。

（2）创造阶段和鼎盛时期。

隋唐时期是中国佛教发展的创造阶段和鼎盛时期。在这一时期，思想理论有了新的发展，各个宗派先后兴起，创建了各自的理论体系，汉地佛教形成了八个主要宗派。但这一时期佛教未能与中国的道教及儒家思想相融合。

（3）融合阶段。

宋、元、明、清时期佛教在中国的发展进入了与中国传统文化相融合的阶段。主要表现在两个方面：一方面，佛教与道教及儒家思想融合；另一方面，佛教借助于文学、绘画、建筑等传统艺术形式，成为民间生活的一部分。

（4）具有中国特色的阶段。

新中国成立后，佛教界内部进行了改革和发展，废除了原来残留的封建特权和带有封建剥削性质的一些不合理的制度；1953 年成立了中国佛教协会；1956 年成立了中国佛学院；实行宗教信仰自由政策，等等。佛教在中国的发展进入具有中国特色的佛教阶段。

二、佛教的基本理论

佛教的基本理论是逐渐发展形成的，其核心是宣扬人生充满了苦，而只有信佛才能找到摆脱苦的途径。

1. 佛教的基本教义

佛教教义的基本内容是阐述世间的苦（苦谛）和苦的原因（集谛），以及苦的消灭（灭谛）和灭苦的办法（道谛）。佛教的教义非常繁多，但"四谛说"是佛教的各个宗派都承认的基本教义，而"四谛"所依据的根本原理则是"缘起论"。佛教的所有教义都根基于"缘起论"。

佛教的基本教义主要有：

（1）缘起。

"缘起"即"诸法由因缘而起"。简单说，就是一切事物一切现象的生起，都是相对的互存关系和条件，离开关系和条件，就不能生起任何一个事物或现象。"因缘"一般的解释，就是关系和条件。"缘起"指的是：若此有则彼有，若此生则彼生，若此无则彼无，若此灭则彼灭，这四句话就是表示同时的或异时的互存关系。

（2）十二因缘。

亦称"十二缘起"，包括：无明，即愚痴无知；行，为由无明而产生的善不善行为；识，即托胎之时的心识;名色,为胎中的精神和物质状态;六入,即眼、耳、鼻、舌、身、意生长完备等;触,为出胎后开始接触事物;受,即感受苦乐等;爱,为贪等欲望;取,即追求取着;有,由贪等欲望引起有善不善等行为;生,即来世之生;老死。

（3）三法印。

"印"指的就是印玺。皇帝、国王、君主的印玺可以证明文件的真实（有通行无阻的作用），借以比喻佛教的主要教义,也以符合"法印",为真正的佛法,所以称为法印。"诸行无常,诸法无我,涅槃寂静",并称三法印。如果加上"有漏皆苦",亦称四法印。

（4）四谛。

释迦牟尼用"缘起论"来观察人生,得出"四谛"和"八正道"。谛:是真理的意思。"四谛"指的是苦谛、集谛、灭谛、道谛。四谛被称为佛教教义的总纲,又被称为佛学的"四个真理"。

苦谛:是对社会人生以及外部环境所作的价值判断。佛教认为世俗世界本性是苦的。

集谛:解释人生充满痛苦的原因。

灭谛:指解除痛苦,也就是佛教徒追求的最终归宿。佛教认为最高的理想境界就是涅槃。

道谛:指超脱"苦""集"的世间因果关系而达到出世间之涅槃寂静的一切理论说教和修习方法。

（5）八正道。

八正道指的是佛教 8 种通向涅槃解脱的正确方法或途径,包括:正见——对佛教教义的正确理解;正思维——对佛教教义的正确思考;正语——说话要符合教义,不说一切非佛理之语;正业——从事清静之身业,按佛教教义采取正确的行动;正命——符合佛教戒律规定的正当合法的生活;正精进——按照佛教教义努力学习和修行;正念——铭记四谛等佛教真理;正定——集中精力,专心致志修行。

2.佛教的经典

佛教的经典主要有大乘佛教的经典和小乘佛教的经典,统称为《藏经》,俗称《佛经》,也叫《大藏经》,一般由经、律、论三部分组成。"经"指的是释迦牟尼佛亲口所说,由其弟子所集成的法本。"律"指的是佛陀为其弟子所制定的戒条。"论"指的是佛陀的弟子们在学习佛经后所得的心得。藏传佛教的经典是《甘珠尔》和《丹珠尔》。

3.佛教的标志

我们经常在佛教的旗帜或佛像的胸前看到"卐"的标志,如图 7.1 所示。从一定意义上讲"卐"就是佛教的一种象征。"卐"字是 srivatsalakslana 的意译，武则天将其定音为"万"，意为"吉祥海云，吉祥喜旋"。

三、佛教景观

佛教景观是一项重要的旅游资源。佛教建筑不仅造型优美，而且蕴含了丰富的建筑文化和宗教文化。佛经也具有极高的文物科考研究价值，其中的"血经""金经"更是无价之宝。这些佛教景观都成为旅游景点极具吸引力的旅游资源，吸引了大量的游客。

1. 佛教建筑

佛教建筑大体包括寺庙、佛塔和石窟。

(1) 寺庙。

寺庙是佛教建筑的主体，是佛教僧侣们修行普法和信徒们朝拜的主要场所。白马寺是佛教传入中国后，中国营建的第一座寺院。

◆ **案例驿站 7.1**

"白马寺"名字的由来

东汉永平七年，汉明帝刘庄因夜梦金人，遣使西域拜求佛法。公元 67 年，汉使及印度二高僧摄摩腾、竺法兰以白马驮载佛经、佛像抵洛，汉明帝躬亲迎奉。公元 68 年，汉明帝敕令在洛阳雍门外建僧院，为铭记白马驮经之功，故名该僧院为白马寺。

资料来源：http://iask.sina.com.cn/b/11283087.html，爱问知识人

寺院建筑的平面布局通常以中轴线作纵深展开，以殿、堂、廊、阁组成的庭院为单位，殿宇重叠，庭院错落；其中，佛殿为寺院建筑的主体。

中轴线上的建筑主要有：

①山门。又叫山门殿。因有空门（中）、无相门（东）、无作门（西），象征三解脱，所以又称三山。通常空门内两侧立有二王尊（民间俗称为"哼哈二将"，专门把守山门）。

②天王殿。天王殿内供奉未来佛——弥勒佛，两侧有分管风雨雷电的四大天王，背后有韦陀护法像。

③大雄宝殿。大殿内供奉释迦牟尼或他的三身佛像或三世佛像，两侧一般是十八罗汉或诸天神像，背后的观音堂主供观音菩萨，也有文殊、普贤等菩萨像。

④三圣宝殿。大殿内供奉西方三圣——阿弥陀佛、观音菩萨、大势至菩萨。

此外，在大雄宝殿和三圣殿之间的两侧有伽蓝殿、地藏殿、祖师殿等大殿，还有法堂、禅堂、客堂、斋堂等供僧侣和香客做功课起居的建筑。

当然，寺院建筑的布局也不是完全相同的，各寺院因自然条件和规模大小的不同，布局也会有所差异。

（2）塔。

佛塔原本是用来保存和埋葬释迦牟尼的舍利子的高层建筑，所以也称舍利塔，也叫做浮屠。一般由地室、基座、塔身、塔刹组成，层数多为奇数。以建筑风格来划分，塔可以分为：

①楼阁式。

源于中国传统建筑中的楼阁形式，可以登高远眺。著名的有陕西西安大雁塔、山西应县木塔等。其中，山西应县木塔是我国现存最古最高的一座木构大塔，如图 7.2 所示。

②密檐式。

以外檐层数多且间隔小而得名。塔下部第一层塔身特别高，以上各层则塔檐层层重叠，距离很近。密檐式塔大都是实心，一般不能登临。著名的有河南登封嵩岳寺塔、北京天宁寺塔、西安小雁塔、云南大理千寻塔等。其中，河南登封嵩岳寺塔是我国现存年代最早的砖塔，如图 7.3 所示。

图 7.2 山西应县木塔

图 7.3 河南嵩岳寺塔

③覆钵式。

又称喇嘛塔,为藏传佛教所常用,流行于元代,明清继续发展。著名的有北京妙应寺白塔、北京北海白塔、山西五台山塔院寺大白塔等。其中,北京妙应寺白塔是我国建造年代最早、规模最大的一座喇嘛塔。如图7.4所示。

图7.4 北京妙应寺白塔

④金刚宝座式。

其造型仿照印度菩提迦耶大塔而建,具有浓厚的印度风格。其特点是塔的下部为一方形巨大高山,台上建五个正方形密檐小塔。著名的有北京真觉寺金刚宝座塔、北京碧云寺金刚宝座塔、内蒙古呼和浩特市五塔寺金刚座舍利宝塔等。其中,北京真觉寺金刚宝座塔是我国同类塔中建造年代最早、雕刻最精美的一座,如图7.5所示。

(3)石窟。

石窟起源于印度,约在公元3世纪左右传入中国。石窟是依崖而凿的"精舍",为教徒集会、诵经的地方。大致可分为塔庙窟、佛殿窟、僧房窟、大像窟四类。中国石窟旅游资源的重要遗址有山西大同的云冈石窟、河南洛阳龙门石窟、甘肃敦煌莫高窟和天水麦积山石窟等。其中,敦煌莫高窟被誉为"东方艺术宝库",麦积山有"东方最大的雕塑馆"之称。

2.山东省佛教旅游资源

山东省佛教旅游资源主要有:济南神

图7.5 北京真觉寺金刚宝座塔

通寺、灵岩寺、千佛山、辟支塔、四门塔、龙虎塔、九顶塔;泰安普照寺;青岛湛山寺;潍坊龙兴寺、云门山、驼山;聊城舍利塔;济宁兴隆塔、宝相寺、铁塔,等等。

四、供奉对象

1.佛

所谓佛,即自觉(正觉)、觉他(等觉)、觉行圆满(圆觉)者。寺院经常供奉的佛有以下几种:

(1)三身佛。

根据天台宗的说法,佛(释迦牟尼)有三身,即法身佛(指佛法凝聚所成的佛身)——毗卢遮那佛,代表佛教真理;报身佛(指以法身为因,经过修习得到佛果,享有佛国之身)——卢舍那佛,代表着绝对真理的最高智慧;应身佛(指佛为超度众生,来到众生之中顺缘应机而呈现的各种化身)——释迦牟尼佛。

三身佛在佛教文化旅游景点的供奉位置依次是:应身佛(右)——法身佛(中)——报身佛(左)。

(2)三方佛(又名横三世佛)。

三方佛体现净土信仰。佛教认为,世界十方都有净土,但最著名的净土有三方,分别为西方极乐世界、东方净琉璃世界、婆娑世界。"三方佛"正中为婆娑世界教主——释迦牟尼佛,其左胁侍为文殊菩萨,其右胁侍为普贤菩萨,合称为"释家三尊";右侧为西方极乐世界教主——阿弥陀佛,其左胁侍为观世音菩萨,右胁侍为大势至菩萨,合称为"西方三圣",或称"(阿)弥陀三尊";左侧为东方净琉璃世界教主——药师佛,其左胁侍为日光菩萨,右胁侍为月光菩萨,合称为"东方三圣"。

(3)三世佛(又名竖三世佛)。

三世佛从时间上体现佛的传承关系,表示"佛法永存、世代不息"。有过去式佛、现在式佛、未来式佛。正中为现在世佛——释迦牟尼佛;左侧为过去世佛——以燃灯佛为代表(有的寺院中为迦叶佛);右侧为未来世佛——弥勒佛。

(4)华严三圣。

毗卢遮那佛、文殊菩萨和普贤菩萨,三者合称为"华严三圣"。有的寺院中专门供奉"华严三圣",有的寺院中则没有。

2.菩萨

所谓菩萨,指的是自觉(正觉)、觉他(等觉)者。寺院中常见的菩萨有文殊菩萨、普贤菩萨、观世音菩萨、地藏菩萨、大势至菩萨。他们又分别组合为"三大士"(文殊、普贤、观世音)、"四大士"(文殊、普贤、观世音、地藏,又称"四大菩萨")和"五大主"(文殊、普贤、观世音、地藏、大势至)。

（1）文殊菩萨。

文殊菩萨，全称是"文殊师利菩萨"，意译为"妙德""妙吉祥"，专司智德（即佛教认识论）。手持宝剑（或宝卷），象征智慧锐利；身骑狮子，象征智慧威猛，人称大智菩萨，相传其道场在山西五台山。

（2）普贤菩萨。

普贤菩萨——专司理德（即佛法）。手持如意律，身骑六牙大象（表示六度），人称大行菩萨。相传其道场在四川峨眉山。

（3）观世音菩萨。

观世音菩萨——也称为观自在、观世音等。为避唐太宗李世民讳，故又称观音。其左手持净瓶，右手持杨柳枝，因其大慈大悲，救苦救难，广大灵感，人称大悲菩萨。观音作为菩萨本无性别，但在南朝后，为更好体现大慈大悲和方便闺房小姐供奉，产生女身观音像。相传其道场在浙江普陀山。

（4）地藏菩萨。

地藏菩萨——因其"安忍不动犹如大地，静虑深密犹如地藏"（《地藏十轮经》），所以称地藏王菩萨。又因其决心"众生度尽，方证菩提，地狱未空，誓不成佛"，所以人称大愿菩萨。他手持锡杖，或手捧如意球。相传其道场在安徽九华山。

（5）大势至菩萨。

大势至菩萨——《观无量寿经》载，他"以智慧光普照一切，令离三涂（指地狱、饿鬼、畜生'三恶趋'）得无上力"，因此称为大势至菩萨。他头顶宝瓶内存智慧光，让智慧之光普照世界一切众生，使众生解脱血火刀兵之灾，得无上之力。相传其道场在江苏南通的狼山。

3. 罗汉

全称为阿罗汉，指的是自觉（正觉）者。寺院中有十六罗汉、十八罗汉和五百罗汉。还有民间传说的济公也列在罗汉之中。

（1）十六罗汉。

十六罗汉是罗汉中地位很高的大阿罗汉，又叫十六尊者。

（2）十八罗汉。

由十六罗汉发展而来。宋代以后寺院大多供奉十八罗汉。其中前十六罗汉与"十六罗汉"同；另外两名，说法不一。一说是宾度罗跋罗度图和《法住记》作者庆友；一说是迦叶、军屠钵叹；一说是庆友和《法住记》的译者玄奘；一说是达摩多罗和布袋和尚；一说是降龙和伏虎；一说是摩耶夫人和弥勒。

（3）五百罗汉。

一说释迦牟尼涅槃后,其弟子迦叶召集众多比丘在王舍城共同忆诵佛教经典,系第一次结集;后由沙腻色沙王按胁尊者比丘建议,在迦湿弥罗(今克什米尔)召集五百罗汉,以世友为上座,论释经、律、论三藏,这是第四次结集。一说,释迦牟尼为五百罗汉传道(见《法华经·五百弟子授记品》);一说,《法苑珠林》《奢弥跋谤佛缘》称"过去久远九十一劫,有一婆罗门名延如达,好学广博,常教五百豪族重子,今五百罗汉是"。

(4)济公。

南宋僧人道济,俗名李心远,世称济公。他不守戒律,嗜好酒肉,如痴如狂,被称为"济癫僧""济癫"。相传济公为罗汉转世,但去罗汉堂报到已晚,加上辈分不高,只得站在过道里甚至让其蹲坐在梁上,一般供在罗汉堂。

4. 护法天神

著名的护法天神有四大天王、韦驮、哼哈二将(密迹金刚)、伽蓝神关羽等。

(1)四大天王。

佛经认为世界的中心是须弥山,须弥山四方有四大部洲——东胜神洲、南赡部洲(即我们所居世界)、西牛贺洲、北俱卢洲。四大天王住须弥山山腰的犍陀罗山,其任务是各护一方天下,故又称"护世四天王"。四大天王是:东方持国天王,名为多罗吒,身白色,穿甲胄,手持琵琶(他原为印度乐神,表明用音乐来使众生皈依佛教);南方增长天王,名为毗琉璃,身青色,穿甲胄,手握宝剑(保护佛法不受侵犯);西方广目天王,名为毗留博叉,身红色,穿甲胄,手缠龙或蛇(他原为"天龙八部"中群龙的领袖,"龙"为梵文"蛇"的汉译),或持绳索(用索捉不信佛的人,使其皈依佛教),有的另一手持宝珠(取龙戏珠之意);北方多闻天王,名为毗沙门,身绿色,穿甲胄,右手持宝伞,有的左手握神鼠。

明清以来,受小说《封神演义》的影响,将四大天王的兵器作了汉语"双关"式的改造:南方增长天王掌青光宝剑,职风(与"锋"谐音);西方广目天王掌碧玉琵琶,职调;北方多闻天王掌混元珠伞,职雨;东方持国天王掌紫金龙花狐貂,职顺(龙蛇可捋顺)。至此,四大天王汉化成了护国安民、风调雨顺的佛教天王。

(2)韦驮。

韦驮——原为南方增长天王手下神将。据说韦驮曾亲受佛祖法旨,周统东、西、南三洲巡游护法事宜,保护出家人,护持佛法,故称"三洲感应"(佛经称,北俱卢洲人不信佛教)。相传释迦牟尼涅槃后,帝释天手持七宝瓶准备取下佛牙舍利回去建塔供养,时有罗刹鬼躲在帝释天身后乘人不备突然窃去佛牙舍利,韦驮奋不顾身,急起直追,刹那间把罗刹鬼抓获并夺回佛牙舍利。汉化韦驮为身穿甲胄的少年武将形象,手持法器金刚作,或双手合十将杵摘于肘间(表该寺为十万丛林,接待寺),或以杵柱地(表该寺为非接待寺)。

通常置于天王殿大肚弥勒像背后,脸朝大雄宝殿。

（3）哼哈二将。

在印度原为密迹金刚,是释迦牟尼五百执金刚（即金刚符）卫队的卫队长。在中国因小说《封神演义》的影响,他被汉化成两个金刚力士,专门把守山门,即世俗所称"哼哈二将"。

（4）伽蓝神关羽

在古印度伽蓝神有 18 位之多,地位相当于寺院的土地神。关羽是最著名的汉化伽蓝神。传关羽被杀后托梦给湖北当阳玉泉寺普净大师:"还我头来,还我头来!"大师点化说:"你过五关斩六将,这些人的头向谁去讨还?"关羽顿然觉悟,皈依空门,成了伽蓝神（寺院守护神）。

五、佛教节日

佛教宗教仪式与传统民间风俗相结合形成名目繁多的宗教节日,节日期间举行的各种活动是宗教观光旅游的重要内容。佛教节日主要有佛诞节、盂兰盆节、佛成道节等。

六、常用的称谓

一般有"四众弟子"（指比丘、比丘尼、优婆塞、优婆夷）、"出家四众"（指比丘、比丘尼、沙弥、沙弥尼）、"出家五众"（指比丘、比丘尼、沙弥、沙弥尼、式叉摩那）、"七众"（指比丘、比丘尼、沙弥、沙弥尼、式叉摩那、优婆塞、优婆夷）之称。

对有较高水平的僧人,则根据具体情况称"法师"（通晓佛法的僧人）、"经师"（通晓经藏或善于诵读经文的僧人）、"论师"（精通论藏的僧人）、"律师"（通晓律藏的僧人）、"三藏法师"（精通经、律、论三藏的僧人）;"大师"（一般用以尊称著名僧人）;"高僧"（对德行高的僧人的尊称）。

有的以职务相称,如住持（方丈）、监院（当家和尚）等。现在一般称和尚为师父,称尼姑为师太。

七、常用的礼仪

1.合掌

这是佛教徒的普通常用礼节,亦称合十。左右合掌,十指并拢,置于胸前,以表由衷的敬意。

2.绕佛

围绕佛而右转,即顺时针方向行走,一圈、三圈或百圈、千圈,表示对佛的尊敬。

3.五体投地

五体投地也叫做五轮投地。"五体"(或称五轮)指两肘、两膝和头。五体都着地,为佛教最高礼节。先正立合掌,然后右手撩衣,接着膝着地,接着两肘着地,接着头着地,最后两手掌翻上承尊者之足。礼毕,起顶头,收两肘,收两膝,起立。藏传佛教的五体投地则幅度很大。

八、常见的佛事

1.水陆法会

全名为"法界圣凡水陆普度大斋胜会",也叫做"水陆道场""水陆大会""水陆会""水陆斋"。因其超度水陆一切鬼魂、普济六道众生,故称之为"水陆法会"。少者7天,多者49天。通常一般信徒经济上难以承受。

2.众姓道场

主要为追荐亡灵的道场,用黄纸表示,普通信徒对众姓道场容易承受。

3.增福延寿道场

是为活着的人做道场,用红纸表示。

4.焰口施食

又叫做放焰口、施食会,用以祭饿鬼王面然。一般在重大法会圆满之日,或丧事期中举行,通常放在黄昏进行。

5.忏法

是为改恶从善精进修行的一种法事,为死者祈福超度,或为己忏悔罪业,或为结缘建功德。

◆ **本节相关知识链接**

1. http://baike.baidu.com/view/4696.htm? fr=ala0_1_1,百度百科

2. http://www.zgfj.cn/,中国佛教网

◆ **本节试题与知识训练**

一、填空

1.中国第一座佛教寺院是_____。

2.佛教四大圣迹是_____、_____、_____、_____。

3.在寺院里常见的观音有_____、_____、_____、_____。

4.拉萨三大寺是_____、_____、_____。

二、单选

1.“三身佛”指的是(　　)。

A.释迦牟尼佛、毗卢遮那佛、卢蛇那佛

B.卢舍那佛、阿米陀佛、药师佛

C.月光菩萨、日光菩萨、药师佛

D.弥勒佛、释迦牟尼佛、迦叶佛

2.“出家四众”指的是(　　)。

A.比丘、比丘尼、沙弥、沙弥尼

B.比丘、比丘尼、优婆塞、优婆夷

C.比丘、比丘尼、优婆塞、沙弥

D.沙弥、沙弥尼、优婆塞、优婆夷

3.位于河南洛阳,是中国第一座佛教寺院;史上有“永平求法”“伊存授经”两大历史事件的寺院是(　　)。

A.法门寺　　　　　B.白马寺

C.东林寺　　　　　D.灵隐寺

4.我国佛教寺院中供奉韦驮始于(　　)。

A.元朝　　　　B.明朝　　　　C.清朝　　　　D.宋朝

5.“三世佛”中的过去式是指(　　)。

A.弥勒佛　　　　B.阿米陀佛　　　　C.大势至菩萨　　　　D.迦叶佛

三、多选

1.我国的四大佛教圣地指的是(　　)。

A.江西五台山　　　B.浙江普陀山　　　C.四川峨眉山

D.安徽九华山　　　E.陕西华山

2.佛教中经常提到的“菩萨四大士”是指(　　)。

A.文殊菩萨　　　B.普贤菩萨　　　C.大势至菩萨

D.地藏菩萨　　　E.观音菩萨

3.下列关于玄奘的叙述正确的是(　　)。

A.玄奘世称“唐僧”

B. 他是法相宗创始人

C. 他是"莲宗"的创始人

D. 他曾到印度佛教中心那烂陀寺学习

4. 佛祖的"四大圣迹"是指（　　）。

A. 蓝毗尼花园

B. 成道地菩提迦耶

C. 初转法轮地鹿野苑

D. 涅槃地拘尸那迦

5. 释迦牟尼佛的胁侍是（　　）。

A. 文殊菩萨　　　　B. 观世音菩萨　　　　C. 大势至菩萨

D. 普贤菩萨　　　　E. 日光遍照菩萨　　　　F. 月光遍照菩萨

四、简答

佛教的供奉对象有哪些？

第二节　道教文化

道教是中国土生土长的宗教，是吸收了原始宗教信仰的巫术，结合道家学说、古代医学养生之法以及神仙方术等形成的。它以老子之"道"为最高信仰，奉"老子"为道祖，因把《道德经》作为教义，故称道教。

基本信仰是"道"，得道即可长生不老。要想得道，需静心修炼，经过"敬信、断除、收心、简事、真观、泰定、得道"七个阶段，获得"外丹""内丹"（精、气、神三者统一），才能脱离尘世疾苦，成为神仙。

一、道教的创立与发展简史

1. 原始道教阶段

早期以"五斗米道"和"太平道"为代表。东汉末年，即东汉顺帝时，在蜀中鹤鸣山，张陵（尊称张道陵）倡导五斗米道，也称"米道"或"鬼道"，因入道之人需交纳五斗米而得名。"五斗米道"为早期的道教。后来张角创立的"太平道"，也属于早期道教。

2. 道教上升为理论阶段

魏晋时期出现了葛洪、陆静修、陶弘景等著名的道教人物，从神学理论、组织制度、宗教实践活动等方面加以改造和完善，使道教进一步上升为理论，走向成熟和定型。

3. 道教形成两大派系阶段

金元以来至今,全国道教形成全真道与正一道两大教派。

全真道为金初创立的道教宗派,主要创派人为王重阳。全真道以道经(《道德经》)、佛经(《般若波罗密多心经》)和儒经(《孝经》)为主要经典,主张道、佛教及儒家思想的融合。在修行方法上,重内丹修炼,以修身养性为正道。全真道士必须出家住宫观,不得蓄妻室,并制定严格的清规戒律。在元代,王重阳的七大弟子又分别开创全真道七个支派。

正一道是元代形成的道教宗派。正一道的形成,事实上就是江南道教的统一命名,统归龙虎山天师府领导,并以此与北方的全真道相对。正一道奉持的主要经典为《正一经》。道士可以有家室,可不出家,不住宫观,清规戒律也不如全真道严格。

目前,全国道教宫观大部分属全真派,正一道主要流行在江南地区和台湾省。

二、道教的基本理论

1. 道教的基本教义

(1)宣扬"道"是"万物之母",是宇宙天地万物的核心。

(2)追求长生不老、肉身成仙。

2. 道教的经典

《道藏》是道教的经典。

3. 道教的标志

八卦太极图是道教的标志。

◆ 案例驿站 7.2

八　卦

八卦是我国古代的一套有象征意义的符号。用"—"代表阳,用"— —"代表阴,用三个这样的符号,组成八种形式,叫做八卦。每一卦形代表一定的事物。乾代表天,坤代表地,坎代表水,离代表火,震代表雷,艮(gèn)代表山,巽(xùn)代表风,兑代表泽。

资料来源:http://baike.baidu.com/view/4881.htm? fr=ala0_1_1,百度百科

三、道教景观

1. 道教建筑

道观是道教建筑的统称,其建筑特点是:在选址上,利用山地条件,突出仙境,渲染神秘的气氛;在布局上,体现中国传统院落式总体布局;在结构上,充分体现道家五行、八卦思想;在建筑装饰上,追求"吉祥、如意、长生、成仙"的思想。目前,中国道教宫观众多,文化内涵丰富,有的已被列为全国重点道教宫观,成了著名的旅游胜地。例如,华山玉泉院、北京白云观、台湾妈祖庙以及武当山真武道场等,都是中国著名的道教宫观。

道观内的建筑主要有山门、灵官殿、三清殿、玉皇殿(四御殿)、纯阳殿、三清阁等。

(1)山门殿。

一般供奉青龙神和白虎神,相当于佛寺的二王尊。

(2)灵官殿。

供奉王灵官,相当于佛教的天王殿。

(3)三清殿。

供奉道最高神三清,相当于佛教的大雄宝殿。

(4)玉皇殿。

供奉玉皇大帝,有的供奉四御。

(5)三官殿。

供奉天官、地官、水官。

2. 山东省道教旅游资源

山东省道教旅游资源主要有济南大明湖内的北极阁、青岛崂山太清宫、泰安泰山碧霞祠(图 7.6)等。

图 7.6　泰山碧霞祠

四、供奉对象

道教的神仙体系等级分明,神团庞大而复杂,包括天神、地祇、人鬼。道教的崇拜对象等级分明,主要供奉对象有:

1. 尊神

(1)三清。

是道教最高层神团。指的是玉清元始天尊、上清灵宝天尊、太清道教天尊。道教宫观里的三清殿中,元始天尊戴芙蓉冠、披云霞紫袍位于中间,灵宝天尊常手持太极图或玉如意居元始天尊之左侧位,道德天尊手持太极神扇居元始天尊之右侧位。

(2)四御。

是仅次于三清、辅佐三清的四位天帝。流行的说法指:玉皇大帝,全称"昊天金阙至尊玉皇大帝",为总执天道之神;北极大帝,全称"紫微中天北极太皇大帝",他协助玉皇大帝执掌天地经纬、日月星辰和四时气候;南极大帝,全称"勾陈上宫南极天皇大帝",他协助玉皇大帝执掌南北极和天地人三才,统御众星并主持人间兵革之事;后土皇地祇(女神),全称"承天效法厚德光大后土皇地祇",她执掌地道,掌阴阳生育、万物之美与大地山河之秀(故有人称之为"大地母亲"),与执掌天道的玉皇大帝相配套。

(3)三官。

指天官、地官、水官。道教称,天官赐福、地官赦罪、水官解厄。因道教将三官的诞辰日编在三元日,即上元正月十五(元宵节:上元节),中元七月十五,下元十月十五,故三官大帝又称"三元大帝"。

2.神仙

仙有人仙、地仙、天仙和神仙之分。道教神仙的队伍十分宠大,最常见的神仙有真武大帝、文昌帝君、魁星、八仙、天妃娘娘(妈祖)等。

(1)真武大帝。

传说真武为净乐国太子,后在武当山修炼,得道飞升。现武当山为全国各地真武庙的祖庭。全国著名的真武庙有山东济南北极阁、广东佛山祖庙、云南昆明太和宫、广西容县经略台真武阁。

(2)文昌帝君。

又称文曲星、文星,是道教奉祀的文章科举之神。自元代起全国各地均兴建文昌庙、文昌祠、文昌阁等供奉文昌帝君。七曲山文昌宫(梓潼大庙)是全国文昌庙的祖庙。

(3)魁星。

指的是北斗七星中组成斗形的前四颗星,又叫奎星道教,认为魁星是主掌文运的神,因此备受读书人的推崇。

(4)八仙。

是民间最熟悉的神仙群体。八仙指李铁拐(也称铁拐李)、汉钟离(也称钟离权)、张果老、何仙姑、蓝采和、吕洞宾、韩湘子、曹国舅。山东烟台的蓬莱阁,传说是八仙过海之地。

(5)天妃娘娘(妈祖)。

妈祖原名林默,传说她救助过不少海上遇难渔民和船只,后在福建莆田湄州岛羽化升天。当地渔民在岛上盖庙祭祀。道教继承民间传说,把妈祖列为道教女神(海上保护神)。据统计,世界十多个国家和地区共有1 500多座妈祖庙。湄州岛妈祖庙为妈祖庙的祖庭。湄州岛妈祖庙、天津天后宫和台湾北港朝天宫并列为我国三大妈祖庙。

3.护法神将

(1)关圣帝君。

即关羽,关羽在宋代以后才名声大振,因其为"忠、孝、义、节"的楷模而屡受皇帝褒封。儒家尊其为"武圣人";佛家尊其为伽蓝神;道教则尊其为关圣帝君。关公是唯一受到儒家,佛教、道教三教共同尊崇的偶像。目前,山西运城解州关帝庙是全国规模最大、最为壮观、保存最好的关帝庙。另外,河南洛阳的关林,传说是埋葬关羽头颅之处,也是著名的关帝庙。

(2)王灵官。

道教重要护法神将,专门镇守道观山门,镇妖压魔,其地位相当于佛教的韦驮。

五、道教节日

道教是中国土生土长的宗教,道教的节日也就自然而然的与中华民族传统文化、民俗文化一脉相承。逢道教节日广大香客进道观敬香,一念虔诚,祈祷国泰民安、风调雨顺、消灾延寿;在财源、运气、家庭、身体、工作、前程等方面所祈所愿,默念在香上,香通天界,福临人间,随心如意,平安吉祥。

1.正月

初一日:春节;初九日:玉皇上帝圣诞;十五日:上元天官圣诞;十九日:长春邱真人圣诞。

2.二月

初一日:阳升殿吉祥良辰;初二日:土地正神圣诞;初三日:文昌梓潼帝君圣诞;十五日:太上老君圣诞;十九日:慈航道人观音菩萨圣诞。

3.三月

初一日:祈祥迎福吉日;十五日:玄坛赵公明元帅圣诞;十六日:山神圣诞(财神、灵官);十八日:中岳大帝圣诞;廿八日:东岳大帝圣诞。

4.四月

初一日:萧公圣诞;初十日:何仙姑圣诞;十四日:吕纯阳洞宾祖师圣诞;十五日:钟离祖师圣诞;廿八日:药王祖师圣诞。

5.五月

初一日:南极长生大帝圣诞;夏至日:灵宝天尊圣诞;十二日:炳灵天尊圣诞;十三日:关圣帝君降神武财神;十八日:张天师圣诞。

6.六月

初一日:敬香迎福吉日;初十日:刘海蟾帝君圣诞;十五日:福禄寿财吉祥日;十九日:扁鹊高真人圣诞(药王);廿三日:火神圣诞,玉灵官圣诞。

7.七月

初一日:祈祥迎福吉日;初十日:拐李祖师圣诞;十五日:中元地官圣诞;十九日:值年太岁圣诞;廿二日:增福财神圣诞。

8.八月

初一日:神功妙斋真君圣诞;初十日:北岳大帝圣诞;十五日:太阴朝元之辰;廿七日:至圣先师孔子圣诞。

9.九月

初一日:南斗下降之辰;初九日:重阳帝君圣诞;十五日:祈祥迎福吉日;十七日:广源财神圣诞;廿三日:萨真人圣诞。

10.十月

初一日:下元定志真君圣诞;初十日:张果老祖师圣诞;十五日:下元水官圣诞;二十日:虚靖天师圣诞;廿七日:北极紫微大帝圣诞。

11.冬月

初一日:祈祥迎福吉日;冬至日:元始天尊圣诞;初六日:西岳大帝圣诞;十一日:太乙救苦天尊圣诞;十五日:祈祥迎福吉日。

12.腊月

初一日:祈祥迎福吉日;十五日:祈祥迎福吉日;十六日:南岳大帝圣诞;廿日:鲁班圣诞;廿玖日:诸仙神下界祥日。

六、道教的主要称谓

在历史上,受各朝代文化的影响,根据道士修行程度和教理造诣以及担任的教职的不同,配以相关的称谓:

1.天师

指张陵或其嗣号之后裔。但后世也有个别道士称"天师",如北魏的寇谦之、隋代的焦子顺、唐代的胡惠超等。

2.法师

指精通经戒、主持斋仪、度人入道、堪为众范的道士。精通道法,能养生教化,为人师表者也可称为法师。

3.炼师

起初多指修习上清法者,后泛称修炼丹法达到很高深境界的道士。

4.祖师

各道派的创始人曰祖师。

5.宗师

各派传道的首领称之为宗师。

6.真人

通常尊称那些体道大法、道行高深、羽化登仙的道士。

7.黄冠

早期道教徒崇尚黄色,故世人根据道士衣冠颜色,称道士为黄冠。

8.羽客

又称"羽士""羽人"。以鸟羽比喻仙人可飞升上天,引申为神仙方士,进而专指道士。后世道士多取以自号。

9.先生

道士的尊称或谥号、赐号。

10.居士

信奉道教的俗家信众。

11.方丈

对道教十方丛林最高领导者称谓,又可以称为"住持"。方丈是受过三坛大戒,接过律师传"法",戒行精严,德高望重,受全体道众拥戴而选的道士。

12.监院

又叫"当家""住持"。由常住道众公选,为道教丛林中总管内外一切事务者。监院必须才全智足,通道明德,仁义谦恭,宽宏大量,弱己卫众,柔和善良,明罪福因果,功行俱备。

13.知客

负责接待参访及迎送宾客。《三乘集要》记载:"知客应答高明言语,接待十方宾朋,须以深知事务,通达人情,乃可任也。"

14.高功

指那些德高望重,精于斋醮科仪,善于踏罡步斗、沟通神人、代神宣教、祈福消灾、超度幽魂、主持斋醮法会的道士，是经师的首领。

15. 道人

最初与方士同义，最早出现于《汉书·京房传》。道教创立后，道人一词曾专指道士。南北朝时期，则专指沙门，而用于区别于道士。唐朝以后，又以道人泛指有道术之人，或指道士。

16. 道长

教外人士对出家道士的尊称，而不是职称。

17. 道士

男教徒称道士，又称道士先生。

18. 道姑

女教徒称道姑，也可称女冠。

七、常用的礼仪

在道教宫观内，人们常常可以看到道士们身着金丝银线的道袍，手持不同的法器，吟唱着古老的曲调，在坛场里翩翩起舞，犹如演出一场折子戏，这就是道教的斋醮科仪。俗称"道场"，也叫做"依科演教"，简称"科教"，也就是我们通常所说的法事。

"斋"的原意指齐和净，后为斋戒、洁净之意，就是在祭祀前，必须沐浴更衣，不食荤酒，不居内寝，以示祭者庄诚。道收此礼，祈禳之初，素食清心，沐浴洁身，称为"修斋"。初为"积德解愆"，再则"和神保寿"，后为"专道""乐道""合道"，即为"修道"，此为修斋的最高境界。因此道教，重视修斋，并制定了一整套斋法。

"醮"的原意是祭，是古代的礼仪。道教继承并发展了醮的祭祀一面，借此法以与神灵相交感。"醮"亦有"醮法"。所谓"醮法"，指的是斋醮法事的程式、礼仪等规矩。"醮"的名目有很多种，大凡世人有所需就会有相应的建醮名目，如祈雨九龙醮、正一传度醮、罗天大醮等。斋法与醮法本不一样，后来相互融合，至隋唐以后，"斋醮"合称，流传至今，成为道教科仪的代名词。

现行道教常用的斋醮科仪很多，大略有早晚坛功课、接驾、祝寿、进表、炼度等。

1. 早晚坛功课

道教住观道士每日早晚例行的科仪。约起于南北朝以后。据《早晚功课经·序》曰："功课者，课功也。课自己之功也，修自身之道者，赖先圣之典也。诵上圣之金书玉诰，明自己本性真心，非科教不能弘大道，非课涌无以保养元和。是人道之门墙，修性之径路。"

在观道士每日卯、酉之时上殿做功课，早诵香赞、开经偈、净心咒、净口咒、净身咒以及《清静经》《玉皇心印妙经》等；晚诵步虚、开经偈、玄蕴咒、《太上洞玄灵宝救苦拔罪妙经》《元始天尊说生天得道真经》等。唱赞礼拜，讽诵仙经，一是修真养性，二是祈祷吉祥，三是坚定道心，四是超度亡灵，五是体现宫观道风管理。

2. 祝将科仪

常用于道教早坛功课出坛中的一种科仪。"祝"为恭请之意，"将"即神真；"祝将"是恭迎神真登临坛场。

早坛功课化天地疏文后，通过高功表白，举威显化天尊、礼拜、上香、宣表、念(唱)咒(灵官咒)，显示祖师赫赫威灵，降临坛场，以护经护道护坛庭，达到道门常清静。

3. 祭孤科仪

常用于道教晚坛功课出坛中的一种科仪。"祭"为祭祀、超度之意；"孤"为孤魂；"祭孤"即祭祀孤魂，为亡灵超度。

晚坛功课出坛，各执事如法如仪后，通过高功表白、举太乙救苦天尊、礼拜、上香、洒净水、表白宣表篆、高功步罡撒食，以期甘露洒开地狱门，孤魂亡灵升仙都。

4. 祝寿科仪

道教用于祖师圣诞之时的科仪。"祝"为庆贺之意，"寿"为寿辰，"祝寿"即庆贺祖师寿辰。如正月初九、正月十五、正月十九，分别为玉皇、天官、邱祖的圣诞，于当天晚上零点例行此仪，以贺祖师诞辰。

其程式为：各执事如威如仪，高功、表白，齐举玄教万寿天尊，上香礼赞，举道经师宝天尊，咏"三宝香"韵，举香云达信天尊，宣表念祖师宝诰(某祖师圣诞即念某祖师诰)、焚表、退班。

5. 庆贺科仪

亦为道教用于祖师圣诞之日的科仪。"庆"为庆祝之意，"庆贺"即庆祝祖师诞辰。一般在祖师圣诞日白天举行。

其程式为：各执事如列如仪，上香礼赞；举三清应化天尊，举道经师宝天尊，举香云达信天尊，上祝香咒，上威灵咒，宣表、表白、念诰(某祖师圣诞即念某祖师诰)、焚表、退班。

通过此仪，恭对醮坛，以贺祖师圣诞。

6. 接驾科仪

道教专用于玉皇巡天之晨的科仪。"接"为迎接之意；"驾"为圣驾，指玉皇大帝；"接驾科仪"指迎接玉皇大帝时所行的朝科。宫观于农历腊月二十五日子时(即零点)举行迎接王帝圣驾大典，简称迎銮接驾。

其程式是：《早课》念完《太上灵宝天尊说禳灾度厄真经》，高功跪起启请韵、起"小赞韵",监院拈香、刹板,高功说文,提科起步虚韵,高功举大罗三宝天尊,高功起吊挂,高功提纲、表白,高功说文、起天尊板,众念鹤驾采临天尊,众出殿至天坛,退班。

通过此仪恭对瑶坛,延请玉帝降临人间,赐福禳灾,延龄益寿。

7.大回向科仪

常用于道场圆满时的一种科仪,是为道场圆满做的总忏悔。

其程式为:高功拈香说文,提科起步文,高功举大罗:宝天尊,高功起吊挂、提科提"恭对道前",表白接"回向如法,高功朗念回向文,众念《弥罗宝诰》及《洞玄灵宝高上玉皇本行集经》,高功起送花赞、退班。

通过此仪,仗道威力,愿罪消除,常,转法轮,普度群晶。

8.进表科仪

进表亦称"化表""焚疏",是道教斋醮中一种非常重要的科仪,广泛应用于各种大犁的斋醮活动中。例如金箓、玉箓、黄箓,或者大型醮会,均要举行此仪。

进表,源于中国古代的祈祷仪式,经两汉南北朝、隋唐诸代的发展,逐渐由简趋繁,直至宋元以后才日趋统一和完善。但由于道法师承的系统不同以及传播地域的经济文化,乃至语言、风俗习惯的差异,各地在演习中有了很大的不同。例如,上海道教现行"进表"科仪,大体分三个步骤举行。第一步为启坛:法师和众道士人坛敬香,跪奏祝告,醮坛被幻化成瑶坛仙境,以分灯法点燃全坛之灯,击金玉之声,然后漱水。净洒坛场。第二步为请圣:奉安五方神圣、请圣、降圣。第三步为拜表:法师和众道士奉请三师相助,降临坛场,高功默念"薰香咒",行祭礼于司表仙官,以劳动仙官递送表文于天庭,然后封表,法师虚画符文于表上,以示封缄;行送表礼,焚表化行;高功步罡踏斗,以示元神飞升天庭,默念表文,禀告上苍,高功在踏表后,收敛元神;众法师和执事致谢众神,献供,上表结束,退堂。此为进表科仪的核心内容。

通过此仪,道士将书写信众祈愿的表文呈达天庭,祭告上苍。众圣降临坛场,赐福延龄,先灵受度。

9.水火炼度仪

道教斋醮中常用的一种科仪。水火即真水真火,水火炼度即指用真水真火,交炼亡灵,拔度幽魂。包括九炼生尸、灵宝炼度和南昌炼度三种。

在举行该仪时,坛场上要设置水池和火沼,水池盛真水,火沼置真火。其中真水是在拂晓时,"于东井中,人末汲者"(《上清灵宝大法》),经焚请水符后,在烛光下,汲水入水池内;真火是在日午时,"面日,截竹取火,下用印香引之"(同上),火着后,焚请火符,引火烧沼内炭。

其程式为:祝香,启闻上帝,焚降真诏灵符;高功就座召将吏,存将吏降临,次念五帝真讳;收召亡魂,水火交炼;焚符九章,使亡魂之脏腑生神,说戒;举道经师宝;鬼神十戒;九真妙戒;举奉戒颂;读符告简牒;高功下座,送魂度桥;焚燎,举三清乐;退班。其核心是收召亡魂,水火交炼。

通过此仪,水火交炼,超阴度亡。

10.灯仪

道教斋醮中常用的一种科仪,是指以灯为主要法器的一种仪式,多在日落后举行。他包括九幽灯仪、北斗灯仪、本命灯仪、血湖灯仪等。

灯仪源于中国古代的祭祷仪式,至南北朝时,醮坛执事中已有"侍灯"一职,到唐末五代,道教斋醮中就有了完整的礼灯仪。元朝时期,灯仪被广泛地运用于金箓、玉箓类道场中。后经过发展,大体分为金箓类灯仪、黄箓类灯仪两大类。

金箓类灯仪的程式是:入坛、启白(通意)、叛命和赞颂、讽经、宣疏、回向。

黄箓类灯仪的程式是:入坛、启白(通意)、举天尊之号和赞颂、讽经、宣疏、回向。可见刁;同灯仪在举天尊之号和赞颂部分有所区别,这与破狱度亡有关。

灯仪中的火种的来源是,从正午阳光取得火源,然后再在分灯仪中点燃坛场各灯。

通过此仪,照耀诸天,续明破暗,下通九幽地狱,上映无福极堂。

◆ **本节相关知识链接**

1. http://www.taoist.org.cn/webfront/webfront_frontPage.cgi,中国道教协会

2. http://www.chinataoism.org/,中国道教

◆ **本节试题与知识训练**

一、填空

1._____、_____、_____并列为我国三大妈祖庙。

2._____是全国规模最大、最为壮观、保存最完好的关帝庙。

3.全国道教形成_____与_____两大教派。

4.道教的标志_____。

二、单选

1.道教中宫观的负责人称(   )。

A. 方士　　　　　　B. 道士　　　　　　C. 住持　　　　　　D. 道长

2. 五岳中唯一为道观所独占的名山是(　　)。

A. 嵩山　　　　　　B. 华山　　　　　　C. 衡山　　　　　　D. 恒山

3. 四大天王中南方曾目天王手拿(　　)。

A. 琵琶　　　　　　B. 蛇　　　　　　　C. 伞　　　　　　　D. 宝剑

4. 下列哪个不是道教人物?(　　)

A. 张陵　　　　　　B. 弘一　　　　　　C. 葛洪　　　　　　D. 陈抟

5. 四大天王哪个天王是右手持宝伞,左手握银鼠(　　)。

A. 东方持国天王　　B. 南方增长天王

C. 西方广目天王　　D. 北方多闻天王

三、多选

1. 下列关于全真道打叙述正确的是(　　)。

A. 全真教为元初创立的道教宗派

B. 主要创始人为王重阳

C. 全真教主张道教、佛教及儒家思想的融合

D. 全真教以长春子丘处机开创的九门派势力最大

2. "四谛"是佛教各派共同承认的基础教义所谓"谛"即"真理"的意思,"四谛"是指(　　)。

A. 集谛　　　　　　B. 笑谛　　　　　　C. 灭谛

D. 道谛　　　　　　E. 苦谛

3. 三宫殿供奉天宫、地宫、水宫,有的供奉福禄寿三星,分别是指(　　)。

A. 幸福　　　　　　B. 长寿

C. 利禄　　　　　　D. 官禄

4. 注重符箓的道教派别分别是(　　)。

A. 全真道　　　　　B. 正一道　　　　　C. 灵宝派

D. 上清派　　　　　E. 太一道

四、简答

道教中的八仙指的是哪几个?

第三节　伊斯兰教文化

一、伊斯兰教的创立及传播

1.伊斯兰教的创立

伊斯兰系阿拉伯语音译,原意为"顺从""和平",指顺从和信仰宇宙独一的最高主宰安拉及其意志,以求得两世的和平与安宁。信奉伊斯兰教的人统称为"穆斯林"(意为"顺从者")。7世纪初伊斯兰教兴起于阿拉伯半岛,由麦加人穆罕默德(约570—632?)创建。

2.伊斯兰教在世界的传播

伊斯兰教主要传播于亚洲、非洲,在西亚、北非、西非、中亚、南亚次大陆和东南亚最为盛行。第二次世界大战后,在西欧、北美、澳洲和南美一些地区也有不同程度的传播和发展。它作为一种宗教信仰、意识形态和一种文化体系,传入世界各地后,与当地传统文化相互影响和融合,在不同的历史条件下,对许多国家和民族的社会发展、政治结构、经济形态、清真寺文化、伦理道德、生活方式等都产生了不同程度的影响。

3.伊斯兰教在中国的传播

唐永徽二年(651年)大食国(阿拉伯)第一次遣使来华,伊斯兰教随之传入中国。传入的路线主要有两条:一条是丝绸之路,从大食经波斯(伊朗),过天山,穿过河西走廊,进入中原;另一条是香料之路,从大食经印度洋打天竺(印度),经马六甲海峡,到东南沿海的广州和泉州等地。

4.伊斯兰教主要宗派

伊斯兰教主要分为逊尼和什叶两大派系,也有其他一些小派系(如哈瓦里吉派、伊斯玛仪派)。逊尼派被认为是主流派别,又被称为正统派,分布在大多数伊斯兰国家,中国穆斯林大多是逊尼派;什叶派的信徒主要分布在伊朗和其他一些国家和地区,如伊拉克等国。

二、伊斯兰教的教义

伊斯兰教基本信条为"万物非主,唯有真主,穆罕默德是安拉的使者",这在我国穆斯林中视其为"清真言",突出了伊斯兰教信仰的核心内容,具体而言又有"六大信仰"之说。

1.六大信仰

(1)信安拉。

伊斯兰教认为，安拉是宇宙间至高无上的主宰。信安拉是伊斯兰教信仰的核心，体现了其一神论的特点。

（2）信天使。

认为天使是安拉用"光"创造的无形妙体，受安拉的差遣管理天国和地狱，并向人间传达安拉的旨意、记录人间的功过。《古兰经》中有四大天使：哲布勒伊来（Jibra'il）、米卡伊来（Mikal）、阿兹拉伊来（Azral）及伊斯拉非来（Israfil），分别负责传达安拉命令及降示经典、掌管世俗时事、司死亡和吹末日审判的号角。

（3）信经典。

认为《古兰经》是安拉启示的一部天经，教徒必须信仰和遵奉，不得诋毁和篡改。

（4）信使者。

使者是安拉选派的警告者，他们接受安拉的启示，向世人传播宗教。

（5）信后世。

伊斯兰教认为，整个宇宙及一切生命，终将有一天全部毁灭，然后安位使一切生命复活。复生日到来的时候，一切生命的灵魂都将复返于原始的肉体，奉安拉的命令而复活并接受安拉最终的判决：行善的人将进入天堂，永享欢乐；作恶的人将被驱入地狱，永食恶果。

（6）信前定。

世间的一切都是由安拉预先安排好的，任何人都不能变更，唯有对真主的顺从和忍耐才符合真主的意愿。

2.五项基本功课

伊斯兰教学者根据《古兰经》内容，将五项基本功课概括为念功、礼功、斋功、课功、朝功。

（1）念功。

信仰的确认。即念"万物非主，唯有真主，穆罕默德是安拉的使者"，中国穆斯林称其为"清真言"。这是信仰的表白。当众表白一次，名义上就是一名穆斯林了。

（2）礼功。

信仰的支柱。每日五次礼拜，即晨礼（从拂晓到日出）、响礼（从中午刚过到日偏西）、晡礼（从日偏西至日落）、昏礼（从日落至晚霞消失）、宵礼（从晚霞消失至次日拂晓）。礼拜必须面向麦加的方向，在中国一般是朝西方。礼功是督促穆斯林坚守正道，对自己过错加以反省，避免犯罪，给社会减少不安定因素，为人类和平共处提供条件。

此外，每星期五主麻日响礼时间，要求穆斯林到清真寺做集体礼拜"聚礼"。在开斋节和宰牲节时举行"会礼"。

（3）斋功。

寡欲清心,以近真主。成年的穆斯林在伊斯兰教历的莱麦丹月"回历九月",白昼戒饮食和房事一个月。黎明前而食,日落后方开。但封斋有困难者如病人、年老体弱者和出门旅行者、孕妇和哺乳者,可延缓补斋,或施舍罚赎。

(4)课功。

课以洁物,也称天课,是伊斯兰以神的名义对占有一定财力的穆斯林征收的一种课税。征收比例不同。天课的用途,《古兰经》有明确的规定,但是随着社会经济的变化,天课的用途在各国或各地区不完全相同。

(5)朝功。

复命归真,是指穆斯林在规定的时间内,前往麦加履行的一系列功课活动的总称。教历的每年 12 月 8～10 日为法定的朝觐日期(即正朝)。在此时间外去瞻仰麦加天房称为"欧姆尔"(即"副朝")。所谓"朝觐"一般是指"正朝"。凡身体健康、有足够财力的穆斯林在路途平安的情况下,一生中到圣地麦加朝觐一次是必尽的义务。不具备此条件者则可以进行代朝。

三、伊斯兰教的经典和标志

1. 伊斯兰教的经典

伊斯兰教的经典为《古兰经》和《圣训》。《古兰经》是伊斯兰教最基本的经典。"古兰"为阿拉伯语的译音,意为"诵读""读本"。《古兰经》内容包括伊斯兰教的基本信仰、社会主张、宗教制度、对社会状况的分析、道德伦理规范、早期制定的各项政策、穆罕默德及其传教活动、当时流行的历史传说和寓言、神话、谚语等。

《圣训》又名《哈迪斯》,是穆罕默德的言行录,是《古兰经》的补充和注释。

2. 伊斯兰教的标志

伊斯兰教的标志为新月。

四、信奉的最主要对象

伊斯兰教信奉最主要的对象是安拉(即真主),认为安拉是伊斯兰教信奉的独一无二的主宰,唯一的创造宇宙万物、主宰一切、无所不在、永恒唯一的真主。伊斯兰教不设偶像。

五、主要节日和习俗

1. 主要大节日

伊斯兰教有许多传统节日、纪念日和习俗。节日主要有:

（1）开斋节（教历 10 月 1 日），是庆祝斋功完成的节日。穆斯林在教历 9 月内斋戒。在斋月，每天从日出至日落禁食、禁房事。斋月最后一天寻看新月，见月的次日即行开斋，为开斋节。未见月牙，则顺延，但不得超过 3 天。在我国新疆开斋节也叫肉孜节。

（2）古尔邦节，即宰牲节，定在教历的 12 月 10 日。每逢此节要宰杀牛羊骆驼，要求穆斯林做到从黎明到会礼前戒食半日、刷牙、大净、熏香、盛装、宰牲、拜安拉等七件事。

（3）圣纪节，是穆罕默德的诞辰日，定在教历 3 月 12 日。穆斯林必须为穆罕默德读《古兰经》，赞圣，讲述穆罕默德历史功绩和品质。

除了上述主要的节日外，还有"元旦"（教历纪元元旦为公元 622 年 7 月 16 日）"盖德尔夜""登霄节""拜拉特节""法图麦节"等其他节日。我国的穆斯林，习惯过的节日为"开斋节""古尔邦节"以及"盖德尔夜"。

2.主要习俗

（1）饮食禁忌。禁吃自死之物、动物血液、猪肉，以及用非真主之名而宰杀、勒、捶、跌、抵死的和野兽吃剩的动物。允食的牛羊肉和鸡鸭等家禽，必须按照教法规定开宰，并标以"清真"方可食用。

（2）注重洁净。礼拜者不仅灵魂纯洁，也要求外表清洁。清真寺都建造有供洗涤的水房，历来用汤瓶壶，用水 7 斤，供在礼拜前冲淋洗涤身体和手脸。清洗全身称"大净"，清洗身体的一些部位称"小净"。礼拜时，男子戴白帽，妇女使用白、绿或黑色盖头。

六、伊斯兰教主要称谓

1.伊玛目
伊玛目又称为教长，一般用于称呼清真寺的教长。

2.阿訇
阿訇指主持清真寺教务者，一般有数名。其中，担任教坊最高首领和经文大师的分别称作"教长阿訇""开学阿訇"。

3.毛拉
毛拉是对伊斯兰教学者的尊称。新疆地区有些穆斯林对阿訇也称毛拉。

七、伊斯兰教景观

1.建筑
伊斯兰教的典型宗教建筑是清真寺，阿拉伯语是"麦斯吉德"（敬拜安拉的地方），在我国也叫礼拜寺，它是穆斯林举行宗教仪式、传授宗教知识的寺院的通称。中国清真寺建筑有中国传统式清真寺建筑、阿拉伯风格清真寺建筑、中阿合壁式的清真寺建筑三种。我国著名的清真寺主要有宁夏同心清真寺(图7.7所示)、西安化觉巷清真寺、青海东关清真寺、北京牛街清真寺(图7.8所示)等。

图7.7　宁夏同心清真寺　　　　　　　7.8　北京牛街清真寺

(1)中国传统式清真寺建筑。

中国传统式清真寺建筑分几进四合院,有明显中轴线。主要建筑有大殿(礼拜正殿)、经堂、浴堂(作大、小净用)等。少数大型清真寺有望月楼和宣礼楼。依照伊斯兰教规定,不管清真寺中轴线朝向如何,礼拜正殿和殿内壁龛(圣龛)必须背向麦加(在中国为背向西方),以示跪拜朝向。清真寺建筑内部不得设偶像,也不以动物形象作装饰,多以阿拉伯语经文和花草为饰。

(2)阿拉伯式清真寺建筑。

阿拉伯式清真寺建筑没有明显的中轴线,大多有圆形拱顶的正殿和尖塔式宣礼楼,另有望月楼、经堂、浴堂等建筑。正殿也必须背向麦加。

(3)中阿合壁式的清真寺建筑。

中阿合壁式的清真寺建筑有大圆顶、拱形门窗、攒尖塔挑。如宁夏银川市南关大寺和宁夏伊斯兰经学院的建筑,就是这种形式的代表。这些建筑充分展示了中阿文化的融合交流。

2.山东省伊斯兰教旅游资源

山东省伊斯兰教旅游资源主要有济南清真南大寺、济宁东大寺、临清清真寺、青州真教寺等。

◆ **本节相关知识链接**

1. http://www.chinaislam.net.cn/index.jsp,中国伊斯兰教协会

2. http://www.norislam.com/bbs/index.asp,伊斯兰之光

◆ **本节试题与知识训练**

一、填空

1. 伊斯兰教的两大派别_____、_____。

2. 伊斯兰教的主要称谓有_____、_____、_____。

3. 伊斯兰教的经典为_____、_____。

二、单选

1. 伊斯兰教的标记是( )。

A. 十字架　　　　B. 法轮　　　　　　C. 太极八卦　　　　D. 新月

2. 下列不属于伊斯兰教六大信的是( )。

A. 信安拉　　　　B. 信使者　　　　　C. 信上帝　　　　D. 信天使

3. 下列不属于清真寺的是( )。

A. 泉州清净寺　　B. 色拉寺　　　　　C. 杭州凤凰寺　　D. 广州怀圣寺

4. 下列属于清真寺的是( )。

A. 广州怪圣寺、泉州清净寺　　　　　B. 上海沐恩堂、扬州仙鹤寺

C. 上海沐恩寺、广州怪圣寺　　　　　D. 杭州凤凰寺、上海沐恩堂

5. 哪一座清真寺是我国现存规模最大、保存最完整的清真寺,属于我国重点文保单位?( )

A. 广州怪圣寺　　B. 扬州仙鹤寺　　　C. 杭州凤凰寺　　D. 西安化觉寺

三、多选

1. 伊斯兰教的教义有( )。

A. 天道循环,势恶承负　　　B. 崇"道"　　　C. 六大信仰

D. 五功　　　　　　　　　　E. 善行

2. 伊斯兰五项基本功课为( )。

A. 念功　　　　B. 礼功　　　　C. 斋功　　　　D. 课功　　　　E. 朝功

四、简答

1. 伊斯兰教的六大信仰是什么?

2.中国伊斯兰教四大清真寺在哪里?

第四节　基督教文化

一、基督教的创立与发展

1.基督教的创立

"基督"是"基利斯督"的简称,指上帝所差遣的救世主,是基督教对耶稣的专称。所谓基督教,即信奉耶稣基督为救世主的各教派的统称。该教与佛教、伊斯兰教并称为世界三大宗教。基督教在公元1世纪由巴勒斯坦拿撒勒人耶稣创立。相传耶稣是上帝的独生子,是圣灵降孕童贞女马利亚生养成人。传说耶稣掌握许多神术,能使瞎子复明、跛子行走、死人复活,因而得罪当权者而被钉死在十字架上。据传死后第三天复活,显现于诸门徒,复活后第40天升天。据说,耶稣将来会再度下降到人间,审判世界,在地上按上帝的旨意拯救人类。耶稣的受难是因12门徒中犹大的出卖造成的,受难之日为星期五。与耶稣共进最后的晚餐共有13人,其中包括犹大,所以有些西方人忌讳数字"13",并将13日与星期五视为凶日。

2.基督教的发展

在基督教的发展历史上有过两次大的分裂,因而形成了公教(也称"罗马公教",中国称"天主教")、正教(也称"东正教""希腊政教")、新教(又称"抗罗宗""抗议宗",中国称为"耶稣教")三大教派。

第一次分裂由争夺教权而引发,发生在公元11世纪中叶,基督教分裂为西部的天主教和东部的正教(即东正教)。天主教又称公教、加特力教。

第二次分裂由宗教改革而引发,发生在公元16世纪,结果从天主教内部脱离出新的宗派——抗罗宗,我国称为新教。新教反对教皇的绝对权威,不接受教皇支配,不承认天主教某些教义。在中国又称为耶稣教或基督教。

二、基督教在中国的传播

基督教传入中国时间较早,据历史记载有基督教四传中国之说,其中前两次都自行中断。

1. 基督教一传中国

这一阶段指的是流行于中亚的基督教聂斯脱利派从波斯来华传教,时逢唐朝时期的"贞观之治",获得"景教"之名的聂斯脱利派很快取得"法流十道""寺满百城"的美誉。然而,公元845年唐玄宗崇道毁佛的风云中,基督教被作为"胡教"与其他外来宗教一起遭了厄运。

2. 基督教二传中国

这一阶段指的是景教在元朝的复兴和罗马天主教来华传教,被蒙古人称为"也里可温"(意即"有福缘之人")的基督教,当时主要对蒙古民族产生了文化方面的影响。随着元朝的灭亡,其传播也迅即消失。

3. 基督教三传中国

这一阶段指的是明清之际以天主教耶稣会士为首的西方传教士在华展开的广泛而深入的传教活动。利玛窦等耶稣会士努力向中国文化"趋同",主张将中国的孔孟之道和宗法敬祖思想与天主教的教义体系相融合,以求基督教文化在中国的生存与发展,于是引起其他恪守天主教传统的教士的反感,天主教会内部爆发"中国礼仪之争"。后因罗马教皇和康熙皇帝的各自干预,导致双方的直接冲突,并导致了康熙宣布禁教、驱逐传教士的结局。

4. 基督教四传中国

指鸦片战争后西方基督教各派传教士蜂拥来华,在不平等条约保护下强行传教并取得成功。

新中国成立后,基督教(即新教)倡导"自治、自传、自养"的三自爱国运动;天主教和东正教也倡导自主自办的爱国活动;东正教成立中华东正教会。从此,基督教各教派走上健康发展道路。

三、基督教的基本教义

基督教中,不论天主教、东正教还是新教,尽管教义上有所差异,但基本教义是相同的,主要有以下三个方面:

1. 上帝创世说

在《圣经·创世纪》中,基督教认为,在宇宙造出之前,没有任何物质存在,包括时间和空间都没有,只存在上帝及其"道"。上帝就是通过"道"创造一切,包括创造地球和人,故上帝是全能的,是真善美的最高体现者,是人类的赏赐者。人们必须无条件地敬奉和顺从上帝,否则就要受到上帝惩罚。

2.原罪救赎说

基督教宣称,上帝创造人类的始祖亚当和夏娃被安置在伊甸园过着无忧无虑的生活。但夏娃和亚当经不起蛇的引诱,偷吃伊甸园里的知善恶树上的禁果,因而被驱逐出园。亚当和夏娃的罪世世代代相传,成为整个人类的原始罪,也是人类一切罪恶和灾难的根源。即使刚生下即死去的婴儿也有原始罪。这种原罪,人类无法自救,只有忏悔,基督即可为之赎罪。

3.天堂地狱说

天堂是个极乐世界,信仰上帝而灵魂得救,都能升入天堂。不信仰上帝,不思改悔的罪人,死后灵魂受惩罚下地狱。天主教和东正教还为既不能升天堂又不能下地狱者设炼狱,暂时受苦,炼净灵魂,罪恶赎完,可再升入天堂。

教堂是基督教的典型建筑。我国的教堂多为哥特式的教堂,内部多成排的高大立柱,多壁画,外部线条凌空多变,窗大而多,顶尖而高,寓意"光""尖""高"的宗教色彩。教堂整体巍峨壮观,气魄宏伟。

四、基督教的经典和标志

1.基督教的经典

基督教的经典为《圣经》,由 39 卷《旧约全书》(简称《旧约》)和 27 卷《新约全书》(简称《新经》)两部分组成。

2.基督教的标志

基督教标志为十字架。

五、信奉的主要对象

在中国,基督教新教对其所信奉之神译称为"上帝"或"神";天主教则译称为"天主"。基督教宣称,上帝(天主)只有一个,但包括圣父、圣子、圣灵(圣神)三个位格。三者虽各有特定位份,却完全同具一个本体,同为一个独一真神,而不是三个神,故三位一体。

六、基督教主要称谓

1.牧师

意为"牧羊人"。一般指专职的宗教职业者。《旧约》圣经把牧羊人比喻成耶稣基督,把羊群比喻成教徒,所以基督教新教把主持教务和管理教徒的人称作"牧师"。

2.长老

是指在一般教徒中有威望的人,由各教堂教徒自行推选,称作"长老",参加教会的管理工作,但不作为专职的宗教职业者,仍然继续从事世俗职业。

3.执事

基督教新教有些宗派在教徒中推选出来的协助长老和牧师管理教会事务的人。执事一般不放弃世俗职业,也不终身任职。

七、基督教主要节日

基督教的节日很多,并且因为教派的不同,一些节日也有所不同。主要节日有:

1.复活节

每年 3 月 21 日~4 月 25 日之间,春分月圆后第一个星期日,纪念耶稣钉死十字架后第三日"复活"。

2.圣诞节

每年 12 月 25 日,是为了纪念耶稣诞辰。在圣诞节,大部分的天主教教堂都会先在 12 月 24 日的圣诞夜,亦即 12 月 25 日凌晨举行子夜弥撒,而一些基督教会则会举行报佳音,然后在 12 月 25 日庆祝圣诞;而基督教的另一大分支——东正教的圣诞节庆祝则在每年的 1 月 7 日。

八、基督教景观

1.建筑

基督教的宗教建筑景观主要是基督教教堂。我国较为著名的基督教教堂主要有上海徐家汇天主堂、松江县佘山圣母堂、北京西什库天主堂、广州对心教堂、青岛圣弥厄尔大教堂(图 7.9)等。

2.山东省基督教旅游资源

山东省基督教旅游资源主要有济南

图 7.9　青岛圣弥厄尔大教堂

将军庙天主教堂、洪家楼天主教堂基督教自立会礼拜堂、天主教方济各会华北总修(道)院、青岛圣弥厄尔大教堂、青岛基督教福音堂等。

◉ **本节相关知识链接**

    1. http://www.crcca.net/,中华宗教文化交流网

    2. http://www.daoism.cn/,四川大学道教与宗教文化研究所

◆ **本节试题与知识训练**

    一、填空

    1. 基督教的经典为_____,包括旧约和新约。

    2. 圣诞节_____,是为了纪念耶稣诞辰。

    二、单选

    1. 下列有关基督教的说法中错误的是( )。

    A. 基督教是天主教、东正教和新教的统称

    B. 基督教最早传入中国是在唐代

    C. 基督教的一些重要礼仪称为"圣世"或"圣礼"

    D. 基督教新教徒对其所信奉的神之神译称为"天主"

    2. 青岛圣弥厄尔大教堂属于( )景观。

    A. 道教   B. 伊斯兰教   C. 基督教   D. 佛教

    三、多选

    1. 基督教是( )的通称。

    A. 天主教   B. 犹太教   C. 东正教

    D. 新教   E. 景教

    2. 对宗教节日描绘正确的是( )。

    A. 复活节是每年的 3 月 21 日

    B. 圣诞节是耶稣诞辰日,时间为 12 月 25 日

    C. 新疆穆斯林称的古尔邦节就是开斋节

    D. 宰牲节时间为伊斯兰教历 12 月 10 日

    E. 圣纪节是为纪念安拉的诞辰和归真,时间是伊斯兰教历 3 月 12 日

3.下列教堂中属于天主教堂的有(　　　)。

A.上海徐家汇教堂　B.广州圣心大教堂　C.上海沐恩堂

D.南京圣保罗教堂　E.北京西什库教堂

4.基督教的基本教义是(　　　)。

A.上帝创世说　　　B.原罪救赎说　　　C.天堂地狱说

D.业报轮回说　　　E.十二因缘说

5.下列属于基督教的主要礼仪的是(　　　)。

A.洗礼　　　　　　B.坚振　　　　　　C.告解

D.圣餐　　　　　　E.终傅

四、简答

基督教的基本教义是什么？

◆ **本章小结**

1.本章结语

　　本章主要讲了宗教文化,包括世界三大宗教和中国土生土长的道教的起源与发展、基本教义、经典与标志、主要供奉对象、主要节日、宗教旅游资源及山东省的宗教旅游资源等基本理论知识。

2.本章知识结构图

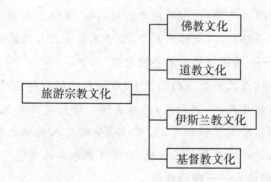

3.本章核心概念

旅游宗教文化　佛　菩萨　罗汉

◆ **实训练习**

　　以小组为单位,对本地体现宗教文化旅游资源做一次调查,并进行实地导游模拟讲解。

◆ 延伸阅读

活佛转世制度由来

活佛,在藏语中称为"朱古"意为"变化身",是指已经修行成佛的人,在他圆寂之后,为了完成普度众生的宏愿,再度转世为人,以普通人的形体出现。

轮回转世——活佛产生的思想前提

佛教认为,人的形体随时可能消亡但灵魂永存,并在六道中不断轮回转世。活佛的转世是以此思想为前提的,但与普通人的轮回有着本质区别。活佛是超越了轮回,自愿下凡救度众生的菩萨。

佛教三身说——活佛转世的理论依据

佛有三身:法身、报身、化身(应身)。

法身:代表着佛法,绝对真理,也指存在于每个人心中的佛性,法身不现。

报身:经过艰苦修行,证得真理而成佛。他是佛的一种客观存在相,行态圆满福态,极为高大,常为诸菩萨说法,报身时隐时现。

化身:是佛的变化身,佛为了教化众生,可现为六道众生,以各种生命形式显现。活佛就是佛以人体的形式显现来教化众生。

菩萨观——活佛转世的永恒主题

大慈大悲是大乘佛教的核心思想,其具体体现者和实践者则是大乘菩萨,尤以观世音菩萨为代表。

菩萨本有能力、资格成为佛,但由于对众生的悲悯,在佛前发宏誓,救度所有众生,众生未得解脱,自己永不成佛,所以藏传佛教中,活佛不断地在人间转世。

独特的转世瑜伽——活佛转世前的必修之法

西藏密宗神密玄奥,在藏密众多的修持中,有一种修持叫转世瑜伽。密宗认为,人皆有死,但普通人却不知何日死,为何而死,死后去哪。修炼转世秘咒,却可以自由掌握命运,大道自然,任其纵横,修成转世秘咒,生可以将灵魂迁入死物之躯,使之复活,亡时可将灵魂注入妇女之身,以新的生命形式出现,更可成佛永离轮回。

活佛转世制度的创始人——噶玛拔希

噶玛拔希为噶玛噶举创始人都松钦巴的得意弟子。他佛法高深,神通非凡,深得元朝皇帝的赏识,曾得忽必烈的兄弟阿里不哥所赐黑边帽,此帽保存至今。噶玛拔希于1283年在楚布寺圆寂,寿达80。在圆寂之时,告知其弟子邬坚巴:"我死后,在远方拉堆,肯定会出现一名黑帽派继承者,密教的传人……"在涅槃的瞬间,噶玛拔希前往兜率天,这里是弥勒菩萨的住处。八天后,他忽然想起自己的弟子们,就重新将自己的"灵魂"归入体内回到了世上。他看到弟子们为他的过世悲痛号叫,心情很不平静,顿时产生了怜悯之心,决定用"夺舍法"(转世瑜伽)使自己得以转世,从而继续教化众生。这一日,在拉萨西北部的堆龙拨昌村,一对老夫妇13岁的儿子突然死亡。当噶玛拔希看到袅袅升起的桑烟后,就赶到那儿,将自己的灵魂移到了尸体内,于是死尸的眼睛闪闪地有了光芒,老夫妇看到了这种奇怪的现象很害怕,认为是魔鬼附体,急忙在灶中抓了些烟灰撒在了儿子的眼睛里,接着又用针把眼睛刺破。

按藏族的风俗,把烟灰朝人身上撒是一种传统的驱除邪魔缠身的方法,老夫妇以为死了的儿子被魔鬼缠身,想用此灶灰驱邪,但他没有想到,这一行为却打乱了噶玛拔希的转世,他只好将自己的灵魂从尸体中移出来,另想办法转世,最后,将灵魂迁入后藏多吉的母体中,使转世获得成功,从此创立了西藏活佛转世制度。

活佛转世系统的建立,合理地解决了宗教首领继承权问题。在此之前,西藏各派宗教势力与地方封建主势力紧密结合,其宗教继承权掌握在很有势力的家族手中,在大家族中世袭,各派争权夺利,社会动荡不安。活佛转世制度的产生,使佛教在雪域得以正常发扬光大,后来格鲁派继承完善了这一制度,并形成了达赖和班禅两大活佛转世系统。

资料来源:http://www.fang2627.com/news/frame/id-932,中华故事网

第八章

旅游民俗文化

学习目标

知识要点：了解中国民族民俗的概况；理解民俗的特征；掌握汉族的主要传统节日习俗；掌握主要少数民族的民居、服饰、饮食、节庆、主要传统节日、主要礼仪和禁忌；掌握客源国的习俗和主要景点。

技能训练：以我国某一民族或某一客源国为例，说出其民居、服饰、饮食、节庆、主要传统节日、主要礼仪和禁忌以及习俗和主要景点。

能力拓展：以小组为单位，对当地民俗文化进行调查并制作一份PPT调查报告。

引　例

我错哪儿了

今天是一位来自日本的旅游团在青岛呆的最后一天，下午三点他们就要乘飞机离开了。作为该团的导游员小李想尽一下地主之谊。于是，他去商场买了一个看起来非常漂亮、嵌有方荷花图案的旅游纪念品送给了该团的领队。没想到的是，领队接过礼物后大为不快。这时小李觉得丈二和尚摸不着头脑，不知道为什么会出现这样的结果，心里觉得非常的委屈，自言自语道："我错了吗？"

案例引发的问题：请你说一下，小李错了吗？如果你认为小李错了，他错在哪儿？

民俗文化是一种民间传承文化，属于民族的传统文化，同时也是一种旅游资源，是旅游文化的基础部分，也是旅游者比较感兴趣的内容之一。它的根脉一直延伸到当今社会的各个领域，伴随着一个国家和民族的生活继续向前发展变化。近年来民俗旅游之所以成为一种时尚，源于它是一种高层次的文化旅游，它能满足游客"求新、求异、求乐、求知"的心理需求。

第一节　旅游民俗文化概述

一、民俗文化概念

1.民俗的概念

民俗,即民间风俗习惯,指一个国家、民族或地区(或社会群体)在长期共同的生产实践和社会生活中所创造、享用和世代承袭的一种较稳定的风尚和习俗。它起源于人类社会群体生活的需要,在特定的民族、时期和地域中不断形成、发展、扩大和演变,渗透在民众的日常生活中。

2.民俗文化的概念

民俗文化,是指民间民众的风俗生活文化的统称,也泛指一个国家、民族、地区中的民众所创造、共享、传承的风俗生活习惯,是人类在不同文化环境和心理背景下创造、积累、传递、演变成的,同时又是在普通人民群众(相对于官方)的生产生活过程中所形成的多种不同类型和模式的物质的、精神的文化现象。

二、民俗文化的类型

◆ **案例驿站 8.1**

山东省的民俗文化

婚嫁

婚姻嫁娶,是人生的一件大事,自古以来就备受重视。它既是一桩值得庆贺的喜事,又是非常注重礼仪的过程。山东省的婚嫁大体分为以下几个步骤:议婚、订婚、选日子、送日子、铺房、迎娶、拜堂、回门。

丧葬

齐鲁之地的丧葬礼仪差别较大,但概括起来大体可分为以下几个程序:入殓、吊丧、出殡、葬后祭礼。

祝寿

老年人一般从 60 岁始庆祝生日,只要是开始做寿了,以后每年在老人生日的时候都庆贺一次。因山东崇拜的孔子和孟子两位圣人,分别是在 73 岁和 84 岁去世的,因此民间比较忌讳说这两个年龄,有的甚至避开这两个年龄做寿。

生育

婴儿出生,合家欢喜,各种礼仪不可或缺,主要是挂红子、送粥米等报喜、吃喜面、产妇坐月子、住满月等一系列生育习俗。

传统节日

山东省的传统节日是北方汉族的典型代表。主要有春节、元宵节、青龙节、寒食节、清明节、端午节、夏至、六月六、七夕节、中元节、中秋节、重阳节、下元节、冬至、腊八节、小年、除夕。

祭祀

山东省的祭祀活动,分为神祭和祖祭两大类灶王、张公、家神、财神、门神、土地等都是供奉对象。有些专业艺人还将本业祖师或神供奉于家中突出位置,以示敬业。不少人家将佛像或观音菩萨像置于闲房,每逢初一、十五设供烧香,以示虔诚。迷信之中反映出人们祈求平安、富裕、家业兴旺之美好愿望。

祖祭是对先祖的怀念。一般于年夕、清明、七月十五、十月初一或祖祀日祭之。

迁居

现在在农村多有沿用旧习者,择日开工,供奉土地神,新房合顶时,要贴对联、放鞭炮,并宴请工匠,表示谢意。迁往新居时,要先"填宅",杀一只银红公鸡,以鸡血喷洒房院。搬迁时,选择吉日搬迁,亲朋好友前来祝贺。

资料来源:山东省旅游局人事教育处.山东旅游文化.济南:山东科学技术出版社,2009

民俗文化事项纷繁复杂,从社会基础的经济活动到相应的社会关系,再到上层建筑的各种制度和意识形态领域,大都附有一定的民俗行为及有关的心理活动。按照钟敬文先生《民俗学概论》的观点,民俗文化大略可以分为以下四部分:

1. 物质民俗

也称经济民俗,是指人民群众在创造和消费物质财富过程中所形成的民俗事项,主要包括生产民俗、消费民俗、流通民俗等。

2. 社会民俗

也称社会组织和制度民俗,主要包括岁时节令民俗、礼仪民俗、社会组织民俗、民间娱乐习俗、社会制度民俗等。

3. 精神民俗

主要包括民间信仰、民间娱乐游戏、民间巫术、民间哲学伦理观念以及民间艺术等。

4.语言民俗

主要包括两大部分：民俗语言（如民间神话、民间传说、民间故事等）与民间文学（如民间歌谣、民间史诗、民间叙事诗、谚语等）。

三、民俗文化的基本特点

作为一种与人类的生产、生活息息相关的民俗文化，其内容既丰富多彩又千差万别，既有个性又有共性。总的来说，民俗文化具有以下几个基本特征：

1.差异性

民俗文化类型多样，不同的民族、不同的地域表现出来的民俗文化大不相同。

民族性是民俗文化的一个显著特点。我国有 56 个民族，各民族的民俗文化因区位、经济、政治、语言文字、历史积累、心理素质等因素的差异而各具特色。仅以服饰为例，回族戴白色小帽，藏族"穿一手露一手"，朝鲜族"白衣民族"，维吾尔族的四棱小花帽，满族的旗袍等，这些都是本民族民俗文化的外在表现。

地域性是民俗在空间上所显示出的特征。生态环境、经济生产、生活方式的不同，必然会导致独特的生产方式和生活方式的产生。以居住为例，同样都是汉民族，华北平原的汉族传统房屋多为砖木结构的平房，院落多为四合院形式；陕北的汉族挖窑洞为住房；南方的汉族传统住房以木建房为主。

2.社会性（群体性）

民俗是社会约定俗成的习惯和习俗，是由集体创造、享用并由集体保存、传承的。民俗的产生是集体创造的结果。即使个别民俗是由某个人所倡导，也必须是以群体接受和遵从为前提，否则是不能形成民俗的。

民俗的社会性还体现在它的模式性的特点。民俗文化现象的存在不是单个的，而是以类型、模式的形式存在。换句话说，民俗一旦形成，便会具有一定的稳定性，并在稳定的发展中形成一定的模式，为群体成员所共同认同和遵守，成为约束群体行为的标准和尺度。

3.稳定性

民俗文化因具有历史传承性，在日常生活中代代相传，具有相对稳定的特性。这里所指的"民俗的稳定性"，主要是指民俗文化现象在空间上的传播和时间上的延续。与上面所讲的"社会性"相承接。任何一项民俗活动一经产生，必然会在一定范围的群体中扩散，并在一定的时间阶段中反复再现，不断复制，否则就不能称作民俗。比如传统节日习俗，农历正月十五的元宵灯会和吃元宵，清明节的祭祖扫墓和踏青郊游，五月初五端午节的插艾叶、赛龙舟、吃粽子,七月十五的烧纸祭祖,八月十五的中秋赏月和吃月饼及除夕辞岁的年祭和吃团圆饭,都是传袭了千年以上的岁时习俗。

4. 变异性

哲学上讲,静止是相对的,运动是绝对的,任何事物都处在不断运动变化发展中。民俗作为一种基础文化也不例外,它在传承与传播过程中并非一成不变,它随着时空的变化不断地发生变异,形成了与稳定性相联系的变异性特征。民俗文化变异方式大致可以分为三种类型:一是民俗表现形式的变化;二是民俗性质的变异;三是旧俗的消亡新民俗的产生。

5. 历史传承性

民俗是各民族、各地域人民在长期的生产和生活中逐步形成并通过习俗、习惯等形式逐渐沉淀下来的,具有代代相传的特点。

6. 实用性

民俗在人类的长期生产生活中形成,具有很强的实用性,可以说实用性是中国民俗的本质特点。民俗在来源于生产、生活的同时,又服务于人们的生产与生活。人们依赖民俗进行生产,繁衍后代,寻求精神愉悦。人类创造了民俗,民俗服务于人类。

四、民俗文化的旅游价值

民俗文化具有鲜明的民族性、地域性、稳定性、独特性和变异性,这使得民俗文化景观成为了重要的旅游资源,给旅游者一种与众不同的新鲜感。当地民俗文化景观越有特色,与客源地(国)文化差异越大,越能满足旅游者近距离地观赏和亲身体验异域风土人情、民风民俗等多方面的文化需求,对旅游者的吸引力也就越大。

我国有 56 个民族,经历了上下五千年的文化积淀,民俗文化资源蕴藏丰富,取之不尽,用之不竭。现在,民俗旅游已经与水岳自然风光旅游、文物古迹人文旅游共同构成了我国旅游活动的三大主题。全国各地以民俗风情游为主题的旅游活动、旅游线路越来越多,进一步推动了我国民俗旅游的发展,扩大了我国民俗旅游在世界上的影响力,把民族的文化推向了世界。山东省是沿海地区,海边相对于内陆来讲,特有的民俗文化就是渔家乐民俗文化。现在山东省的青岛,日照,威海,烟台的长岛、蓬莱等地的渔家乐已经做到了几近成熟的阶段。旅游者来到这些地区,亲身投入到海的怀抱,吃在渔家,住在渔家,感受着渔家乐温馨的情调,成为当地渔家乐民俗环境中的一员,从而达到旅游者与渔家的双向交流,满足旅游者休闲、求知、探奇、审美等方面的需求,并且在与当地渔民的情感和文化交流中增进相互间的了解和友谊。民俗文化的旅游价值具体表现在:

（1）为民俗文化旅游地创造经济效益。

旅游民俗文化作为重要的旅游资源，吸引了国内外大量的旅游者前来旅游，为民俗文化旅游地带来旅游收入的同时也带动了当地相关产业的发展，提供了更多的就业机会，为民俗文化旅游地创造了良好的经济效益。

（2）能够增强人们对异域文化的了解，满足人们的求知欲、审美欲和猎奇欲。

旅游者来到民俗文化旅游地，感受到了异域的风情，欣赏到了异域的美景，体验到了异域的风俗，了解了异域的文化，充分满足了人们的求知欲、审美欲和猎奇欲。

（3）有助于增进国际的交流，让世界更加了解中国的文化。

有一句话是这样说的："民族的就是世界性。"民俗文化具有民族性和地域性。民俗文化作为旅游资源，吸引着对中国文化感兴趣的外国旅游者，他们通过这些民俗文化可以更好的了解中国文化，把中国民俗文化推向世界，增进国际的交流。

（4）促进了对民俗文化的保护和开发，创造了生态环境效益。

在充分利用民俗文化、开发民俗文化的同时，也保护了民俗文化，实现了生态环境效益。

◉ 本节相关知识链接

1. http://www.mswhw.cn，民俗文化网

2. http://minsu.wh5000.com/Html/2009-7-14/200971416260203033304.html，山东民俗活动

◉ 本节试题与知识训练

简述民俗文化的基本特点。

第二节　汉民族民俗

一、民俗概括

1. 居住

汉族由于分布地区广大，其传统住房因地区不同而有不同的样式。例如，居住在华北平原的汉族，其传统住房多为砖木结构的平房，院落多为四合院式，以北京四合院为代

表；居住在东北的汉族，其传统住房与华北平原汉族的住房基本相似，区别在墙壁和屋顶，那里的住房一般都很厚，目的是为了保暖；居住在陕北的汉族，创造性地发明了窑洞；居住在南方的汉族，其传统住房以木建房为主。不仅如此，由于各地习俗和自然条件不同，汉族在住房建筑布局上也有差异，如丘陵山地的楼房依山而建、江浙水乡则注重前街后河、福建的土楼庞大而美观、苏州的楼阁小巧而秀丽等。

无论南方还是北方的汉族，其传统民居的共同特点都是坐北朝南，注重室内采光；以木梁承重，以砖、石、土砌护墙；以堂屋为中心，以雕梁画栋和装饰屋顶、檐口见长。

2.饮食

汉族饮食以稻米、小麦为主，辅以蔬菜、肉食、奶制品和豆制品。茶和酒是汉族的传统饮料。汉族人饮茶，据说始于神农时代，至少已有 4 700 多年的历史了。直到现在，汉族还有以茶待客的风俗。

3.语言

汉族有自己的语言和文字，汉字经过 5 000 多年的演变，发展成现在的通用简化汉字，但我国港、澳、台地区仍然使用繁体字。汉族的语言通称汉语，属汉藏语系。

汉语分为北方、吴、湘、赣、客家、闽北、闽南、粤等八大方言。现代汉语普通话以北方方言为基础，以北京语音为标准音。汉文起源于远古，现行的方块字是从 4 000 多年以前的殷商甲骨文和商周金文演变而来的。

4.信仰

汉族自古对各种宗教采取兼容并蓄的态度。天命崇拜和祖先崇拜是汉族宗教的主要传统观念。历史上汉族人一部分信仰道教和佛教；后来天主教、基督教传入中国，又有一部分人开始信仰天主教和基督教。而由孔子、孟子思想体系所形成的儒家思想对汉族更是产生着巨大的影响。

二、节日

1.春节

春节，农历正月初一，是农历的岁首，又叫阴历（农历）年，俗称“过年”，是中华民族最隆重、最热闹的一个古老的传统的节日。

2.元宵节

每年中国农历正月十五都是汉族传统的元宵节。也叫“灯节”“灯夕”“上元”“上元节”。元宵节的得名，是因为它的节俗活动在一年的第一个月（元）的十五日夜（宵）举行而来的。

3.清明节

每年公历 4 月 5 日前后,既是节日又是节气。清明作为节日,与节气又有所不同。节气是物候变化、时令顺序的标志;节日则包含一定的风俗活动和特定的纪念意义。在中国传统的二十四节气中,由节气演变为节日的只有清明。

4.端午节

农历五月初五,又称"端阳节"。旧时,这一天家家门旁插艾,以五色线缠"粽子",做荷包,装入麝香、艾叶带在身上,意在驱邪除"五毒"。幼童把五色线系在手腕上,节后落第一场雨时,剪断投入雨中,传说可以"化龙而去"。现在我国不少地方还保留着端午赛龙舟、食粽子、佩香囊、悬艾叶菖蒲等习俗。

5.中秋节

农历八月十五。按中国古代历法的解释,八月是秋季的第二个月,称"仲秋",八月十五又在仲秋之中,所以叫"中秋";中秋节月亮圆满,象征团圆,因而又叫"团圆节"。

6.重阳节

农历九月初九日是传统的庙会活动日。1949 年后,庙会活动停止。20 世纪 80 年代随着庙会活动的逐渐恢复而重新被重视。山东省内较有影响的庙会有泰山庙会、济南千佛山庙会、青州云门山庙会。

三、禁忌

由于汉族分布广泛,民俗禁忌的地域差异很大,以下仅列举数例。

喜庆日忌穿白色衣服,认为亲人去世后才披麻戴孝,喜庆日穿白色的衣服不吉利,当然现代人结婚时新娘的白色婚纱例外;忌说男人"乌龟",如果说某某是"乌龟",就等于骂他是个不中用的男子,连妻子有第三者也不闻不问;许多地方忌用"4"字,因为"4"与"死"谐音,如有些医院的病号和病床忌用"4"来编号,有些楼盘没有用"4"编号的楼层和房号,而用"13B"代替"14"层;热恋中的男女,忌同吃一只"梨",因"梨"与"离"谐音之故,还有探望病人的水果忌送"梨",原因同上;通常喜欢双数不喜欢单数,如果给结婚、庆寿的人送礼,就忌讳单数;乔迁新居、祝寿忌讳"送钟",因"送钟"与"送终"同音,若以"时钟"作贺礼,要说成"送计时器";传统上,以黄、紫色为贵色,而以白、黑色为凶色。

◆ **本节相关知识链接**

1. http://www.qiluceo001.cn/article.php? id＝3364,汉族习俗——小年风俗

2. http://baike. china. alibaba. com/doc/view-d3087292. html,山东省汉族习俗

◆ **本节试题与知识训练**

简答：

1.汉族的主要节日有哪些？

2.汉族的主要禁忌有哪些？

第三节　中国各少数民族民俗

一、北方少数民族的民俗

1. 满族

（1）概况。

主要分布在东北三省，以辽宁省为最多。满族信奉萨满教和佛教，有自己的语言文字，满语属于阿尔泰语系。

（2）民俗。

住房结构形似口袋，三面设炕，西炕供奉祖先神位，俗称"口袋房，曼子炕"。传统服饰为旗袍，主食是小米，但喜黏食，爱吃白煮猪肉、酸菜熬白肉、粉条，白肉血肠、火锅、酸汤子，最喜欢的点心是萨其玛。

主要禁忌：

①以西为上，室内西面的炕不可以随意坐人和堆放杂物；

②满族爱犬、敬犬，忌打狗、杀狗；忌食狗肉、不戴狗皮帽、铺狗皮褥；

③忌戴狗皮套袖的客人；

④忌打喜鹊和乌鸦；

⑤忌在索罗杆上拴牲口。

2. 蒙古族

（1）概况。

主要分布在内蒙古自治区，其余大多分布在东北、西北地区。蒙古族早期信奉萨满教，自17世纪初开始信奉藏传佛教（喇嘛教）。有自己的语言文字，蒙古语属于阿尔泰语系蒙古语族。

（2）民俗。

蒙古包是蒙古族的传统住房。蒙古族的传统服饰大体分为首饰、长袍、靴子、腰带四个组成部分,如图8.1所示。饮食主要有奶食和肉食。奶食俗称白食,有奶酪、奶皮子、奶豆腐等。肉食俗称红食,以牛、羊肉为主,常以手抓羊肉和清水煮全羊款待客人。

传统节日有那达慕大会、敖包祭祀、小年(腊月二十三日)和大年(春节)。那达慕大会是蒙古族最具民族特色的传统盛会。"那达慕"是蒙古音译,意为"娱乐"或"游戏"。

主要禁忌:

①崇白尚九。

②骑马、坐车到蒙古包时,要轻骑慢行,进包时要将马鞭放在门外。入包后坐在右边,离包时走原路,待送你的主人回去后再上车或上马。

③忌讳坐蒙古包的西北角,睡和坐时脚忌讳伸向西北方,不能在火盆上烤脚。

④主人献茶时,客人应欠身双手去接。

⑤赠送礼品忌单数,接受礼物必须身子稍屈或跪下一腿伸出右手或双手接受。有产妇或病人,忌接待客人来访。

⑥蒙古族对守门的狗和猎犬都很爱护和重视,禁止外人打骂,否则即被认为是对主人的不礼貌。

3.维吾尔族

(1)概况。

主要分布在新疆维吾尔自治区,一部分在湖南省桃

图8.1　蒙古族传统服饰

源、常德等地。维吾尔族有自己的语言文字,语言属于阿尔泰语系突厥语族,文字原用阿拉伯字母,后创制了拉丁化新文字,目前新、旧文字并用。维吾尔族全民信奉伊斯兰教。

(2)民俗。

住房一般用泥土筑成,屋顶平坦,开天窗,用天窗采光,爱在墙上挂壁毯。屋内有壁炉,用来烧柴、做饭和取暖。大门忌朝西开。

维吾尔族人多穿棉布,妇女多喜穿丝绸。男子习惯穿长袍,妇女多在宽袖连衣裙外面套穿黑色对襟背心。男女老少爱戴四楞小花帽。耳环、手镯、项链是妇女喜爱的装饰品。

维吾尔族以面粉、玉米、大米为主食,很少吃蔬菜,但喜食水果,人均食用干鲜瓜果每年达100千克。维吾尔族日常的食品有馕、面条等,喜食牛、羊肉,喜喝奶茶。烤全羊、手抓羊肉、烤羊肉串、手抓饭、薄皮包子等是著名的风味菜肴和小吃。

维吾尔族的节日与伊斯兰教的信仰有关,传统节日有古尔邦节、肉孜节、圣纪节、那吾鲁孜节等。

主要禁忌:①禁吃猪肉、驴肉、狗肉、骡肉,禁吃自然死亡的牲畜、未经阿訇念经宰杀的牲畜和家禽,禁止饮酒及含有酒精的饮料;

②禁止吃凶猛禽兽的肉及一切动物的血;

③饮前要洗手通常洗三下,然后用手帕或毛巾擦干,忌讳顺手甩水;

④禁忌用左手取用食物;

⑤忌讳衣服短小、袒胸露背和公共场合穿短裤,外衣一般要求过膝,妇女裤脚要贴住脚面;

⑥参加室外活动,男子必须戴帽子,女子必须戴头巾或帽子,忌讳头发全部裸露在外,忌穿过薄过透的衣服;

⑦忌讳大门朝西开。

⑧睡觉时忌头东脚西或四肢平伸直仰;

⑨在室内坐下,要求跪坐,忌双脚伸直,脚心向人;

⑩接受物品时要用双手,忌单手特别是左手接物;

⑪与人交谈时忌吐痰、撮鼻涕、打呵欠、放屁等。

4.回族

(1)概况。

回族在全国大部分地区都有分布,宁夏回族自治区是主要聚居区,其次是甘肃、青海、新疆、河北、河南、山东等省区。回族全民信奉伊斯兰教。

(2)民俗。

回族的民居采用了中国传统的殿宇式四合院为主的建筑式样,但布局和装修独具民族风俗。

传统服饰为男子戴礼拜帽(白色圆形平顶小帽),妇女习惯戴披肩盖头(年轻姑娘用绿色,已婚中年妇女用青色,老年用白色)。

传统节日主要有开斋节、宰牲节、圣纪节。

主要禁忌:

①饮食禁忌比较严格。严禁食猪肉,忌养猪,忌别人提着猪肉进回族的商店和住处;不吃马、驴、骡、狗肉,也不食用自死的禽畜和畜血;一切凶猛禽兽的肉和没有鳞的鱼也都在禁食之列;非经阿訇念经宰杀的牲畜也禁止食用;盛过上述食物的器皿都禁用;忌说杀字;忌用餐时开玩笑。

②用水禁忌。凡供人饮用的水井、水塘等,一律不准牲畜饮水,也不许任何人在附近洗脸、洗澡或洗衣服;取水前一定要洗手;回族所用的水井或水塘,非信伊斯兰教的人不能动手取水,如有需要,必须请回族人代取或征得主人的允许,但一定要保持清洁,取水容器中若有剩水忌倒回井中或水塘;尤忌到回族的住房里洗澡。

③禁止在人前袒胸露臂;男女外出必须戴帽、头巾或盖头,严禁露顶。

④忌在背后诽谤和讨论他人短处;忌别人在自己家里吸烟喝酒。

5. 朝鲜族

(1)概况。

朝鲜族主要分布在东北三省及内蒙古,60％以上主要聚居在吉林延边朝鲜族自治州、长白朝鲜族自治县。朝鲜族有自己的语言文字,部分与汉族交错居住的朝鲜族居民使用汉语。朝鲜族酷爱体育,注意卫生,讲究礼貌,尊老爱幼。

(2)民俗。

朝鲜族居住房屋多为瓦房和草房,外墙多为白色,门窗为推拉式。

传统服饰:有"白衣民族"之称。男装衣短,裤长肥大,加穿坎肩,也有外面穿着道袍或朝鲜长袍者,现多改穿制服或西服;女装一般短衣长裙,短衣有长长布带在右肩下方打蝴蝶结,长裙多有长皱褶。

饮食习惯:主食一般是大米、小米及各种用大米做成的糕、冷面等。名菜主要有狗肉火锅、铁锅里脊、冷面、打糕、朝鲜泡菜、酱生肉萝卜块、生拌鱼、大酱汤等。

传统节日:节日与汉族基本相同,如春节、清明、端午、中秋等。此外有三个家庭节日,即"花甲节"(诞生 60 周年纪念日)"回婚节"(结婚 60 周年纪念日)"婴儿周岁",尤以"花甲席"最为讲究和隆重。

主要礼仪:崇尚礼仪,注重卫生,尤忌随地吐痰。尊老爱幼是该民族的传统的美德,尤其尊重老人。

主要禁忌:

①喜食狗肉,但婚丧、佳节期间不杀狗、不食狗肉;

②吃饭时,匙要放在汤碗里,若放在桌上则表示你已经吃好了。

二、中南地区少数民族的民俗

1. 壮族

(1)概况。

壮族是我国少数民族中人口最多的一个民族,主要聚居在广西壮族自治区,其余分布在云南、广东、贵州、湖南等省。壮族有自己的语言文字,属于汉藏语系壮侗语支。壮族信仰多神,崇拜祖先,具有灿烂悠久的民族文化,素有"铜鼓之乡"的美誉。壮锦与湘绣齐名,享誉国内外。

(2)民俗。

住房多数与当地汉族相同,部分地区的居民住干栏式建筑。

传统服饰:服装各地不一。壮族男子多扎绣花纹的头巾,穿对襟上衣,下裤短而宽大,有的缠绑腿。蓝黑颜色是妇女共同的喜好,且喜欢戴银首饰。

饮食习惯:壮族的主食是大米和玉米,喜欢吃糯米,喜欢吃腌制的酸食,以生鱼片为佳肴,妇女有嚼槟榔的习俗。

传统节日:歌圩节是壮族聚会唱歌的一种传统习俗(壮族地区素有"歌海"之称)。多在春秋两季举行,为期数天。

主要礼仪:壮族是好客的民族,客人到家,必在力所能及的情况下给客人以最好的食宿,对客人中的长者和新客尤其热情。尊老爱幼是壮族的传统美德。

主要禁忌:

①忌食牛肉和蛙肉;忌筷子掉地上;吃饭时忌用嘴把饭吹凉;更忌把筷子插到碗里。

②家里有产妇时,门上悬挂草帽一顶,忌讳外人进入;忌生孩子尚未满月的妇女到家中串门。

③夜间行走禁止吹口哨。

2. 土家族

(1)概况。

主要聚居在川、湘、鄂、黔四省市交界地带,集中在湖南省湘西土家族苗族自治州和湖北省恩施土家族自治州。土家族有本民族的语言,但无本民族的文字。土家语属于汉藏语系藏缅语族。土家族迷信鬼神,崇拜土王(土家族的祖先)。土家族文化艺术丰富多彩,土家锦和摆手舞并称为土家人民的艺术之花。

(2)民俗。

土家族的民居依山而建,成虎坐形,多为干栏式的建筑,其中以"吊脚楼"独具特色。

传统服饰:布料多为自织的土布。男着扣子很多的对襟衫,下着长裤,青布包头;女装短衣大袖,左衽开襟,下着滚镶花边的筒裤,缠头帕。

饮食习惯:玉米、大米为主食,喜欢吃糯米粑粑,喜饮酒,擅做腊肉、甜酒、团馓,忌食狗肉。

传统节日:赶年,指的是土家族过春节,一般比汉族提前一两天,也有提前六七天的。

婚姻习俗:"以山歌为媒"的自由择偶,婚礼中有"哭嫁"的习俗。

主要禁忌:

①禁食狗肉;

②忌随意挪动火炕中的三脚架;

③忌在家里吹口哨和随意敲锣打鼓;

④客人不能与土家少妇坐在一起,但可以与姑娘坐一条长凳。

3. 黎族

(1)概况。

主要聚居在海南省中南部的琼中县、白沙县、昌江县、东方市、乐东县、陵水县、保亭县、五指山市、三亚市等七县二市。黎族有自己本民族的语言,无本民族的文字。黎语属于汉藏语系壮侗语族黎语支,不同地区方言不同,也有不少群众兼通汉语。黎族没有形成统一的宗教,各地均以祖先崇拜为主,也有自然崇拜,个别地区还残留着氏族图腾崇拜的痕迹。近年来,有少数人开始信仰基督教。

(2)民俗。

传统住房属于干栏式建筑,因为形状像船只,所以成为"船形屋",有铺地型和高架型等形式。

传统服饰:男子缠红色或黑色头巾,上衣开襟,布巾缚腰;妇女的服饰各支系不同,但筒裙是她们共同的服饰。

饮食习惯:稻米、玉米、番薯为主食。竹筒烧饭是黎族日常生活中独特的野炊方法,喜嚼槟榔,槟榔是待客、订婚不可或缺的佳品。

传统节日:三月三。

禁忌:

①忌头朝门口睡觉;

②妇女文身忌男子参与或偷看。

三、西南地区少数民族的民俗

1. 藏族

(1)概况。

主要分布在西藏自治区、青海、四川、甘肃、云南地区。藏族有自己的语言文字,语言属于汉藏语系藏缅语族。藏族信仰藏传佛教,少数人信苯教。

(2)民俗。

藏族农区多垒石建房,房屋平顶多窗,形如碉房,牧区藏族人则住毡帐。

传统服饰:藏袍(肥腰、长袖、大襟)。男女都爱戴藏式金花帽,均穿氆氇或牛皮的藏靴。

饮食习惯:糌粑、酥油茶、奶茶和甜茶,嗜饮青稞酒,爱吃牛奶制成的酸奶、奶渣等。

传统节日:雪顿节、望果节、藏历年、采花节、赛马节、酥油花灯节、沐浴节等。

主要礼仪:互献哈达,敬青稞酒,唱酒歌,有弹酒礼俗。

主要禁忌:

①饮食禁忌。忌吃狗、驴、马肉,忌吃尖嘴动物、有爪动物及鱼虾等水生动物的肉;忌讳用有裂缝或豁口的碗、碟等器皿待客;忌讳用脚蹬踩灶台或坐于灶台上;饮食用的碗和茶具忌扣着放;互不熟悉的男女忌讳在同一个碗内揉、吃糌粑。

②宗教禁忌。忌讳在参观寺庙时吸烟、大声喧哗;佛像、佛寺里的经书、钟鼓及喇嘛随身佩带的护身符、念珠等宗教器物,忌别人随便触摸;转经筒、转寺院、叩长头要按顺时针方向转动。

③社交禁忌。忌讳别人对自己的孩子过分夸奖;忌讳当着当事人的面谈及其婚事;忌男女混坐,男女入室后男坐左、女坐右,就座时忌双脚伸直,脚底朝人;忌讳在家中吹口哨、拍巴掌;家有病人或产妇时,忌生人来访;接羔犊季节非亲属不能进入帐篷;天葬时忌外人在旁边看或在远处偷看。

2.苗族

(1)概况。

主要分布在贵州、云南、湖南、广西等地。苗族有自己的语言,属于汉藏语系苗瑶语族。无统一的文字,建国后创制了拼音文字,并通用汉语。苗族信仰万物有灵、多鬼神,祀奉祖先,崇拜自然。

(2)民俗。

苗族住宅因地而异,一般都在依山傍水处建寨,聚族而居。住房一般为木制平房或楼房,楼房多为吊脚楼。

传统服饰:苗族服饰有130多种。男装比较简朴,一般分对襟大褂和左衽长衫两大类,下穿长裤,束大腰带,头裹青色头巾。苗族姑娘穿百褶裙,喜戴银饰,盛装的银饰常常有数公斤重,素有"花衣银装赛天仙"的美称。民族手工艺刺绣、蜡染、银饰色彩斑斓。

饮食习惯:喜吃糯食,嗜好饮酒,喜食酸味菜肴,以辣椒为主要调味品。不吃羊肉,忌狗肉上灶,忌在屋里煮蛇肉。

传统节日:苗年、龙船节、踩花节、芦笙节、赶秋节等。

婚姻习俗:青年男女通过"游方""跳月"等社交活动,自由对歌,恋爱成婚。

主要礼仪:待客热情,讲究真情实意。主人不走在客人前面;交谈中用敬语称呼,迎客穿节日服装;客人到家门男主人要叫门,告知在家的女主人,女主人要唱歌开门迎客;在客人面前,女主人不登高上楼;宴会上以鸡、鸭为待客佳肴。

主要禁忌:

①苗族人不吃羊肉。父母去世,一个月内忌食辣椒。

②忌刀口朝上或用凶器指人,险恶环境中忌嬉笑,火炕上的三脚架不能用脚踩,忌讳在家里或夜间吹口哨。

③遇门上悬挂草帽、树枝或婚丧祭日,不要进入。

④不能坐苗家祖先神位的地方。做客时,切记不能去夹鸡头吃,客人不要称主人"苗子",他们喜欢自称"蒙"。

3.彝族

(1)概况。

分布在川、滇、黔、桂等地区,其中四川凉山彝族自治州是全国最大的彝族聚居区。彝族有自己的语言文字,彝语属于汉藏语系藏缅语族。宗教信仰主要是多神崇拜,祭祀祖先,崇拜火。

(2)民俗。

传统住房为木结构或是板顶、土墙,大多低矮、无窗,住房一端有碉楼。

传统服饰:服饰各地风格不同。妇女一般戴黑色包头、耳环,上身穿镶边或绣花的大襟右衽上衣,下穿长百褶裙子或长裤,有的长裤脚上还锈有精致的花边。男子以无须为美,左耳戴大耳珠,头顶留一绺头发"天菩萨"。外出时男女都穿披风,形如斗篷,称"察尔瓦"。

饮食习惯:主食主要有玉米、荞麦、大麦、小麦等,肉食以猪、羊、牛肉为主。忌食蒜。风味饮食是托托肉、转转酒。彝族喜喝酒饮茶,饮茶每次只斟浅浅的半杯,徐徐而饮。

传统节日:彝族新年和火把节。

主要礼仪:有"客人长主三百岁"之俗语,待客非常热情;彝族文武并重,讲究文明礼貌,非常尊敬长辈。

主要禁忌:

①禁食狗、马、熊等动物的肉,妇女忌食难产而死的家畜之肉;忌用餐后把汤匙扣于碗盆的边沿上。

②严忌触摸男子头顶的"天菩萨";忌讳女人跨过男人的衣物、身体等;忌讳女客上

楼,忌脚踏火塘上的三脚架,忌掏火灰。

③祭祀"神树"时忌外人观看。

4.白族

(1)概况。

主要聚居在云南大理白族自治州。白族有自己的语言,属于汉藏语系藏缅语族。白族大多信仰佛教,少数人信仰道教,崇拜村社神"本主"。大理崇圣三塔、剑川石钟山石窟等佛教圣地及文化古迹,都是白族人民智慧的结晶。

(2)民俗。

住房布局为"两房一耳""三房一照壁"或"四合五天井",山区民居多为上楼下厩的草房,现多为一家一户自成院落的两层楼房。

传统服饰:崇尚白色。男子白色对襟衣,外套黑色领褂,腰系皮带或绣花兜肚,下穿白色长裤,肩挎绣有美丽图案的挂包;女子白上衣或浅色蓝上衣,外套红、黑领褂,腰系绣花短腰,下着蓝色宽裤,足穿绣花鞋,头缠绣花包头,佩带银饰。

饮食习惯:主食为稻米和小麦,喜食酸辣味,喜食鲜菜和各种腌菜,肉食以猪肉为主,喜腌制火腿、腊肉等。风味菜肴很多,如砂锅弓鱼、毛驴汤锅、柳蒸猪头、生皮等。

传统节日:"三月街"(又称"观音市""观音街")、蝴蝶会、绕三灵、耍海节。

主要礼仪:崇尚白色,以白色为尊贵。对人的称谓前喜欢加个"阿"字表示亲切和尊敬,以"三道茶"招待客人,"三道茶"有一苦二甜三回味的特点。喝酒方面很文雅,通常是各自随意。

主要禁忌:

①农历七月十五接送祖先亡灵,不能出门;

②火把节晚上,女婿不能上岳父家。

5.纳西族

(1)概况。

主要分布在云南丽江纳西族自治县和滇川间的泸沽湖畔。纳西语属于汉藏语系藏缅语族。纳西族人民创造了象形表意文字"东巴文"和音节文字"哥巴文"。东巴文是目前世界上唯一保留完整的象形文字,被称作"活着的象形文字"。纳西族信仰东巴教。

(2)民俗。

住房多是土木瓦结构,采用三房一照壁的形式。丽江古城是世界文化遗产,有"东方威尼斯"的美誉。

传统服饰:男子服饰与汉族传统服饰基本相同;妇女服饰中最具特色的是七星羊皮

披肩。

饮食习惯：饮食以玉米、大米、小麦为主食，爱吃酸、辣、甜味的食品，喜欢喝酒、饮浓茶。特色食品有丽江的火腿粑粑、宁蒗的琵琶猪、泸沽湖的鱼干等。

传统节日：三朵节（三朵颂）：是祭拜"三朵"之意（"三朵"——纳西族人民千百年来笃信的保护神）。

婚姻习俗：部分地区保持原有的母系制婚姻遗俗——对偶婚（阿注婚）。

主要礼仪：尊老爱幼，注重礼节，讲求信义，谨慎行事，热情好客。

主要禁忌：

①骑马到寨前必须下马，也不能把马拴在祭天堂的地方。

②不能蹬踏架锅做饭用的三脚架，也不能翻弄灶里的灰。

③祭天堂、祖先、战神时，忌外人观看。

④有的地方还忌讳在家里唱山歌。

6. 傣族

（1）概况。

主要分布在云南西双版纳傣族自治州和德宏傣族景颇族自治州。傣族有自己的语言文字，傣语属于汉藏语系壮侗语族。傣族信仰小乘佛教。

（2）民俗。

傣族的竹楼是干栏式建筑，村寨大多建于平坝近水的地方，屋里的家具多为竹制，住宅以西双版纳地区最具民族特色。

传统服饰：男子多穿无领对襟或大襟小袖短衫，肥筒长裤，也有少数人穿深色筒裙，多用白布或青布包头，有文身的习俗。妇女上穿白色、绯色或淡色紧身窄袖短衫，下着各种花样、长及脚面的筒裙，束银腰带。

饮食习惯：以大米和糯米为主食，日常肉食有猪、牛、鸡、鸭，不食或少食羊肉，喜酸味，普遍有嚼槟榔的习惯。

传统节日：泼水节（浴佛节），也就是傣历新年。

主要礼仪：到傣家做客，会受到主人"泼水"和"拴线"的礼遇。

主要禁忌：

①忌讳外人骑马、赶牛、挑担和蓬乱着头发进寨子。进入傣家竹楼，要把鞋脱在门外，卧室严禁外人窥看。

②忌讳在家里吹口哨、剪指甲。

③不能用衣服当枕头，晒衣服时上衣要晒到高处，裤子和裙子要晒在低处。不能进

入主人内室。

　　④进佛寺要脱鞋,忌讳摸小和尚的头及佛家圣物。

　　⑤不能随便大声喧哗。

◆ **本节相关知识链接**

　　1. http://lishi.xooob.com/zhmssj/20084/287665.htm,少数民族民俗活动

　　2. http://zhidao.baidu.com/question/35383483.html,中国少数民族民俗文化介绍

◆ **本节试题与知识训练**

一、填空

1. 生活在坝区的白族,其民居的布局多为"三房一照壁""＿＿＿＿"或"＿＿＿＿"。

2. 我国＿＿＿＿族的史诗《＿＿＿＿》,是世界上最长的史诗之一。

3. ＿＿＿＿是我国人口最多的少数民族。

4. 蒙古族的男子三项那达慕是指＿＿＿＿、＿＿＿＿、＿＿＿＿。

5. 纳西族流传的＿＿＿＿是至今世界上仍活着的象形文字。

二、单选

1. 以下哪个少数民族不属于汉藏语系?(　　)

A. 壮族　　　　　　B. 蒙古族　　　　　C. 壮族　　　　　　D. 土家族

2. ＿＿＿＿是傣族最盛大的节日

A. 牺牲节　　　　　B. 白节　　　　　　C. 泼水节　　　　　D. 龙舟节

3. 下面哪个少数民族不吃猪肉?(　　)

A. 满族　　　　　　B. 蒙古族　　　　　C. 维吾尔族　　　　D. 纳西族

4. 民居采用干栏式建筑的少数民族是(　　)

A 傣族　　　　　　B. 壮族　　　　　　C. 畲族　　　　　　D. 白族

5. 回族的三大节日——开斋节、古尔邦节、圣纪节都是(　　)教的节日。

A. 基督教　　　　　B. 佛教　　　　　　C. 伊斯兰教　　　　D. 大乘佛教

三、多选

1. 下面少数民族中,有尚白习俗的是(　　)

A. 蒙古族　　　　B. 朝鲜族　　　　C. 满族　　　　D. 白族　　　　E. 藏族

2. 以下关于满族的描述中,正确的有(　　)

A. 满族主要分布在东北地区,以辽宁省最多

B. 满族人喜食狗肉,但婚丧、佳节期间不杀狗、不食狗肉

C. 满族没有自己的语言、文字,以汉语文为交际工具

D.《红楼梦》的作者曹雪芹是满族人

3. 下列属于蒙古族的有哪些文献?(   )

A.《蒙古秘史》   B.《江格尔》   C.《饮膳正要》   D.《格萨尔王》

4. 下列属于白族人民节庆活动的有哪些?(   )

A. 三月街   B. 插花节   C. 绕三灵   D. 火把节

5. 西藏人民渴望丰收的传统节日是什么?(   )

A. 雪顿节   B. 望果节   C. 藏戏节   D. 藏历年

四、简答

回族在饮食方面有哪些比较严格的禁忌?

第四节　客源国民俗

一、亚洲

1. 日本

(1)概况。

日本国名日本国,意为日出之国,由北海道、本州、四国、九州四大岛和几百个小岛组成,面积37.78万平方千米,首都东京。日本99%以上的人口为大和民族,居民大多信奉神道教和佛教。日本国花是樱花,国家政体是议会制君主立宪制。

(2)民俗。

在日常生活中,日本人相见时,极重礼节,通常要脱帽鞠躬。在行鞠躬礼时,日本人不但讲究行礼者必须毕恭毕敬,而且特别讲究鞠躬的度数、鞠躬时间的长短、鞠躬的次数等方面。一般而言,日本人在行鞠躬礼时鞠躬度数的大小、鞠躬时间的长短、鞠躬次数的多少,往往会同对对方所表示尊敬的程度成正比。日本人在行鞠躬礼时,还规定手中不得拿东西,头上不得戴帽子,禁止将手插在口袋里。

日本人与他人初次见面时,通常都要互换名片,否则即被理解为不愿与对方交往,因而有人将日本人的见面礼节归纳为"鞠躬成自然,见面递名片"。在一般情况下,日本人外出时身上往往会带上好几种印有自己不同头衔的名片,以便在交换名片时可以因人而异。

数字方面:忌讳"4"(与"死"同音),"9"(与"苦"同音),"6"(强盗的标志),"13"("4"与"9"之和)。

颜色方面:不喜欢紫色,认为紫色是悲伤的色调;最忌讳绿色,认为绿色是不祥之色;喜欢红、黄、红白相间,金银相间的颜色。

图案方面:忌讳荷花,认为荷花是丧花。在探望病人时忌用山茶花及淡黄色、白色的花。日本人不愿接受有菊花或带有菊花图案的东西,因为它是皇室家族的标志。日本人喜欢的图案是松、竹、梅、鸭子、乌龟等。

行为方面:在正式社交场合,男女须穿西装、礼服,忌衣冠不整、举止失措和大声喧哗。招呼侍者时,只需把手臂向上伸,手掌朝下,并摆动手指,侍者就懂了。谈判时,日本人用拇指和食指圈成"O"字形,你若点头同意,日本人就会认为你将给他一笔现金。在日本,用手抓自己的头皮是愤怒和不满的表示。通信时,信的折叠、邮票的贴法都有规矩,如寄慰问信忌用双层信封,双层被认为是祸不单行;寄给恋人信件的邮票不能倒贴,否则意味着绝交。日本人在饮食中的忌讳也很多,一般不吃肥肉和猪内脏,也有人不吃羊肉和鸭子;招待客人忌讳将饭盛过满过多,也不可一勺就盛好一碗;忌讳客人吃饭一碗就够,只吃一碗认为是象征无缘;忌讳用餐过程中整理自己的衣服或用手抚摸、整理头发,因为这是不卫生和不礼貌的举止;使用筷子时忌把筷子放在碗碟上面;还忌讳3人一起"合影",他们认为中间被左右两人夹着,这是不幸的预兆。

(3)主要景区景点。

①东京铁塔。

位于东京市内,建成于1958年,是日本最高的独立铁塔,高333米(图8.2)。铁塔由四脚支撑,为棱锥体,塔身被涂成一段一段的橙黄色和乳白色,鲜艳夺目。该塔是一座极大的电视及广播台的发射台。在高100米的地方,有一个二层楼高的展望台;在高250米的地方,有一个玻璃展望台,展望台四边都是落地的大玻璃窗,窗向外倾斜,东京湾、东京、伊豆、房总半岛尽入眼帘。塔的下部为铁塔大楼,一楼是休息厅,二楼是商场,三楼是一个规模居远东第一的蜡像馆,四楼是近代科学

图8.2 东京铁塔

馆和电视摄影棚。

②富士山。

日本第一高峰,日本民族的象征,被日本人民誉为"圣岳"。富士山位于本州中南部,东距东京约 80 千米,海拔 3 776 米,面积为 90.76 平方千米。山体呈圆锥状,山顶终年积雪。

③唐招提寺。

位于奈良市的唐招提寺是由中国唐代高僧鉴真和尚亲手兴建的,是日本佛教律宗的总寺院。这座具有中国盛唐建筑风格的建筑物被确定为日本国宝。

④箱根。

位于神奈川县西南部,距东京约 90 千米,总面积为 94.03 平方千米,是日本著名的温泉疗养地(图 8.3)。

⑤东大寺。

位于平城京(今奈良)东,是南都七大寺之一,距今约有 1 200 余年的历史,是日本佛教华严宗总寺院,又称大华严寺、金光明四天王护国寺等。

⑥桂离宫。

1883 年成为皇室行宫,其建筑和庭院是日本民族建筑的精华,被认为是"日本之美"的代表(图 8.4)。

图 8.3　箱根　　　　　　　　　　　　图 8.4　桂离宫

2.韩国

(1)概况。

国名为"大韩民国",简称"韩国"。韩国位于亚洲大陆东北的朝鲜半岛的南部,东、南、西三面环海,面积 9.96 万平方千米。韩国首都是首尔,国花是木槿花,民族为朝鲜族,国家政体是总统内阁制,居民信奉基督教、佛教、天道教和儒家思想。

（2）民俗。

韩国人崇尚儒家思想，尊重长者，长者进屋时大家都要起立；和长者谈话时要摘去墨镜；早晨起床和饭后都要向父母问安；父母外出回来，子女都要迎他就座才能吃；乘车时，要让位给老年人；吃饭时应先为老人或长辈盛饭上菜，老人动筷后，其他人才能吃。与年长者同坐时，坐姿要端正。由于韩国人的餐桌是矮腿小桌，放在地炕上，用餐时，宾主都应席地盘腿而坐。若是在长辈面前应跪坐在自己的脚底板上，无论是谁，绝对不能把双腿伸直或叉开，否则会被认为是不懂礼貌或侮辱人。未征得同意前，不能在上级、长辈面前抽烟，不能向其借火或接火。吃饭时不随便发出声响，更不许交谈。

韩国人见面时的传统礼节是鞠躬，晚辈、下级走路时遇到长辈或上级，应鞠躬、问候，站在一旁，让长辈或上级先行，以示敬意。男人之间见面打招呼互相鞠躬并握手，握手时或用双手，或用右手，并只限于点一次头。鞠躬礼节在生意人中一般不使用。和韩国官员打交道一般可以握手或是轻轻点一下头。女人一般不与人握手。

在社会集体和宴会中，男女分开进行社交活动，甚至在家里或在餐馆里都是如此。如有人邀请你到家吃饭或赴宴，应带小礼品，最好挑选包装好的食品。做客时，主人不带你参观房子的全貌，不要自己到处逛。席间敬酒时，要用右手拿酒瓶，左手托瓶底，然后鞠躬致祝词，再倒酒且要一连三杯。敬酒人应把自己的酒杯举得低一些，用自己杯子的杯沿去碰对方的杯身，敬完酒再鞠个躬后才能离开。主人送客至门口，甚至到门外，然后说再见。

韩国人用双手接礼物，但不会当着客人的面打开。不宜送外国香烟给韩国友人。酒是送韩国男人最好的礼品，但不能送酒给妇女，除非你说清楚这酒是送给她丈夫的。在赠送韩国人礼品时应注意，韩国男性多喜欢名牌纺织品、领带、打火机、电动剃须刀等。女性喜欢化妆品、提包、手套、围巾类物品和厨房里用的调料，孩子则喜欢食品。如果送钱，应放在信封内。

（3）主要景点。

①石窟庵。

石窟庵的石窟采用白色花岗岩材料，在吐含山山腰修筑的人工石窟，在内部雕刻了本尊佛释迦如来佛像，并以它为中心在四壁上雕刻了菩萨像和弟子像、天王像、金刚力士像等共 39 座佛像。该石窟 1995 年底被列为世界文化遗产。

②佛国寺。

佛国寺位于韩国庆尚北道东南的吐含山山腰处，是韩国著名的古迹之一，被誉为韩国最精美的佛寺。该寺于 1995 年 12 月被列为世界文化遗产。

③海印寺。

海印寺位于伽耶山,在新罗时期是华严宗十大道场之一,现为曹溪宗五大丛林、三大寺、三十一座禅教大本山之一,寺内保存有高丽大藏经版。该寺1995年被列入《世界遗产目录》。

④济州岛。

是韩国最大的岛屿,是一座典型的火山岛。岛中央是通过火山爆发而形成的海拔1951米的韩国最高峰——汉拿山。济州岛素有"韩国夏威夷"之称,是韩国著名避暑旅游胜地。

3. 泰国

(1)概况。

泰国位于印度支那半岛中部和马来半岛北部,东南临泰国湾(太平洋),西南濒安达曼海(印度洋),西和西北与缅甸接壤,东北与老挝交界,东南与柬埔寨为邻,面积51.3万多平方千米,首都设在曼谷,泰语为国语,国花是睡莲。佛教是泰国的国教,全国90%以上的居民信仰佛教,但其马来族信奉伊斯兰教,还有少数人信奉基督教新教、天主教、印度教和锡克教。

(2)民俗。

佛教是泰国的国教,泰国有"合十礼"和"跪拜礼",在国际社交场合也行握手礼,但俗人不能与僧人握手,男女之间不能握手。给客人戴花环、花串也是民间一种尊贵的礼节。

忌讳别人摸自己的头,小孩的头也不能摸,不能用脚踢门或用脚给人指东西;忌讳用红笔签名,私人的名字才用红笔字;忌讳单独用左手递送东西,握手时也忌用左手;泰国人交谈时,要回避政治话题;坐时不得跷二郎腿,不能把脚底翘起对着别人;不喝热茶;忌食牛肉、海参;不喜欢酱油;不爱吃红烧菜肴、甜味菜、香蕉等。

(3)主要景点。

①帕提雅。

是泰国最负盛名的海滨旅游胜地,著名旅游项目有东巴文化村、人妖表演、小人国萎缩景观等。

②泰王宫。

是泰国曼谷王朝一世王至八世王的王宫。大王宫的总面积为21.84万平方米,位于首都曼谷市中心,依偎在湄南河畔,是曼谷市内最为壮观的古建筑群,是泰国民族建筑文化的集中体现(图8.5)。

③玉佛寺。

玉佛寺位于首都曼谷大王宫东北角，以建筑装饰、尖顶装饰、回廊壁画三大特色名扬天下，体现了泰国佛教建筑、绘画、雕刻的艺术瑰宝。该寺供奉的68厘米高之玉佛，与曼谷的卧佛、金佛一并被列为泰国三大国宝。

④卧佛寺。

卧佛寺，又名越菩寺。寺庙占地8万平方米，是曼谷最古老、最大的寺院。寺内分为佛堂、僧舍和佛塔几部分，规模及佛塔佛像数量均居曼谷佛寺之冠，有"万佛寺"之称。

⑤鳄鱼园。

世界上最大的鳄鱼饲养场。

图8.5 泰王宫

4.新加坡

(1)概况。

全名为新加坡共和国，位于马来半岛南端，地处太平洋与印度洋航运要道马六甲海峡的出入口，为东南亚地区的中心，堪称"亚洲的十字路口"。新加坡面积为647.5平方千米。城市面积占绝大部分，因而被称为"城市国家"。英语、华语、马来语、泰米尔语为该国官方语言，其中马来语为国语，英语为政府机关使用的行政用语，大多数新加坡人都会使用英语和华语。主要宗教为佛教、道教、伊斯兰教、基督教和印度教。该国首都是新加坡，国花为热带兰花万蒂兰，通用货币是新加坡元。

(2)民俗。

时间观念较强，喜欢红双喜、大象、蝙蝠图案；饮茶是新加坡人的普遍爱好，"元宝茶"寓意"财运亨通"。

忌讳别人摸自己的头；忌讳用左手吃东西、传递物品；与渔夫、海员共餐时，忌把鱼翻转过来吃；不吃猪肉和贝壳类食品；不喜欢数字是"7"；忌讳乌龟；忌讳猪的图案和猪制品；忌讳说"恭喜发财"；不饮酒；不可漏脚心和脚底。

(3)主要景点。

①鱼尾狮塑像。

坐落在鱼尾狮公园内的鱼尾狮像，是新加坡的标志和象征(图8.6)。

图 8.6　鱼尾狮塑像

②裕廊飞禽公园。

全球最大的鸟类动物园之一，集教育性与娱乐性于一体。园内有 600 多种、8 000 多只各色飞禽。

③圣淘沙岛。

新加坡最佳度假地。

5.马来西亚

(1)概况。

国名马来西亚，位于亚洲的东南部，介于太平洋、印度洋之间，面积 32.9 万平方千米，首都是吉隆坡。马来语为国语，通用英语，华语使用也比较广泛。伊斯兰教为国教，国花是扶桑。

(2)民俗。

忌讳乌龟和猪制品；爱嚼槟榔、饮椰子酒、咀嚼烟草；忌讳别人摸自己的头和背部；忌用左手递物和进餐；忌讳用食指指人或东西。

(3)主要景点。

①黑风洞。

位于吉隆坡以北 11 千米处的一个树林茂密的山上，是由石灰岩形成的奇形怪状的洞穴。其中，第一个洞是暗洞，第二个洞是明洞，设有印度教徒祭坛，供奉苏巴马廉神像，被印度兴都教徒视为圣地。

②云顶高原。

云顶高原位于距吉隆坡北郊约 50 千米处，海拔 1 700 米，是马来西亚国内一个凉爽的山地度假胜地。山上有电动游乐设施、游泳池、室内体育馆、保龄球馆等，最引人注目的是设于云顶大酒店内的赌场，这是马来西亚唯一的合法赌场，有"南洋群岛的蒙地卡罗"之称。

6.印度尼西亚

(1)概况。

印度尼西亚共和国简称印度尼西亚或印尼，为东南亚国家之一。该国由上万个岛屿组成，是全世界最大的群岛国家，疆域横跨亚洲及大洋洲，别称"千岛之国""火山之国"。印尼国土面积 190.5 万平方千米，首都是雅加达，国花是茉莉花。

(2)民俗。

印尼人大多信奉伊斯兰教，是世界穆斯林人口最多的国家之一。印尼人见面的礼节是握手或点头,交谈要避开政治、宗教等话题;把熊、牛看做是力量与敢于斗争的象征;敬蛇如敬神,蛇是善良、智慧、德行的象征。印尼人多喜爱茉莉花,爱嚼槟榔、喝咖啡;忌食猪肉,忌饮烈性酒;接送礼物要用右手,对长辈则用双手,忌用左手指点人或传递物品;不能用手触摸别人的头,接受礼品时忌当面打开。

(3)主要景点。

①婆罗浮屠佛塔。

被称为世界七大奇景之一的婆罗浮屠佛塔举世闻名,与埃及的金字塔、中国的万里长城、柬埔寨的吴哥窟并称东方四大奇迹(图8.7)。

图8.7　婆罗浮屠佛塔

②巴厘岛。

位于印度尼西亚群岛的中南部,西隔巴厘海峡与爪哇岛相邻,东与龙目岛相邻。该岛面积5 620平方千米,东西140千米,南北80千米,人口300万,是印尼三大旅游景区之一。巴厘岛以典型的海滨自然风光和独特的风土人情而闻名,有"花之岛""诗之岛""天堂岛"等美称。

二、欧洲

1.德国

(1)概况。

德国全名为德意志联邦共和国,位于欧洲中部,濒临北海和波罗的海,被称为"欧洲的走廊"。德国国土面积约为35.7万平方千米,德语为官方语言,居民绝大多数信奉基督教新教和天主教，首都是柏林，国花是矢车菊，通用货币为欧元。德国素有"诗人和哲人的国度""音乐之乡""啤酒之国"美誉。

（2）民俗。

德国人办事认真仔细，讲究效率；遵守秩序、互相谦让、尊重老人和妇女儿童；大多信奉天主教和新教；德国人特别爱干净，外出必须穿戴整齐；口味清淡，不喜油腻、过辣的菜肴；不爱吃海参，忌食狗肉、核桃；忌讳数字"13"和星期五。

（3）主要景点。

①科隆大教堂。

位于德国科隆市中心的科隆大教堂是德国最大的教堂，它的全名是"查格特·彼得·玛丽亚大教"，又称"圣彼得大教堂"。它以轻盈、雅致著称于世，是中世纪欧洲哥特式建筑艺术的代表作，也是世界上最完美的哥特式教堂建筑，与巴黎圣母院大教堂和罗马圣彼得大教堂并称为欧洲三大宗教建筑。

②亚琛大教堂。

为中世纪加洛林式建筑艺术的杰作，已列入《世界遗产名录》（图8.8）。

③柏林墙。

始建于1961年8月13日。它曾是两幢建筑物和一条窄长的带状禁区。其外层是一堵墙，紧靠西柏林边界，墙高3.5米，水泥板结构，表面光滑，使人无法攀越。1989年底柏林墙被推倒。1990年10月3日两德重新统一后，联邦政府几经周折终

图8.8 亚琛大教堂

于在1993年春取得市民们的谅解，决定重建一堵象征性的柏林墙，以纪念现代史上这一重大事件。新柏林场墙只有70米但体现原貌，岗亭、"死亡地带"、铁丝网等一应俱全，并定于当年8月13日开放，供游人参观。

④罗马广场。

罗马广场是法兰克福现代化市容中，唯一仍保留着中古街道面貌的广场。广场旁边的建筑物有旧市政厅（Rathau），其阶梯状的人字形屋顶，别具特色。另有帝国大教堂（Kaiserdom）、罗马厅（Romer）、圣尼古拉旧教堂等。帝国大教堂建于1239年，有着哥特式的华美外表。它不仅是法兰克福的精神中心，还曾是德国国王的加冕之地，在1562～1797年间共有10位皇帝在此举行了加冕典礼。

2. 法国

（1）概况。

全名为法兰西共和国，位于欧洲西部，濒临北海、英吉利海峡、大西洋和地中海四大海域，国土面积55.16万平方千米，首都是巴黎。法语为法国官方语言，货币使用欧元。居民中大多信奉天主教，国花为鸢尾花和玫瑰。

（2）民俗。

法国人大多信奉天主教；法国大菜享誉全球，名菜有蜗牛、青蛙腿、鹅肝、海鲜、乳酪芝士等；法国人的饮酒量居世界前列；遵奉"女士优先"，以"殷勤的法国人"著称；忌数字"13"和星期五；忌讳核桃；忌讳用香水送女人和用白菊花送人；忌讳用孔雀、仙鹤、杜鹃花等图案；喜欢蓝色、粉红色等鲜艳色彩，忌讳黄色、黑色，对墨绿色反感。

（3）主要景点。

①卢浮宫。

坐落在巴黎市中心的卢浮宫是举世瞩目的艺术殿堂和万宝之宫。卢浮宫共分6个部分：希腊罗马艺术馆、埃及艺术馆、东方艺术馆、雕塑馆、绘画馆和装饰艺术馆，是世界上最大的美术博物馆（图8.9）。

②凡尔赛宫。

位于巴黎西南郊约20千米处的凡尔赛镇。凡尔赛宫包括100万平方米的园林、700多个房间厅室和一所可容纳1 200名观众的剧院。

③巴黎圣母院。

它坐落在巴黎市中心塞纳河中的小岛上，是一座典型的"哥特式"教堂，为法国建筑史上的杰作，也是欧洲早期哥特式建筑和雕刻的代表。

④凯旋门。

巴黎最著名的胜迹之一。凯旋门是拿破仑为纪念1805年在奥斯特利

图8.9　卢浮宫

图8.10　凯旋门

茨战役中击溃奥、俄军的功绩于 1806 年下令动工兴建的。它位于著名的巴黎星辰广场中央,高 50 米,宽 45 米,门上有许多精美的雕刻,右侧石柱上刻有著名的大型浮雕《马赛曲》;门的正面下方有 1920 年建造的无名战士墓,墓前点着常年不灭的火炬,还有人们供奉的鲜花。凯旋门内装有电梯(图 8.10)。

⑤埃菲尔铁塔。

图 8.11　埃菲尔铁塔

是世界上第一座钢铁结构的高塔,被视为巴黎的象征,因法国著名建筑师斯塔夫·埃菲尔设计建造而得名(图 8.11)。

3. 英国

(1)概况。

全名为大不列颠及北爱尔兰联合王国,位于大西洋的大不列颠群岛上,由大不列颠岛(包括英格兰、苏格兰、威尔士)、爱尔兰岛东北部和一些小岛组成,国土面积 24.36 万平方千米(包括内陆水域),海岸线总长 11 450 千米。有英格兰人、苏格兰人、威尔士人和爱尔兰人。官方语言为英语,首都设在伦敦。国花是玫瑰花,通用货币为英镑。

(2)民俗。

英国人大多信奉基督教新教;奉行"女子第一,妇女优先";在公共场合有排队的习惯,保守且讲传统,习惯按以往的规矩办事;忌问金钱、婚姻、职业、年龄等私事;忌讳用手作手背向外的"V"形;"不管闲事"是英国人的座右铭;忌讳数字"13"和星期五;忌用大象、孔雀图案;忌送百合花;忌"厕所"一词,日常生活中,常把厕所称为"女士室""男士室"。

(3)主要景点。

①特拉法加广场。

伦敦最大的广场,这里鸽子成群,所以也称它为"鸽子广场"。广场上伫立着一座圆柱形纪念碑,柱高 56 米,顶上为 5 米多高的英国海军统帅纳尔逊的全身铜像。

②大英博物馆。

是英国最大的综合性博物馆。1753 年,英国议会通过法案,决定把大批重要文物收藏集中在一起,于 1755 年购置大英博物馆现址,1759 年首次以大英博物馆名义对外开放,以后不断扩建,才有我们今日看到的宏伟面貌。博物馆内主要展品是欧洲中世纪、埃及、希腊、罗马、西亚、东方文物和人类学方面的文物及各国铸币、纪念章和绘画等。

③西敏寺。

英国哥特式建筑的杰作,是历代国王举行加冕典礼和王室成员举行婚礼的地方,又是国葬地,被英国人视为"荣誉的宝塔尖"(图 8.12)。

图 8.12 西敏寺

④圣保罗大教堂。

位于英国伦敦泰晤士河北岸纽盖特街与纽钱吉街交角处,是巴洛克风格建筑的代表,以其壮观的圆形屋顶而闻名,是世界第二大圆顶教堂。它模仿罗马的圣彼得大教堂,是英国古典主义建筑的代表。

⑤白金汉宫。

英国君主的官邸,具有新古典主义建筑风格。白金汉宫主体建筑为五层,附属建筑包括皇家画廊、皇家马厩和花园。

4. 俄罗斯

(1)概况。

全称为俄罗斯联邦,亦称俄罗斯,横跨欧亚大陆,国土面积 1 707.54 万平方千米,海岸线长 33 807 千米,居世界第一位。俄罗斯有 180 多个民族,其中以俄罗斯人居多,主要少数民族有鞑靼、乌克兰、楚瓦什、巴什基尔、车臣和白俄罗斯等。俄语是俄罗斯联邦境内的官方语言,各共和国有权规定自己的国语,并在该共和国境内与俄语一起使用。俄罗斯主要宗教为东正教,其次为伊斯兰教。俄罗斯首都是莫斯科,国花为葵花,通用货币是卢布。

(2)民俗。

俄罗斯人大多信仰东正教;拥抱、亲吻和握手是俄罗斯人的常见礼节;酷爱艺术,尤其芭蕾舞;爱饮红茶、烈性酒(伏特加);以"面包和盐"向贵客表示最高的敬意和最热烈的欢迎;视熊为森林之主,不喜欢黑猫,偏爱马;忌用左手握手;忌讳黑色、数字"13";喜欢数字"7"(意味着成功与幸福);认为镜子是神圣的物品,打碎镜子意味着灵魂的毁灭,但如果是打碎杯、碟、盘,则意味着富贵和幸福,因此在喜筵、寿筵和其他隆重场合,特意打碎一些碟盘以示庆贺。

（3）主要景点。

①克里姆林宫。

位于莫斯科市中心，濒莫斯科河，曾为莫斯科公国和18世纪以前的沙皇皇宫，是俄罗斯国家的象征，是世界上最大的建筑群之一，是历史瑰宝、文化和艺术古迹的宝库。克里姆林宫是由许多教堂、宫殿、塔楼等组成的宏伟建筑群。

②红场。

是莫斯科中心广场，紧靠克里姆林宫东宫墙外，莫斯科河绕红场而过。红场长695米，宽130米，面积9 100平方米，地面铺有黑色鹅卵石，显得古朴庄严。红场一点也不红，古俄罗斯语中"krasny"（红色）即代表美丽之意（图8.13）。

③艾尔米塔奇博物馆。

世界四大博物馆之一，其

图8.13　红场

中冬宫原为沙皇皇宫，也是十月革命遗址。

三、北美地区

1.美国

（1）概况。

全称为美利坚合众国（The United States of America），国土面积达937万平方千米。美国是移民国家，由各大洲100多个民族的后裔迁移融合成为统一的美利坚民族。美国通用英语，宗教信仰主要有基督教新教、天主教、犹太教，首都是华盛顿，国花为玫瑰，通用货币为美元。

（2）民俗。

篮球、棒球、橄榄球是美国最普遍的体育项目；美国奉行"女士优先"的原则；送礼讲究单数及精美的包装，收到礼品要马上打开并夸奖、感谢一番；忌讳"13""星期五"；视蝙蝠为凶恶之物；见面或分手时行握手礼，无论男女都主动向对方伸手；喜欢凉拌菜、点心；不爱吃油炸的食品；喜咸中带甜；忌食猪、鸡等各种动物的内脏，爱饮加冰块的啤酒；日常交谈不涉及个人私事,忌谈年龄、婚姻、收入。

(3)主要景点。

①自由女神像。

正式名称是"自由照耀世界之神",是美国国家纪念碑(图8.14)。像身高达152英尺,基座89英尺,腰围420英寸,未露笑容的嘴有3英尺宽,整座雕像造型宏伟,令人瞩目。女神脚下残留着许多打碎的脚镣,左手持一标有1776年7月4日的铭板,宣布自由的到来。女神像由艾菲尔铁塔的设计者——法国土木工程师古斯塔夫·艾菲尔设计,现已列入《世界遗产名录》。

②黄石国家公园。

是世界第一座国家公园,建于1872年。黄石公园位于美国中西部怀俄明州的西北角,并向西北方向延伸到爱达荷州和蒙大拿州,面积达7 988平方千米。1978年被列为世界自然遗产。

2.加拿大

(1)概况。

位于北美洲的北半部,东临大西洋,西濒太平洋,南界美国本土,北靠北冰洋达北极圈,国土总面积约998万平方千米。加拿大是移民国家,主要是英裔和法裔居民。英语和法语同是官方语言。居民大多信奉天主教和基督教新教。首都为渥太华,国树是枫树,通用货币是加拿大元。

图8.14 自由女神像

(2)民俗。

忌吃动物内脏和脚爪;喜欢谈论政治;忌讳数字"1""星期五";忌讳说"老";忌送白色的百合花(葬礼用花);收到礼品,须当面打开并表示感谢。

(3)主要景点。

①CN电视塔。

加拿大国家电视塔,建于1976年,电视塔高553.34米。它是多伦多城市风景线的重要标志和通讯及旅游中心,也是加拿大十大景观之一,是目前世界上最高的电视塔。

②尼亚加拉瀑布。

位于加拿大和美国交界的尼亚加拉河中段,号称世界七大奇景之一,与南美的伊瓜苏瀑布及非洲的维多利亚瀑布合称世界三大瀑布。它以宏伟的气势,丰沛而浩瀚的水汽交融景观,震撼着国内外的游人。

四、大洋洲

1.澳大利亚

（1）概况。

全名为澳大利亚联邦。位于南半球的大洋洲,国土面积768.2万平方千米,是大洋洲面积最大的国家。首都堪培拉,通用英语。居民大多信奉基督教,国花为金合欢,通用货币为澳元。澳大利亚有"骑在羊背上的国家""坐在矿车上的国家"之美誉。

（2）民俗。

澳大利亚人大多信奉基督教;通行西方礼仪,国民的平等意识浓厚;在与人交往中讲究约会守时;忌谈涉及金钱、婚姻、年龄、宗教等私事;保持着西方的饮食习俗,普遍喜欢酸甜味道,不吃海参,不爱辣味;忌讳兔子及兔子图案;忌讳黄色、菊花、杜鹃花、石竹花等;忌讳竖起大拇指的动作——在澳大利亚这是一种下流动作;忌数字"13"。

（3）主要景点。

①悉尼歌剧院。

图8.15　悉尼歌剧院

是上演澳大利亚歌剧的专用剧场,位于悉尼港的一个小半岛上,外形由几组尖拱组成,宛如满涨风帆的航船。该剧场分4个演出场所,包括音乐厅、歌舞剧场、话剧剧场、音乐室兼电影院,还有展览厅、餐厅等附属建筑,有各种大小房间900间。它以规模宏大和剧场与环境形成的奇特景观闻名于世,已成为澳大利亚及其重要城市悉尼的标志(图8.15)。

②大堡礁。

位于澳大利亚东北部昆士兰州的东海岸,由2 900个独立的珊瑚礁石群组成,堪称为世界上最大的天然海洋公园和珊瑚水族馆。大堡礁由北到南绵延2 000千米,有星罗棋布的热带岛屿。这里明朗的气候、美丽的珊瑚、原始的礁岩、纯白的沙滩、各种珍稀海洋生物交相辉映,吸引了众多游客前往一睹风采,被人们称为"度假天堂"。

③黄金海岸。

位于澳大利亚东部沿海,它由一段长约42千米、10多个连续排列的优质沙滩组成,以沙滩为金色而得名。这里气候宜人、日照充足,特别是海浪险急,适合进行冲浪和滑水活动,是冲浪者的乐园,也是昆士兰州重点旅游度假区,是澳大利亚人最喜欢的海滨度假旅游地。

2.新西兰

(1)概况。

新西兰国土面积27万多平方千米,首都惠灵顿,通用语言为英语(毛利人用毛利语)。新西兰居民大多信奉基督教,国树为银蕨。

(2)民俗。

在新西兰,毛利人大都信奉原始的多神教,还相信灵魂不灭,尊奉祖先的精灵;每遇重大的活动,要到河里去做祈祷,而且还要相互泼水,以此表示宗教仪式上的纯洁;遇到尊贵的客人时,他们要行"碰鼻礼",即双方要鼻尖碰鼻尖二三次,然后再分手离去。

新西兰人见面和告别均行握手礼;初次见面,身份相同的人互相称呼姓氏,并加上"先生""小姐"等,熟识之后互相直呼其名;时间观念较强,约会须事先商定,准时赴约,客人可以提前几分钟到达,以示对主人的尊敬;交谈以气候、体育运动、国内外政治、旅游等为话题,避免谈及个人私事、宗教、种族等问题;会客一般在办公室里进行;应邀到新西兰人家里做客,可送给男主人一盒巧克力或一瓶威士忌,送给女主人一束鲜花,礼物不可过多,也不可昂贵。

当地大部分居民是英国人的后裔,因此,这里流传的是许多英国人的身势语和示意动作的习俗。他们对大声喧嚷和过分地装腔作势表示不满;当众嚼口香糖或用牙签被认为是不文明的行为;新西兰人用欧洲大陆式的用餐方式,那就是始终左手握叉,右手拿刀。

新西兰人性格拘谨,即使观看电影,也往往男女分场观看。新西兰国内对酒类限制很严,经特许售酒的餐馆,也只能售葡萄酒,可售烈性酒的餐馆,客人必须买一份正餐,才准许喝一杯,但啤酒销售量相当大,名列世界第五,平均每人每年要喝约 110 公升啤酒。

(3)主要景点。

①基督城。

是新西兰南岛的第一大城市,也是新西兰除奥克兰以外来往世界各地的第二大门户。这里到处洋溢着浓厚的英国气息,是除英国以外最具英国色彩的城市。在这里,19世纪的典雅建筑到处可见,又因到处花团锦簇、草木繁盛,所以基督城有"花园城市"的美誉。基督城的文化艺术气息非常之浓厚,各类文化艺术活动层出不穷。演奏会、歌剧、芭蕾舞表演一场连着一场,其中不乏名家的精彩演出,更有地道的户外流行音乐会及街头男巫表演,雅俗共赏。城内还时常举行不同类型的节庆活动,如佳肴美食节、花卉节、全国艺术节及历史悠久的嘉年华会等。

②奥普纳基。

是世界一流的冲浪中心,位于新西兰冲浪高速公路 45 主干道上。奥普纳基有南塔兰纳基区最好的海滩,极受大众欢迎,每到夏天,海滩宿营地上人山人海。奥普纳基有许多有名的壁画,反映了奥普纳基的历史及奥普纳基与海洋的密切关系。特别值得一提的是邮局和 Taranaki 农场大厦墙壁上的壁画。

③大众剧院。

大众剧院建于 1912 至 1914 年间。它本来是 Thorpe 和 Callahan 的商店,于 19 世纪20 年代被改造成剧院,并最终被当地民众买下作为公共财产。

◆ 本节相关知识链接

1. http://zhidao. baidu. com/question/86578078. html? fr=ala,日本民俗文化

2. http://baike. baidu. com/view/2082262. htm,韩国传统文化

◆ 本节试题与知识训练

一、填空

1.加拿大的民族象征是_____。

2.美国的国花是_____。

3.世界上最大的鳄鱼饲养场在_____。

4.埃菲尔铁塔属于_____国。

5.凯旋门属于_____国。

二、单选

1.巴厘岛属于(　　)

A.印度尼西亚　　　B.韩国　　　　　C.美国　　　　　D.德国

2.澳大利亚首都是(　　)

A.堪培拉　　　　　B.悉尼

3.若邀请新加坡(马来族)客人吃饭,考虑到民族禁忌,下列四组菜肴中合适的一组为_____。

A.脆皮乳猪、葱烧海参、芙蓉鸡片、松鼠黄鱼

B.水煮肉片、黄河鲤鱼、挂炉烤鸭、麻辣牛肉

C.鲜贝原鲍、红梅鱼肚、人参炖乌鸡、白扒松茸菇

D.宫保鸡丁、西湖醋鱼、麻婆豆腐、龙井虾仁

4.忌讳绿色的国家是_____。

A.日本　　　　　B.新加坡　　　　C.泰国　　　　D.法国

5.俄罗斯的国花是_____。

A.茉莉花　　　　B.百合　　　　　C.玫瑰　　　　D.葵花

三、多选

1.新西兰的主要景点有(　　)。

A 基督城　　　　B.奥普纳基　　　C.大众剧院

2.日本人忌讳的图案有(　　)。

A.荷花　　　　　B.菊花　　　　　C.松　　　　　D.竹

3.德国人的禁忌有(　　)。

A.油腻、过辣的菜肴 B.吃海参　　　C.狗肉　　　　D.核桃

四、简答

简述韩国的民俗。

◆ **本章小结**

1.**本章结语**

本章主要讲了旅游民俗文化,包括旅游民俗文化概述、汉民族民俗、少数民族民俗及

客源国民俗的相关知识。

2.本章知识结构图

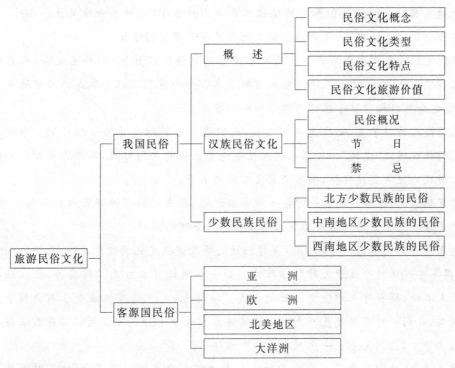

3.本章核心概念

旅游民俗文化　旅游民俗

◆ **实训练习**

以小组为单位,对本地体现民俗文化的旅游资源做一次调查并做成 PPT 的形式进行汇报。

◆ **延伸阅读**

外国人眼中的摩梭族文化

没有父亲的父亲节(甚至日常生活)是怎么样的呢?据中国喜马拉雅地区摩梭文化专家说,情况不像人们想象的那样。

这是一个母系社会,女性没有结婚的习俗,她们在整个家族里抚养子女——但没有父亲。在大多数情况下,这里孩子的成长状况很好。美国华盛顿州奥林匹亚常青州立大学家庭研究教授斯蒂法妮·贡茨说:"据我们所知,她们属于没有婚姻的社会,她们在抚养孩子方面做得很成功。"

摩梭人生活在云南省与四川省交界的泸沽湖畔。那里的男子在养儿育女问题上事实上也确有帮助——但他们养育的偏偏不是自己的孩子,没什么血缘关系。相反,男人帮助照顾他们自己的姐妹、姨妈和家族其他女性成员所生的子女。

泸沽湖摩梭文化发展协会会长约翰·隆巴德解释说:"如果你(作为父亲)跟另外一个女人有了一个孩子,你却很难绝对相信孩子真有你的基因。但如果是你的姐妹有一个孩子,你完全可以相信孩子跟你有部分相同的基因。"

在摩梭人的村子里,女性是一家之长,她们将自己的财产传给女性后嗣。摩梭人与众不同的传统叫做"走婚"——男人被女性邀请去她们的房间过夜,而早上离开。女性可以随心所欲地经常变换伴侣,而不用背负不好的名声。

专家们认为,摩梭族的这一习俗早就声名远播,而中国的男性游客往往会想入非非,他们中有很多人把走婚习俗当作是性解放和滥交合理的证明。

电影制片人周晓丽(音译)2006 年曾拍摄反映摩梭族文化的纪录片《女儿国》。她说:"我觉得一些媒体只专注于大肆炒作摩梭族妇女在选择男人方面的随意性,使人误以为只要女人喜欢,所有男人都能变成她的丈夫。"实际上,大多数摩梭族女子不会频繁更换走婚对象,在同一时间里物色一个以上情爱关系的女子十分罕见。周说:"在我采访过的摩梭族女子中,她们大多数一生只有一两个性伴侣。"

隆巴德说,缺少父亲并不意味着摩梭人不重视家庭生活。事实上,他们对家族的重视甚于所有其他关系——特别是那些建立在不可靠男女爱恋之上的露水姻缘。隆巴德说,整个家族非常稳定。例如,没有离婚来动摇整个家庭。鉴于父亲远离家庭和整个家族的支持,孩子生父去世对家庭也没什么影响。

"这个社会引发了一个问题:父亲真的是不可或缺的吗?"《女儿国》制片人之一的布伦特·赫夫曼说,"这在西方社会难以想象,但在那里行得通。"

资料来源:http://www.china.com.cn/international/txt/2009-07/15/content_18139351.htm,中国网

第 九 章

旅游企业文化

学习目标

知识要点：掌握旅游企业文化的定义、旅游饭店企业文化以及旅行社企业文化的定义；
了解旅游企业文化特征、我国旅游企业文化建设的现状及其存在问题；理解
旅游饭店企业文化的功能以及饭店企业经营理念；了解旅行社企业文化建
设的途径以及有关导游文化的基础知识。

技能训练：拟定一份调查问卷，旨在调查目前旅游文化建设中存在的问题；在当地的旅
游行业企业中发放调查问卷，并对问卷结果进行分析整理；针对调查的结
果，给出相应对策。

能力拓展：选择你所在城市的某一旅游企业，分析其文化的形式、文化建设的现状和途
径，并对其企业文化建设提出你的建议和意见。最后，撰写一份3 000字左
右的调查报告。

引 例

旅游企业文化的建设、管理、落地

桂林旅游发展总公司芦笛景区自1962年景区对外开放以来，年接待游客均保持在
百万人次以上，40多年来，累计接待中外游客达到4 500万人次以上，还圆满完成了邓小
平、特鲁多、尼克松等180多位国家领导人和外国元首的接待任务，成为闻名中外的"国
宾洞"。芦笛景区于2000年底经国家旅游局评定为国家首批4A级景区，2002年又通过
了ISO9001质量管理体系和ISO14001环境管理体系认证，岩洞导游班和景区先后荣获
"全国五一劳动奖状""全国旅游行业先进集体""全国巾帼文明示范岗""全国杰出青年文
明号"等12项国家级荣誉称号。

　　芦笛景区之所以能够在激烈的旅游市场竞争中一直保持着良好的发展态势,始终处于发展前列,除了占有得天独厚的优质的自然资源外,最主要的是景区重视培育企业优秀文化,重视品牌建设,重视人本管理和科学管理,重视以优秀的企业文化打造企业的核心竞争力。

　　案例引发的问题:什么是旅游企业文化? 旅游企业文化与旅游企业发展之间的关系如何?

　　资料来源:http://news.cnair.com/c/200904/8067.html,中国航空旅游网

　　旅游企业文化是旅游文化的重要组成部分,研究旅游企业文化实质上就是从文化的角度研究旅游企业的经营管理。本章在介绍旅游企业文化和旅游企业文化建设的一般理论的基础上,着重探讨旅游企业文化的两个重要构成:旅游饭店企业文化和旅行社企业文化。

第一节　旅游企业文化概述

一、企业文化与旅游企业文化

1.企业文化的含义及其结构

　　世界范围内对企业文化的研究不过几十年的历史,对企业文化理论的认识虽然取得了较大的成就,但仍众说纷纭。当前,人们对企业文化有广义的和狭义的两种不同理解。

　　狭义的企业文化是指一个企业在长期的生产经营过程中所形成的价值观念、行为准则和历史传统。广义的企业文化是指企业在建设和发展中所形成的物质文明和精神文明的总和,包括企业管理中硬件与软件、外显文化与隐性文化两部分。

　　对企业文化结构的划分,习惯上将其分为四个层次,即企业文化的物质层、制度层、行为层和精神层。

　　企业文化的物质层也叫企业的物质文化,它是由企业员工创造的产品和各种物质设施等构成的器物文化,是一种以物质形态为主要研究对象的表层企业文化。

　　企业文化的行为层又称为企业行为文化。如果说,企业物质文化是企业文化的最外层,那么企业行为文化可称为企业文化的幔层,或称第二层,即浅层的行为文化。企业行为文化是指企业员工在生产经营、学习娱乐中产生的活动文化。它包括企业经营、教育宣传、人际关系活动、文娱体育活动中产生的文化现象。它是企业经营作风、精神面貌、

人际关系的动态体现,也是企业精神、企业价值观的折射。

企业文化的制度层又叫企业的制度文化,主要包括企业领导体制、企业组织机构和企业管理制度三个方面。企业领导体制的产生、发展、变化,是企业生产发展的必然结果,也是文化进步的产物。企业组织机构,是企业文化的载体,包括正式组织机构和非正式组织机构。企业管理制度是企业在进行生产经营管理时所制定的、起规范保证作用的各项规定或条例。

企业文化的精神层又叫企业精神文化,相对于企业物质文化和行为文化来说,企业精神文化是一种更深层次的文化现象,在整个文化系统中,它处于核心的地位。企业精神文化是指企业在生产经营过程中,受一定的社会文化背景、意识形态影响而长期形成的一种精神成果和文化观念。它包括企业精神、企业经营哲学、企业道德、企业价值观、企业风貌等内容,是企业意识形态的总和。它是企业物质文化、行为文化的升华,是企业的上层建筑。

2.旅游企业文化的含义及其结构

旅游企业文化作为一种特殊类型的企业文化,是旅游企业主客体相互作用而产生的物质财富、精神财富的总和,是旅游企业如饭店、旅行社、旅游交通公司及相关企业在长期为旅游者服务的经营活动中逐步形成和发展起来的带有本旅游企业特色的价值观、行为方式、经营作风、企业精神、道德规范、发展目标及蕴含在企业形象和企业产品之中的文化特色的总和。

从旅游企业文化结构的角度看,旅游企业文化的结构与其他企业文化一样可以分为精神文化、制度文化、行为文化和物质文化四个层次。这四个层次由表及里构成了旅游企业文化的整体系统。

通过图 9.1 可以看到,旅游企业文化同企业文化的结构一样,是以旅游企业精神文化为核心层,制度文化为中层,行为文化为幔层,物质文化为表层,由内而外渐次展开的。旅游企业的精神文化作为企业文化的核心,是其内在灵魂,具有统摄全局的作用。

旅游企业的物质文化是旅游企业通过可见的有形产品(设施设备、产品等)所表达和折射出来的文化特点和内

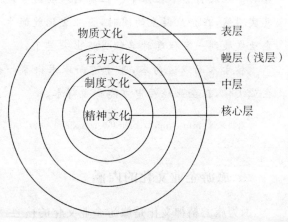

图 9.1　旅游企业文化结构图

涵,是一种以物质形态为主要研究对象的表层文化。

旅游企业的行为文化从人员结构上划分,包括企业家的行为、企业模范人物的行为、企业员工的行为等。企业家的决策行为与整个企业命运休戚相关。企业模范人物是企业的中坚力量,他们的行为对于营造良好的企业文化环境有重要的作用。企业员工的行为决定企业整体精神风貌和精神文明的程度,因此,企业员工行为的塑造是企业文化建设的最重要内容。

旅游企业制度文化是人与物、人与企业运营制度的结合部分,它既是人的意识和观念形态的反映,又由一定的形式所构成,是塑造精神文化的主要机制和载体。旅游企业的制度文化是其行为文化得以贯彻的保证。

◆ 专题笔谈 9.1

旅游企业文化的"道"与"术"

企业文化是道,企业制度是术。

"道"即道德、道义、人道、公道,即我们做事情的基本原则或指导思想。"道"是领悟提炼出来的,是针对精神层面,主要用来解决内部问题,正如我们的企业文化,主要解决的是企业内部员工共同的价值观、使命感的塑造。"术"即技术、谋略、心计、智能,是在大原则或思想指导下的具体技术或方法、制度。"术"是通过学习转化出来的,针对物质层面,主要用来解决外部问题。

用道家的角度来说,有道才有术,修炼者都是悟道,得道后,自然就有术了,腾云驾雾的小把戏自然不在话下。但有的人要说了,企业管理是先有术再有道,先有制度的。其实不然,在企业诞生的同时,企业文化就诞生了(并一直随企业的发展而变化),只是企业发展到一定程度时单独提炼出来罢了。

精于术而以道为本,守于道而以术御事。企业文化是企业治理的根本所在,用好企业文化,在企业经营中方能如鱼得水。

资料来源:http://info.ceo.hc360.com/2009/08/17165582079-2.shtml,慧聪网

二、旅游企业文化的内涵

因为旅游精神文化是旅游企业文化的核心,下面着重分析旅游企业精神文化的几个构成要素的含义。

1. 旅游企业价值观

旅游企业价值观是指旅游企业在生产经营活动中企业员工上下所信奉的共同的基本信念和理想追求。例如，香格里拉国际饭店管理集团就有五个核心价值：尊重备至、温良谦恭、真诚质朴、乐于助人、彬彬有礼。

旅游企业价值观是旅游企业文化的核心，它决定企业文化的所有方面。第一，企业价值观使全体员工有了共同的价值评判标准，规范着企业员工的行为，激励企业员工的斗志。第二，它决定着旅游企业文化的其他内容。正是在共同的价值观的基础上才形成了企业道德与企业精神。第三，企业价值观使旅游企业管理更有效率。它能最大限度地调动全体员工的积极性：一方面充分肯定企业员工的贡献，另一方面使员工明白企业整体利益是个人价值目标实现的前提，从而最终使企业的目标变为员工自觉的行动。一个企业，只有确立了优良的价值观体系，用正确的价值观来教育全体员工，方能最大限度地增强其凝聚力，使员工想企业所想、急企业所急，为企业发展尽心尽力。

2. 旅游企业道德

旅游企业道德是一般社会道德在旅游企业中的特殊表现，是旅游企业在生产经营活动中协调、处理企业内部人际关系和企业与外部关系的行为规范的总和。

旅游企业道德是旅游企业文化的重要组成部分，是调节企业与社会、旅游企业之间、企业与员工、员工与员工之间相互关系的基本准则，是调整旅游企业各种利益关系的有效方式，也是塑造旅游企业形象的主要因素。

3. 旅游企业精神

旅游企业精神是旅游企业在长期的经营实践中形成的，全体员工认同的健康、上进的群体意识。它体现了企业所追求的价值目标，代表着企业整体的追求，是企业价值观和企业哲学的综合体现，是一种团体精神，是企业的精神支柱。每个企业都有各具特色的企业精神，它以简洁、富有哲理的语言形式概括出来，是现代意识与企业个性相结合的一种群体意识，如同舟共济的团队精神、开拓创新的进取精神、以人为本的人本精神等。企业精神是企业文化的灵魂，较深刻地反映了企业的个性特征和它在管理上的影响，是任何企业充满生机和活力的源泉。

4. 旅游企业经营作风

旅游企业经营作风是旅游企业文化建设的重要内容，它特别体现在企业的民主作风上，包括员工的民主意识、民主权利、民主义务。旅游企业民主的核心是"人本"的价值观念和行为方式：以人为本，尊重人的法律地位，尊重人的根本权利，尊重人的才能，尊重人的意见，尊重人的兴趣爱好，尊重人的人格。全体员工虽然在工作岗位上常处于服从命令、接受管理的位置,但只要从心理上感受到自己的人格受尊重,同时感到自己处在一种民主的氛围和文化的氛围中,就会从思想上归属这个企业,就会自觉地将自己置于主人翁的位置并自觉地行使自己的职责。员工一方面是企业管理的客体,一方面也是企业管理的主体;员工既是劳动者,又是思想者、创造者,是企业发展的设计者。员工的进取心、责任感、荣誉感被最大限度地调动起来,每个人的内在潜能在活泼清新的民主、平等、和谐的文化氛围中得到充分发挥,又会反作用于企业管理,使企业的民主管理更趋完善。

三、旅游企业文化的特征

1.旅游企业文化具有企业文化的一般特征

作为商品经济和现代文明的产物,企业文化体现着商品经济运动的一般规律,渗透着人类文明的共同意识。因此,不同类型企业的企业文化存在着一定的共性。旅游企业文化具有以下企业文化共有的特征。

(1)客观性。

企业文化不但是企业生产经营、行政管理理念和经验的科学反映和凝结,而且也是社会文化和企业实践的融合。它是在企业长期生产经营实践中逐步形成,反映了企业基本的精神风貌。无论人们对其意识与否,认识到何种程度,它都是一种客观存在,而且直接关系着企业的成败兴衰;同时,它又鲜明地体现着社会文化和外部环境对企业的影响、与企业实践的结合。

(2)独特性。

企业文化存在于各种因素构成的社会环境之中,同时也是自身多种构成因素和条件的综合表现。由于这些环境和条件的不同与差异,因此各种企业文化也必然显示出独到的个性与自身特点,反映出本企业独特的精神风貌。

(3)动态性。

一个企业的企业文化一旦形成,就具有在一定时期之内的相对稳定性。随着企业的发展以及企业生存环境的变化,企业文化也随之发生改变。有一种说法叫做"呈螺旋式上升状",这其实是一种理想状态下优秀的企业文化的发展态势。僵化的、落后的企业文化也在运动,只是在企业内部的没有经过合理的梳理、整合与提炼的文化因素没有形成良性体系,各种文化因素的冲突正在进行量变的积累。一个优秀的企业的文化体系建成之后,就会显示其对外部因素以及新生文化强大的吸收力、包容力与消化力,形成动态开放的系统。

（4）人本性。

企业文化关注的中心在于对企业中人的因素的管理与激发，虽然如此做的终极目标在于企业价值的顺利实现，但这并不妨碍企业以开发人的潜能为切入点的管理模式为企业带来巨大的张力。当衣、食等最基本的生存需求得到满足之后，人们就会产生社交的需要、尊重的需要、自我实现的需要等。一个人一生中最宝贵、历时最长的时间与空间都是用于职业生涯的，所以，企业的成长与发展需求与个人的成长与发展需求在企业文化这个层面达到了完美的契合。企业文化是一种以人为本的文化，着力于以文化因素去挖掘企业的潜力，尊重和重视人的因素在企业发展中的作用。

（5）民族和区域性。

任何企业都必然存在于特定的国家、地理区域和民族聚居范围内。因此，企业文化总会受到特定国家历史、民族传统和区域习俗的影响，它们会从各方面给企业文化打上自己的烙印，形成某种企业文化特定的优点与缺憾。

（6）系统性。

企业文化是一个由多因素、多方面、多层次形成的相互关联、相互依赖、相互作用的有机整体，像任何一个自然或社会系统一样，企业文化中某一部分和方面的变动，也都会影响和牵扯到其他方面的发展和变化。

（7）目的性。

企业文化理论作为以人为中心的现代管理发展的新阶段、新思想，它高度重视人的作用，将其视为企业生产经营诸要素的首要因素以及其他一切管理行为的基础和出发点。企业文化理论通过以共同的价值观念、行为规范、思想情操、道德标准来统一和指导员工的言行，使个体行为融入整体行为之中，增强企业的凝聚力和向心力；使员工的行为和企业的目的保持最大可能的一致，促进企业目标的达成。

2.旅游企业文化的特殊性

旅游企业文化作为一种特殊类型的企业文化，还有其特殊性。

（1）服务意识是旅游企业文化的基本特点。

旅游企业文化是一种服务经营型文化，服务意识是旅游企业文化的基本特点。旅游企业与工业企业不同，它没有一般意义上的生产活动；旅游企业与普通商业企业不同，它没有具体的商品，或者说它的商品是以服务为主而不是以物质产品为主。旅游企业的生产经营活动以提供服务为中心，因此服务意识是旅游企业文化的基本特点。

（2）文化意识是现代旅游企业文化的重要表现。

旅游消费属于文化消费，文化意识是旅游企业文化的重要特色。旅游活动本质上是一种文化消费,旅游企业的顾客有物质方面的需求,但以精神方面的需求为主,尤其是通过对文化的寻求达到精神上的满足。因此,旅游企业的有形产品(以及人员的服务活动),除了要满足顾客的基本需求之外,还必须具有满足顾客求新、求美、求知的文化功能。旅游企业的文化意识越强,所提供的综合服务的文化品位越高,就越能够在较高的水平上满足顾客的需要,也就会吸引越来越多的旅游者,实现提高利润的目的。

(3)旅游企业顾客群的国际性决定了旅游企业文化的融合性特点。

旅游企业是涉外性企业,所接待的游客可能来自世界各地,这些游客具有不同的文化背景、审美趋向和行为特征,因此旅游企业文化要能够包容不同的文化,使其文化具有高度的融合性。旅游企业尤其是旅游饭店、航空公司、旅行社等必须越来越多地面向国际市场,必须针对顾客群越来越丰富的国际性特点,建设具有世界性的企业文化。旅游企业文化的这一特殊性,决定了旅游企业的员工特别是决策层要树立强烈的开放意识,充满热情地研究和了解世界文化,设计和推出具有世界性的产品,使旅游者在文化认同中产生亲切感、安全感和享受感;同时,还要在企业管理和服务的各个方面争取与国际"接轨",促进企业走向世界,提高企业在国际市场上的竞争能力。

(4)旅游企业文化具有突出的人性化特点。

这是由于旅游服务的直接对象是人,提供服务的也是人。这种与"人"接触频繁的企业必然要具备人性化的特点。这种人性化一方面表现在对客服务的个性化,即根据游客的不同需求尽可能提供相应的服务;另一方面则是指内部管理的人性化——只有满意的员工才会有满意的客人,要想满足客人的个性化需求,必须要善待员工,以人为本,将员工当作饭店内部的顾客来对待。

◆ **案例驿站 9.1**

建立以人为本的企业文化
——里兹—卡尔顿饭店的文化管理法

无论是什么企业,都要在它的企业管理中充分体现以人为本的企业文化,这是因为人是决定一切的主要因素,失去了作为服务主体的人,那么企业本身就无法立足。

里兹—卡尔顿从18世纪仅有20张床的小饭店起家,到如今已成为全球饭店中极少数的顶级品牌之一,这与它的企业文化建设有着直接的关系。21世纪的企业管理,将从制度约束和绩效考核所形成的对员工的手脚管理,逐步转向手脚管理与头脑管理并重的文化管理,其以人为本的企业文化应该是饭店管理在新世纪学习的楷模。

饭店总经理的工作是努力使每一位员工心情愉快,这是总经理最主要的工作,也是最值得去做的事。

员工就职后的导向性培训,必须由总经理主持。若总经理没有时间,宁可暂停后延,这是雷打不动的原则。它体现了总经理对培训工作的重视,对员工的尊重。培训中,一定要与他们共进一次午餐。

招聘员工,由各部门最基层负责人进行,逐级面试,最后选中的再由人力资源部面试,最后由总经理面试,总经理绝对尊重下属决定,从不越俎代庖,做出 YES 或 NO 的决定,充其量只是提出具体放在哪个岗位上更为合适的建议。

从不惩罚员工,也没有必要惩罚员工。里兹—卡尔顿是以企业价值观和服务理念作为凝聚员工的纽带。如果价值观不合,员工可以辞职,饭店也可以辞退,完全没有必要争执;若理念一致,但工作出现差错,则让他们反思、找原因,反复五次,总能找出原因和改进的办法,没有必要由总经理去训斥他们。饭店基层员工自身能控制的错误在15%以内,而85%的错误出在管理系统。从管理上找服务差错的原因是不变的金科玉律。

资料来源:林壁属.饭店企业文化塑造[M].北京:旅游教育出版社,2009

四、旅游企业文化的功能

旅游企业文化为旅游企业广泛重视。旅游企业领导者、经营者认识到企业成功与否,关键在于人心向背。人心是企业无形的财富,是巨大的能量,企业掌握好这股能量,就能无往不胜。这就必须依靠企业文化的功能。

1. 凝聚功能

旅游企业文化的凝聚功能是指当一种价值观被企业员工共同认可后,它就会成为一种黏合力,从各个方面把其成员聚合起来,从而产生一种巨大的向心力和凝聚力。

旅游企业文化像一根纽带,把职工和企业的追求紧紧联系在一起,使每个职工产生归属感和荣誉感。松下幸之助曾经说过,明确企业的社会使命,能够凝聚所有员工的向心力。凝聚功能能够汇集全体员工的智慧,把员工的意志和行为引向同一方向和同一目标,使员工之间产生共同的语言、共同的组织荣誉感和共同的责任心,为一个共同的方向和目标协同工作,尤其在企业危难之际和创业开拓之时更显示出巨大的力量。

要充分发挥旅游企业文化的凝聚功能,最重要的就要使旅游从业人员有归属感,即要让所有从业人员感觉身处一个团结、友爱、民主、信任、理解的大家庭。简单地说,就是要让所有的职工爱自己的企业,爱自己的单位。为此,旅游企业应该在各方面为员工创造良好的环境,包括合理的薪金、良好的工作环境和工作设施以及经常性组织文体活动、劳动竞赛等。企业要多进行感情投资,注意维护和提高自身形象,使内部员工产生自豪感。此外,旅游企业要进行广泛的宣传,经常举行一些有益的活动展示自己良好的管理风格、经营状态和精神风貌,使旅游企业树立良好的整体形象,扩大旅游企业在社会上的影响,以提高知名度,让员工以企为荣。员工归属感、自豪感的树立,会在内心深处产生对旅游企业的向心力,并由此形成一股强大的凝聚力,使员工的集体意识大大加强,产生一种整体效应。

2. 激励功能

旅游企业文化的激励功能是指激发和调动员工的主动性、积极性、创造性,从而确保企业目标的实现。优秀的企业文化,对充分发挥员工的积极性和创造性,出色地完成工作任务具有十分重要的作用。

旅游企业文化的激励功能主要通过精神激励和物质激励相结合的方式来实现。激励的方法主要有物质利益激励法、目标激励法、榜样激励法、信任关怀激励法、兴趣激励法、形象与荣誉激励法、授权激励法,等等。物质利益激励法就是以物质利益(如工资、奖金、福利、晋级和各种实物等)为诱因对员工进行激励的方法。目标激励法就是给员工确定一定的目标,以目标为诱因使员工努力工作,以实现自己的目标。榜样激励法是指通过旅游企业树立榜样使企业的目标形象化,号召组织内成员向榜样学习,从而提高激励力量和绩效的方法。信任关怀激励法是指旅游企业的管理者充分信任员工的能力和忠诚,放手、放权并在下属遇到困难时给予帮助、关怀的一种激励方法。

3. 导向功能

旅游企业文化的导向功能是指旅游企业文化能对旅游企业整体和每位员工的价值取向及行为取向起引导作用。

旅游企业文化的导向功能具体表现在两个方面:一是对旅游企业员工个体的思想行为起导向作用,它能把员工个体的目标引导到旅游企业所确定的总体目标上来;二是对旅游企业整体的价值取向和行为起导向作用。

要发挥旅游企业文化的导向功能,首先,要确立旅游企业目标。目标是员工共同追求的目的,是旅游企业经营活动所期望达到的结果。目标越明确,对员工的激发力量就越大。其次,要引导员工树立旅游企业的共同价值观。这一共同的价值观应该反映员工及企业的共同追求和共同利益。其主要功能就是要告诉员工,什么是应该提倡的,什么是应该反对的,从而使员工正确认识企业对员工的期待,使员工潜移默化地接受本旅游企业的共同价值观,把追求各种具体目标上升为崇高目标,并把具体目标寓于企业的价值体系之中,从而发挥目标的导向性作用。同时,因为这种价值观是旅游企业的共同价值观,它也必然体现员工个人的人生追求,使员工在为旅游企业的目标奋斗时也感到是在为实现自己的理想而奋斗。

4. 约束功能

旅游企业文化的约束功能是指运用旅游行业准则、法律法规等约束和规范员工的思想、心理和行为。

旅游企业文化对员工行为具有无形的约束力。它虽然不是明文规定的硬性要求,但它以潜移默化的方式形成一种群体道德规范和行为准则。某种违反企业文化的言行一经出现,就会受到群体舆论和感情压力的无形约束,同时使员工产生自控意识,达到内在的自我约束。旅游企业文化应把尊重个人感情为基础的无形的外部控制和以群体目标为己任的内在自我控制有机融合在一起,实现外部约束和自我约束的有机统一。

5. 辐射功能

旅游企业文化能够向社会展示自己的管理风格、经营理念、精神风貌、服务态度、产品竞争能力等信息,从而得到社会的承认和肯定,获得自身生存发展的良好环境,进而促进社会文化的进步,这些构成了企业文化的辐射功能。

旅游业是一个服务性的行业,服务对象是社会上的人,旅游企业的宗旨就是通过自己的服务使人获得一种满足感,而这种感受不仅来自于物质上,更多的是来自于精神上。因此,一个旅游企业的文化构建至关重要,它一经形成固定的模式,不仅会在旅游企业内部发挥作用,对员工产生影响,而且也会通过各种渠道(宣传、交往等)对社会产生影响。旅游企业文化的传播对树立自身的公众形象很有帮助,优秀的旅游企业文化对社会文化的发展产生很大的影响。

6. 优化功能

优秀的旅游企业文化一旦形成,就会产生一种无形力量,对旅游企业经营管理的方方面面起到优化作用。例如,当企业目标、决策偏离企业价值观轨道时,它可以自动加以纠正;当企业组织机构不合理或运转失灵时,它可以自动进行调节;当领导者的行为和员工的行为有悖于企业道德规范时,它可以自动加以监督和矫正。实际上,旅游企业文化的优化功能,不仅体现于"过程"之后即对错误结果进行修正,而且也体现在"过程"之前和"过程"之中,对组织活动和个人行为起到必要的预防、警示和监督作用。

旅游企业文化的优化功能可分为两个方面:一是企业文化对企业的优化;二是企业文化对员工个人的优化。企业文化在形成和发展的过程中,经过培植、倡导、灌输、塑造,形成了优良风气,奖勤罚懒、去劣存优的正气得到了树立和强化。企业的员工会变换、更替,而优化了的企业文化氛围不会变动。在企业的良好风气中,新员工也会习惯于良好的风气并能坚持和发扬。

◆ 本节相关知识链接

1. http://www.cnctrip.com,中国文化旅游网

2. http://www.sjlywh.com,世界旅游文化网

◆ 本节试题与知识训练

一、填空

1.旅游企业文化作为一种特殊类型的企业文化,是旅游企业主客体相互作用而产生的、的_____、_____总和。

2._____是旅游企业文化的基本特点。

3._____是现代旅游企业文化的重要表现。

二、判断

1.旅游企业顾客群的国际性决定了旅游企业文化的融合性特点。　　　　　　（　　）

2.旅游企业文化具有突出的人性化特点。　　　　　　　　　　　　　　（　　）

三、名词解释

1.旅游企业文化

2.旅游企业价值观

3.旅游企业精神

四、简答

1.简述旅游企业文化的特征。

2.简述旅游企业文化的基本功能。

第二节　旅游企业文化建设

一、我国旅游企业文化建设的现状

中国当代旅游企业文化的发展现状,大致可以从以下四个方面来分析:

1.发展不平衡

从总体上来看,中国当代的旅游企业文化,明显具有发展不平衡的特征。主要表现为:改革开放的特区新区,先于、快于、优于一般地区,沿海地区先于、快于、优于内地;大型旅游公司好于小型旅游企业;已经上市的股份公司,对待旅游企业文化建设严肃认真的程度远远高于其他各种旅游公司。中国当代旅游企业文化的最大不平衡,是在不少旅游公司在培育并形成其卓越旅游企业文化的同时,却有一些旅游公司对于以文明取胜的旅游企业文化不屑一顾,而津津乐道于非文明竞争和野蛮竞争,从而制约了旅游企业文化建设的均衡发展。

2.旅游企业员工对企业价值观、企业精神的作用普遍认同

企业价值观、企业精神作为企业文化建设的核心占有首要地位。进行企业文化建设实质就是提炼在旅游企业发展中什么观念最为重要,为了贯彻这一观念又该有一种什么样的精神状态,并使这一理念和精神状态成为企业员工的共识和行动指南。目前,绝大多数旅游企业都有明确的企业精神的提法,但没有明确的企业价值观的提法。即使这样,员工们仍然根据自己的理解提出了本企业的价值观,并且普遍认为企业价值观对于企业经营管理的作用超过了企业精神的作用。可见,在员工心灵深处,已把企业文化视为一种推动企业发展的积极力量。这是我们搞好旅游企业文化建设的深厚群众基础。

3.旅游企业内育精神外塑形象取得初步成效

进行旅游企业文化建设的最高境界就是用企业价值观作为各项管理工作的指导。用企业精神营造一种与企业价值观密切联系的人文环境;同时,还要重视塑造旅游企业形象,提高旅游企业知名度和美誉度,使旅游企业以优良的产品和优质的服务给社会公众以良好的印象。目前,很多旅游企业都有自己的企业精神及其与之相适应的企业形象。

4.旅游企业主要领导人自觉进行企业文化建设的意识强烈

有什么样的企业家就有什么样的企业文化。例如,卢作孚作为中国近代企业家的代表,创办了民生轮船公司,建设了以"民生精神"为典范的民生文化;霍英东作为新中国改革开放时期优秀饭店管理专家的代表,利用一块淤塞的沙滩,亲手缔造了白天鹅文化。

二、我国旅游文化建设存在的问题

尽管我国旅游企业文化建设取得了长足的进步,但毋庸讳言,还存在很多不足,主要表现在以下方面。

1. 认识上的偏差

(1)将旅游企业文化等同于企业精神。

旅游企业文化结构大致可以分为四个层次：精神层、制度层、行为层和物质层。旅游企业的精神文化作为企业文化的核心，是其内在灵魂，它具有统摄全局的作用。旅游企业精神是旅游企业精神文化的一项重要内容。旅游企业精神是旅游企业文化建设的重要内容，但不是全部。

(2)将旅游企业文化建设等同于旅游企业思想政治工作。

旅游企业文化建设与旅游企业思想政治工作二者虽有一致性的一面，如对象一致、作用一致、目标一致，但二者在功能上有着很大的差别。旅游企业思想政治工作的主要功能是"政治导向"，是要用先进的意识形态提高企业职工认识及改造世界的能力；而旅游企业文化建设偏重于体现旅游企业的风貌，是一种高层次的管理艺术，其目的在于引导旅游企业员工形成一种共同观念和共同价值取向，以提高企业经济效益。

(3)将旅游企业文化等同于领袖文化。

许多新建企业或变革型企业，创业者的一言一行都影响到整个企业的文化。企业的确需要精神领袖，但如果搞个人崇拜的话，对企业的长远发展显然是不利的。

(4)将旅游企业文化等同于CI战略。

企业形象识别系统虽然在性质及应用领域上与旅游企业文化有许多相似之处，但二者在作用方式及作用范围上有很大的不同。CI系统的作用在于，让公众识别旅游企业身份，使之与众不同。它侧重的是旅游企业信息的传播与旅游企业形象的塑造。而旅游企业文化建设是在企业内部形成强大的凝聚力，使员工万众一心共创事业，它的作用重在建设与塑造。

(5)将旅游企业文化等同于旅游企业文化活动。

过去那种认为搞个文艺演出，办个企训、企报、企徽等就是搞了企业文化的做法，其实是完全误解了旅游企业文化的含义。开展丰富多彩的文化活动是旅游企业文化建设重要的内容和手段。通过开展文化活动，有助于提高职工的精神境界，使良好的旅游企业精神、企业价值观、企业形象得到认同，有助于增强集体荣誉感及凝聚力。但是，旅游企业文化活动仅属于旅游企业文化制度层的一部分，而并非旅游企业文化建设的全部。

2. 实践中的误区

(1)表面化现象。

目前，不少旅游企业在进行企业文化建设时往往"纸上谈兵"，看到上级提倡企业文化，就一哄而起大搞企业文化建设，这种建设实际上也只是提出几句口号喊在嘴上、写在纸上,如何实施却无人过问。这种流于形式、浮于表面的活动缺乏实际意义,容易助长浮夸之风。

（2）雷同化现象。

很多优秀企业的文化的确值得借鉴,但每个企业都有自身的特殊性,若照搬照抄、生搬硬套,其结果只会是"东施效颦",所以企业文化必须具有自身个性。

（3）缺乏系统性。

虽然一些旅游企业文化的建设也涉及企业文化的方方面面,但总体没有主线,内容杂乱,缺乏系统的整合目标及长远发展规划。

（4）缺乏持久性。

现在国内有很多旅游企业进行文化建设,一开始搞的轰轰烈烈,然而,用不了多久就偃旗息鼓、悄无声息了。企业文化建设不是一朝一夕就能完成的,任何有成就的旅游企业,它们优秀的企业文化都是在长期培育中形成的。

三、对我国旅游企业文化建设的思考

1. 旅游企业文化建设的基本原则

尽管旅游企业在企业文化方面存在着各种各样的差异,但在文化构建的过程中却可以遵循相同的原则。

（1）卓越原则。

卓越不是指成就,而是一种精神、一种动力、一种心理状态。追求卓越是一个优秀的个人,也是一个优秀的旅游企业之所以优秀的生命与灵魂。竞争是激发人们追求卓越精神的最重要的动力,一种竞争的环境促使一个人或一个企业去努力学习、努力适应环境、努力创造事业上的佳绩。显而易见,坚持卓越是旅游企业文化的内在要求,因为无论任何旅游企业在竞争的环境里都不甘于做平庸者,构建文化的目的就是为了创造卓越的精神,营造卓越的氛围。

（2）创新原则。

追求新异是旅游的主要动机之一,因此创新是旅游企业文化建设的灵魂。旅游企业在企业文化建设中应具有创新意识和创新精神。在企业价值观念创新的同时,应开展一系列有特色、有吸引力、有影响力的旅游活动,开发独特的旅游产品,开展有特色的旅游服务,使企业文化富有长久的生命力。

（3）独特原则。

旅游企业在企业文化建设中要遵循独特性原则。可根据行业特点和本企业的实际,在形象塑造的理念识别、行为识别、视觉识别等各个层面保持特色和个性,使之具有吸引力、感召力和竞争力。

(4)人本原则。

确立"以人为本"的管理理念是旅游企业成功的最大经验。先人后事,以人为根本,采用一切行之有效的手段和方法,深入发掘人的潜能,充分调动人的主动性、积极性和创造性,实行企业与员工"双赢"的方针,从而实现"员工为企业创造效益"的同时"企业让员工得到发展"。

(5)市场导向原则。

企业的存在和发展必须以市场为导向,这是市场经济条件下企业主体行为的指导方针。旅游企业作为创造财富的经济实体,就是要遵循经济发展规律,对旅游市场进行敏锐观察、深入思考,进行全面的分析研究,以市场为中心进行管理定位,确立企业的经营决策,准确地捕捉机遇,占领市场。

2.旅游企业文化建设的主要方法

(1)培育旅游企业的价值观,规范员工的共同行为取向。

企业文化价值观念在企业文化内容体系中处于核心地位,是企业员工评判是非的标准,它规定着企业全体员工共同的努力方向和行为准则。培育共同的旅游企业价值观是构建旅游企业文化的核心任务。树立明确的价值观,赋予企业价值现以生命,是企业必须解决的首要问题。

培育旅游企业的价值观主要抓住如下三个环节:

①做好宣传教育工作,让员工理解和接受企业价值观。

宣传教育工作是培育企业价值观的基本途径,它以舆论导向、文化传播等方式让企业员工和社会公众在耳濡目染、潜移默化的宣传中接受企业倡导的价值观。大众传播媒介是宣传教育工作必不可少的工具,包括报纸、杂志、书籍、图片、标语、广播、电视、计算机网络等。旅游企业在运用大众传媒时,除了要注意媒介的持续重复和择优选用外,还要注意媒介的综合运用。综合运用传播媒介可以取长补短,形成系统工程,达到整体功能优化。例如,杭州大饭店提出以大众化的风格赢得大众的青睐,在日常的经营活动中针对不同层次的消费需求,分别推出适合不同消费阶层需求的菜肴。当市民们感到湖蟹吃不起的时候,饭店在当地报纸和电视台亮出了"10元钱一只湖蟹你吃不吃"的口号,并以实际行动消除了市民对此口号的疑惑,在广大市民中树立了可信可亲的大众形象。

②发挥人格化示范的力量,将价值观生动直观地展示给全体员工。

人格化示范主要有两种方法。

第一，领导垂范法。旅游企业的领导者是旅游企业文化的倡导者和塑造者，更是旅游企业文化的实施者。旅游企业主要领导要重视企业文化建设，并在组织机构的建设上落实。在实际工作中，一方面，领导通过归纳提炼，将旅游企业文化升华并通过宣传鼓动使企业文化精神在本企业得以落实；另一方面，旅游企业领导自己的作风、行为在企业文化建设过程中起着潜移默化、率先垂范的作用。例如广东顺德碧桂园饭店树立"宾客至上"的观念，总经理及各级管理者在工作中身体力行，饭店员工以领导者的行动为楷模，对本职工作尽职尽责，在宾客面前树立了良好的形象。

第二，楷模带头法。榜样的力量是无穷的。企业价值观的形成，离不开榜样的引导和示范。在塑造优秀旅游企业文化的过程中，英雄模范人物是"排头兵"，起着带头引导作用、骨干作用和示范促进作用。英雄模范人物是旅游企业文化的生动体现，他们为全体员工提供了角色模式，建立了行为标准。通过他们，向外界展示了旅游企业的精神风貌，也给全体员工提供了学习的榜样（如文枝花等优秀旅游工作者的英雄事迹等）。英雄模范往往成为一个旅游企业文化的具体象征。在建设旅游企业文化中，要特别注意发现典型，培养、宣传企业自己的英雄模范人物。

③精心设计企业文化仪式，使员工在日常工作和生活中认同和体现共同信念。

旅游企业文化的生长不是空泛的概念演绎，而要通过各种具体的活动和一定的形式来催化（如表彰会、庆功会、职代会、团拜会、联谊会、运动会、歌舞会等）。在这里，旅游企业的仪式和典礼起着重要的作用。庄严的仪式确实有助于精神理念的强化。仪式或礼仪是价值观的载体，能使价值观外在化。例如，日本旅游企业广泛实行的"朝礼"（在上班正式工作前15分钟由领班带领员工进行"店训"或"社训"朗诵等活动），我国某些饭店、景区的"迎宾仪式"，都从某个方面展示了本企业的文化。

以旅游饭店为例，文化仪式活动可以概括为三种。第一是工作仪式，即发生在饭店日常经营管理活动中的常规性工作仪式，如晨会、岗前小会、店会、表彰会、职代会、培训会等。第二是生活仪式，指在工作之余，饭店开展的与员工生活直接相关的各种活动，如饭店的文体活动联欢会、讲演会、茶话会等，通过这些活动可以密切员工之间的关系，有利于共同价值观的形成和传播。第三是纪念性仪式，指那些对企业具有重要意义的纪念活动仪式，如店庆、挂星、获奖等具有纪念价值的活动。企业的各种文化仪式活动是企业价值观的具体外显形式。因此企业应认真组织、精心设计企业文化仪式的场景，营造良好的文化氛围，使员工从中受到充分的感染和教育。企业文化仪式一经创立，就要保持稳定性和连续性，以收到预期的效果。

（2）树立和弘扬旅游企业精神，为旅游企业的发展提供强大的精神动力。

培育和弘扬旅游企业精神应抓住三个环节：

①选择企业精神的合适表达方式。

企业精神是价值观的一种熔炼结果，是企业价值观的精华部分。因此，企业精神的含义应是确切的、清晰的，其语言形式应是具体而明确的。文字语言是企业精神的主要表达方式，常见的有二种形态：复合式、单一式。复合式就是用一段文字或几组文字来表述企业精神的内容。例如，中国大饭店的企业精神是采用楹联的形式，只有两句话："中外通商之途，殷勤待客之道。"福建阳光假日大饭店的企业精神是"温情无限，尽享阳光"。一般来说，用复合式来表述企业精神应注意尽量简化，避免面面俱到，文字不能太多，否则不利于记忆也不利于传播。单一式就是用一短语、一短句、一简明文字来表述企业精神的内容。例如，大庆石油管理局的"铁人精神"。单一式具有简明、上口、易记、内涵丰富等优点，但为了让人明确了解其含义，应该对其内涵做出必要的解释。总之，在选择表述企业精神的具体方式上，应该根据企业的实际情况和客观需要采取不同的形式和方法。

②突出企业精神的个性。

企业精神的个性表现是否突出主要还是看其实践效果。实际上，一个旅游企业不可能面面俱到，把所有的工作都做得十分出色，它只能在某一方面具有突出特点。对于社会公众来讲，是根据旅游企业的经营行为来感受和判断其企业精神的。只有那些在体现企业的价值观同时服务效果也出色的企业精神才能得到社会的承认和赞赏。例如，假日饭店就根据自身的特点提出了"假日旅馆精神"——"朴实无华、诚实可靠、坚持不懈、乐观大度，加之以一种复兴者的激情的综合体"，所有培训的重点都围绕着培育"假日旅馆精神"。

③注重企业精神传扬。

企业精神确定后，它不是马上就能渗透到员工的心中的，只有通过多种途径的灌输和教育，才能被他们逐步接受和理解，变成他们言行的规范和准则。要使旅游企业的企业精神深入每一位员工心中并逐步被社会公众所认可，一方面应加强舆论宣传和职工的自我教育，即通过各种形式对企业精神进行通俗化、具体化的解释，采取专题报告、系列讲座、知识竞赛等形式让员工在自我教育中真正理解并接受企业精神；另一方面要抓企业精神的物化，如将企业精神形成文字或图画，制成匾额、巨幅壁画等直观醒目地放在企业内适当的环境中，给员工和社会公众留下深刻的印象。

（3）全面提高职工素质，不断提升旅游企业形象。

现代市场竞争在很大程度上取决于企业形象的竞争。旅游企业文化建设的目的是造就高素质的"旅游人"，以此塑造良好的企业形象。其中，十分重要的途径就是重视育人文化——教育与培训工作。

①要坚持连续性。

教育培训是一项需要经常开展的工作，其内容要随企业客观环境变化而变化，不能把它只看成是员工上岗前的一次热身，而忽视教育的连续性。例如，希尔顿旅馆公司每年都要选择优秀员工到密歇根大学和康奈尔大学旅游管理学院进行学习，以提高员工的整体素质。再如，广州白天鹅宾馆把连续性教育培训作为保证宾馆服务质量和管理水平的基础，使培训更加有目标见实效地进行，如中餐厅狠抓服务程序和业务训练，每位员工从摆位、斟酒水、托盘、上菜、分菜、送餐巾，每个操作环节都定期进行严格的再训练。经过严格的培训，那些刚从旅游学校毕业的青年员工业务水平提高很快，在接待美国总统尼克松的国宾宴会上，服务人员热情礼貌，操作自如，得到了贵客的连声称赞。尼克松总统留言说："我曾住过美国和全世界许多饭店的总统套间，我认为没有一间能与白天鹅宾馆相比。其精美的菜式、优质的服务和超水准的诚挚招待，给我们留下了深刻的印象。"实践证明，良好的企业形象是旅游企业文化建设的丰硕果实，也是吸引众多游客慕名而来的无形资产。

②要坚持多样性。

不同类型的教育培训活动，其组织工作有一定的特殊性。从层次和内容上看，饭店的教育培训工作一般分为部门经理、主管班组长、服务员等几个层次。为了坚持国家星级宾馆标准，还必须组织员工和管理人员认真学习国家涉外饭店星级划分和评定标准，并对在岗员工分别进行服务意识和技能、外语、电脑、安全、消防等培训。从形式上看，教育培训分为灌输式、启发式和感染式。灌输式通常采用讲授、朗诵或背诵的作法。例如，国内外一些企业让员工在特定的场合中朗诵企业精神，既给庆典活动带来一种热闹喜庆的气氛，也能使员工在心灵上得到一次升华。启发式是教育者和接受教育者处于平等地位的教育方式。旅游企业的管理者与员工一起共同探讨企业精神文化在企业发展中所起的作用，以及需要修正和加强的地方。感染式是被教育者置身于某种特定的情景或氛围中不自觉地受到教育，如可将企业价值观和企业精神以图案形式来表达，做成标识物如雕塑、徽章等，放在办公室里、企业建筑物相应位置上，有的还可印在制服上，使员工置身其中，感受到一种身临其境的氛围。

总之，旅游企业的文化培育应结合企业自身特点，培育出适合旅游企业经营发展的、有自身特色的文化。此外，旅游企业的文化培育并不是一成不变的，它需与企业的发展状况、外部环境联系起来，与时俱进，不断地建设和改进。只有这样，才能充分发挥旅游企业精神的积极促进作用。培育适应时代和旅游企业自身发展的、富有特色的、鲜明的优秀企业文化,是一项长期的、艰苦细致的工作,需不断地予以发展和完善。只有这样,才能促进旅游企业不断发展进步,才能在激烈的市场竞争中永远屹于不败之地。

◆ 本节相关知识链接

1. http://www.9tour.cn,九游网

2. http://news.cnair.com/c/200904/8067.html,中国航空旅游网

3. http://www.7158.com.cn/,企业文化网

◆ 本节试题与知识训练

一、填空

1.我国企业文化建设在实践方面存在的误区有_____、_____、_____和_____。

2.我国旅游企业文化建设应遵循的_____、_____、_____、_____和_____基本原则。

二、判断

1.在我们目前的旅游企业文化建设中,将旅游企业文化等同于企业精神。 (   )

2.在我们目前的旅游企业文化建设中,常常将旅游企业文化建设等同于旅游企业思想政治工作。 (   )

三、简答

1.简述我国旅游企业文化建设的现状。

2.简述旅游企业文化建设的主要方法。

第三节　旅游饭店企业文化

从世界饭店集团的发展历程来看,不同的饭店有不同的文化,凡具有自己独特文化并被广大员工、宾客认可和接受的饭店,就具有强大的生命力和竞争力。

一、旅游饭店企业文化内涵

1. 旅游饭店企业文化的概念

旅游饭店企业文化作为旅游企业文化的一个重要组成部分,是指饭店员工在从事经营活动中所共同具有的理想信念、价值观念和行为准则,是外显于店风店貌、内显于员工心灵中的以价值观为核心的一种服务意识。

饭店企业文化建立的目的,就是要在饭店员工内部倡导和营造一种积极健康、活泼和谐的精神氛围,将饭店的各项工作都集中指向这一核心点,对饭店的各方面工作起到良好的推动作用,体现饭店企业文化的价值。

2. 旅游饭店企业文化的层级关系

旅游饭店企业文化是在饭店员工相互作用的过程中形成的,为大多数员工所认同,并用来教育员工的一套价值体系,具体包括共同意识、价值观念、职业道德、行为规范和行为准则等。在进行饭店文化规划时,可以按照旅游企业文化通常的构成成分,将旅游饭店企业文化分层规划(图 9.2)。

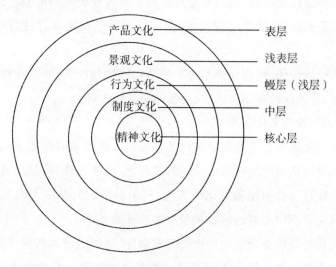

图 9.2 旅游饭店企业文化结构图

饭店企业文化的精神层包括饭店的企业精神、饭店的经营哲学、饭店的核心价值观、企业伦理、企业道德、饭店目标、饭店风气等,即饭店企业意识形态的总和。

饭店企业文化制度层包括企业领导体制、企业组织结构和企业管理制度等。

饭店企业文化行为层包括内部服务环境的营造、员工的语言行为规范、员工的培养与教育、饭店促销活动、产品开发及公关活动、客源市场调查等。

饭店企业文化景观层包括饭店标志、饭店文化传播渠道、设施环境文化等载体。

饭店文化产品层以饭店日常的产品为表现载体的产品文化。

3.旅游饭店企业文化内涵的细化

细化饭店企业文化,需要把饭店文化的一些表层文化表述出来,将企业理念的外化和固化部分阐述出来,把饭店文化的浅层文化表述清楚,具体涉及饭店的经营文化、管理文化、景观文化和产品文化。

(1)旅游饭店的经营文化。

饭店企业的经营文化是企业文化内涵在饭店经营过程中的体现,是饭店经营活动中表现出来的价值理念,包括经营宗旨、经营理念、经营目标、经营战略等。由于经营活动主要是饭店同外部所发生的业务关系,因而经营文化也可以看做是饭店员工在处理饭店与外部联系工作时所持的价值理念。饭店在经营活动中与外部发生的联系,根据对象可以分为饭店与客户的关系、饭店与社会的关系、饭店与竞争对手的关系、饭店与合作方的关系。根据与饭店关联的不同对象,饭店要采取不同的经营方式,但是在众多的经营手段中必须有一个指导性的价值理念,它对外体现了饭店及员工的形象。这种指导饭店协调自己与外部关系的理念,就是经营文化,亦即饭店界定和处理自己与外部关系的价值理念。

在新的知识经济时代,饭店应该培育一些基础的经营理念,如主动性的市场理念、能动性的创新理念、有效性的竞争理念、快速性的应变理念等。

(2)旅游饭店的管理文化。

饭店管理文化实际上是企业在处理内部管理的各种关系时所形成的一种价值理念,或者说是企业在管理活动中所使用的一些价值理念,反映在管理制度、管理战略、管理宗旨等方面。饭店通过这些固化和外化的条文、规则对饭店内部的人和事进行管理,界定和处理在饭店日常管理中所遇到的各种矛盾和各种关系。

饭店管理文化是饭店企业文化的重要组成部分,是饭店协调各种矛盾和关系时所遵循的价值准则和价值理念。饭店所需要的一些基础性管理文化包括责权利对称性的管理文化、高效率的管理文化、人本主义的管理文化、有序化的管理文化、契约化的管理文化等。饭店只有在经营管理过程中贯彻这些基本价值理念,才能够将企业文化内涵融会贯通,让企业文化在饭店内部活化、灵动起来,给饭店增添前进和发展的动力。

(3)旅游饭店的景观文化。

在饭店星级评定的过程中,饭店内部构造、物品布置、客房布局、装饰陈设、餐厅装修和各类用品越来越趋于一致,个性化的饭店景观文化越来越少。特别是饭店设计与饭店经营的脱节,在饭店设计建造、装修之后,饭店的景观文化就难以得到有效的发挥。因此,饭店的景观文化塑造应当始于饭店的投资决策之时,应在开始设计建筑物时就开始考虑日后饭店经营中的景观。

饭店的景观文化是指包括饭店建筑物、饭店产品等整体性在内的一切外在表现物,是饭店与外部的自然环境、社会环境及饭店内部的组织环境、心理环境、物质环境、经营环境等方面所形成的一种稳定的、系统的、得以承传的文化现象及特质。

(4)旅游饭店的产品文化。

饭店产品文化是指以饭店提供的服务产品为载体,把饭店产品的使用价值和文化附加值高度统一成一体。

在新的体验经济时代,饭店产品不仅仅满足于食、宿等基本需求,还要提供足够的享受性、体验性、趣味性,使饭店文化与服务产品的互动关系愈益密切,产品的文化力量愈益突出,将饭店文化通过服务产品体现出来。具体说来,饭店提供的产品绝不仅仅具有某种使用价值,不仅仅是为了满足人们的食宿生活需要,应当越来越多地考虑人们的心理需要、精神享受需要,千方百计地为人们提供既实用又能满足人们感官、情感、心理等多方面的享受需要。饭店应越来越重视饭店服务产品的文化附加值开发,努力把使用价值、文化价值和审美价值融为一体,突出产品的文化含量。

当然,如果把饭店所提供的服务产品与饭店员工的崇高理想和精神追求融为一体,成为企业文化的精神结晶,则将把饭店经营推向新的高度,使其成为高档、高端的饭店产品,这对于饭店经营效益的提高将有直接的促进作用。

二、饭店企业文化的功能

饭店企业文化作为企业文化的一个分支,具备企业文化的共同功能。这里仅对饭店企业文化对饭店管理的作用作进一步探讨。

1. 饭店企业文化是坚忍不拔的竞争意志

21世纪饭店的竞争将日趋激烈,如果没有坚强的意志,就不会有拼搏精神,就会在激烈的市场竞争中衰败、淹没。饭店企业文化的核心就是培育和创造一种符合饭店实际、催人向上、开拓创新、永争一流的企业精神。有人说,可口可乐公司一旦在一夜之间烧掉,但只要品牌在,企业很快就能复苏。可见,可口可乐公司已演化成一股强大的力量,具有非凡的意志。从中我们可以得出这样的结论:饭店文化存,则饭店存;饭店文化兴,则饭店兴;饭店文化亡,则饭店亡。

2. 饭店企业文化是饭店经营的灵魂

有调查表明,饭店企业文化会对以下几方面产生深刻而综合的影响:饭店的市场观念和经营行为;顾客的购买心理、行为和习惯;饭店中的所有人对工作的态度;饭店的组织关系和人际关系;饭店的资本、经营和员工对相互关系的判断(如雇佣、劳资、领导和被领导等)。可见,谁拥有文化优势,谁就拥有竞争优势、效益优势和发展优势。

3.饭店企业文化是提升饭店服务质量的有效手段

饭店服务质量是指客人在入住饭店期间享受各种服务后得到的物质和精神满足程度。饭店服务质量是通过硬件设备质量和软件服务质量来体现的。硬件设备质量取决于饭店的设施设备质量、环境质量、服务用品质量和实物产品质量。一个拥有独特企业文化的饭店,必然有着自己与众不同的饭店建筑风格、内部环境、卫生环保的客房设施,而这些是满足客人心理期望的很好的途径。软件服务质量则反映在饭店员工的劳务活动上。饭店的企业文化可以塑造饭店员工的价值观、敬业精神、职业道德感。饭店员工扮演直接与客人接触的角色,其所提供的服务直接影响客人对饭店的印象,因此拥有一个良好企业文化的饭店可以提供令客人满意的软件服务。可以说,饭店的企业文化建设是提升饭店服务质量的有效手段。

4.饭店企业文化是创新的动力

饭店是否具有创新能力是决定饭店是否能够生存的关键。纵观世界各地,饭店环境在创新,客房装饰在创新,客房用品在创新,菜肴在创新,服务在创新,娱乐项目在创新,管理理念和方法在创新,营销也在创新,饭店只有在创新中才能得到永生。因此,饭店创新是无止境的,并将从一次创新发展到持续创新,从少数骨干创新发展成全员创新。饭店文化就是要改变过去单纯对员工行为管理的重视,转变到充分注意员工的思想管理即心智管理,寻求饭店目标与员工个人目标的一致性,从而倡导一种具有创新意识的饭店环境,最大限度地发挥每位员工的创新能动性,满足宾客个性和追新的需求,在激烈的竞争中赢得市场。

三、饭店企业经营理念

1.个性化服务理念

个性化服务(Personalized Service 或 Individualized Service)的概念源自西方发达国家,它有两层含义:一是指以标准化服务为基础,但不囿于标准,而是以客人的需求为中心提供各种有针对性的差异化服务及超常规的特殊服务,以便让接受服务的客人有一种自豪感和满足感,并赢得他们的忠诚;二是指服务企业提供自己有个性和特色的服务项目。从中可以看出,个性化服务的内涵主要兼顾两个方面:满足顾客的个性需求和表现服务人员的个性。

　　个性化服务和标准化服务是两个并行不悖的理念,饭店应该在标准化基础上实施个性化,这样能够提高顾客的满意度,有利于市场扩张;可以避免因产品相似而降低销售量;能够更加突出饭店的经营特色,使饭店在市场竞争中立于不败之地。

◆ **案例驿站 9.2**

金钥匙服务

　　1.国际饭店"金钥匙"组织是一个由 34 个国家的 3 000 多名饭店"金钥匙"组成的国际性组织,正式成立于 1953 年,总部设在巴黎。它的作用在于建立和促进高度专业化和合乎职业道德的服务标准。通过这个组织,还可以为饭店客人提供跨城市及国家的委托代办服务。

　　2.饭店金钥匙的服务宗旨,是在不违反国家法律和道德的前提下,为客人解决一切困难,使客人获得满意惊喜的服务。

　　3.金钥匙服务理念

　　(1)饭店金钥匙为客人排忧解难,"尽管不是无所不能,但也是竭尽所能",要有强烈的为客人服务意识和奉献精神。

　　(2)为客人提供满意加惊喜的个性化服务。

　　(3)饭店金钥匙组织的工作口号是"友谊、协作、服务"(Service Through Friend-ship)。

　　(4)饭店金钥匙的人生哲学:在客人的惊喜中找到富有乐趣的人生。

　　资料来源:http://q.sohu.com/forum/121/topic/26659800,搜狐圈子

◆ **案例驿站 9.3**

中式管家服务

　　"中式管家"服务在"英式管家"和"菲佣服务"基础上,吸收中国 19 世纪 20 年代豪门宅院的传统管家服务模式之精髓,结合饭店别墅布局的特点和客人度假的基本需求,推出宅院式、五星级"中式管家"贴心服务。

　　目前主要包括私人管家、贴身保姆、高级厨师和专职司机四项服务内容。私人管家与贴身保姆、高级家厨、专属司机共同组成一个服务小组。私人管家主要负责安排

及统筹其他三人的工作和各部门之间的协调工作,同时还要具体负责客人的行程安排、景点介绍与组织聚会、宴会、代购机票等其他委托服务;贴身保姆主要负责日常起居清洁、烹饪家常菜、洗衣(水洗)、端菜倒水、擦鞋、婴儿看护、海边游览、物品租借、代收物品、叫醒等24小时个性化贴身服务;高级家厨负责别墅内家宴、聚会、烧烤等高档烹饪;专属司机每天免费提供10小时专车服务。另外,根据客人需求饭店还在此基础上提供保安、清洁工、园丁、财务等公共服务。

中式管家全部受过专业训练,素质高、服务专业、举止优雅、细致干练、不怕麻烦、随叫随到,客人在这里可以享受到一呼百应、体贴入微的服务品质。

资料来源:http://wenda.tianya.cn/wenda/thread? tid=073faa7231f03eb4,天涯论坛

2.绿色企业文化理念

饭店绿色企业文化的核心内容是保护环境,这一理念必须贯穿于饭店产品设计、产品生产、市场营销三大环节,这是第一步。然后,绿色企业文化才会实现纵深发展,用于调整饭店的经营和发展战略。

(1)绿色产品设计。

将环境保护融入产品设计表现为两个方面。一方面是考虑产品或产品的某些部分能够被多次重复使用,即考虑制作材料的问题。在这一过程中,饭店还必须同时考虑出售给消费者的产品对环境的影响,考虑产品的制造和销售过程对环境的影响。另一个方面是饭店提供的产品必须是健康、安全型的。饭店提供的是生活空间,产品的安全、健康状况直接关系到客人的安全与健康。上述两个方面紧密相联。

(2)绿色产品生产。

饭店产品的生产就是一个服务的提供过程。服务的提供分为物的服务和人的服务。物的服务指所用的服务设备、设施,人的服务是指人员提供的劳务活动。在物的服务中贯穿环境保护的理念主要表现为设备设施的选用以及合理使用等,它在很大程度取决于前期的设计。人的服务贯彻环境保护的理念可以直接用于指导人员的服务过程,并在这个过程中与客人沟通,引导消费及社会文化的更新。

(3)绿色市场营销。

在市场营销的过程中要求饭店重新引导客人的需要。由于大量消费的过程削弱了地球再生原材料、吸纳垃圾的能力,所以,有许多学者提出消费者应该减少消费量,但消

费者可能是不同意的。因此在实现减量消费之前需要有一个度,即把顾客的需求引向生态危害最小的产品。要实现对消费的这一引导,饭店必须要明确客人目前的消费选择、进行选择时的判断标准、各种判断标准之间的相对程度以及形成这些判断标准的信息来源。只有明确这些信息,饭店才有可能设计出正确的与顾客沟通方案,实现重新引导。消费者对环境问题的敏感不一定会转化成购买行为。饭店的责任就是要通过各种沟通手段,促使消费将改变生活环境质量的潜在愿望转变成实际的推动环境质量改善的行动。

(4)绿色发展战略。

企业发展战略是指企业根据自身所面临的外部环境和自身的比较优势,基于自身利益和可持续发展目标,在有效协调自身与社会的相互关系的基础上,从全方位的综合因素出发,对自己的生产经营和资本经营所进行的自主选择和自我设计,其内容涉及生产经营和资本经营的方向、方式以及方法等。保护环境的问题是一个非常重要的客观因素,企业需要根据自身的情况自主的调整战略计划,并对内部的生产体系进行重新组织、重新构造、重新设计以满足战略调整的需要。例如,饭店的多元经营、饭店分工等都是饭店在环境保护理念指导下的一种发展趋势。

四、饭店企业文化的建设

饭店的企业文化建设不是一蹴而就的,而是经历了一个积淀的过程,是一代一代的饭店人众志成城、不懈努力,才造就了饭店独特的企业文化。

1.创立具有企业自身特色的饭店文化,是推动饭店业发展进步的动力

由于我们的国情、民情以及区域风俗习惯的不同,使得我们在管理饭店时,既不能原样不动地照搬照抄西方国家的饭店管理模式,也不能全盘模仿亚洲国家和国内其他饭店的管理方法。因为饭店文化的含义从一个侧面上讲,代表着一个国家民族的形象。只有在传统文化基础上对别国经验进行借鉴和吸纳,创立本民族的饭店文化,才能展现中国饭店文化的完美。

2.饭店企业文化是饭店无形价值的体现

随着社会主义市场经济的深入发展,使人们更加清晰地看到,饭店经济效益的取得,取决于一个饭店的无形资产、饭店人力资源的优化配置、饭店员工的主动性和创造性及敬业精神、饭店整体的凝聚力和向心力。因为以共同的价值观为核心,会充分展现饭店整体形象,实现饭店短期目标和长远规划与员工准则的一致性目的的饭店文化,就能增强饭店发展的原动力。设想如果一家饭店的文化落后于自身现代化的硬件环境,那么饭

店的整体实力必将大大削弱,饭店的管理也容易进入疲劳管理和重复单一运作的误区,从而阻碍饭店的发展。科学的饭店管理方式和市场化的经营理念,应是在吸纳、借鉴和总结的基础上逐渐形成的,它是饭店更高、更超前的二级动力。只有将这种宝贵无形资产转化于具体实践的过程中,才能使饭店凝聚力和向心力不断增强,成为饭店共同价值观的核心,那么,饭店才会在实现目标的前进过程中正确地把握风向标,顺利发展。

3. 合理配置人才,不断提高员工素质是饭店文化的根本

在市场经济条件下"谁拥有人才,谁就拥有明天"。众所周知,饭店获取积极效益的高低,最终取决于人的因素。人是饭店的主体。从某种意义上讲,饭店管理的表现方式是个性化的体现,饭店文化氛围具有显著的时代特征。

4. 饭店文化形象是饭店文化的载体,也是饭店竞争的表现力

目前越来越多的饭店投资者和经营者已认识到饭店文化形象塑造的重要性,并自觉地运用饭店文化的影响作用实施经营管理,并且在经营和管理过程中逐步显现出竞争的优势。任何一个饭店都可以找到适合自己的文化形象,关键就在于如何去寻找、如何去建立、如何去维护这个旅游文化形象。现实中无数的案例都告诉我们,饭店的形象是极其脆弱的,所以不但要研究如何去建立饭店的文化形象,而且更应该去研究如何维护饭店的文化形象,让饭店的每一位管理者,每一位员工都时刻牢记自己的职责和使命,通过自己的一举一动、一言一行塑造饭店良好的形象。

5. 饭店文化企业在不断开拓创新中才能向前发展

随着市场经济深入发展,供求关系发生了质的变化,卖方市场已经戏剧性地转化为买方市场,经济运行规则也日趋完善。饭店在微利环境中生存,就必须要开拓创新、不断地推出时尚的特色经营,树立起饭店新的形象,以取悦顾客。而新形象的创立是饭店文化孕育的结果,它的优劣又直接决定着激烈的市场竞争中饭店所占有的份额及其在行业中的地位。但是,地位不是恒久不变的,这就要求饭店的文化在成长过程中不断地开拓创新。

◆ **本节相关知识链接**

1. http://www.veryeast.cn,最佳东方

2. http://blog.meadin.com/index.html,迈点网

◆ **本节试题与知识训练**

一、填空

1._____是饭店坚忍不拔的竞争意志。

2.现代饭店所推崇的企业经营理念主要有_____和_____。

二、判断

1.饭店企业文化是提升饭店服务质量的有效手段。　　　　　　　（　　）

2.饭店企业文化是饭店经营的灵魂。　　　　　　　　　　　　　（　　）

三、名词解释

旅游饭店企业文化

四、简答

1.绘出旅游饭店企业文化结构图。

2.简述旅游饭店企业文化建设的基本途径。

第四节　旅行社企业文化

　　旅行社是整个旅游业中最具有活力与能动性的一个行业,但随着旅游服务市场的扩展,行业之间的竞争将越来越激烈,旅行社企业要想在未来的旅游市场上争得一席之地,就必须拥有自己独特的企业文化,因为旅行社之间的竞争归根到底必将是企业文化之间的竞争。据《财富》杂志评论员文章指出,世界500强企业之所以胜出其他企业的根本原因就是在于这些企业善于用企业文化给自己的企业注入新的活力,同样,独特的企业文化也是保证旅行社胜出的重要法宝。

一、旅行社企业文化内涵

　　旅行社企业文化是旅行社企业经过一个长期的沉淀过程而形成的既具有物质层面的又有精神层面的包含旅行社企业形象、品牌诚信、管理机制、服务质量及员工素质等系列因素的综合文化。它是旅行社个性文化的根本体现,贯穿于旅行社发展战略、经营管理之中,是旅行社生存和发展的灵魂,是旅行社企业核心竞争力的重要组成部分。

　　旅行社的物质文化是由旅行社的员工创造的旅游产品和物质设施等构成的一种表层文化,它主要包含旅行社的线路设计,企业名称,企业标志,企业象征物,纪念品,宣传标语、文字、音像、图片资料以及员工的衣着、企业的建筑物等。旅行社行为文化主要体现在旅行社经营、人际关系活动、公关策划及教育培训活动中的系列行为规范。旅行社精神层面的文化则与本旅行社所倡导的企业价值观、企业精神、企业经营哲学等相联系。

◆ **案例驿站 9.4**

中国国际旅行社的企业文化

中国国际旅行社总社（以下简称国旅总社），英文名称 China International Travel Service Head Office，缩写 CITS，成立于 1954 年，它的成立标志着中国国际旅游业的开始。它经历了初创、开拓、发展等历史阶段，是中国国际旅游业的缩影。伴随着中国经济的腾飞而向前发展，组织接待外国游客人数每年递增，是中国综合实力较强的三大旅行社之一。历年来，国旅总社经营业绩优秀，自国家旅游局对旅游企业进行排名评比以来，国旅总社主要经营指标始终位于榜首，蝉联"中国旅行社百强第一名""最佳企业奖""旅行社最高创汇奖""旅行社最高外联人数奖"等奖项。

国旅总社的企业标志图形为地球形状，上下左右呈经纬线分布，象征着国旅事业遍布全球；球形上部是"中国国旅"四个中文弧形分布；球形零度纬线上部分布着"CITS"四个英文字母，是中国国际旅行社英文名称的缩写；在球形零度经纬线处，自左至右分布着三条弧形箭头，象征着中国国旅事业腾飞。这是中国国旅的新标志，它是企业形象的核心，引领中国国旅人走向光明的未来。这个企业标志通常与其他字样相结合成为向大众传达企业形象和文化的重要手段。

国旅总社的企业口号为"中国国旅，天下一家"。它有三方面的含义。首先，意指"四海之内皆兄弟也"。旅游业是国际公认的和平事业，国旅总社在新中国的民间和平外交事业中做出过重要贡献。在新的历史发展时期，中国国旅将继续为加强国内外公民旅游等民间交往和文化交流发挥其桥梁作用，为建设和谐社会、和谐世界奉献力量，这是全体国旅人的终极追求。其次，意指"天下第一家"或"天下唯一家"，体现了中国国旅在中国旅游业和旅行社行业中的地位，还可引申为"天下一甲""天下一佳"等相似的谐音和联想，传递出中国国旅秉承传统、追求卓越的敬业精神和服务品质。第三，意指"天下国旅是一家"。国旅集团成员经过 50 年的风风雨雨、分分合合，一个以资产为纽带，以品牌为核心的新国旅集团已经形成。国旅集团成员社对于"中国国旅"这一核心品牌应有高度的认同感。

总之，"中国国旅，天下一家"作为中国国旅企业的形象口号，对外具有感召力和亲和力，对内能够形成凝聚力和向心力，体现了中国国旅包容博大的企业气质、高质量的服务理念及国旅人孜孜不倦的追求，诠释了"中国国旅"作为世界知名品牌的意义。

中国国旅的企业文化被归结为:诚信为本、服务至上、拼搏奉献、永争第一。其发展目标和远景目标是成为中国旅游产业领域中拥有旗舰地位的企业集团,中央企业群体中最具市场竞争力的旅行社集团,中国最强的跨国旅游运营商,以及全球最为著名的旅游业品牌之一。其企业使命为:专业创造价值,工作提升生活,经营保证回报。

国旅总社各个具体环节的理念如下:

核心理念:发展是企业第一要务。

人文理念:企业靠人,人企合一。

发展理念:高起点,高水平,高效益,可持续发展。

质量理念:质量是品牌,质量是生命,质量是效益。

营销理念:诚信为本,客户至上,真诚伙伴,互利共赢。

人才理念:发展的企业为人才的发展提供广阔的平台;

　　　　　发展的人才为企业的发展创造无限的空间;

　　　　　只有人的全面发展,才会有企业的更快发展。

从业理念:忠诚企业,敬业爱岗,快乐工作,提升生活。

资料来源:http://www.cits.cn/cits/about_culture.htm,中国国际旅行社官方网站

二、旅行社企业文化建设的途径

1.以人为本

旅游企业文化的人文性决定了在旅游企业文化建设方面.必须要坚持以人为本,审视发挥人的作用。这是建构旅游企业文化的出发点。区别于其他的商业企业,旅行社企业是一种服务性企业,提供的产品是员工对顾客面对面的服务,人在企业当中起着非常重要的作用。因此"以人为本"的旅游企业文化必须以员工为本、以顾客为本。旅游企业作为社会的一个经济实体,必须承担起相应的社会责任,因此"以人为本"还蕴含着以公众为本。

"以顾客为本"是指旅行社的经营活动应该围绕顾客这个中心,重视顾客,关注顾客,满足顾客的需求,按照顾客的需求来设计产品。员工是企业的重要资源,尤其是对提供面对面的服务性产品的旅游企业来说更是这样。员工的一言一行都可能会影响到旅游者对旅游产品的评价。旅行社要充分调动内部员工工作的积极性,发挥员工劳动的能动

性,激发员工内在的潜能。从这一角度来看,"以人为本"的旅行社企业文化必须做到"以员工为本"。旅行社是一个经济实体,存在的目标是追求利润。但旅行社同时也是社会的一个小细胞,一个微观群体,肩负起对整个社会公众的责任。企业的社会责任意味着一个企业要为自己影响人们、社会和环境的任何行为承担责任。企业对社会负责,也就是对"以公众为本"的旅行社企业文化的实践能够得到公众的认可,为企业长远发展奠定基础,如是否热心慈善事业、是否承担辅助国家进行民生建设的责任等。

2. 提高物质文化水平,夯实基础

旅行社的企业文化是一种"上层"的理念,但是必须以物质为基础为载体。旅行社的物质文化直接外化的反映了一家旅行社的总体特征。

判断旅行社的物质文化水平提高与否的直接依据就是旅行社的员工创造的旅游产品是否合格或优秀。要创造出优秀的旅游产品,必须从以下几个方面着手。首先,让旅行社的名称更响亮,旅行社的命名应遵从简短明快、有独特性、易读易记、富有艺术性和形象性的原则。例如,康辉旅行社寓意"健康、快乐、光明、向上",词义富有民族特色,意为"欢乐吉祥"。其次,要按照旅游企业识别系统的要求,对旅行社的建筑风格、地理位置等从长远战略的角度进行合理的规划和设计。总之,就是要让潜在或现有的旅游者以最快的速度识别企业的外部形象。

3. 提炼旅行社的核心价值观

培育共同的旅行社企业价值观是建构企业文化的核心任务。旅行社提供的旅游产品不同于一般的商品,其提供的旅游服务与游客的经历、心理感受息息相关,所以旅行社要从实际出发,结合自身所处的客观环境,认真研究自身的经营状况及旅游业的发展前景。通过分析研究,提炼出旅行社的价值观体系,总结出可以促进并保持旅游企业长足发展的企业理念,特别是旅行社的战略目标和经营理念,以促进企业的长期发展。旅行社应该把提供优质服务作为其企业理念,全面提升旅行社的服务质量,塑造良好的行业形象。例如,"为客户提供全方位服务,面向市场,培育旅游主业核心竞争能力;追求企业的价值与个人价值的共同提升"是国旅总社的企业核心价值观;"团结、务实、专业、创新、激情"是吉林5266旅行社的企业核心价值观。

4. 加强旅行社企业管理,突出强调"服务、诚信、个性"的经营理念

经营理念是企业文化的重要组成部分。对于广大旅行社来说,应该突出强调以"服务、诚信、个性"为主体的经营理念。服务性是旅行社的基本工作特征,其提供的旅游产品不同于其他产品,是一种与旅客的经历、感受等息息相关的服务,是一种无形产品。在服务过程中,注重诚信,提倡个性,亮出自己独特的企业文化和服务方式,让旅客感受到

在接受服务、享受旅行中,不仅收获了景点视觉,更收获了该旅行社独特的企业文化。例如,"诚信为本、服务至上"是中国国际旅行社奉行的经营理念,中国旅行社坚持的质量方针是"满足顾客需求,经营诚实守信,品质凝聚人心"。

5.重视品牌效应,提高企业形象

品牌是旅行社竞争力的核心,也是一个国家、地区旅游经济发展实力的重要标志。旅行社品牌,是旅行社为了识别其旅行社或产品,并区别于其他竞争者而使用的一种具有显著特征的标记。品牌的外形要素通常由名称、标志和商标组成,而品牌的内涵要素则是旅行社经营理念、经营方针、经营方式、服务理念、服务特色、服务质量等方面的有机组合。旅行社的品牌经营,则是通过品牌设计、品牌推广、品牌保护及品牌资产评估等活动,来提高客人的满意度、忠诚度和旅行社的知名度、美誉度。重视品牌效应,实施品牌经营战略,能够扩大旅行社的知名度,在保证提供优质的旅游产品前提下更能赢得市场,巩固与旅游消费者的关系,获得更多的经济回报。

◆ 案例驿站 9.5

"广之旅"的品牌经营策略

著名旅行社"广之旅"的品牌经营策略是:品牌是品质的承诺。"高品保"则被确立为企业的品牌特色,而周到、细致、贴心、温暖的专业服务则是它的具体诠释。正是树立"广之旅"品牌的意识,使得"广之旅"在激烈的行业竞争中,总是将更多的精力集中在提高质量和增加产品附加值方面。近年来,旅游业进入微利时代,行业竞争也更为激烈,其中的价格战更加惨烈,甚至有些降价已经突破了旅行社的底线,不赚钱也得做,不做市场就丢掉了。面对这种现状,"广之旅"重新调整了经营策略。于是,一改"广之旅"原来的单一分类模式,分设"经济型""普及型""豪华型""尊贵型"产品,并推出自游通、新联假期和高品保三个品牌。

资料来源:http://brand.icxo.com/htmlnews/2007/09/04/1187010_0.htm,广之旅的品牌化之路,世界品牌实验室

6.建立健全企业的行为规范,丰富企业的行为文化内涵

旅行社的企业文化是指旅行社员工在生产经营、学习、娱乐中产生的活动文化,它涵盖了企业经营、人际关系活动等文化现象,是旅行社经营作风、精神面貌、人际活动的动态反映。所以,旅行社在塑造自身行为文化的同时,必须建立健全企业行为文化、人际关系和公共关系的规范。旅行社应当遵守国际、国内的行业规则,追求职业道德,以诚信为

本,提高服务质量。在旅行社人际关系规范中,不但要注重社里员工之间的关系,更重要的是规范员工与客户之间的关系,建立准确、精确的客户管理档案。为了使企业文化深入人心,需要有力地贯彻企业理念,为各部门及全体员工树立典型人物,使之成为整个旅行社的行为标兵,从而带动其他员工提高整体素质。而旅行社企业制度文化的塑造,则是对旅行社员工的行为给予一定的限制,使其能遵守旅行社业务操作规范、绩效考核、企业纪律等企业制度文化的内容。科学的管理制度和经营理念必将激发员工的工作积极性,提高企业的效益,而落后的管理制度和理念则会削弱员工的主观能动性,瓦解企业的战斗力。

7. 加强员工培训,提升员工素质

接待工作本身是旅行社员工积累经验和增长见识的途径,然而随着时代的飞速发展和知识的不断更新,在旅游活动和接待工作中也会不断地出现新的问题、产生新的挑战,在旅游淡季或某个必要时段,对员工进行针对性的专业培训是必不可少的。

一方面需要对员工进行职业道德教育,提高员工的职业道德水平;另一方面,通过培训,大力提高员工的综合素质,如旅游活动中的协调能力、沟通能力、分析问题能力与应变能力,这样员工在追求职业成长和发展方面的期望值就高,从而提高整个旅行社的服务质量。

构建优秀的旅行社企业文化是旅行社适应竞争、保持长盛不衰的根本保证。旅行社企业文化的提高,对旅行社自身,对整个旅游业都将会是一种双赢的结果。但是,旅行社企业文化的培育是一项系统工程,不可能一朝一夕完成。旅行社应该把企业文化建设作为日常工作的一部分,在实践中,不断总结,不断创新,让自身的企业文化引导企业向着更健康、更强大、更具竞争力、更富社会责任感的方向发展。

三、导游文化

旅游活动是一种具有较高品位和格调的消费方式,是精神追求和文化享乐的新型载体。导游人员作为旅游业中具有特殊职责和技能的群体,扮演着旅行社的"形象使者"和经营理念的"传播者"的角色,他们在旅行社的发展中发挥着重要作用。只有具备较高知识与业务修养的高素质的导游人员才能为游客提供优质服务,赢得游客的信任,才能在旅游实践活动中释放出强烈的文化魅力,赋予旅游实践活动以高尚的文化品位,为游客创造更高的消费价值,也才能为旅行社培育出忠诚的游客,使旅行社保持旺盛持久的生命力。

1. 从旅游文化看导游魅力

导游人员的文化魅力由形象魅力、知识魅力、语言魅力三个方面组成。

（1）形象魅力。

古人云："诚于中而形于外"，"外秀而内美"。导游人员是美的使者，所有必须重视自己的形象设计。言谈、举止、仪表、仪容、礼节、礼仪和风度等等首先要达到美的要求。中国素有"礼仪之邦"和"衣冠王国"之称，中华民族历来强调"温文尔雅""彬彬有礼"，通过"量体裁衣""修短合度"创造了高度的服装文明。导游人员的服饰在整个导游过程中有着不可忽视的作用，它不仅代表着一个人的形象，而且体现着一个国家、一个民族的精神风貌。导游人员如果穿上款式得体的服装，则显得高雅、庄重而魅力倍增；反之，衣冠不整，穿着随便，则会给人一种漫不经心、马虎草率、缺乏郑重的工作态度，使人产生不信任感。在导游活动中，导游人员的服装必须符合目前国际上公认的 TPO 衣着原则（T－Time，指时间，通常也用来表示日期、季节、时代；P－Place，代表地方、场所、位置、职位；O－Object，代表目的、目标、对象）。导游人员在工作时，应穿制服或穿正式的服装并佩戴导游标志。俗话说："三分长像，七分打扮。"导游人员的服饰美要求得体、和谐、入时，做到端庄、整洁、大方，根据自身特点，做到仪表美。这是外在的形象。

在注意外在美的同时，导游人员应注重对心灵美的培养。心灵美是一切美的核心，其本质就是善。古希腊美学家柏拉图说："美，节奏好，和谐，都由于心灵的智慧和善良。"亚里士多德说："美是一种善，其所以引起快感正是因为它是善"。孔子也说："尽美矣，也尽善也。"就善而言，它是社会生活中人与人、人与社会的行为和道德规范。一个人的思想行为如果符合一定的道德规范，那就是善，就是美；否则，就是恶、就是丑。具体说，要爱国，正直，诚实，真诚而热情，不做有辱国格、人格之事，做到"富贵不能淫，威武不能屈，贫贱不能移"。这是中国人民传统的美德，也是导游人员的道德规范。

一个好的导游，内在美与外在美的形象设计必须和谐地统一起来，二者的统一，形成一个人的风度之美。风度美，它既反映人的外表，又反映人的内在品质；既表现人的外貌、举止、仪表、仪态，也表现人的思想、精神、学识、修养、性格和气质。所谓风度美，就是人格力量之美，就是人的外在美与内在美的高度统一。因此，导游人员应该庄重、高雅、大方、潇洒脱俗、不卑不亢，特别注意在导游过程中需克服崇洋媚外的心态，给人以质朴美好的印象。

（2）知识魅力。

旅游是弘扬民族文化，建设富有民族特色的精神文明的有效途径。旅游景观中积淀着丰富的民族文化。各种古建筑的结构形式、建筑工艺、图案雕饰等都反映了具有民族特点的文化内涵。文物古迹直接展示出历史文化。作为旅游流动资源的民情风俗，有关景物的诗文与神话传说等旅游文学，承载着民族的性格、心理、精神与伦理道德。观赏这些旅游审美对象,自然会接受民族文化的熏陶,培养民族精神和爱国情感。这是建设现代精神文明的深厚土壤。那些反映着历史文化、凝聚着古人精神性格与聪明才智的旅游景观,会给人以思想启迪、精神鼓舞与文化艺术的营养。目前,单纯为购物和消遣而远游的旅游者微乎其微,尤其是国外的游客,绝大多数是被东方远古的文化魅力所吸引,为了解、研究、探索中华民族的风土人情与民族精神而来的。这就要求导游人员在他们所导游的范畴内博古通今,掌握相关景区景点的历史文化与沿革。旅游者所面对的是一个现实场面,对于这个现实场面所飘逝的历史和历史名人,需要导游人员通过自己所掌握的历史知识与文化将其追回来,展现在游人面前,讲解清楚每一个相关的历史环节和背景,让游人在追溯和联想中充分享受中华民族悠久的历史和文化。因此,在旅游文化实践活动中,导游既应该是向导,更应该是导师,是学者,是哲人。导游人员的文化品位与审美情趣,决定着其能否捕捉到文化旅游信息,这对开拓旅游市场、繁荣旅游事业、促进国际文化交流有着不可忽视的作用。

现在,有些导游人员的文化涵养、审美修养较低,由此所造成的拓展文化旅游市场的掣肘现象比较普遍。随着国际旅游业竞争的日趋激烈,对这些问题必须引起足够的重视。比如,旅游文学作品的巨大启迪与陶冶作用,会潜移默化使导游人员的整个身心为之改变,会诱导并且强化接受者健康文明的心理倾向,进而逐渐产生旅游文化的分辨能力和选择性态度,即特别注意在色彩斑斓的旅游行业和文化信息中分辨高雅与粗俗以及是否具有旅游开发价值,选择那些充盈并且弘扬民族精神与优秀传统却又无悖于现代文明的文化精华,摈弃那些妄图于旅游短期效益而泛起的早被世人忘却的陈规陋习以取悦猎奇心理的行为取向,从而使我国的旅游事业汇入整个人类社会文明进步的主旋律之中。旅游文学的艺术润泽和美育启迪,会"随风潜入夜,润物细无声",使导游人员趋向高雅与文明,从而自觉抵御来自各方面的"精神污染",推动旅游事业健康文明地发展。导游人员有无知识魅力以及这种魅力的大小,直接影响着旅游者旅游活动的效果。

任何一种形态的文化,其主体都是"人",旅游文化的主体就是旅游者。旅游者来自不同之国度、不同地区,属于不同的民族,具有不同的肤色,他们的旅游,有的只是为了赏景猎奇,觉得世界奇妙无比;有的含有一种冒险的色彩;有的以调节身心为目的;有的则是文化意义上的旅游。对他们而言,特别是对文化旅游的旅游者而言,一个具有知识魅力的导游,无疑是一面旗帜、一种呼唤、一份亲情、一种象征。

(3)语言魅力。

俗话说:"名胜古迹无限美好,全靠导游一张嘴巧。"此话虽然有一定局限性,但也说明导游语言艺术在旅游审美活动中有着重要的地位和作用。

　　旅游活动作为一种综合性的审美活动，旅游者不仅要欣赏自然景观和人文景观之美，而且导游语言也属于其审美范畴。我国著名美学家朱光潜说："话说得好就会如实地达意，使听者感到舒适，发生美感。这样的说话就成了艺术。"因此，从美学意义上讲，导游语言艺术就是创造美、传播美的艺术。导游人员充分认识并利用它的美学价值，努力掌握了这门艺术，就能使自己的导游语言产生无穷的魅力。

　　语言作为人类意识的体现物，具有词义性，还以其语言方面的变化直接传递信息、表现人的情感。导游语言艺术就是利用语言的这种表现性和形象性进行美的创造的。一方面，它在传递某种信息的同时，创造出一种美的情趣，使游客产生心理愉悦。另一方面，形象生动的语言和声音的技巧，唤起导游对象的表现和想象，使他们在头脑中产生视觉和听觉形象。导游语言艺术创造美并不是任意的、随便的，而是对语言规律性有意识地掌握和运用。导游人员利用语言艺术创造美，首先要像文学家、艺术家那样积累知识，深入生活，了解旅游者的审美需求，提高自己的审美情趣；其次还要像文学家、艺术家那样精心运用语言，这样才能创造出具有审美意味的导游作品。

　　在旅游审美活动中，许多景观的美需要导游语言来传播，一处美好的景观或一件美好的事物，如果没有导游人员生动、形象的解释，很容易被忽略；相反，一处并不引人注目的景观，因为有了导游人员生动形象的讲解，就能使人发现美、认识美、欣赏美。从这个意义上看，导游语言艺术传播的是一种精神美，它给予人一种心理愉悦和健康向上的力量。

　　导游语言艺术传播美，实际上传播的是导游者对自然美、社会美、艺术美的审美经验。导游人员的美感经验是他们对美的事物有过多次美感体验形成的，是导游人员认识、情感和想象诸多心理活动的有机统一体；它包含着强烈的主观因素，有浓厚的情感色彩。这就要求导游人员必须充分认识到自己负有引导游客从审美角度认识中国的责任，力求运用导游语言艺术把我们中华民族古今文明中最美好的东西传播到国内外旅游者的心目中去。

　　旅游文化是导游必备的内在修养，导游魅力是旅游文化的外在体现，二者的有机结合构成了导游人员的基本素质，也就是导游人员必须具备的两个基本素养。一个自觉的合格的导游，一定要有强烈的魅力意识，唯有如此，才能够站在一个辽阔的背景下，站在一个更高的层面上，代表一个地域甚至代表一个国家，以历史文化使者的角色，向旅游者介绍这里的山、这里的水、这里的风情、这里的历史、这里的文化、这里的骄傲，以自己充满了历史文化底蕴的魅力向游客展现中华民族多姿多彩、丰富深厚、源远流长的历史文化内涵。

2.“文化型”导游及其风格的形成

（1）“文化型”导游的内涵。

“文化型”导游的内涵是：以传播文化为宗旨，以旅游者游览的景点、景物及其涉及的各种社会文化现象为依托，以友好、平等、灵活的方式，挖掘介绍其文化内涵，使游客产生文化共鸣，达到主客双方文化交流和文化共鸣的效果。

“文化型”导游应具备三个层面的文化素养：一是要有较强的文化意识，树立起讲解服务与生活服务并重的服务观念；二是要有较深厚的旅游文化基础知识；三是要有较好的文化服务技能技巧，并能贯穿于导游服务的全过程。

（2）“文化型”导游的基本特征。

①物质的依托性。“文化型”导游讲解不能凭空进行，一定要以景点、景物与社会文化现象为依托展开。博大精深的中华文化具有许多物质载体，而其中的景点和景物就蕴含着丰富的文化内涵。导游在讲解时，就要从这些景点、景物的文化现象谈起，要借题发挥，以景说文，以景抒情，就物说事，就事论理，向旅游者展示这些物质依托所包含的丰富文化内涵。

②服务的知识性。这是“文化型”导游与一般导游的最大区别。“文化型”导游要把景点和景物深层次的文化内涵传递给旅游者，激发他们体验新的感受、获得新的认识，在审美主体的游客与审美客体景物之间产生新的联系，进而使游客享受中华文化的神奇和博大，得到精神上的满足。

③平等的交流性。这是“文化型”导游最有代表性的特点。游客的求知与导游的介绍都有同一个目的，即互相学习，共同借鉴。游客与导游以各自的文化素养与相关的知识，参与到一个共同交流的过程中，感受在交流中产生，体验在交流中升华，共享在交流中实现。

④讲解的针对性。这是“文化型”导游要达到传播文化良好效果的关键。“文化型”导游在进行服务时，面对不同文化背景和不同文化素质的游客，要采用灵活的方式，要有针对性地讲解，也就是说，在具体的导游过程中要针对客人的需要，努力做到因人、因事、因地制宜，根据游客的职业、年龄、兴趣、爱好、性格、期望等，“对症下药”，进行有效的讲解。

（3）“文化型”导游风格的形成。

①“文化型”导游风格形成的外部因素。

导游员是游客与旅游景观的中介，通过导游把景点介绍给游客，通过导游线路指点引导游客游览，并通过导游员讲解，让游客体会到直观无法见到的内容。

山水景观与现代人文景观,通常要求导游员完成第一步(一般介绍)、第二步(线路引导),因而相对容易一些。而景观饱含的历史人文、生态文化和科学文化,要求导游员在尽可能短的时间内,用最简捷的语言引起游客的视觉联想,将游客带到直观视觉以外的时空,因而就比较困难。导游员要完成这艰难的第三步,尤其需要了解所引导的对象——游客的文化背景和心理,需要从旅游者的角度看待、理解景点的文化内涵,抓住景点的文化精髓和游客与本地文化的共性,讲透有代表性的文化理念,使游客容易理解。旅游景点的文化内涵以及旅游者经常向导游员提出的问题,影响导游员讲解的范围和深度,具有很强的导向作用;久而久之,就形成了"文化型"导游的风格。

②"文化型"导游风格形成的主观因素。

风格即人。尽管景点和游客对导游风格的形成起重要的导向作用,但是决定导游风格的,毫无疑问是导游的主观因素,即文化素养。

第一,导游要有扎实的中国旅游文学基础。中国旅游文学作品,以其丰富的知识性、趣味性从不同的角度揭示了自然山水和人文景观的风貌,而且文笔精练、概括性强,是作者独特的审美能力对自然美和社会美的高度概括和艺术再现,是启迪人们通往获取美、感悟美的桥梁。

旅游过程中,尽管游客的审美情趣因人而异,但要求却是殊途同归,那就是获得美的感受。旅游中运用感官的功能发现美并不难,但仅仅是发现还不够,还必须进一步理解它、感悟它才能获得至高的享受。审美主体受到本身文化素养及不同心境的制约,一经文学作品的点化,就会赋予审美客体以新奇的寄寓,产生认识上的共鸣,从而提高鉴赏能力。

在旅游活动中,借助文学作品来发掘涵盖在景观中的历史、文化底蕴,寓教于游;在导游过程中,运用文学语言作为激发游兴的诱因,使人产生丰富的联想、想象,进而加深对事物的理解和认识,这些都是行之有效的方法。

反映自然、人文、社会风貌的中国旅游文学作品,就是以其鲜明的民族特色,深厚的文化特征,以及同旅游景观紧密联系的本质特点,决定了其对于导游工作的积极作用。同时,在导游活动中,要做到有的放矢、深入浅出、雅俗共赏,使不同文化层次、不同的阅历、不同情趣和审美能力的游客各有所获,导游员就必须具备深厚的旅游文学功底,这样才能游刃有余。

第二,导游要有丰富的中国旅游文化知识。中国旅游文化包罗万象,是指与旅游有关的物质财富和精神财富的总和。这里要特别指出的是,导游需了解旅游者所关心的四个方面的文化内容,即纵向、横向、民族和地域的中国旅游文化。所谓纵向型,是指中国的历史文化,包括古文化、文字文化、近代文化、解放文化、改革开放文化等。所谓横向型,则是按各种学科分为几个"文化板块",如历史文化、现代文化、伦理观念文化等。各个"文化板块"下又可分为多种学科,有园林文化、古建筑文化、文物文化、宗教文化、饮食文化、服饰文化、工艺文化、制度文化等。所谓民族型,是指汉民族文化和其他少数民族文化。所谓地域型,是指具有当地区域特色的文化,如黄土文化、京都文化、丝绸之路文化、岭南文化、海派文化、苏杭文化等。

旅游者来自于不同的地方,其文化背景不同,导游只有具备了较为丰富的旅游文化知识,成为一个"杂"家,才能很好地跟游客沟通,更好地拉近与游客的距离,也才能对自然类旅游资源、人文类旅游资源与革命和建设成就类旅游资源所包含与散发出来的文化特点进行很好把握,做到知己知彼,从而做好文化导游服务。

◈ 本节相关知识链接

1. http://www. cits. cn/cits/home. htm,中国国旅总社

2. http://www. ctiol. com/,港中旅国际旅行社有限公司

◈ 本节试题与知识训练

一、填空

1.导游人员的文化魅力由＿＿＿＿、＿＿＿＿、＿＿＿＿三个方面组成。

2."文化型"导游的基本特征是＿＿＿＿、＿＿＿＿、＿＿＿＿和＿＿＿＿。

二、名词解释

1.旅行社文化

2."文化型"导游

◈ 本章小结

1.本章结语

本章在介绍旅游企业文化及其旅游企业文化建设的一般理论的基础上,着重探讨旅游企业文化的两个重要构成:旅游饭店企业文化和旅行社企业文化。

2.本章知识结构图

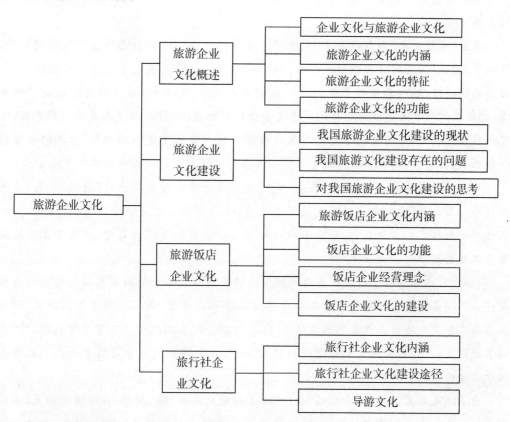

3.本章核心概念

旅游企业文化　旅游饭店企业文化　旅行社企业文化

◉ **实训练习**

1.选择你所在城市的某一旅游企业,分析该旅游企业文化的内容、文化建设的现状及文化建设的途径,并对其企业文化建设提出你的建议和意见。最后,撰写一份 3 000 字左右的调查报告。

2.假如你是一名导游,你如何来使自己成为一名"文化型"的导游?

◉ **延伸阅读**

微笑永远是顾客的阳光

——希尔顿饭店的经营信条

著名的希尔顿饭店的成功固然离不开希尔顿本人敏锐的经营眼光,但更重要的是他独特的服务艺术。希尔顿的服务在世界饭店行业堪称一流,而"微笑"是这种举世无双的服务的核心体现。

美国"旅馆大王"希尔顿在 1919 年将父亲留给他的钱连同自己挣来的钱进行投资,开始了他雄心勃勃的经营旅馆的生涯。当他的资产从 1 500 美元奇迹般地增值到 5 100 万美元的时候,他欣喜而自豪地把这一成就告诉母亲,想不到,母亲却淡然地说:"依我看,你跟以前根本没有什么两样……事实上你必须把握比 5 100 万美元更值钱的东西:除了对顾客诚实之外,还要想办法使来希尔顿旅馆的人住过了还想再来住,你要想出这样一种简单、容易、不花本钱而行之久远的办法去吸引顾客。这样你的旅馆才有前途。"

母亲的忠告使希尔顿陷入沉思:究竟什么办法才具备母亲指出的"简单、容易、不花本钱而行之久远"这四大条件呢? 他冥思苦想,不得其解。于是他逛商店、串旅馆,以自己作为一个顾客的亲身感受,得出了准确的答案:"微笑服务。"只有它,才实实在在地同时具备母亲提出的四大条件。

从此,希尔顿实行了微笑服务这一独创的经营策略。每天他对服务员说的第一句话是:"你对顾客微笑了没有?"他要求每个员工不论如何辛苦,都要对顾客投以微笑,即使在旅店业务受经济萧条严重影响的时候,他也经常提醒员工记住:"万万不可把我们心里的愁云摆在脸上,无论旅馆本身遭受的困难如何,希尔顿旅馆服务员脸上的微笑永远是属于旅客的阳光。"

为了满足顾客的要求,希尔顿"帝国"除了到处充满着"微笑"外,在组织结构上,希尔顿尽力创造一个尽可能完整的系统,以便成为一个综合性的服务机构。因此,希尔顿饭店除了提供完善的食宿外,还设有咖啡厅、会议室、宴会厅、游泳池、购物中心、银行、邮电局、花店、服装店、航空公司代理处、旅行社、出租汽车站等一套完整的服务机构和设施,使得到希尔顿饭店投宿的旅客,真正有一种"宾至如归"的感觉。当他再一次询问他的员工们:"你认为还需要添置什么?"员工们回答不出来,他笑了:"还是一流的微笑! 如果是我,单有一流设备,没有一流服务,我宁愿弃之而去,住进虽然地毯陈旧却处处可见到微笑的旅馆。"

第 十 章

旅游生态文化

学习目标

知识要点：了解旅游文化与旅游业的可持续发展之间的关系；理解可持续发展观；掌握
    生态旅游及生态旅游文化的内涵与特点。

技能训练：以某一生态旅游区为例，掌握该生态旅游区的文化内涵和特点；通过具体案
    例了解旅游开放开发对生态文化旅游资源的影响，并能提出生态文化旅游
    资源的保护与永续利用的建议和意见。

能力拓展：应用所学理论，做一份案例研究报告（主要包括旅游发展特点、存在的问题、
    未来发展的思路）。

引 例

贵州"洞洞婚恋"的过度开发

欣赏和体验乡村的民风民俗是乡村旅游的重要内容，而最能够体现民风民俗的莫过
于乡村中的婚丧嫁娶、佳节祭奠这些标志性的事项。但是，村庄里不是每天都有这样的
"非常事项"发生，也不是每天都有节日庆典等。这些"非常事项"遵循着乡村的时间节
律、礼仪禁忌等，不能随便进行和改变，甚至不能示人。

"洞洞婚恋"本是贵州瑶族（青瑶）的一种恋爱习俗。姑娘14岁以后父母就让她单独
住在一间小屋里，墙壁门上凿有一小洞，洞口正对着姑娘枕头。

夜间，小伙子到自己爱慕的姑娘房门外，用根细棍通过恋爱洞把姑娘捅醒，隔门或隔
墙谈心对歌，若谈得拢，可开门请进家，父母不干涉，家人还回避。谈不拢，姑娘可以装
睡，小伙子便会知趣地离开，另找他人。

当地俗话说："一晚可以谈五个，终身只归一个人。"可见，瑶族虽然在婚恋选择上有

较大的自由,恋爱方式也较为开放,但他们对婚姻问题却是非常严肃的。

当地一些旅游景点为了招揽生意,竟然打着展示民族婚俗旅游的名义搞色情服务,最终激起了该民族的愤怒。他们对搞这种活动的旅游点发出警告:如果再不改,将派出"火枪队"武力解决。

案例引发的问题:怎样看待贵州"洞洞婚恋"的过度开发现象?

资料来源:http://www.17u.net/bbs/show_10_941044.html,同程网

进入 21 世纪,"生态"一词成为人类生活中的一个关键词。若干年来,由于人类对地球资源的掠夺性开发,迄今我们正在承担着资源枯竭、环境恶化等严重后果,地球的警示正在启迪着人们改变旧有的理念。作为被称为"朝阳产业"的旅游业也正经历着这种思想的洗礼,旅游生态文化应运而生。

第一节　旅游的可持续发展观

一、可持续发展观

"可持续发展(Sustainable development)"的概念最先是在 1972 年联合国在斯德哥尔摩召开的人类历史上第一次世界环境大会提出的。这次研讨会云集了全球的工业化和发展中国家的代表,共同界定人类在缔造一个健康和富生机的环境上所享有的权利。自此以后,各国致力界定"可持续发展"的含意,现时已拟出的定义已有几百个之多,涵盖范围包括国际、区域、地方及特定界别的层面,是科学发展观的基本要求之一。1980 年国际自然保护同盟的《世界自然资源保护大纲》向全世界呼吁:"必须研究自然的、社会的、生态的、经济的以及利用自然资源过程中的基本关系,以确保全球的可持续发展。"1981年,美国经济学家莱斯特·R·布朗(LesterR. Brown)出版《建设一个可持续发展的社会》一书,首次对可持续发展观作出了较全面的论述,提出以控制人口增长、保护资源基础和开发再生能源来实现可持续发展。1987 年,世界环境与发展委员会发表《我们共同的未来》报告,将可持续发展定义为:"既能满足当代人的需要,又不对后代人满足其需要的能力构成危害的发展。"它系统阐述了可持续发展的思想。1992 年 6 月,联合国在里约热内卢召开的"环境与发展大会",通过了以可持续发展为核心的《里约环境与发展宣言》《21 世纪议程》等文件。随后,中国政府编制了《中国 21 世纪人口、资源、环境与发展白皮书》,首次把可持续发展战略纳入我国经济和社会发展的长远规划。1997 年的中共"十五

大"把可持续发展战略确定为我国"现代化建设中必须实施"的战略。

迄今为止,"可持续发展"的理念已经在世界上得到公认,但可持续发展还没有严格统一的定义。1987年,世界环境与发展委员会在《我们共同的未来》报告中提出的定义比较权威,即"既满足当代人的需求又不危及后代人满足其需求的发展"。可持续发展的定义虽短,但却有非常丰富的内涵,表现在以下四个方面。第一,发展是前提:即发展是人类永恒的主题。可持续发展应把发展经济、消除贫困作为首要条件。第二,协调是核心:可持续发展是由于人与环境、资源间的矛盾引出的,因此可持续发展的基本目标是人口、经济、社会、环境、资源的协调发展。第三,公平是关键:可持续发展的关键性问题是资源分配和福利分享,在自然价值的分配上,要求既兼顾当代人之间的利益、当代人和后代的利益,又兼顾人与自然的利益,既保障社会安全,又保障生态安全。可持续发展追求在时间和空间上的公平分配,也就是代际公平和代内不同人群、不同区域和国家之间的公平。第四,科学技术进步是保证:科学技术进步是对人类历史起推动作用的主导力量,是第一生产力。它不但通过不断创造、发明、创新为人类创造财富,而且还为可持续发展的综合决策提供依据和手段,加深人类对自然规律的理解,开拓新的可利用的自然领域,提高资源的综合利用效率和经济效益,提供保护自然和生态环境的技术。

现在,可持续发展问题早已成为世界各国政府、学者和公众关注的热点。我国政府对此也非常重视,明确提出了实施可持续发展和科教兴国的两大战略,并于1994年率先制定了《中国21世纪议程——中国21世纪人口、环境与发展白皮书》。2003年1月开始实施《中国21世纪初可持续发展行动纲要》。

◆ **案例驿站 10.1**

让敦煌石窟延年

敦煌石窟已诞生1 600多年。它的形成、发现与保护都是民间智慧的结晶。幸有这座民间艺术宝库,才使得大量珍贵的壁画、彩塑、文书、经卷得以躲过历代的战乱保存下来。长期以来,敦煌艺术之美却被遥远地封闭在大漠洞窟之中。国学大师季羡林认为:"敦煌是全人类的财富。同时,它也是中国老百姓的。敦煌的艺术应当有一个普及、传播的过程。"

近年来参观人潮不断涌来,敦煌石窟已不堪重负。到敦煌参观的人数今年已逾100万,莫高窟日参观客高峰时竟达2万。试验表明,40人在洞窟中逗留37分钟,空气中的温度、湿度及二氧化碳含量就超标6倍。庞大的客流令文物专家心惊肉跳,大量酸性气体长时间地腐蚀,使敦煌石窟的壁画、彩塑加速退色、起甲和脱落,带来致命的危害。敦煌壁画正在以比古代快100倍的速度走向死亡。唐代第156窟里的墨书《莫高窟记》,20世纪60年代还清晰可见,现在已经模糊不清了。人们不禁担忧:百年之后,敦煌安在?

资料来源:www.people.com.cn,人民网

二、旅游文化与可持续发展观

20多年以来,我国旅游业随着改革开放的深入得到了迅猛的发展,人们意识到增长只是手段,持续发展才是目的,旅游业可持续发展成为普遍关注的中心议题。党的十六届三中全会提出科学发展观,为旅游业的未来发展指出了一条光明之路。旅游业落实科学发展观,就必须深入挖掘旅游文化内涵,从而构筑旅游业发展的新优势,实现旅游业全面协调可持续发展。

发展旅游业可以促进文化的交流和发展,但同时也造成对社会文化环境的影响。因此旅游文化与旅游可持续发展存在相辅相成、辩证统一的关系。

1. 旅游文化是旅游可持续发展的方向和动力

旅游活动的内涵在于它的文化性,旅游文化的载体是旅游资源,而旅游资源又是旅游可持续发展的基础。旅游可否持续发展取决于对旅游资源及其内涵——文化的认识和保护。因此,旅游文化是旅游持续发展的源泉。

联合国教科文组织在一份报告中强调:实现发展的动力实际上存在于文化之中,文化是发展的摇篮。国际旅游发展的经验显示,旅游业的收益越来越不依靠人数的增加,而来自于多元文化含量的旅游产品和特色旅游服务。可见,重视文化因素对经济社会发展的作用是世界性现象。

我国旅游业近年来的迅猛发展,很大程度上得益于我国悠久深厚的文化资源。2002年,对海外游客最感兴趣的旅游资源调查中,评出五种游客最感兴趣的旅游资源,文化类型就占了其中的四种,这体现了旅游对文化的依附性以及它本身具有的文化属性。中国独有的历史文化延续性,深厚的民族文化底蕴、繁多的文化资源种类有利于开发结构完善、选择适应面广的旅游产品,并使之形成优质品牌。

文化旅游市场开发方兴未艾。大力发展旅游文化、开发以文化为特色的旅游景点和旅游活动内容,可以满足游客的高层次文化需求,是中国旅游面向国际市场和竞争的必然选择。

2. 必须以可持续的旅游发展观来对待旅游文化

要实施旅游可持续发展战略，必须树立积极健康和可持续发展的旅游文化观，绝不能忽视旅游文化的双刃剑作用。具体体现在：

(1)整体观。

世界上任何事物均处于一个整体之中进行运动。整体运动是具有决定意义的。整体决定局部，整体观点和战略把生态系统、社会系统和经济系统的矛盾和利益加以整合使之持续发展，这是人类思想能力的新境界。旅游文化作为旅游业社会系统中的一分子，在旅游可持续发展中占有举足轻重的一席之位，因为旅游活动的内涵是它的文化性质。因此，在实施旅游可持续发展这一战略时，不能不考虑旅游文化的建设和发展。

(2)持续观。

世界上的事物均处于永远的发展之中，人类应自觉地把后代发展的可能性作为当代发展的必要因素和前提来对待，把后代的权益和当代的权益融为一体去运作，从而造福人类。文化具有继承性和发展性，旅游文化亦不例外。我们对旅游文化行使继承权的同时，也有保护和发展它的义务。我们无权挥霍、更无权破坏前人留下的旅游文化资源。以牺牲人类文化遗产、生态环境为代价发展经济的做法不仅是对当代人，而且是对后代人的犯罪。如果旅游文化的发展受到阻碍或变形发展，旅游存在的内涵及底蕴则消失殆尽，何以谈可持续发展？

(3)公平观。

这体现了一种道德观念：人与自然之间、当代人之间、当代人与后代人之间处于平等地位。人不应为了自己的发展而无限制地掠夺自然，也不应为了自己的发展而无限制地侵夺后代人的权益。文化资源是前人留下的财富，既应该允许当代人平等享受，还应该保持代际间的公平分配与发展，不能为满足我们的需要而损害和剥夺后人开发利用的权利；再者，我们还应为我们的后人留下我们的文化精华。旅游文化资源与后代共享，既是旅游可持续发展的基本要求，也是一种更高的道德要求。

(4)资源观。

旅游文化资源大多具有垄断性，是不可复制的，一旦遭损无法复原。而旅游业的发展对文化资源有很强的依赖性，资源开发的潜力和可利用的程度是旅游业能否发展的前提，因此绝不能采取掠夺性的开发利用，以免资源枯竭；应有序、合理和科学的规划，在保护好旅游文化资源的前提下使其最大限度发挥出应有价值，并尽可能延长文化资源寿命。

（5）全球观。

每个国家和地区的旅游文化,因其历史、文化、经济发展水平的不同有很大的差异性,但都是世界文化资源的不可缺少的组成部分,是全人类的共同财富,是人类文明进步的标志。旅游可持续发展应是全球发展的总方向、总目标,因此应共同担负保护人类旅游文化的责任,以可持续发展的战略进行旅游文化的开发利用和保护。

旅游文化是旅游活动的内涵,旅游文化的载体是旅游资源,而旅游资源又是旅游可持续发展的基础,因此,旅游文化是旅游可持续发展的源泉。要实施旅游可持续发展战略,必须树立积极健康和可持续发展的旅游文化观,决不能忽视旅游文化的双刃剑作用。

◆ **本节相关知识链接**

1. http://www.chinaenvironment.com,中国环保网
2. http://www.rcsd.org.cn/,中国社会科学院可持续发展研究中心

◆ **本节试题与知识训练**

一、填空

1.可持续发展指的是既能满足_____的需要,又不对_____满足其需要的能力构成危害的发展。

2.旅游活动的内涵在于它的_____,旅游文化的载体是_____,而旅游资源又是旅游可持续发展的基础,旅游可否持续发展取决于对旅游资源及其内涵——_____。

二、论述

论述旅游文化与可持续发展观的关系。

第二节　旅游生态文化

生态旅游作为一种新的旅游形态产生于 20 世纪 80 年代。这一时期的生态旅游处于萌芽阶段,主要依托于自然保护区、森林公园、风景名胜区等。传统观光旅游,亦即一般旅游业的发展,促进了经济的发展,但快速的发展使旅游与自然环境之间的矛盾日益加深。旅游业并非无污染产业,它也会带来一些显而易见的副作用。例如,因旅游者过度集中使得旅游景点人满为患,垃圾堆积,噪音、废气、水质污染,交通混杂,造成环境污

染;旅游开发同时也破坏了当地的自然生态系统,冲击了当地居民的价值观念和文化传统。这些现象引起了人们的忧虑。作为对传统旅游的反思和矫正,首先由环境保护主义者提出了生态旅游的概念。生态旅游一经产生,立即得到了国际旅游业界的广泛关注,以至于成为 20 世纪 80 年代后期一系列国际旅游会议的重要议题,在许多国家和地区日益形成一种独特的旅游产品。

一、生态旅游的概念和特点

人们文化素质的逐渐提高和环境意识的日益增强,为生态旅游的发展提供了契机,生态旅游逐步发展成为时尚之旅和责任之旅的较高层次的旅游,并在名目繁多的旅游形式中逐渐发展和壮大。作为一种特色旅游,生态旅游已成为当今世界旅游发展的潮流。

我国的生态旅游是主要依托于自然保护区、森林公园、风景名胜区等发展起来的。1982 年,我国第一个国家级森林公园——张家界国家森林公园建立,将旅游开发与生态环境保护有机结合起来。此后,森林公园建设以及森林生态旅游突飞猛进的发展。虽然这时候开发的森林旅游不是严格意义上的生态旅游,但是为生态旅游的发展提供了良好的基础。至 1999 年初全国已经建起不同类型、不同层次的森林公园近 900 处。我国从 1956 年开始建立第一批自然保护区以来,至 1997 年底,共建各类自然保护区 932 处,其中国家级的有 124 处,被正式批准加入世界生物圈保护区网络的有 14 个。我国共有 512 处风景名胜区,总面积达 9.6 万平方千米。

1.生态旅游的概念

生态旅游是针对旅游业对环境的影响而产生和倡导的一种全新的旅游业。生态旅游(Ecotours)是由世界自然保护联盟(IUCN)特别顾问谢贝洛斯·拉斯卡瑞(CeballosLascurain)于 1983 年首次提出的。1988 年,人们给生态旅游的定义是:生态旅游作为常规旅游的一种特殊形式,游客在观赏和游览古今文化遗产的同时,置身于相对古朴、原始的自然区域,尽情考察和享乐旖旎风光和野生动植物。此时生态旅游的概念是指一种旅游业中的"复归自然""返璞归真"的观念。随着越来越多的旅游者更愿意到大自然中游览而不是去现代的城市和海滨度假,一段时期曾强调发展旅游业中对自然景观的开发。1993 年,国际生态旅游协会把生态旅游定义为:具有保护自然环境和维护当地人民生活双重责任的旅游活动。生态旅游的内涵更强调的是对自然景观的保护,是可持续发展的旅游。生态旅游不应以牺牲环境为代价而应与自然和谐,并且必须使当代人享受旅游的自然景观与人文景观的机会与后代人相平等,即不能以当代人享受和牺牲旅游资源为代价,剥夺后代人本应合理地享有同等旅游资源的机会,甚至当代人在不破坏前人创造的人文景观和自然景观的前提下为后代人建设和提供新的人文景观。并且,生态旅游的全过程中,必须使旅游者受到生动具体的生态教育。

2002 年召开的国际生态旅游年大会提出以五个标准来衡量一种旅游形式是否是生态旅游:以自然为依托的产品,影响最小化的管理,环境教育,为保护事业作贡献,为当地社会作贡献。这说明了生态旅游理论研究和实践发展中的一个核心问题就是如何实现可持续旅游发展的目标,应将生态旅游看作是一个与当地特定资源条件、社会结构、产业结构、管理模式、文化传统密切相关,涉及多重因素的复合系统。

真正的生态旅游是一种学习自然、保护自然的高层次的旅游活动和教育活动,单纯的盈利活动是与生态旅游背道而驰的。同时,生态旅游也是一项科技含量很高的绿色产业,需要通过生态学家、经济学家和社会学家的多学科的论证方能投产,需要认真研究生态环境和旅游资源的承受能力;否则,将对脆弱的生态系统造成不可逆转的干扰和破坏。同时,生态旅游应该把环境教育、科学普及和精神文明建设作为核心内容,真正使生态旅游成为人们学习大自然、热爱大自然、保护大自然的大学校。

生态旅游是以生态学原则为指导,以自然区域和一些特定的文化地域为旅游对象,旅游者在欣赏自然景观和了解生态现象的同时也收到环境教育,以保护自然和人文旅游环境为宗旨,并能使当地居民受益的一种可持续的旅游。生态旅游已成为新的时尚,联合国环境署和世界旅游组织曾经把 2002 年定为"国际生态旅游年"。

从本质上来讲,应把握:

(1)生态旅游是一种特色旅游产品。生态旅游是各级旅游经营者向游客经销的一种无形产品,这种无形产品是由经营者向游客提供的一种能满足游客回归自然心理的优质服务。

(2)生态旅游是一种教育手段。生态旅游是一种学习自然、保护自然的高层次的旅游活动和教育活动的结合。在生态旅游的全过程中,旅游经营者要通过各种形式的宣传和影响使游客受到生动具体的教育,使生态旅游区成为提高人们环境意识的天然大课堂。

(3)生态旅游的核心是旅游的可持续发展。可持续发展观的提出正值人们对旅游的作用和影响进行全面评价之时,因而很快被人们所接受,并成为对旅游发展进行重新评价的中心议题。"可持续旅游"的概念也因此而产生。可持续旅游是实现"旅游可持续发展"的重要途径,它要求人们以长远的眼光从事旅游经济开发活动,确保旅游活动的开展不会超越旅游接待地区未来亦有条件吸引和接待旅游来访者的能力。可持续旅游要求各级政府和旅游规划者从战略高度上认识旅游地的生态问题,用生态学的思想和可持续发展的理论来开发和规划旅游地,做到旅游区的生态效益、社会效益和经济效益的结合,使旅游业真正成为一种"无污染产业"。

(4)生态旅游延伸和发展为绿色旅游。生态旅游主要侧重于人和自然的关系,即达到人和自然的和谐。绿色旅游不仅主张追求人与自然的和谐,而且还强调要同时追求人与人自身的和谐以及主客两个世界的美化。绿色旅游的实现会使旅游业达到最高境界,而这种最高境界必须通过对生态旅游的发展和逐步完善来实现。

生态旅游已成为旅游业中发展最快的组分和发展的趋向。生态旅游将大大改变未来的旅游观念,并成为主导旅游活动形式之一。它与传统旅游的区别主要表现在:传统的旅游开发仅从旅游景观入手,通过发掘景观的吸引力获取最大的经济效益;生态旅游的开发把环境纳入考虑因素之中,追求经济效益和环境效益的协调统一。在传统的旅游开发中,当地居民只能被动参与;而在生态旅游开发中,当地居民被鼓励参与旅游开发,提倡促进当地资源的可持续利用,对当地的社会经济发展作出贡献,更好地协调旅游开发、经济发展与环境保护之间的关系。

◆ **专题笔谈 10.1**

生态旅游的几大误区

(一)生态在中国已经非常的口号化、标签化了。什么都叫生态? 四川一个商家打广告,叫"生态火锅",让人想半天想不明白这是什么;广州天河北有一个楼盘打广告叫"生态楼盘",是不是树种的特别多呢,还是用的环保节能材料呢,都不是,就是因为大家关注这个词,卖什么东西都套上这个帽子。

(二)很多地方把生态旅游当成一种标签和市场上招徕客源的幌子,以迎合旅游者回归自然的心理。甚至,有些企业为了自身的经济利益,利用生态旅游概念上存在争议的机会,在主观上有意识地曲解生态旅游含义。这种做法不仅误导旅游者,还严重损害了当地的声誉,造成环境的永久性破坏,有悖于生态旅游发展的初衷。

(三)我国很多生态旅游实践并没有达到生态旅游的本质要求,着重强调了生态旅游"认识自然、走进自然"的一面,而忽略了生态旅游"保护自然"的目标,有些生态旅游产品并不是真正意义上的生态旅游产品,而是自然旅游或者是观光旅游的另一种形式。对这种产品的开发要慎重和缓行,否则这样的生态旅游开发必然会引发大量的问题。

资料来源:http://www.caepi.com/loginUser/register.asp,国家环保网

2.生态旅游的特点

（1）以保护为前提。

生态旅游的核心是保护，就是要通过自身独特的活动内容、方式、宣传教育来唤起人们对环境的关爱，从而促进对环境的保护。

（2）保持原始自然的风貌。

生态旅游的对象是自然原始的景观，生态旅游者希望从自然中寻找启示、安宁和平静，使情操得到陶冶和激励。生态旅游要起到人与自然结合的作用，满足人们这种接近自然的渴求，这就要求旅游经营者注重原始自然风貌的保护。

◆ **案例驿站 10.2**

武陵源的环保记忆

国际在线报道：位于中国湖南省西北部的张家界市，有一名为武陵源的风景区。稀世的石英砂岩峰林、变幻的云海与奔泻的瀑布令这片奇山异水在 20 世纪 90 年代成为世界自然遗产。如今，武陵源景区以每立方厘米 10 万负氧离子的空气被誉为"中国氧吧"，成为海内外游客的向往之地。鲜为人知的是，这里曾诞生过中国第一部针对自然遗产的地方性专门保护条例，而它也见证了武陵源人为保护这片美好家园所走过的曲折之路。

55 岁的毛诚立是土生土长的武陵源人，现任武陵源区人大常委会副主任。从武陵源初揭美丽面纱走上旅游开发之路，到遭遇过度开发境况告急，再到立法保护全面恢复原貌，毛诚立亲历了武陵源的每一个发展阶段。对他来说，1998 年是难忘的一年。

时间追溯到 1998 年 9 月 28 日，几位外国游客来到张家界，开始了武陵源之旅。与其他旅游者不同的是，他们并没有陶醉于武陵源的美丽，而是以另一种眼光审视着这里的一切。原来他们是受联合国教科文组织世界自然遗产委员会委托来武陵源实地考察的。回想起这件事，毛诚立的表情不由得凝重起来："1998 年的时候，联合国专家、官员实地考察以后，对这块地的保护提出严肃的批评，认为我们这里'商业化、城市化、人工化'三化现象相当严重，考察以后跟张家界市、湖南省、国家建设部都分别做了通报，要国家、省、市重视起来，必须要把景区保护好，对一些有碍观瞻、对资源保护有影响的项目必须要整治。"

武陵源的环保之路由此起步。而此时的武陵源，与初开发时相比，已经发生了巨大的变化：核心景区天子山几乎变成一座山城，沿着山路绵延一千米之处，如雨后春笋般冒出数不清的宾馆、饭店等建筑物,这些建筑物极不协调地混迹于青山碧水间,远远望去,形成一条蔚为壮观的"天街"。"天街"排出的污水则源源不断地流入下方不足50米的神堂湾景区。在考察人员向联合国教科文组织和中国政府递交的长达5 000余字的考察报告中,武陵源被称为是"一个旅游设施泛滥的世界自然遗产景区",景区生态学及生物多样性的研究与保护"令人失望"。

武陵源景区严峻的生态状况引起当地各级政府与人大的高度重视。对地方的环保工作予以法律支持成为各界呼声,而中国早在1979年有关"县级以上地方各级人民代表大会设立常委会"的决定即赋予了省级人大以地方立法权。经过大量的立法调研,2000年9月,《湖南省武陵源世界自然遗产保护条例》在湖南省人大常委会会议上经过第三次审议后顺利通过。

毛诚立回忆说:"我们研究要为遗产保护提供个可靠的法律依据,就向市人大、省人大申请建立一部地方性的专门法规,制订了一部《湖南省武陵源世界自然遗产保护条例》,这是在我们国家第一部地方性的针对自然遗产的专门保护条例。这个保护条例主要是约束我们自己,我们自己首先要做到,别人才能做到,所有的建设行为、开发行为都要在遗产保护条例的原则下进行。"

在建立立法保障的同时,各级人大代表更多地提出议案和建议,要求当地政府规范景区建设,坚决拆除违章建筑,加快水污染及大气污染的治理,着力恢复武陵源景区的原始自然风貌。在各级人大的推动下,武陵源景区一场"世纪大拆迁"拉开序幕。一直在武陵源景区搞旅游接待的女老板瞿桂云带头行动起来,将自己的宾馆搬出了武陵源核心景区。

瞿桂云说:"原先我那两个酒店都在山上,过去没有索道电梯,全部都是走上去的,必须在山上住一晚,鉴于这样我们就在上面修了酒店,当时是作了很大贡献。最后,政府这么一宣传,自己也看到往下排污确实是不行。为了世界自然遗产,我们响应政府的号召,2000年搬迁的时候我们是带头搬的。现在环境确实变化很大,我常上去看一下,看我的酒店拆迁的地方,一点点石头都不存在了,全部是植物。"

这场耗资数亿元人民币的"世纪大拆迁",自2000年开始搬迁常住居民近1 800人,拆迁各种景区建筑20万平方米,全部恢复了植被,累计完成退耕还林2 500公顷,封山育林16 000多公顷,核心景区的森林覆盖率达到98%。而为了减轻因服务设施给游客带来的不便,景区内专门开设了环保旅游车辆,游客购票后可以在两天内多次往返景区,虽然不能再留宿这里,但是并不会因此而浪费游览的时间。

此后,为全面贯彻"科学规划,永续利用"的发展方针,经武陵源区人大批准,武陵源污水处理厂建设工程于 2004 年正式启动。据污水处理中心主任唐生峰介绍:"我们分了三期,第一期工程是实现 4 000 吨,一期工程运行有四年了,第二期设计 8 000 吨,在今年年底试运行,第三期还有 4 000 吨,整个投资大概 8 000 多万元人民币。工程建成以后对保护世界自然遗产、保护武陵源人居环境起到非常重要的作用。"

武陵源的环保之路越走越顺畅,但却不是终点,把武陵源打造成"世界旅游精品"已经成为当地人奋斗的目标。武陵源区人大常委会办公室主任钟高英说,要保护好这片堪称"绝版"的山水,区人大对景区的环保工作将常抓不懈。"对世界自然遗产的保护每一年都列入了区人大常委会和区人大工作的工作重点,每一年至少有一个专题是对景区的保护情况作一次专题调查,一般都是常委会的组成人员和基层的人大代表以及政府职能部门共同参加,视察以后形成视察报告,交区人大常委会进行审议,充分审议以后,对存在的一些具体问题提出审议意见,进行交办,规定整改的时间一般都在两个月以内,要求他们整改到位,不能整改到位的要有一个整改具体方案,这样视察意见就能够得到认真的落实。"

武陵源人的努力得到了认可。2004 年 2 月,武陵源被联合国教科文组织世界地质公园专家评审会批准为首批世界地质公园。2009 年 1 月,联合国教科文组织世界地质公园专家组对世界地质公园的保护、建设和管理顺利进行了中期评估,给予高度评价。优美的自然风光,良好的环境质量,吸引了越来越多的游客。据统计,2004 年至 2008 年的五年间,武陵源景区接待中外游客近 8 000 万人次。

今年夏末,一位来自韩国的游客在游览武陵源后发出由衷的感叹:"这里的景色堪称世界第一,此生能够来过这里是非常幸福的事。"

资料来源:http://www.cnr.cn/allnews/200912/t20091229_505822511.html,中国广播网

(3)公众的参与。

生态旅游是当地居民、经营者和政府、社团组织及研究人员广泛参与的一种活动,要求旅游者、旅游地居民、旅游经营者和政府、社会组织及研究者广泛参与旅游决策与管理,这将有助于提高其相互沟通的能力,从而提高旅游决策和管理的科学性、民主性,有利于地方经济和社会发展。

(4)科学的规划和管理。

为了尽可能地保持环境的原始自然风貌,生态旅游需要有一个科学的规划和管理,需要具体的科学理论作指导。生态旅游属于生态学范畴,开发规划应遵循生态学三原

则,即生态系统整体性原则、地域性原则和资源有限性原则。

二、生态旅游文化的内涵和特点

生态旅游活动与生态文化密切相关,生态旅游本身就是在一种新型的文化观念的影响下所出现的一种更为高级的旅游活动形式。在现代社会中,旅游消费已成为人们较广泛、较普通的一种精神文化消费,而生态旅游消费与之比较起来,则是人们更直接更纯粹地置身于大自然的怀抱之中,不仅体现一种高尚的审美标准和天人合一的思想境界,同时注重对所处环境的保护以及对于当地的民风民俗、人文奇观、神话传说、古今遗迹的欣赏和体验。生态旅游是观赏、了解和学习的过程,也是充实自我、积累知识、接受民族文化熏陶、注重环境保护的过程。

当人们看腻了高楼林立,就向往绿水青山;当人们听腻了马达汽笛,就向往燕啾蛙鸣;当人们感受了空间狭促,就向往沃野田园;当人们领略了大气污染,就向往返璞归真、回归自然。因此,生态旅游是当代旅游文化中非常热门的话题。在生态旅游中,文化多样性与生物多样性可以保持旅游的延续,对美的追求和自然文明的反思,诱发东方生态智慧文明的回归,成为旅游生态文化形成的思想渊源。

生态旅游文化,基础是生态,重点在文化,它是用生态系统价值观念看待旅游业发展并创建旅游生态文明、尊重自然、注重人与自然和谐发展的文化。当代人们普遍认识到,生态环境是旅游业赖以生存和发展的基础,人与自然的和谐相处是生态旅游文化的永恒话题。

生态旅游活动是一种高层次的精神文化活动,能培养人们高尚的品德、高雅的情操、高层次的精神,对提高整个中华民族的文化素质有着积极的意义。可以说,生态旅游活动是在生态文化的影响下所流行的一种更为高级的旅游活动,同时又是普及全民生态文化的最有效形式之一。

1. 生态旅游文化的概念

对于生态旅游文化,它可以被认为是当今生态文化中的一种特殊文化,属于生态文化的范畴,由此所引申的生态旅游文化为:在生态旅游和生态旅游相关联的活动中人对时间和空间的取向及由此造成的变化和结果。通俗地说,生态旅游文化主要是指以生态旅游为特征的活动中产生的关于人与自然的关系、人与人的关系、人与社会的关系的意识形态及其演化物,它与生态文化密切相关。

生态旅游文化具有有形文化和无形文化交融而成的结构特征,可以延伸为由物态文化、制度文化、行为文化和心态文化这四个不同层面组成,同时也可以看作由旅游目的地文化、旅游客源地文化及旅游通道文化组成。

从可持续发展的角度看,在重视旅游的生态和文化相结合的起步阶段,生态旅游文化更多的是一种发展的理念,我们把这种发展理念概括为:

(1)人与自然协调是旅游的最高追求,文化底蕴的传承是旅游资源开发和旅游业发展的责任,旅游活动是文化的展现、延续和传播过程。

(2)旅游的文化效应具有较强的经济乘数效应,既可以增加经济收入带动相关产业,又可以提高游客和旅游地居民的素质。

(3)旅游文化是稀缺的,但投入机制健全后,可以使各种文化要素补充替代,当文化与生态结合在一起时收益则是递增的。

(4)旅游文化又是相对稳定的,越是植根于民族本土的越是持久的,"只有民族的才是世界的"。

(5)旅游文化又是可以创新的,各种旅游文化产品创新的边界就是生态容量。

(6)旅游文化是分层次的,其中物质产品是最底层,而价值观是最高层。当旅游文化进入到精神层面,它凝聚着人的观念、需求和能力,从而实现真正的永恒。

(7)旅游文化又是脆弱的,现代物质文明带来的流行、浮躁、多元、快捷和开放的文化,对旅游活动、旅游产品和旅游开发的道德冲击是巨大的,破坏一个文明比回归优秀的文明要容易得多。

2. 生态旅游文化的内涵

(1)生态旅游活动是生态旅游文化产生的前提。生态旅游文化的产生和发展是与生态旅游活动的产生和发展同步的,没有生态旅游活动,也就不会产生生态旅游文化。生态旅游文化的内容是复杂而广泛的,它不仅仅是生态旅游者旅游过程中的文化表现和文化影响,它还包括了为生态旅游者提供产品和服务的生态旅游资源文化和服务文化的内容。

(2)生态旅游文化是一种融合而成的文化形态。生态旅游文化是一种融合文化,是由客源文化、东道文化和服务文化交流、融合而成的一种独立的文化形态。文化的主体包括两部:一是生态旅游者,他们是客源文化的载体;二是旅游目的地的接待和从业人员,他们是东道文化和服务文化的载体。两者在旅游或为旅游者提供服务的过程中发生关系,共同促进了文化的交流,创造了生态旅游文化。

(3)生态旅游文化是生态旅游文化现象和生态旅游文化关系的总和。生态旅游文化因主体的背景而异,具有多样性。旅游者来自世界各地,分属于不同的文化区域;同时,他们随着旅游活动的展开,足迹踏遍了地球的每一个角落,与各种不同的文化相融合,因此,通过不同主体表现的生态旅游文化有较大的差异性。总之,生态旅游文化作为一种独立的文化形态,它既是一种文化现象,也是一种文化关系;它既是一种融合文化,具有综合性,也是一种冲突文化,具有矛盾性。

3.**生态旅游文化的特点**

生态旅游作为旅游的一种更高级形式,它既具有旅游文化的一般特点即区域性、民族性、综合性、历史性以外,更具有其健康性、大众性、可持续性、传承性的特征。

(1)健康性。

生态旅游文化是一种强调人与自然环境和谐演进的人类文化形态,表现为遵循生态发展规律和生态经济规律、倡导生态消费和环境友好的生产理念、改善人与环境的关系以及相应的社会关系,所以从本质上看,生态旅游文化是以可持续发展为核心的健康文化形态。在制度层面上,生态旅游文化渗入政治结构,使环境保护走向制度化,并促进社会关系的调整,推动新的社会制度产生。在物质层面上,生态旅游文化的物质载体不断产生,生态旅游规划方法、物质生产技术形式、能源形式、人类生活方式的生态化转变将生产出许多具有生态特征和生态教育功能的物质产品。在精神层面,生态旅游文化推动了环境教育、生态哲学、生态伦理学、生态文学艺术等领域的发展,科学技术也在向生态化转变。因此,人类应改变过去那种高消费、高享受的消费观念与旅游方式,提倡勤俭节约,反对挥霍浪费,选择健康、适度的旅游消费行为,提倡绿色生活,以利于人类自身的健康发展与自然资源的永续利用。

◆ **案例驿站 10.3**

云南元阳梯田上演大型民族生态文化盛宴

2009 年 3 月 1 日,中国红河哈尼梯田文化旅游节在被誉为"梯田之乡"的元阳县开幕。作为此次旅游节主体之一的大型高原稻作农耕文化千人田野实景表演——《哈尼梯田》也在此间上演。来自海内外的嘉宾游客共享了这一民族生态文化盛宴。

当天上午,红河哈尼梯田云雾缭绕,风光无限,万顷梯田间欢歌笑语。上千位当地农民组成的表演团队,在万里梯田间载歌载舞,充分展现了当地哈尼人放牛、插秧、抓鱼、婚礼等生产生活习惯。

由著名舞蹈家杨丽萍任艺术总顾问并指导排演的《哈尼梯田》,当天是首次正式展演,其磅礴的气势和蕴含丰富的民间文化让海内外来宾赞叹不已。

元阳梯田位于云南省元阳县的哀牢山南部,是哈尼族人世世代代留下的杰作。元阳哈尼族开垦的梯田随山势地形变化,因地制宜,坡缓地大则开垦大田,坡陡地小则开垦小田,甚至沟边坎下石隙也开田,因而梯田大者有数亩、小者仅有簸箕(一种农具)大,往往一坡就有成千上万亩。在上千年不停开发、垦殖的过程中,勤劳的哈尼人们创造了这"山有多高、水有多高"的古代农业灌溉水利工程,也是至今持续使用和发展的以江河、梯田、村寨、森林四度同结构的农耕文化奇迹,被列为中国三大梯田奇观。哈尼梯田也因此入选了 2007 年中国最新公布的世界文化遗产预备名单。

近年来,当地政府大力保护性开发利用哈尼族先民留给后人的宝贵农耕文明遗产,开展原生态旅游业,并为哈尼梯田正式申报成为世界文化遗产保护地做足工作。在当地,绿色食品基地正在兴建,精品旅游景区正在打造。2007 年,元阳梯田被公布为云南首个国家湿地公园。

元阳县县长张宏表示,举办哈尼梯田文化旅游节,目的在于通过展示哈尼族农民田间现场劳作真实情景,突出哈尼族民风民俗文化内涵,进一步打造哈尼梯田文化品牌。

资料来源:http://www.365stat.com/,四川生态网

(2)大众性。

大众性是指参加生态旅游的人数多,层次广。大众性与旅游文化的综合性有关,其主要表现在生活经济水平的提高和生活节奏的加快,越来越多的人选择生态旅游作为身心调节的健康的方式。正如联合国世界旅游组织出版的《旅游业可持续发展》一书中所说:"生态旅游是发展最快的一种旅游。"随着生态思想越来越普及,人们越来越关心与他有着密切关系的生态环境。生态旅游这一旅游形式越来越被普通人所接受。世界旅游组织最新研究和预测,生态旅游、探险旅游、文化旅游等将成为 21 世纪的旅游时尚。

(3)可持续性。

可持续发展是超越以往任何发展观念、发展模式的全新发展理念,它在关注当代人发展的同时,强调不破坏后代人发展的能力;在注重本区域社会经济发展的同时,注意不损害其他区域的发展。生态旅游文化体现了人类谋求人与自然和谐相处的方式、过程和结果,是在保持文化多样性前提下的整体依存的绿色生态文化。生态旅游文化首先表现

为人类社会基本价值观的变革,它在承认"旅游资源有限"的基础上建立了"资源环境有价"的资源价值观,它要求逐步走出"人类中心主义",确立新的环境伦理观,树立生态意识;其次,生态旅游文化以新的价值观为导向,扭转了人们传统的旅游发展观念和发展模式,引导人类逐步走向新的旅游文化——生态旅游文化阶段。综上所述,生态旅游文化作为一种可持续性的文化,要求人们重新认识人与自然、人与社会、人与自我的关系,通过调整人类自身的生存、生活方式,逐步建立人与自然协调发展的文化。

(4)传承性。

任何一种新的文化形态的产生和发展,都不是凭空创造出来的,而是有求助于原有的文化成果中那些合理而有益于发展自己的部分,并把它运用到自己的创造实践中。生态旅游文化的传承性具体体现在物质层面上、制度层面上和观念层面上。在物质层面上,现存的自然景观如名山大川、湖泊海洋一般都带有人类旅游文化的印记,而现存的人文景观,既有古代遗留下来的名胜古迹,又有在古代建筑风格的影响下陆续构建的仿古建筑,凝结着古代旅游观赏心理。从生态旅游文化的制度层面上来说,历史上陆续产生的旅游文化传统规则,在不同程度地为后人所效法、运用。从生态旅游文化的观念层面上来说,有不少宝贵的旅游文化观念启迪着一代又一代的旅游者、旅游经营者和旅游管理者。例如,在经历工业文明时代环境被破坏的情况下,人们反思自己的过失,重温我国古代的"天人合一"的朴素自然观,从而启迪着后人从另一种思想角度去看待自然与人类之间的关系。

◆ **案例驿站 10.4**

岜沙的古代遗风和生产方式

岜沙,是苗语中"草木繁多"的意思。这个村寨位于贵州省从江县北约 5 千米,是一个纯苗族村寨。全村共 5 个寨子,16 个村民组,371 户人家,住着 2061 口人,全村至今还保留有浓郁的古代遗风和古老的生产方式。那里的男子头顶挽有发髻,穿着自织的无领右衽铜扣青布衣、直筒大裤管青布裤,常年身挎腰刀、肩扛火药枪,颇有明清武士风貌。有朋友不止一次地劝我,你到岜沙去看看吧,在那里,你可以领略到悠久的历史沉淀,原始神秘的民俗,淳厚朴实的民风和绚丽的民间文化。

远远地可以遥望村寨,那里显得那么寂静,那么恬淡,碧山秀水间,吊脚木楼星罗棋布,鳞次栉比,寨角的水碾水车在悠然转动,织布声、碾木声、鸡鸣声此起彼伏,让人不禁觉得渐入了陶潜的诗境。

村寨建在山上,依坡就势搭起富有西面民族特色的木制杆栏式吊脚楼,从高处望去已经生满绿色青苔的树皮房顶鳞次栉比。屋顶没有烟囱,冬日的中午,家家的树皮屋顶上蒸出渺渺的青烟,那是柴烟和蒸汽的混合物。于是,淡淡的青雾便如同白色的丝绒,暖暖地罩盖在村寨之上,温馨宁静,如诗如画。村间空地及山坡上,或聚或散或疏或密地竖立着高大的木排,那是村民们的晒谷架。收割季节,农民们将稻谷捆好,一束束的挂在木排之上,这便是一派丰收的景象,处处展开了稻谷的栅墙,映得秋日更加金黄。稻谷挂在寨边,不用担心会丢失,这是约定俗成的淳朴民风。

没有一辆马拉车,手拉车,人们运货,进县城赶集都是肩挑手提,徒步行走。村里人认为,畜力运输工具载量大,砍伐树木就会多,破坏森林及环境。岜沙人的这种良好习俗是从古代沿袭而来,成为必须遵守的不成文的村规民约。村里有一规定:如果有人盗伐古树,一经发现要罚 120 斤米、120 斤猪肉、120 斤酒,让全寨人吃,以示警告。因此,村民们上山拾柴都自觉保护幼苗和树干,只修剪枝杈或砍枯树,偶尔也伐一些杂木,打成捆挑到城里卖。

在岜沙,方圆几千米的地方看不见坟冢,小孩生下来就种上一棵树,待死后将数砍掉,埋在树下,然后又种上一棵树。这样,既保护了生态,又减少了土地的占有。

资料来源:http://www.yxgz.cn/,多彩贵州印象

◆ 本节相关知识链接

1. http://www.davost.com/davosttopic/sht/,生态旅游:可持续发展的旅游方式
2. http://www.cern.ac.cn/0index/index.asp,中国生态系统研究网络

◆ 本节试题与知识训练

一、填空

1.生态旅游作为一种新的旅游形态,产生于＿＿＿＿世纪＿＿＿＿年代。

2.生态旅游文化的特点有＿＿＿＿、＿＿＿＿、＿＿＿＿和＿＿＿＿。

二、判断

1.生态旅游是一种特色旅游产品。　　　　　　　　　　　　（　　）

2.生态旅游是一种教育手段。　　　　　　　　　　　　　　（　　）

3.生态旅游的核心是未开发。　　　　　　　　　　　　　　（　　）

三、简答

1. 什么是生态旅游?

2. 简述生态旅游的特点。

第三节 生态文化旅游资源的保护和永续利用

在全球生态环境的恶化引起人类对环境质量普遍关注的背景下,旅游的盲目开发造成的旅游环境衰退等问题正在引发人们对传统旅游方式的反思,人与自然和谐发展的要求使人们对生态文化有了更多的关注。旅游研究的深入使人们认识到生态文化旅游开放开发问题的重要性。

一、旅游开放开发对生态文化旅游资源的影响

旅游业是 21 世纪三大朝阳产业之一。它是根据旅游者旅游生活方式的特点,通过满足旅游者的需要来适应旅游者的心理需求,通过文化传播而取得经济效益和文化效益的一种服务行业。旅游业对生态文化旅游资源的影响犹如一把双刃剑,既有有利的一面,也有不利的一面。

1. 旅游开放开发对生态文化旅游资源的有利影响

(1)直接增加旅游区的经济收入,改善其生存环境和生活条件,是旅游区域脱贫致富、转移农村剩余劳动力的有效途径。

旅游业的发展,能促进旅游区的经济发展,这是公认的事实。旅游业可带来外汇收入,增加地方政府财政税收,提供当地人更多的就业机会,增加家庭收入,实现脱贫致富。旅游业的发展需要有一定的基础设施和旅游设施,它们在供旅游业使用的同时,亦供当地居民享用。这样,就会改变旅游区人们原有的生活方式和生活观念,如交通设施、照明设施、家庭住宿环境和条件等的改变,让他们有了更文明的生活方式,逐渐走上"现代化"的道路。

◆ **案例驿站 10.5**

生态旅游带动浙江旅游业应对金融危机

在全球金融危机之下,浙江旅游业将扮演拉动内需、扩大消费的关键角色。从 2009 年开始,浙江积极打造生态旅游精品项目,形成推动生态旅游的良好市场氛围。

"生态旅游既满足了全球范围内日益增长的需求,也是推广环境友好型旅游理念

和资源节约型经营方式,很有希望在金融危机影响已经出现端倪的旅游行业异军突起。"浙江省旅游局局长赵金勇表示。

"浙江生态旅游走在了中国的前列。"赵金勇说,"浙江是生态旅游资源大省,发展生态旅游潜力巨大,前景广阔。"近年来浙江省大力推进生态旅游开发建设,切实加强自然保护区、森林公园、湿地公园、地质公园等生态旅游资源的保护利用,率先在全国开展了绿色饭店的评比工作,率先在全国制定了生态旅游示范区省级地方标准和开展省级生态旅游示范区评定。

目前,浙江已有1个国家级生态县,43个国家级生态示范区,138个全国环境优美乡镇,2个国家级生态村,总数位居我国前列。浙江已累计创建11个省级生态县(市、区),省级生态乡镇450个,县级以上生态村3 999个。

浙江省环保局副局长吴玉琛表示,生态旅游将休闲娱乐寓于人文环境之中,坚持了人与自然的和谐统一。据悉,目前绍兴会稽山风景区、宁波大桥生态旅游区被浙江省旅游局和环保局联合命名为浙江省首批生态旅游示范区。此外,杭州天目山风景区等7个景区被命名为浙江省首批生态旅游点。

资料来源:http://www.lotour.com/,乐途旅游

(2)有助于旅游区内外生态文化的传播和交流。

伴随着旅游活动的开展,外来人员大量涌入,随之也带来许多新鲜事物和外来文化。当地人从主动抵制到完全认可,甚至去接纳旅游者的文化,这是一个视野逐渐拓宽的过程,从而他们心理上对外来文化的容忍和接纳能力也逐步增强。"全球化"在当今世界已成为不可逆转的潮流,不能简单地认为传统民族文化一旦融入全球化,就会丧失自己的特色。根据全球化与民族文化双向影响的原理,各民族并非被动地接受外来文化,在接受的同时,也通过全球化过程使本民族的文化走向世界。一个民族文化的世界化程度越高,对该民族的发展就越有利,该民族文化就越能获得更广泛的生存空间和发展空间。视野的拓宽,使民族地区人们有了更全面的心理准备,在全球化过程中能采取更主动的姿态,获得更多的机会。

(3)增强了民族自信心及自我认同感,从积极方面促进了生态文化旅游资源的复兴和保护。

随着旅游业的开展,民族文化被开发利用且备受青睐,唤起了民族地区人们的自尊心、自信心和自豪感,促使他们去重新认识和评价自己的文化。这种民族自尊心和自信心的唤起,以及经过重新认识和评价之后对自我文化的重新肯定,激起他们去恢复原有

的现已消失或几近消亡的民族传统文化的巨大热情,推动了传统民族文化的复兴;反过来,这也促进了民族旅游的发展。

2.旅游开放开发对生态文化旅游资源的不利影响

(1)生态文化被冲击、同化。

由于很多旅游开放开发的区域是社会经济相对落后的少数民族地区,相对外来文化而言,这些旅游目的地的传统文化往往成为弱势文化,在整个旅游文化交往的过程中,出现了文化的不对等交流,从而使相对处于弱势地位的民族传统文化遭受发达外来文化的冲击,日益被同化,原汁原味的东西越来越少。

当地居民与来自其他国家或地区的游客之间有明显的文化差异。大量外来游客的涌入,一方面促使当地居民用自己的文化或风俗去吸引游客;另一方面,外来游客的进入,也打乱了他们原有的生活方式和节奏,他们中有些人或多或少显得无法适从,他们或简单地模仿外地人的行为方式,以期抹杀两者之间的差异;或采取完全的抵触,引起主客冲突,导致了一些社会问题出现。

民族文化同化是指原来的民族文化特征在内部和外部因素的共同作用下逐渐消失,被异族异地的文化所取代。例如,云南省许多少数民族都居住在偏远的山区半山区,一般与外地交往少,生活环境相对封闭。而随着现代社会的发展,尤其是旅游业的推动,他们也开始与外部世界发生互动。在这种互动过程中,异族、异地文化与当地文化只是短时间的或部分的接触,主体部分并未受影响,而当地文化却要以其几乎全部的内容与异地文化随时接触,出现传统文化逐渐被同化的现象。

再如,有些地区从地方利益出发,为吸引游客,新开发的旅游资源缺乏特色,景点开发重复雷同,严重浪费了旅游资源,恶性竞争的结果降低了经典之作的文化吸引力。如自深圳锦绣中华和北京世界公园问世以来,各地争先效仿,微缩景观比比皆是,趋于泛滥。如仿古的三国城、大观园、西游记宫和影视城以及展现世界奇观的旅游城均效益不佳,根本原因在于粗制滥造降低了"文化势差",导致文化生态环境恶化、文化产品质量降低,减弱了旅游的吸引力。

(2)民族原生态文化被扭曲,庸俗化、商品化。

现代大众的特点决定了他们在旅游或其他"排遣"私人时间所需要的文化必须是一种能够满足大众基本需求的,倾向于感性的、轻松而刺激的文化。为了发展旅游业,接待地会积极吸引各方旅游投资者,有时还会刻意迎合旅游者的口味。正如有的学者所说,不少旅游者并不关心接待地文化特色的真实含义,而只是为了猎奇。这就使接待地文化在发展旅游过程中有被不正当舞台化、商品化进而庸俗化的可能。一些地方文化特色的东西被肆意移植仿造,似乎其存在的基础不再是当地的社会生活,而是旅游者的需求。

传统民族文化本来有其真实性、淳朴性和神秘性,有其自身的发展规律,为满足部分游客不健康或低俗的需求,有些开发商在开发民族原生态文化时,把一些项目庸俗化,改变了民族文化的真实面貌,出现了一些"仿民俗"或不尊重少数民族风俗的现象,开发一些触犯其禁忌的活动。这样,原有民俗的内涵和存在价值改变或消失,失去了真实的存在环境和意义,原民族生态文化被庸俗化了。

当原民族生态文化作为旅游资源被开发利用后,便受到了商品生产和市场经济中价值规律的支配:供求机制、价格机制和竞争机制强烈作用于民族传统文化,等价交换原则、利润最大化原则亦不以人的意志为转移逐渐渗透于其中。在旅游市场上,以现代艺术形式包装传统文化,将其舞台艺术化、程序化,成为目前旅游开发的主要手段,造成传统文化失真,文化底蕴不足及文化再现偏颇。当连少数民族的婚俗、宗教祭祀仪式都可以根据"旅游需求"随时随地"灵活"开展,那还有多少民俗文化的原有的意义和价值呢?这种迁就游客"期望"的文化表演——同时也是文化歪曲对旅游接待地文化的自然发展极其有害,旅游者无法全面有效地接触和发现接待地活生生的文化,而是接受了一种经过了包装的"伪文化""伪民俗",而且接待地固有的文化也会因此而逐渐失去特色。从长远的眼光来看,如此开发民俗文化旅游,无异于"杀鸡取卵"。

(3)生态文化的发展环境受到不良影响。

大规模的旅游活动的开展,必然会破坏旅游地的自然环境和生态系统,如旅游者大量涌入导致了排污量增加及交通运输量增大、用电量增大等,这些都会造成当地的空气、水质及噪音污染等;长期接待旅游者,会使当地历史古迹的原始风貌甚至其存在寿命受到威胁,森林植被因被过度踩踏而破坏;而旅游设施的过度开发和建设,会直接破坏原有优美的自然景观。

旅游资源因风化、旱灾、水灾、地震、飓风、酸雨及地面沉降、流水侵蚀等自然灾害而受到的破坏。持久的干旱导致旅游区一些自然景观的消亡:泉瀑断流,溪潭枯竭,古树木死亡等;长期的风化剥蚀造成古建筑、古文物等塌毁;酸雨对石刻艺术的侵蚀。例如,四川大足的宝顶山石窟,受酸雨之害,其原有风貌已不复存在;云冈石窟的煤粉尘和酸雨污染严重;大气污染对兵马俑造成腐蚀,等等。

此外,一些旅游者对其他文化任意贬低和批评的傲慢态度导致接待地居民的反感和排斥,造成旅游者与当地居民之间人际关系的紧张,加剧了旅游业个体经营中比较普遍的"宰客"现象等。甚至有些景区,因没有组织协调好当地居民的经营活动,平衡好各方利益,导致一些人心理失衡,敲诈游客哄抬物价,甚至威胁游客人身安全的旅游犯罪案件时有发生。这无论是对当地旅游业还是对社会文化,都是极其有害的。

二、生态文化旅游资源的保护与永续利用

对于生态文化旅游资源的保护和利用,必须采取有效的开发模式和规划推出优秀的文化生态旅游产品,同时要加强旅游管理,确保生态文化旅游的和谐发展。

1.采用政府主导型的生态文化旅游开发模式

经济学和可持续发展理论认为,市场是追求效率的,而公平地对待环境生态必须使经济有所牺牲,当人们收入达到一定的水平时才能协调和补偿并为之付出可承受的代价。在我国人均经济实力落后与历史文化厚重灿烂存在巨大反差的现实条件下,政府的职责是建立旅游秩序、规范旅游行为、塑造旅游道德、营造旅游文化生态。

2.规划好文化生态旅游产品

文化生态旅游产品设计原则主要有:

(1)突出地域特色。

文化是共同的社会精神,但不同地域不同的自然、历史、社会、政治、经济、文化长期积淀必然形成的地域文化特色(同时在一定的地域背景下,人们形成了特定的世界观、生产生活方式和习俗,如人际交往习俗、服饰习俗、饮食习俗、居住习俗、建筑习俗、婚嫁习俗等)。文化趋同和求异都是旅游的动机,文化生态产品具备地域特色才会有吸引力。

(2)生态型开发。

生态学的生态位和生态型表示生物在生态系统中的地位和功能以及与生态环境的融合类型。借鉴民俗风情旅游的开发模式,生态文化旅游可以分为原生态型开发、次生态型开发和文化移植型开发三种开发模式。原生态型开发是指依托当地自然生态环境,保持当地原有生活习俗,建立原生态保护区,旅游者进入聚居地,直接感受当地民风的文化旅游模式。次生态型开发是指在无法对聚居区进行相对封闭的原生态型保护时,通过掌握当地的文化生态文脉,依托载体设施通过陈列、学术交流、资料出版以及文化表演等方式,展示聚居区的历史遗风的开发模式。以福建土楼为例,在开发中,不将居民迁出土楼,而是由原住居民为旅游者提供食宿及讲解服务,旅游者直接生活在土楼中了解土楼文化;各种反映土楼的宣传册、土楼风光碟片、土楼微缩模型,各种冠以"土楼"头衔的餐厅、饭店纷纷出现;政府及旅游相关部门开辟土楼博物馆,设立土楼保护区,对加强土楼的管理和保护。文化移植型开发是指为了加强对当地原生态文化的保护,或是实现民俗文化的综合展示,通过兴建大型的民俗风情园等形式,将各种异域风情集中在一个新建的场馆中进行民俗文化综合展示的开发模式,如北京"世界公园"、云南的"世博园"等。

◆ **案例驿站 10.6**

旅游的新体验——"生态情景互动式"旅行体验

万里苍翠的竹林之中,一出永不落幕的故事正在上演——进入景区大门,仿佛穿越时空进入了武侠电影的场景之中:漫步的游侠,巡视的捕快,好客的店小二,还有江湖通缉令、比武招亲的擂台……一切都是那么真实、自然,让人忍不住血脉沸腾,想要立即开始"行走江湖"的旅程。

"每个人心里都有一个江湖。"导演这一切的著名旅游营销战略大师陈一越告诉记者,"在蜀南竹海,每个人都会找到属于自己的江湖。我们要带给游客的,是类似电影《甲方乙方》中'好梦一日游'的体验,每个人不再是景区的过客,而是一个故事的主角。"

在充分挖掘南夷文化和僰人文化的基础上,利用景区内的万里镇和万岭镇两个古镇,辅以对原生态川南民居风格的改造,各种江湖场景的设置,以及最重要的核心——体验式互动行程的注入,一个全新的竹林江湖诞生了,蜀南竹海也成了中国第一个ESE景区。

ESE,英文 Ecological Scene Experience 的缩写,即生态情景体验,指旅游者在自然景观的观景行为中,主动进行自我角色定位,并按照角色逻辑进行体验式互动游览,使游览者的整个游程成为以"我"为中心的故事情节。"这个让所有人参与其中,每个人都是主角的情景体验式旅游方式,将颠覆中国传统资源性景区的营销模式。"陈一越说。

63.29%的游客高度评价了生态情景互动旅游形态,94.47%的游客明确表态会因为这种生态情景互动旅游形式而再次游览——这份蜀南竹海游客的抽样调查,充分展示了 ESE 的生命力。

ESE 是随着我国旅游经济飞速发展产生的全新概念。一方面,旅游行为随着社会、经济和思想的发展逐渐发生变化,传统的群体观光正在向专题旅游转变,旅游更强调其中个性化的成分,追求人文融入和思想体验。另一方面,旅游行业竞争的加剧让各种游态应运而生,传统的观光旅游形态面临巨大的挑战,如何实现观光旅游向休闲度假的升级,这是景区实现可持续发展需要解决的根本问题。但对于以自然生态景观为主打产品的景区而言,国家相关法律法规和环境影响评估的制约,要求其在获取发展的同时,更要在环评中有良好的表现。

ESE 以"在保护生态环境的同时更注重旅游行为中的个性化成分"为终极诉求,向游客提供一对一的定制产品和个性化服务,从根本上改变了人在自然景观游览过程中的被动性。旅游专家高度评价:"这给中国生态资源型景区提供了最具操作性的可持续发展方向,将领军中国的生态体验旅游。"

资料来源:http://news.sohu.com/20090415/n263394773.shtml,搜狐网站

（3）开发与保护兼顾,保护第一。

生态资源具有可再生性,适度的轮休会使生态文化的基因得以持久保护,既满足当代人又满足后代人的需要和预期,同时又要有利于生态系统的平衡,有利于文化完整性延续。政府要对轮休的保护地予以补偿和补贴,以实现代际的公平,实现可持续发展。

（4）实施层次性开发。

由于旅游的开发是由低成本向高成本的开发,生态文化旅游的开发也应按照非平衡理论的梯次开发模式依次进行,即先开发自然生态旅游和文化旅游,然后再开发文化生态和生态文化旅游。

3.加强旅游的管理,确保生态文化旅游的和谐发展

（1）加强立法与管理。

通过立法来保护文化生态景观,促进文化生态旅游持续发展,对文化生态旅游的开发要经过多学科专家参与规划和进行可行性论证,谨慎开发。

（2）培养全民文化生态旅游意识。

让更多的人参与保护资源,培养人们保护文化生态旅游资源的意识,将对文化生态旅游资源的保护内化为人们的伦理要求。

（3）建立文化生态旅游社会生态型机构。

应建立政府主导,生态学家、地理学家、经济学家、社会学家、文物管理部门、文化学者和公众参与的生态文化旅游的管理体系。渗透生态绿色管理的监控、评估以及绿色核算体系,利用反馈调控机制使管理的运行最优化。

（4）建立和培养提高决策层、管理层和服务层的人才结构和绿色生态型教育体系。

综上所述,新的生态文明的价值观需要制度的保障、机制的优化运行、要素的配合、物质的依托、经济的发达和观念的转变,对旅游业如此,对其他产业也有借鉴意义。

◆ 本节相关知识链接

    1. http://www.etgogo.com,四川生态旅游网

    2. http://chn.lotour.com/zt/st2009/,2009 年中国生态旅游年

    3. http://www.53600.net/,生态旅游官方网站

◆ 本节试题与知识训练

一、填空

文化生态旅游产品设计的原则是_____、_____、_____和_____。

二、选择

1. 生态旅游的最核心的理念是(　　)。

A. 体验和了解大自然　　　　B. 猎奇和探险　　　　　　C. 发展经济

2. 下列哪些是在开展生态旅游的自然保护区和世界遗产地不能够修建的?(　　)

A. 水库大坝　　　　　　　B. 公共厕所　　　　　　　C. 宾馆和商店

3. 为了方便游客,在山顶上大量修建旅馆,你认为这种做法(　　)。

A. 具有人文关怀精神又方便游客,也能增加管理者的收入

B. 这会使旅游成本增加,不该建

C. 旅馆破坏了自然景观,增加水耗并产生大量生活垃圾,因此在世界自然遗产地不应大量修建旅馆

4. 生态旅游在我国正成为一种时尚,你认为当前首要的是(　　)。

A. 抓住机遇,努力扩大开发旅游产品,修公路、建机场、盖旅馆,快速发展地方经济

B. 必须系统规划,加强立法,避免管理系统交叉重复,培训人才,提高管理水平,开展科普和环保活动,强调社区参与,确保利益共享,充分体现生态学的原则,与自然和谐相处,实现可持续发展

C. 多批多建自然保护区和景区,申报更多世界遗产地,以便提高其旅游胜地的身价,进一步吸引游客

5. 下列衡量成功生态文化旅游的标准中_____不正确。

A. 游客是否真正体验和感受到独特的大自然并且表现出对其保护的意愿

B. 是否有大量的游客涌入,并带来丰厚旅游收益

C. 是否通过旅游收入起到保护当地的生物和文化多样性的目的

6. 在开展生态旅游的时候,应该注意_____才能达到保护生态的目的。

A. 加强旅游设施的建设

B. 以经济效益为首要目的

C. 强调小规模,避免建设过多设施,科学管理游客,帮助消费者增加自身的生态保护意识,避免进入生态脆弱区域

三、简答

如何加强旅游管理,确保生态文化旅游的和谐发展?

四、论述

1. 旅游开放开发对生态文化旅游资源的影响。

2. 生态文化旅游资源如何保护与永续利用?

◆ **本章小结**

1. 本章结语

"文化是旅游的灵魂"已经得到一致的认可。生态文化旅游活动是一种高层次的精神文化活动,能培养人们高尚的品德、高雅的情操、高层次的精神,对提高整个中华民族的文化素质有着积极的意义。

2. 本章知识结构图

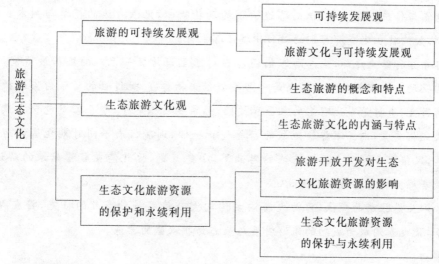

3. 本章核心概念

可持续发展　生态旅游　生态旅游文化

◆ **实训练习**

通过小组形式展开讨论,应用所学理论做一份案例研究报告(主要包括旅游发展特

点、存在的问题、未来发展的思路）。

◉ 延伸阅读

生态旅游：原始的九寨沟

　　一个薄薄的手册，就能带你走入九寨沟的另一个世界，你相信么？这就是 WWF 与九寨沟管理局合作的自导线路指南，以尝试性地推动扎如沟生态旅游的开展，因为那里尚没有被开发为大众旅游线路，依然保持着九寨沟原始自然的状态。

　　如今，来到九寨沟，不仅能欣赏到大自然的秀美风光，更能感受到这里的人文风貌，以及人与自然和谐的关系。自导生态旅游线路是一条集生物多样性、自然环境、地质地貌、文化等解说为一体的路线，与之对应的是自导线路手册及实地编号牌。生态游客们将在它们的指引下完成一次充满知识性和趣味性的旅行。

　　在扎如沟，生态游客们以第一眼看到的村寨作为始发点，自导手册提供简单的线路图，并标出关键的编号牌所在位置。沿着自导线路的编号牌，游客们便可以开始了他们的生态之旅。

　　生态游客们会在手册上阅读到每个编号牌背后的故事和丰富的知识，比如介绍藏族村寨的特点与传统农业方式，识别路边留下的动物脚印，记录身边的花草与树木。在不经意间，扎如沟就在生态游客们的心目中播下了种子。

　　在自导旅行结束之际，生态游客们还能在村寨里拜访独一无二的民居展览室，更深入与社区互动。这家展览室的主人是一名藏族姑娘杨青霞，她过世的父亲为当地摄影师和中草药医生，舅舅是当地有名的木匠和鼓匠，母亲是纺织能手，整个家庭包含了众多的当地藏族文化要素，内涵深厚。她家的房屋一新一旧，则能代表不同时期九寨沟地区的藏式建筑，风格浓郁。喝上一碗浓浓的酥油茶，小憩片刻，你就能在藏族姑娘的解说下，解读到藏寨厚重的文化与发展变迁。

　　扎如沟生态旅游的尝试，作为九寨沟主沟内大众旅游一种有效的补充，将在 WWF 的推动下，使九寨沟成为成功的旅游发展与生态保护双赢的典范。

背景：

　　位于四川省阿坝州的"童话世界"——九寨沟，因荷叶、树正、则渣洼三条沟千变万化的水而闻名世界，而素有九寨第四沟之称的扎如沟则带有保存完好的原生生态系统和富有地方特色的人文景观。同时，九寨沟也是岷山重要的大熊猫保护区之一。自 2003 年扎如沟开展生态旅游规划以来，WWF 与九寨沟管理局在推动扎如沟生态旅游和社区环境教育事业等方面保持着紧密的合作关系。由 WWF 资助，九寨沟管理局于 2004 年成功举办了"生态导游培训"和"扎如沟生态旅游研讨会",2006 年建成了"九寨沟社区环境教育中心",2007 年完成了"扎如沟藏文化与生物多样性保护工作"和"扎如沟生态旅游与传统文化展示"等项目活动,并从 2008 年开始,尝试"扎如沟生态旅游自导线路设计与推广"和"建立九寨沟民居展览室"项目。

资料来源:http://www.wwfchina.org/,www 中国

生态文化视野中的奥运

古老而年轻的奥林匹克运动,由于生态文化内涵的注入而更富有生命力和感召力。

生态文化要求我们以自然价值论为指导,建立起符合生态学原理的价值观念、思维模式、经济法则、生活方式和管理体系,实现人与自然的和谐相处及协同发展。生态文化、奥运生态文化和"绿色奥运"密切相关,都以生态环境为基本载体。我们把奥运生态文化和"绿色奥运"都看做是生态文化在奥林匹克运动中的体现。

进入 20 世纪下半叶以后,国际奥委会对于越来越突出的生态环境问题与奥林匹克运动的关系给予深刻的关注。2000 年的悉尼奥运会首次提出"绿色奥运"的理念,也是 2008 年北京奥运会的三大主题之一。

奥运生态文化深深植根于体育与生态环境的内在关联之中。随着人们对体育与文化、生态环境之间关系的认识不断深化,关于"生态体育"的概念也就应运而生。所谓生态体育,是指体育、文化和生态环境的相互协调、相互关怀、共生共融、共同发展所构建的关系或联系的体育运动,即通过在自然—社会生态环境中开展体育运动,来增强和展示人类的健康体格和人格,体现人类在体育运动中对自然—社会这一生态环境的关怀和人道主义精神,倡导健康、文明、科学、和谐的生活方式,从而达到维护人类的相互理解、友谊、团结和公平正义,实现和谐世界。正因为如此,20 世纪 70 年代后的历届奥运会,生态环境总是与体育、文化一起构成现代奥运会的三大要素,且它们的协调、和谐发展以及相互关怀所孕育的生态体育思想,成为现代奥运会的核心理念。

奥运生态文化是人类在科学生态价值观指导下作出的正确选择。"人直接地是自然存在物","人是自然的一部分"。(马克思语)自然是人类生存和发展的前提条件。在中华传统文化中,人与自然环境的关系被普遍认为是"天人关系",古代思想家主张"天人合一",他们提出的一系列关于尊重生命、保护环境的主张,成为奥运生态文化的重要思想源泉。人与自然和谐共处是科学的生态文化价值观,它要求从人的主体视角出发,充分认识自然以及生态系统的价值,掌握人与自然的共生共荣关系,尊重生命,爱护生命,尊重自然,爱护自然,树立符合自然生态规律的价值取向。

20 世纪 80 年代以来,为了减少奥运会对生态造成的负面影响和危害,以国际奥委会为代表的体育界和有关人士提出对奥运会宪章进行修改,开始重视环境保护问题。1991年国际奥委会要求申办奥运会的所有城市从 2000 年起必须提交一项环保计划。1996年,《奥林匹克宪章》将环境保护列入国际奥委会的主要任务之一,同年成立了环境委员会,并要求申办城市必须具备城市美化、环境幽雅的条件。1999 年,奥林匹克环境保护方面的纲领性文件——《奥林匹克运动 21 世纪议程》获得通过。上述情况表明,人类在实践过程中逐步认识到生态环境在体育运动中的重要地位,并用具有法律意义的文件形式肯定下来,这是一种与时俱进的价值选择,意义深远。

2008 年北京奥运会是奥运生态文化的创新实践。"同一个世界,同一个梦想"是北京奥运会的口号。"绿色奥运、科技奥运、人文奥运"是 2008 年北京奥运会的三大主题。"绿色奥运"是奥运生态文化的突出表现,它的内涵是:把环境保护作为奥运设施规划和建设的首要条件,规定严格的生态环境标准和系统的保障制度;广泛采用环保技术和手段,大规模多方位地推进环境治理、城乡绿化美化和环保产业发展;增强全社会的环保意识,鼓励公众自觉选择绿色消费,积极参与各项改善生态环境的活动,大幅度提高首都环境质量,建设宜居城市。

一个崭新的"绿色奥运"、生态文化奥运将以其"有特色、高水平"的辉煌成果展现在世人面前,为人类奥运历史增添新的篇章。

资料来源:http://www.gmw.cn/content/2008-08/08/content_819148.htm,光明网

参考文献

参考书目

[1]张维亚,赵昭.旅游文化[M].大连:东北财经大学出版社,2008

[2]尹华光.旅游文化学[M].长沙:湖南大学出版社,2005

[3]谢贵安.旅游文化学[M].北京:高等教育出版社,2002

[4]方志远.旅游文化概论[M].广州:华南理工大学出版社,2005

[5]高玉玲.旅游文化[M].成都:电子科技大学出版社,2008

[6]马波.现代旅游文化学[M].青岛:青岛出版社,2001

[7]张谦.饭店服务管理实例评析[M].天津:南开大学出版社,2001

[8]沈祖祥.旅游文化概论[M].福州:福建人民出版社,2006

[9]吴攀升.旅游美学[M].杭州:浙江大学出版社,2006

[10]张文祥.旅游美学基础[M].旅游教育出版社,2007

[11]宗白华.美学散步[M].上海:上海人民出版社,1981

[12]章海荣.旅游审美原理[M].上海:上海大学出版社,2002

[13]曹诗图、阚如良、曾文贵.旅游文化与审美(修订版)[M].武汉:武汉大学出版社,2007

[14]李泽厚.美学四讲[M].北京:新知三联书店,1999

[15]李天元.旅游文学[M].北京:高等教育出版社,2006

[16]李天元.旅游学概论(第五版)[M].天津:南开大学出版社,2003

[17]林显鹏.国际大众体育现状及发展趋势[M].国家体育总局体育信息研究所,2001,

[18]马惠娣,刘耳.西方休闲学研究论述[M].新华文摘,2001

[19]李德喜,郭德维.中国墓葬建筑文化[M].武汉:湖北教育出版社,2004

[20]沈祖祥.旅游与中国文化[M].北京:旅游教育出版社,2002

[21]吴攀升.旅游美学[M].杭州:浙江大学出版社,2006

[22]杨斌.中国世界文化遗产名录[M].北京:水利水电出版社,2004

［23］刘秀峰.中国旅游文化［M］.北京：人民邮电出版社,2006

［24］黄昌霞.中国旅游历史文化［M］.北京：化学工业出版社,2007

［25］王勇.中国旅游文化［M］.大连：大连理工大学出版社,2009

［26］高昭明,赵昭.中国旅游文化［M］.北京：冶金工业出版社,2009

［27］王勇,吕迎春.中国旅游文化［M］.大连：大连理工大学出版社,2009

［28］陈来生.中国旅游文化［M］..天津：南开大学出版社,2008

［29］上海市精神文明建设委员会办公室,上海东方社区学校服务指导中心.旅游文化［M］.上海：上海科学普及出版社,2007

［30］周敦源.旅游文化［M］.杭州：浙江大学出版社,2005

［31］邱德玉.中国旅游文化［M］.北京：科学出版社,2006

［32］李伟.旅游文化学［M］.北京：科学出版社,2006

［33］北京大学城市规划设计中心.安徽旅游总体规划［M］.北京：中国旅游出版社,2004

［34］山东省旅游局人事教育处.导游基础知识［M］.济南：山东科学技术出版社,2009

［35］山东省旅游局人事教育处.山东旅游文化［M］.济南：山东科学技术出版社,2009

［36］甘恒彩,廖井丹.导游基础知识［M］.北京：中国财经出版社,2005

［37］徐可.导游基础［M］.北京：清华大学出版社,2009

［38］罗兹伯,杨国胜.中国旅游地理［M］.天津：南开大学出版社,2005

［39］甘枝茂,马耀峰.旅游资源与开发［M］.天津：南开大学出版社,2000

［40］高曾伟.旅游资源学(第四版)［M］.上海：上海交通大学出版社,2002

［41］李玉华.旅游文化学概论［M］.北京：对外经济贸易大学出版社,2009

［42］田久川.旅游学导论［M］.大连：大连理工大学出版社,2005

［43］王勇,吕迎春.中国旅游文化［M］.大连：大连理工大学出版社,2009

［44］国家旅游局人事劳动教育司导游知识专题［M］.北京：中国旅游出版社,2004

［45］冯文昌.饭店管理概论［M］.北京：科学出版社,2009

［46］朱承强.现代饭店管理［M］.北京：高等教育出版社,2007

［47］林壁属.饭店企业文化塑造［M］.北京：旅游教育出版社,2009

［48］史占中.饭店管理的技术［M］.上海：上海财经出版社,2001

［49］卢元镇.中国体育社会学评说［M］.北京：北京体育大学出版社,2003

[50]章海荣.旅游文化学[M].上海:复旦大学出版社,2004

[51]赵荣光,夏太生.中国旅游文化[M].大连:东北财经大学出版社,2002

[52]王明煊,胡定鹏.中国旅游文化[M].杭州:浙江大学出版社,2001

[53]喻学才.旅游文化[M].北京:中国林业出版社,2002

[54]甄尽忠.中国旅游文化[M].郑州:郑州大学出版社,2002

[55]张文祥.旅游文化[M].北京:中国财政经济出版社,2001

参考学术论文

[1]唐建军.旅游文化主体是旅游文化研究的中心[J].潍坊学院学报,2006,(5).

[2]郑冬子,任云.中国旅游文化地域类型初步研究[J].中国科技信息,2007,(23).

[3]徐文燕.论民族文化多样性保护与旅游资源的合理开发[J].黑龙江民族丛刊,2008.

[4]陈燕华.当前我国旅游文化研究的热点及发展趋势刍论[J].中国集体经济,2009,(9).

[5]赵爱华.论21世纪旅游文化的发展趋势[J].丹东师专学报,2001,(3).

[6]于海志.旅游文化的特点及在旅游中的地位和作用[J].边疆经济与文化,2006,(5).

[7]沈祖祥.旅游史学科建设的若干构想[J].社会科学,1990,(7).

[8]张继涛.旅游主体文化的特征分析[J].湖北大学学报(哲学社会科学版),2003,(5).

[9]张继涛.论旅游主体文化的成因[J].湖北大学学报(哲学社会科学版),2005,(4).

[10]唐建军.旅游文化主体是旅游文化研究的中心[J].潍坊学院学报,2006,(5).

[11]韩薇.旅游主体审美修养的缺失与培养分析[J].辽宁师专学报(社会科学版),2008,(3).

[12]陈怡君.当前中国消费存在的问题及发展趋势[J].社会科学家,2005,3:129—131.

[13]黄继元.中国旅游商品的发展问题研究[J].云南社会科学,2004,2:53—57.

[14]蒋冰华.旅游商品的特点和分类研究[J].安阳师范学院学报,2005,3:60—62.

[15]刘又堂.论体验经济与旅游个性化服务[J].社会科学家,2005,11:147—149.

[16]李维云,张跃西,魏鸿雁.旅游对接待地社会文化的影响初探[J].甘肃农业,2005,(11):100.

[17]李一玮,夏林根.国内城镇居民旅游消费结构分析[J].旅游科学,2004,(18),2:30—38.

[18]孙庆红.文化因素与旅游商品开发[J].湖北经济学院学报,2006,(3),8:47—48.

[19]尹世杰.我国旅游消费的发展趋势[J].消费经济研究,2003,4:30—33.

[20]张廉.论旅游主体消费行为的文化过程[J].贵州商业高等专科学校学报,2004,(17),2:40—43.

[21]吴文新.试论休闲文化存在和发展的社会形式[J].北京电子科技学院学报.2009,17(1):89—95.

[22]杨秀丽,李淼焱,毛惠媛.中国传统休闲文化与西方休闲价值观[J].沈阳大学学报.2004,16(3):67—69.

[23]苏文珠.休闲文化:传统与现代[J].河北省社会主义学院学报.2007(2):54—57.

[24]刘子众.中西运动休闲文化发展理念的传统差异与渐进融合[J].武汉体育学院学报.2004,38(6):6—8.

[25]刘子众.休闲文化的中西方差异[J].体育文化导刊.2003(5):32—33.

[26]马惠娣.人类文化思想史中的休闲——历史·文化·哲学的视角[J]自然辩证法研究.2003,(1):13—19.

[27]马惠娣,刘耳.西方休闲学研究述评[J].自然辩证法,2001.17(5):49—52

[28]马惠娣.未来10年中国休闲旅游业发展前景隙望[J].旅游管理,2002,(4):4—9.

[29]于涛.余暇体育? 还是休闲体育? 关于 Leisure Sports 概性和定义的批判回顾[J].天津体育学院学报,2001,15(1):32—35.

[30]刘耳.中国古代休闲文化传统[J].自然辩证法研究,2001,17(5):63—64.

[31]邢哲.当代青年消费需求的走向[J].当代青年研究,1995(1):47.

[32]吴永江,向京.中国传统休闲文化对现代休闲旅游的启示[J].资源市场与开发,2009,25(12).

[33]王麓怡,邹时荣.都市休闲文化对区域休闲产业的激励——以武汉都市休闲文化[J].自然辩证法研究.2006,22(2):91—94.

[34]康保苓.杭州休闲文化的特色和发展趋势研究[J].生态经济.2007,(10):454—458.

[35]程冬琳.水利、水文化的内涵与演变[J].中国水利,2004(5)

[36]卜浩宇,高永晨.论中西饮食文化的差异[J].南京林业大学学报,2004(4),2:49—53.

[37]丁剑林.中国书法与旅游景观协调美研究——兼论旅游专业书法教育的必要性[J].常州工学院学报:社会科学版,2008,26(1):94—96.

[38]范正红.论当今书法艺术发展的特征[J].山东社会科学,2006,(12):140—141.

[39]黄映恺.论汉字在书法艺术中的审美效应[J].福建师范大学学报(哲学社会科学版),2002,(2):93—96.

[40]刘文.中国民间饮食文化特色略述[J].贵州商业高等专科学校学报,2003(16),1:49—53.

[41]黎小萍.简说中国茶文化[J].茶叶机械杂志2001,4:34.

[42]王斐.中国汉字的审美艺术[J].丝绸之路,2009,(12):72—73.

[43]章怡,朱晓媚.生态旅游文化:旅游可持续发展的精神保障[J].广西民族学院学报(哲学社会科学版),2005(12):135—138.

[44]万书元.论书法艺术的基本特征[J].东南大学学报(哲学社会科学版),2006,8(5):107—109.

[45]王智杰.书法艺术在现代文化旅游资源开发中的意义[J].咸阳师范学院学报,2004,19(3):93—94.

[46]徐建新.试论中国书法艺术的创作[J].兰州大学学报(社会科学版),2009.37(4):137—141.

[47]余世谦.中国饮食文化的民族传统[J].复旦学报,2002,5:118—131.

[48]郑强.基于古建筑特色可开发的旅游项目[J].时代教育,2009(8):29—30.

[49]张丙军,杨虎森.关于旅游企业文化建设的几点思考[J].河南商业高等专科学校学报,2006,(5).

[50]郑新红.试论企业文化建设在我国旅游企业中的现状与作用[J].湖南环境生物职业技术学院学报,2005,(1).

[51]董革冰,董革非.加强旅游企业文化建设的思考[J].沈阳大学学报,2006,(1).

[52]曹诗图,查俊峰.试论旅游企业文化的特征、发展趋势与建设[J].武汉科技大学学报(社会科学版),2008,10(2).

[53]李静远.旅游企业文化建设途径浅探[J].江汉石油职工大学学报,2001,(2).

[54]聂明林.试论饭店文化[J].重庆工业管理学院院报.1997,(3):78—80.

[55]陆净岚.环境保护与饭店企业文化[J].能源工程.2001,(4):65—67.

[56]吴倩.谈旅行社企业文化的建设[J].商场现代化,2007,(17).

[57]徐晓培.市场需要文化型导游[J]重庆电力高等专科学校学报,2006,(1).

[58]华益梅,陈跃.构建"以人为本"的旅游企业文化[J].太原城市职业学院学报,2005,(06)

[59]甘露.加强导游文化素质的培养[J].文教资料,2005,(24).

[60]何丽芳.浅谈"文化型"导游及其风格的形成[J].科技情报开发与经济,2004,(9).

[61]李永宏.应注重对导游文化内涵的培养[J].职教论坛,2004,(17).

[62]王箫.浅谈导游业发展的文化趋势[J].西安教育学院学报,2004,(1).

[63]沈茜.从旅游文化看导游魅力[J].贵州社会科学,2003,(3).

[64]肖陆锦,祝军.基于文化背景的导游翻译[J].郧阳师范高等专科学校学报,2002,(6).

[65]肖光明.导游:旅游文化的传播者[J].生态经济,2002,(11).

[66]李娟,王军.建设旅游生态文化的思考[J].保定师范专科学校学报,2005(2):56—59.

[67]韩丽峰.论休闲文化的世俗性及其超越[J].杭州师范学院学报(社会科学版).2007,29(2):80—84.

参考网站

[1]http://www.cpst.net.cn/kxqz/zslw/2006_11/164100194.html,中国公众科技网.

[2]http://wenda.tianya.cn/wenda/thread? tid=20b49977ce2a4515,天涯问答.

[3]http://www.wenbifeng.com/ycg/html/dao_jjr.html,文峰笔旅游网.

[4]http://www.100daoyou.com/Detail.aspx? id=263936,导游资格考试网.

[5]http://baike.baidu.com/view/556712.htm? fr=ala0_1,百度百科.

[6]http://www.cnta.gov.cn/html/2008-6/2008-6-27-20-31-31-6.html,国家旅游局.

[7]http://jpkc.hzvtc.net/dyjc/jiaoxueziyuan/shoukejiaoan/80/,湖州职业技术学院《导游基础知识》精品课程网站.

[8]http://ly.scetc.net/dl/dzja/dzja.html,四川工程职业技术学院《中国旅游地理》精品课程网站.

［9］http：//www. xndaojiao. com/admin/news_view. asp？ news＝8id8，道教节日.

［10］http：//www. chinaculture. org，中国文化网

［11］http：//www. Cnta. gov. cn，中国旅游网

［12］http：//unn. people. com. cn，人民网

［13］http：//www. chinaculture. org，中国文化网

［14］http：//www. cnta. gov. cn，中国旅游网

［15］http：//www. cnctrip. com，中国文化旅游网

［16］http：//www. cntc. com. cn/index. html，中国旅游文化网

［17］http：//www. sjlywh. com，世界旅游文化网

［18］http：//www. minsuw. com，民俗网

［19］http：//www. 9tour. cn，九游网

［20］http：//www. cnta. gov. cn，中国旅游网

［21］http：//www. nongli. com，中华农历网

［22］http：//www. meishichina. com，美食天下

［23］http：//www. uuchaye. com，悠悠茶叶网

［24］http：//www. crcca. net/，中华宗教文化交流网

［25］http：//www. daoism. cn/，四川大学道教与宗教文化研究所

［26］http：//www. chinaenvironment. com，中国环保网

［27］http：//www. rcsd. org. cn/，中国社会科学院可持续发展研究中心

［28］http：//www. lotour. com/，乐途旅游

［29］http：//bbs. live0766. com，云浮社区

［30］http：//www. nongli. com，中华农历网

［31］http：//www. uuchaye. com，悠悠茶叶网

［32］http：//www. china. com. cn，中国网

［33］http：//www. meishichina. com，美食天下

［34］http：//www. zgfj. cn/，中国佛教网

［35］http：//www. taoist. org. cn/webfront/webfront_frontPage. cgi，中国道教协会

［36］http：//www. chinataoism. org/，中国道教

［37］http：//www. chinaislam. net. cn/index. jsp，中国伊斯兰教协会

［38］http：//www. norislam. com/bbs/index. asp，伊斯兰之光

［39］http：//www. crcca. net/，中华宗教文化交流网

［40］http：//www. daoism. cn,四川大学道教与宗教文化研究所

［41］http：//www. mswhw. cn,民俗文化网

［42］http：//minsu. wh5000. com/Html/2009-7-14/20097141626023033304. html,山东民俗活动

［43］http：//baike. china. alibaba. com/doc/view－d3087292. html,山东省汉族习俗

［44］http：//lishi. xooob. com/zhmssj/20084/287665. htm,少数民族民俗活动

［45］http：//zhidao. baidu. com/question/35383483. html,中国少数民族民俗文化介绍

［46］http：//baike. baidu. com/view/2082262. htm,韩国传统文化

［47］http：//www. newsccn. com,中国建筑新闻网

［48］http：//www. archcn. com,中国建筑网

［49］http：//www. chinaasc. org,中国建筑学会

［50］http：//www. aaart. com. cn,中国建筑艺术网

［51］http：//www. chinaacsc. com/Index. htm,中国建筑文化网

［52］http：//www. naic. org. cn,中国民族建筑网

［53］http：//www. szgujian. com/Index. aspx,苏州古建网

［54］http：//www. far2000. com,自由建筑报道

［55］http：//aa. chinaasc. org,a＋a 建筑知识